詳細ディテールを読み解く

木造住宅のつくり方

「朝霞の家」ができるまで

熊澤安子［著］

Ohmsha

序文

私は建築の親密さに心惹かれます。外観でも室内空間でも愛らしさを感じる親密な有り様に憧れを抱いて設計を続けています。

親密な建築としてまず思い起こすのは、奈良市内の元興寺の脇にある十輪院という小さなお寺です。鎌倉時代に建てられたという本堂はとても小さくて軒が低く、住宅を思い起こさせるスケールの素敵な佇まいです。学生時代には幾度も南門の脇のベンチに腰掛けてその本堂を眺めて過ごしました。また新宿にある林芙美子記念館は、非常に細やかな眼差しを感じる建物で、いまでも林芙美子さんが奥から現れるのではないかと錯覚するような、生き生きとした空気感をまとっています。

京都の老舗宿の俵屋旅館には、京都の町中であることを忘れさせるほどの緑が深く美しい光に溢れた庭があり、それを臨むかたちでいくつもの小さな居場所が用意されていて、どの場所も窓の高さや視線の抜け、家具の配置によって重心が低く抑えられ、いつまでも静かにその場に佇みたくなる空間です。

それらはいずれも古い建物ですが、その建設に携わった設計者、あるいは大工、建て主の眼差しが感じられ、それがとても温かで、自信に満ちていて、現代に生きる私たちにも憧れや共感を呼び起こします。このような親密な空気感を醸し出す住宅をつくりたい。常日頃そう考えています。

空間の配置、空間にふさわしい寸法、プロポーション、各部の納まり、材料といった具体的なことを重ねていき、それらの多様な内容が一つの意味に収斂するまで考え抜かれたものだけが、この親密さを獲得するのだと思います。しかし、それはなかなか難しいことです。敷地の要件、建て主の事情、あるいはある種の考えにとらわれて前に進めないこともあるでしょう。そこには何か小さなボタンの掛け違いが潜んでいるはずです。そんなとき、具体的な建築課題に目を向け、あきらめずに一から考え直す勇気も必要だと思っています。

それがついに実を結んだときに訪れる、至上の喜びのために。

目次

2章
「朝霞の家」の設計詳細図

計画地のある朝霞市は武蔵野台地の中北端に位置する。敷地は黒目川周辺の低地、第一種中高層住居専用地域内にあり、周辺は地形の変化がなく、敷地いっぱいに建つ住宅や3階建ての建物に囲まれ、景色の核となる視点に乏しい環境の中にあった。

この敷地に建っていた旧宅にはじめて伺った際、リビングのある1階にはほとんど日が入らず、建て主は暗い中での生活を余儀なくされているのを目の当たりにした。建築の力を発揮すべきとの使命感が沸々と湧いてきたが、同時に周囲の景観に対する違和感がいつまでも残った。自動車修理工場にお勤めの建て主からは車を3台駐車したいという要望があり、まずは車と建物の配置パターンを考えはじめた。30坪の土地に車3台。庭はほぼ望めない。殺伐とした周囲の景観と完全に断ち切り、ただ空にだけ開かれた住宅とすべきなのだろうか……。しかし、それはあまりにも安易で利己的な解決方法であり、この地域とは無関係の建築がまた一つ増えるにすぎず、自分の感じている違和感を払拭できる回答とは思えなかった。

そんなとき、ふと湧いたイメージ。それはかつて民家と共存し点在していたであろう雑木林。孤立して在るよりも、雑木林で守られた住宅の姿がこの地にはふさわしいのではないだろうか。ようやく土地とのつながり方が見えてきて、コナラの林が敷地の外にまで広がってゆくのを思い描きながら設計を進めることができた。

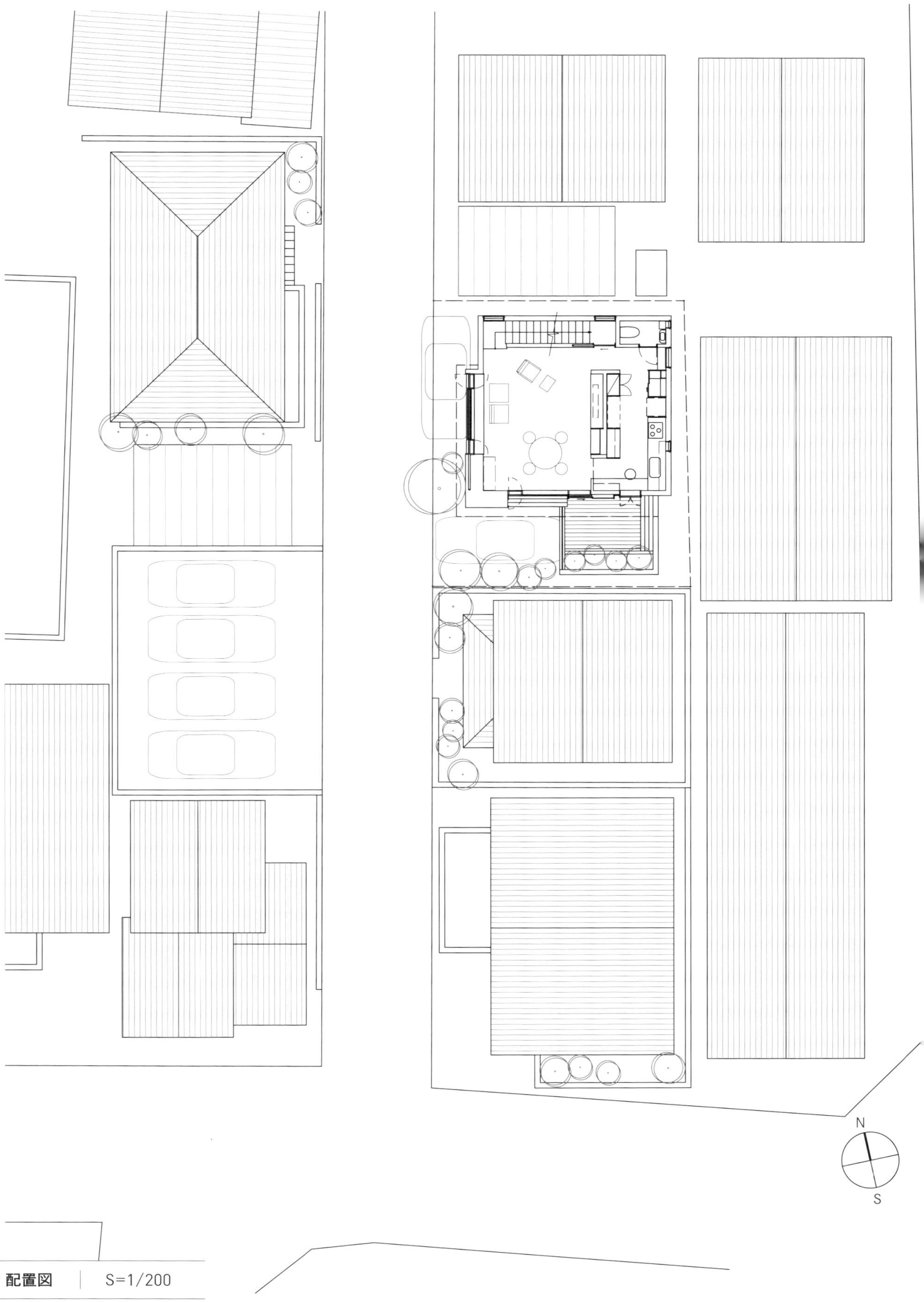

配置図　S=1/200

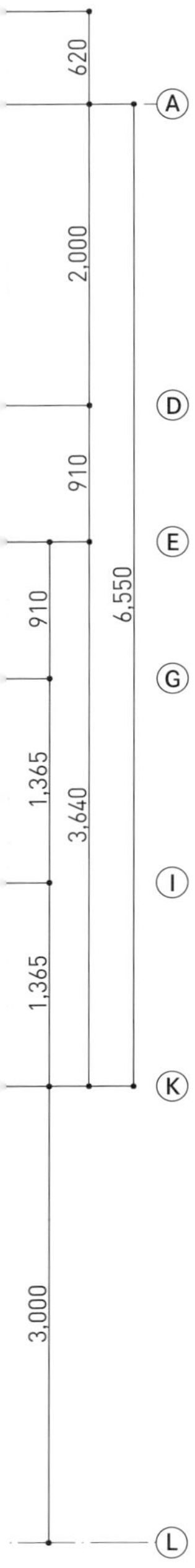

日中過ごす広間（リビング）や食堂は、窓からの景色と採光が得られるよう2階に配置したいと初期の段階から決めていた。

2階の広間の脇にベランダを設けて、そこに施された植栽と1階の駐車スペースの合間に植えられた樹の梢が連なり、まるで木立の中に住んでいるような感覚を呼び起こすようにと考えた。車3台のスペースと所要の室内の広さを入れ込むと建物は3階建てとなったが、夫婦2人が暮らす家としては空間が分節されすぎているように思われた。

そこで2階の広間に吹抜けを設けて3階と視覚的につなげることでまとまった印象が得られるようにした。また、天井が高いことによって空虚な空間にならぬよう、広間の壁が弧を描きながら天井へと変化するような形状とし、包まれたような感覚の中で過ごせるようにと考えた。建物全体を覆う一枚の切り妻屋根の通りに面する軒の高さをできるだけ低く抑えることで威圧感のない外観とし、また、木立の姿が引き立つように外壁には黒く塗装された焼杉板を張っている。

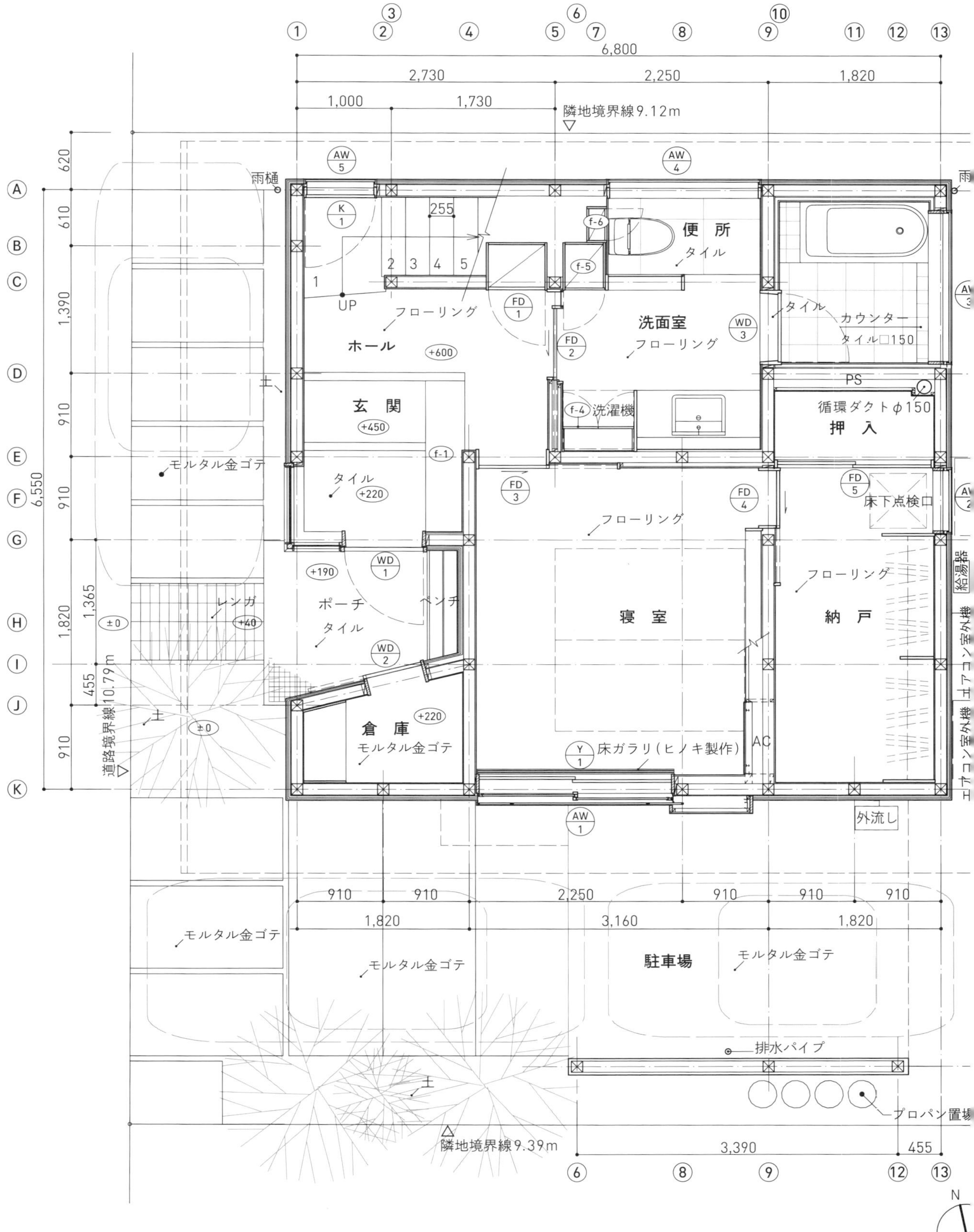

6,800
2,730
2,250
1,820
1,000
1,730
隣地境界線9.12m
雨樋
255
UP
便 所
タイル
洗面室
フローリング
ホール
+600
玄 関
+450
洗濯機
PS
循環ダクトφ150
押 入
タイル
+220
床下点検口
フローリング
給湯器
ポーチ
ベンチ
寝 室
納 戸
エアコン室外機
倉 庫
+220
モルタル金ゴテ
床ガラリ(ヒノキ製作)
AC
外流し
カウンター
タイル□150
レンガ
道路境界線10.79m
駐車場
モルタル金ゴテ
排水パイプ
プロパン置場
隣地境界線9.39m
3,160
3,390
455

1階平面図　S=1/60

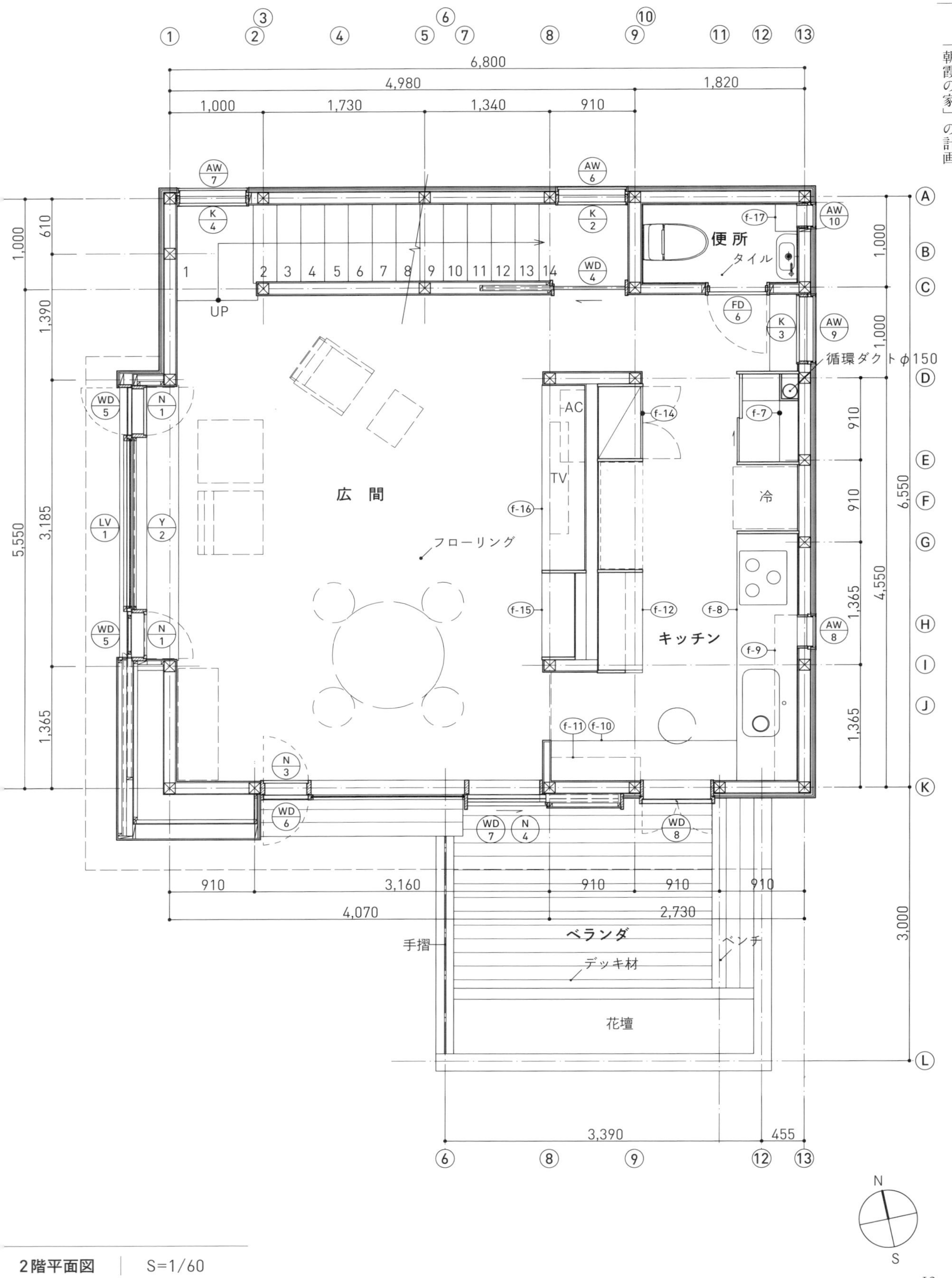
6,800
4,980
1,820
1,000
1,730
1,340
910
便所
タイル
UP
循環ダクトφ150
広間
フローリング
キッチン
冷
AC
TV
ベランダ
手摺
ベンチ
デッキ材
花壇
3,390
455
N
S

2階平面図 | S=1/60

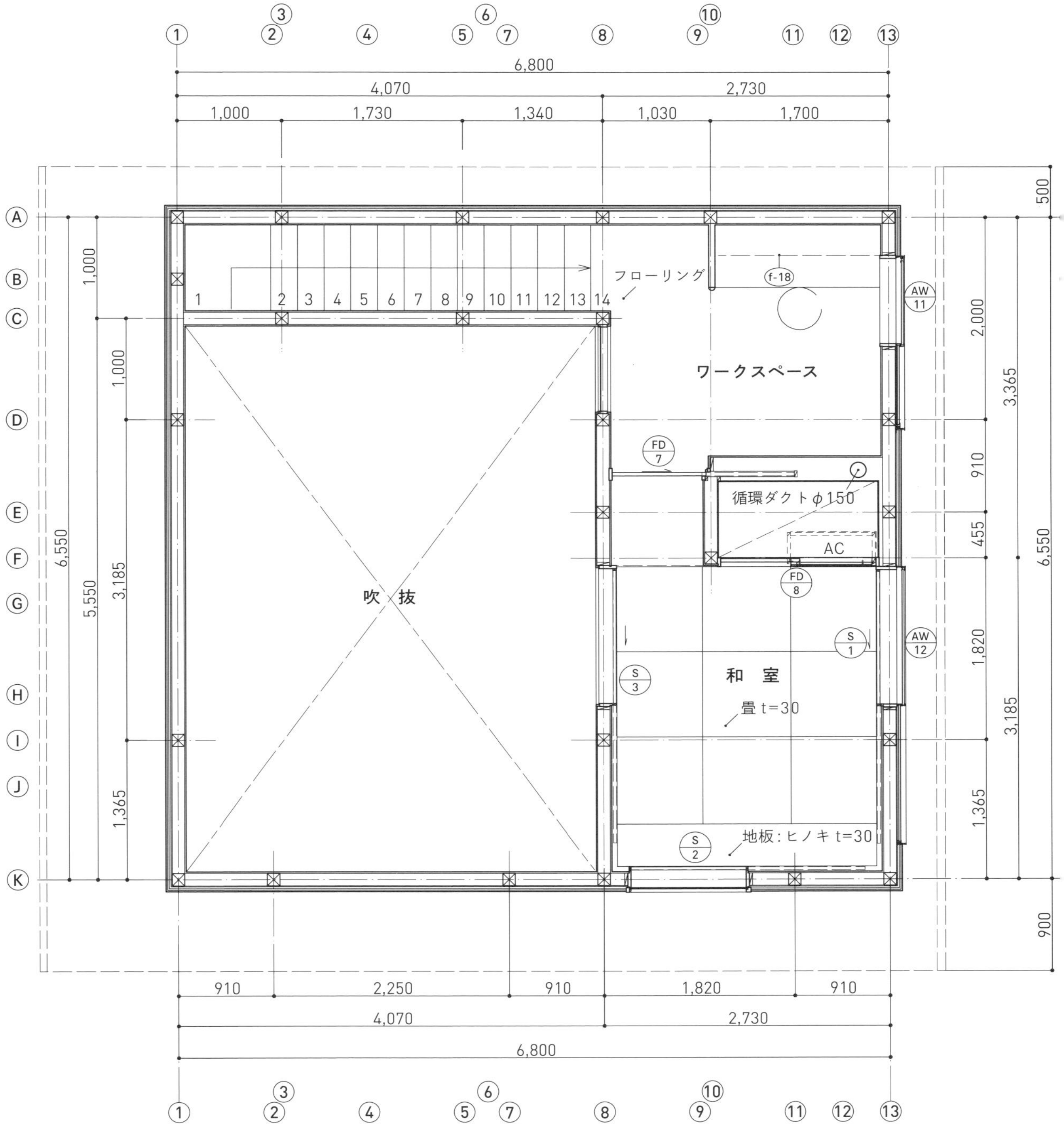

6,800
4,070
2,730
1,000
1,730
1,340
1,030
1,700
500
フローリング
f-18
AW 11
ワークスペース
FD 7
循環ダクトφ150
AC
FD 8
吹 抜
和 室
S 1
S 2
S 3
AW 12
畳 t=30
地板：ヒノキ t=30
2,000
3,365
910
455
6,550
1,820
3,185
1,365
900
6,550
5,550
3,185
1,000
1,000
1,365
910
2,250
910
1,820
910
4,070
2,730
6,800

3階平面図 | S=1/60

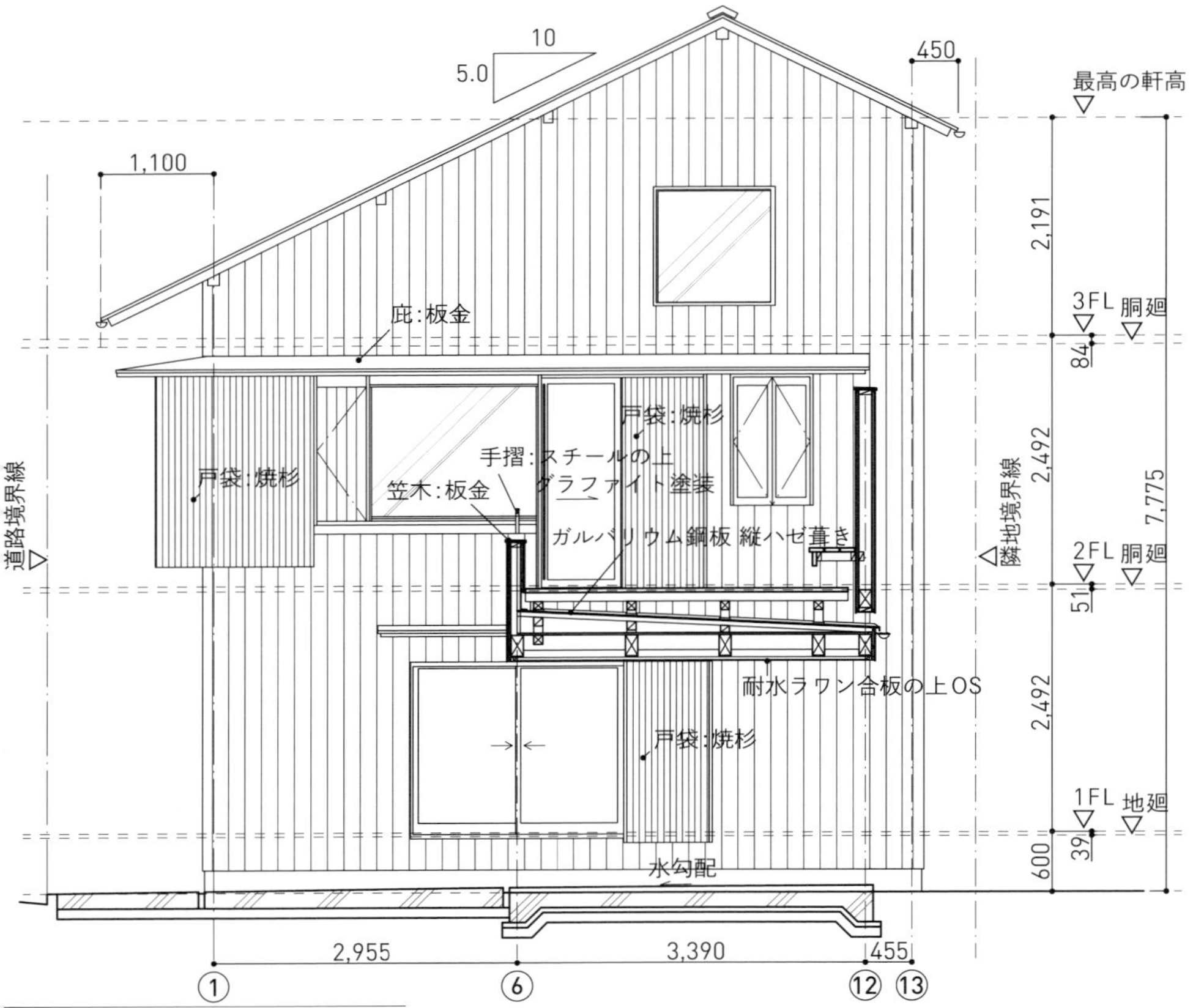

南側立面図 S=1/90

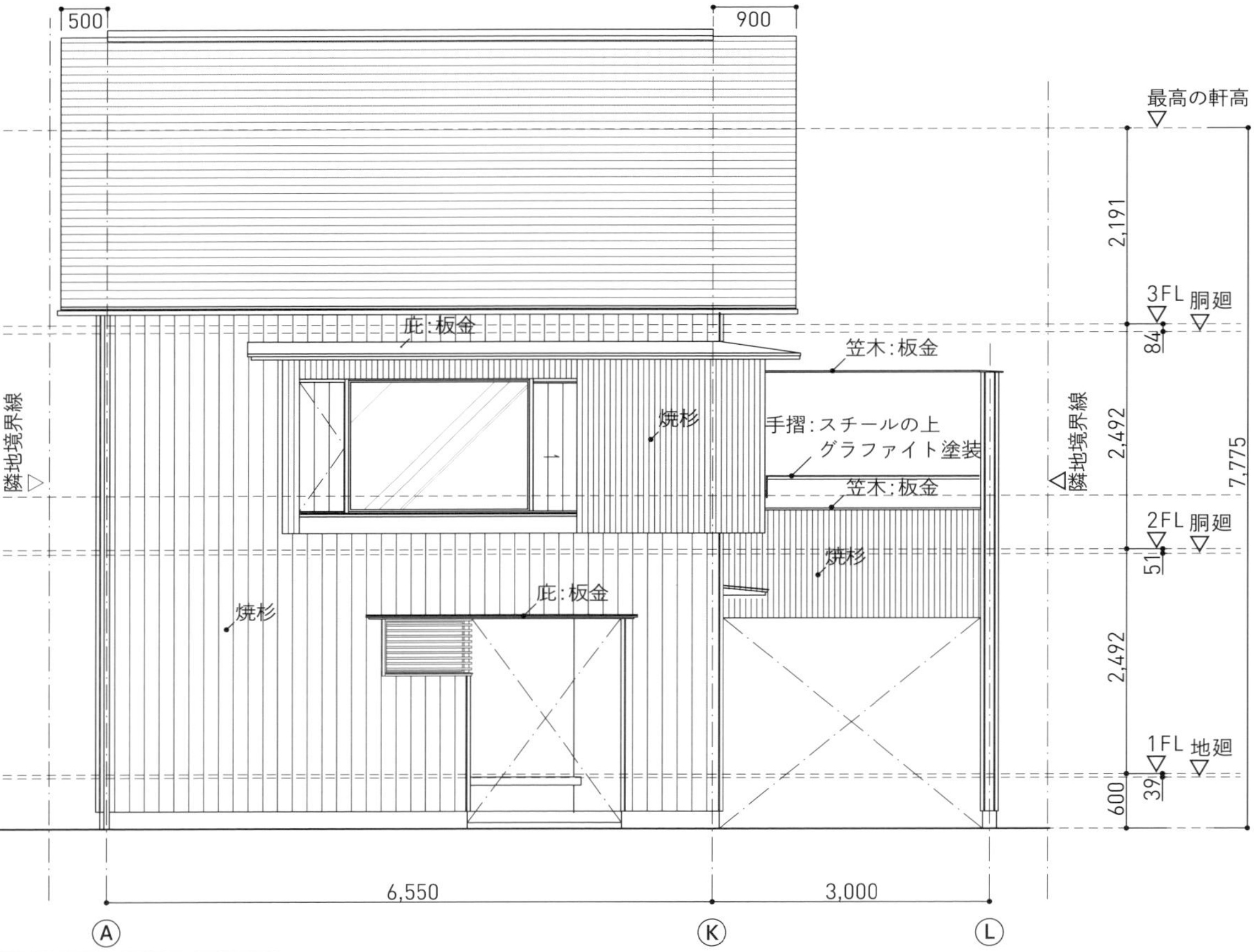

西側立面図 S=1/90

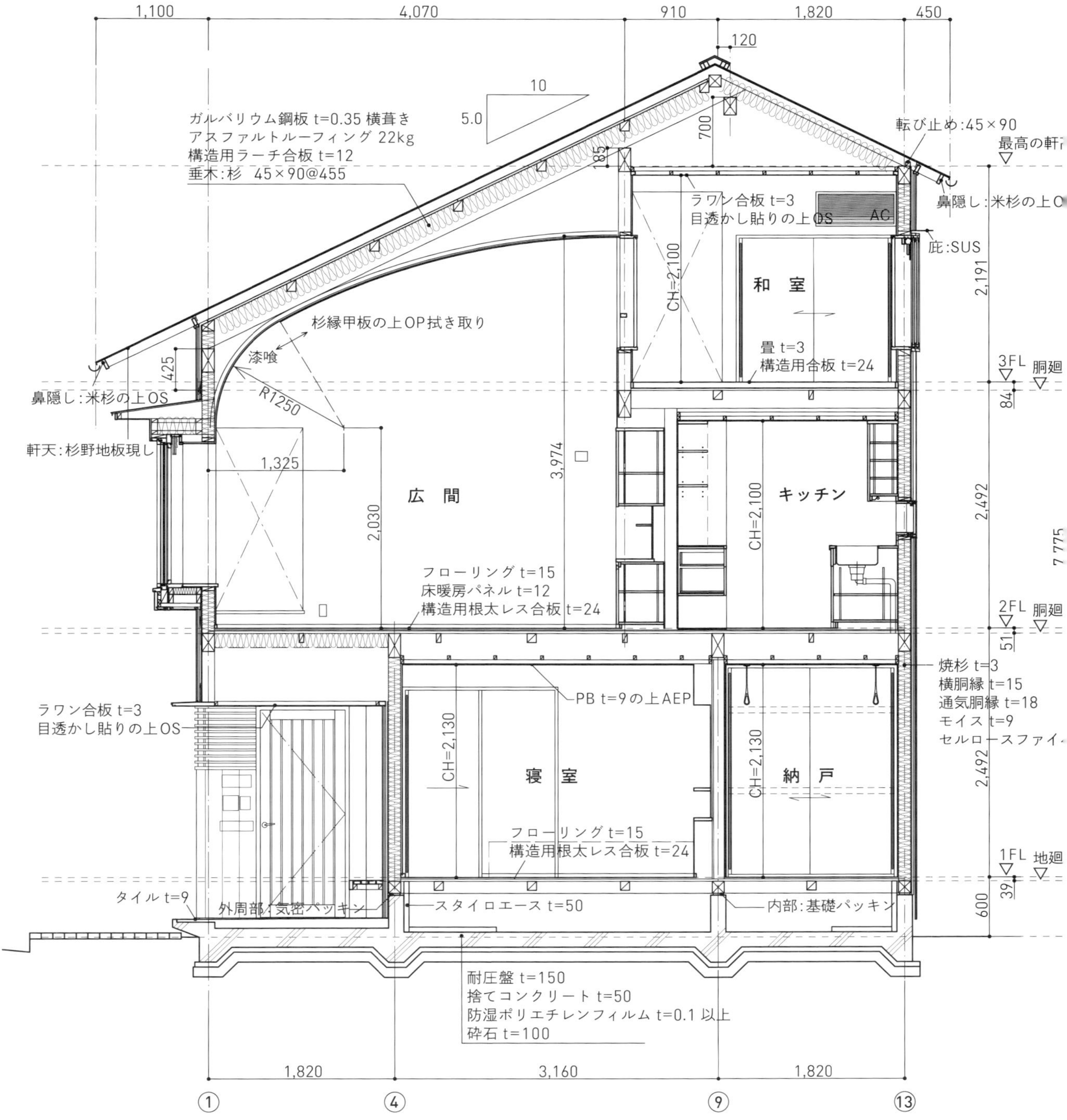
1,100
4,070
910
1,820
450
120
10
5.0
ガルバリウム鋼板 t=0.35 横葺き
アスファルトルーフィング 22kg
構造用ラーチ合板 t=12
垂木:杉 45×90@455
700
185
転び止め:45×90
最高の軒高
ラワン合板 t=3
目透かし貼りの上OS
AC
鼻隠し:米杉の上OS
庇:SUS
CH=2,100
和 室
2,191
杉縁甲板の上OP拭き取り
漆喰
畳 t=3
構造用合板 t=24
3FL
胴廻
425
鼻隠し:米杉の上OS
R1250
84
軒天:杉野地板現し
1,325
3,974
広 間
キッチン
CH=2,100
2,030
2,492
7,775
フローリング t=15
床暖房パネル t=12
構造用根太レス合板 t=24
2FL
胴廻
51
焼杉 t=3
横胴縁 t=15
通気胴縁 t=18
モイス t=9
セルロースファイバー
PB t=9の上AEP
ラワン合板 t=3
目透かし貼りの上OS
CH=2,130
寝 室
CH=2,130
納 戸
2,492
フローリング t=15
構造用根太レス合板 t=24
1FL
地廻
39
タイル t=9
外周部:気密パッキン
スタイロエース t=50
内部:基礎パッキン
600
耐圧盤 t=150
捨てコンクリート t=50
防湿ポリエチレンフィルム t=0.1 以上
砕石 t=100
1,820
3,160
1,820
①
④
⑨
⑬

断面図 S=1/60

1章

「朝霞の家」のつくり方

1章では、「朝霞の家」を題材に、木造住宅のつくられ方が順を追ってわかるよう立体図を用いて工事が進む様子を収録している。工程や用語、施工要領を解説する中で、それぞれの工程における注意点を織り込みながら、現場監理あるいは詳細図面作成の際に知っておくべき基本事項を示している。

ここで取り上げている実例は、現在一般的に行われている木造在来工法で、構造材の加工はプレカットによるものである。ただ、これは一つの例にすぎず、いろいろな方法や考え方があることを承知の上、それでも「一軒の住宅ができるまで」を通して見ていくことが、木造住宅を理解するには有益と思われる。

仮設工事

仮設工事とは、建設工事のために必要な仮設備を一時的に設け、維持し、撤去する工事を指し、図に表した設備の他、仮設足場、仮囲い、仮設水道、仮設電気なども含まれ、すべての仮設備は工事完了時までに撤去される。

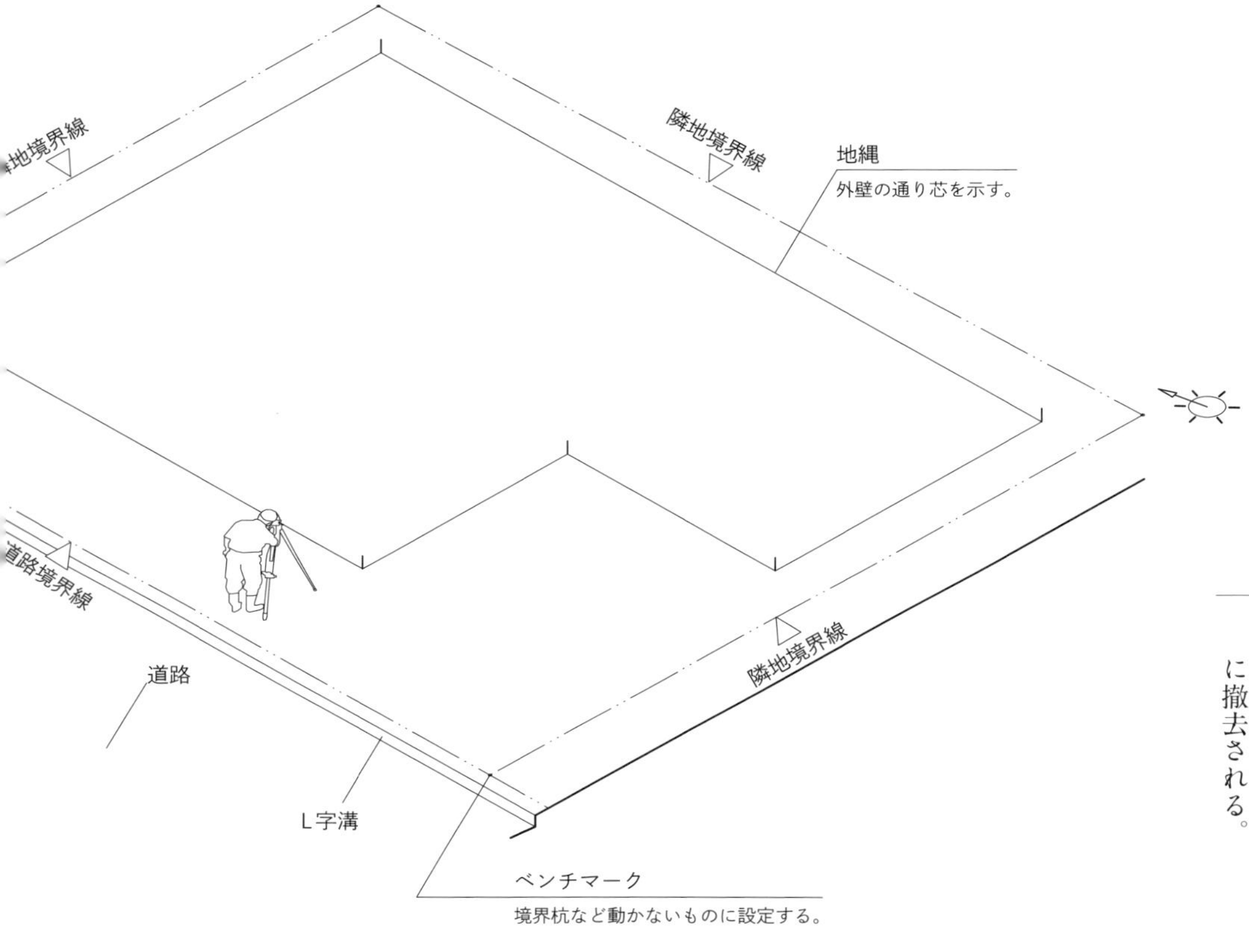

1. 地縄張り

設計図に基づいて、敷地内における建物の位置と高さの確認を行う。その際、基準点となる具体的なポイント（ベンチマーク）を決め、GL（グランドライン）を確定させる。縄を張って建物の形と位置を明示し、境界線との関係や道路・隣地との高さ関係を確認する。

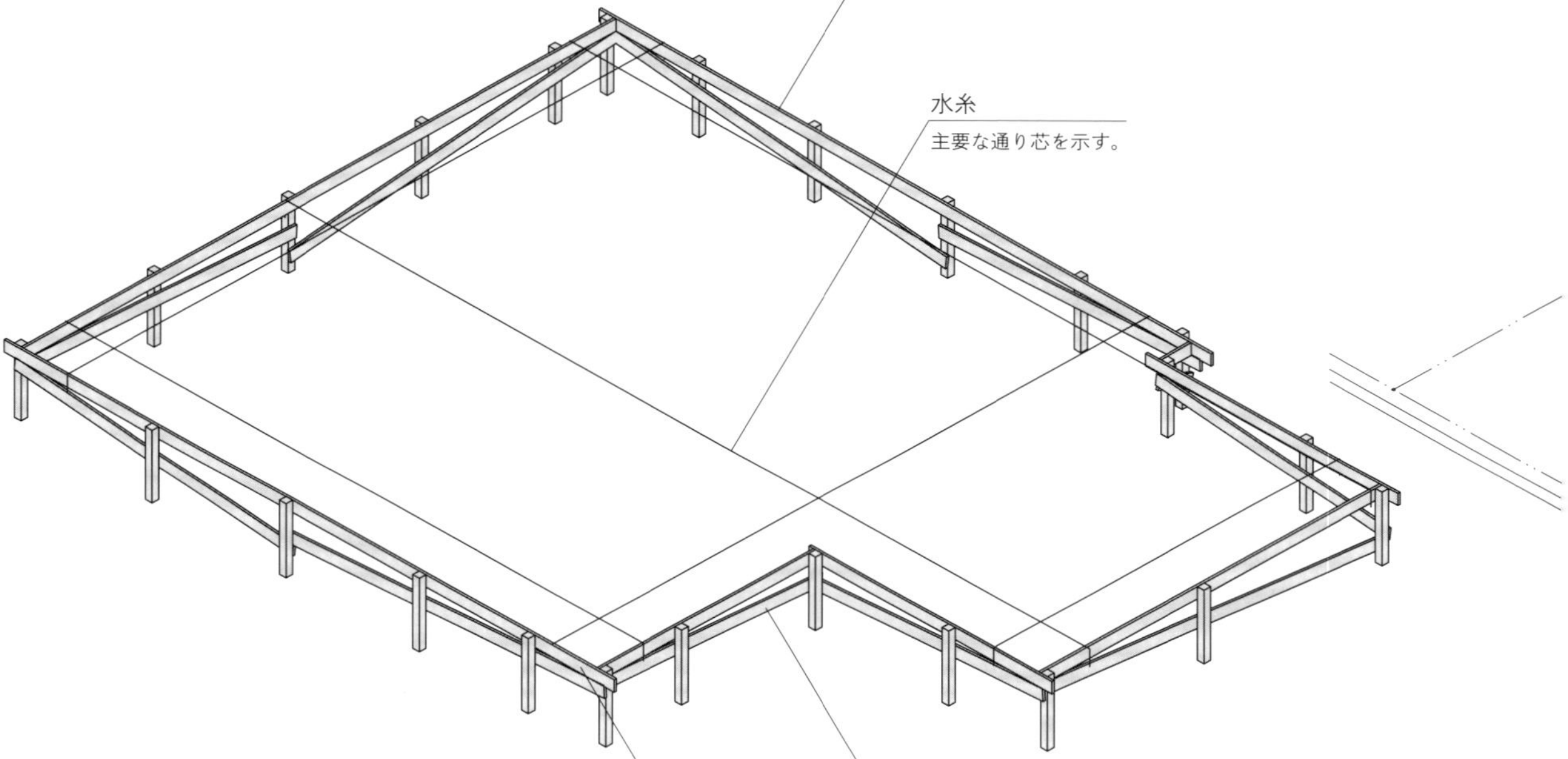
水貫
GLからの高さを明示する。
水糸
主要な通り芯を示す。
筋交
水杭（水とは水平の意）

2. 遣りかた

基礎工事中に常に建物位置と高さを確認できるよう、地縄よりも一回り外側に木の水貫を設置して水糸を張り、通り芯とGLからの高さを明示（墨出し）する。

土工事

地縄張り ― 基礎工事まで

土工事とは、建設工事の中で土にかかわる工事を指し、掘削、撤去運搬、締め固め、埋め戻し、土留め工事などが含まれる。

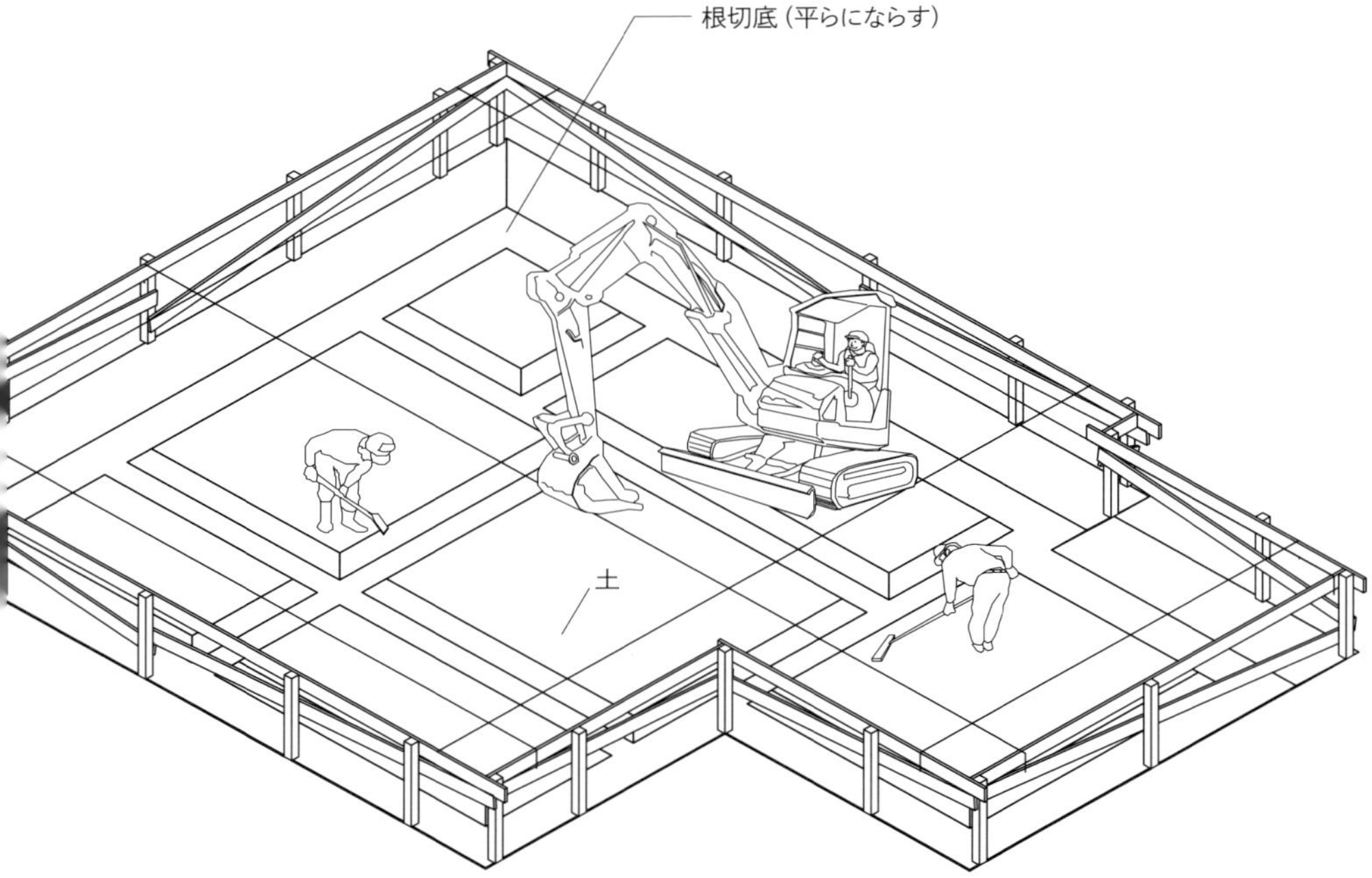

1. 根切り

基礎の根入れ、捨てコンクリート、砕石の施工のため地面を掘り込む。
溝の巾と深さは基礎断面図にしたがい、根切り底は平滑にする。

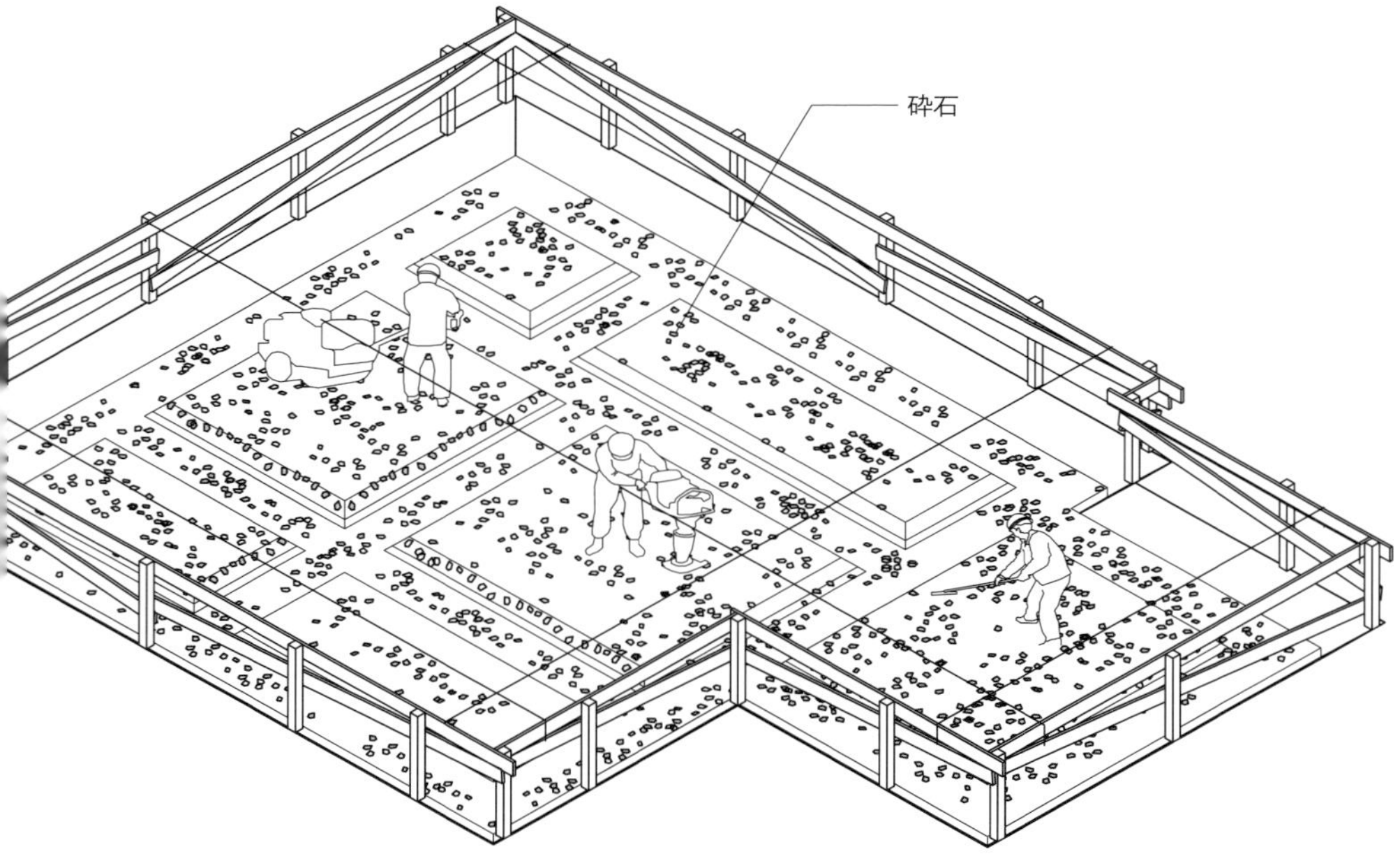

2. 砕石地業

砕石を撒いて転圧することで、基礎梁と耐圧盤の底面の締め固めを行う。

砕石を2回以上に分けてソイルコンパクターをかけるか、振動ローラー締めとし、凹凸は目つぶし砂利で平坦にする。

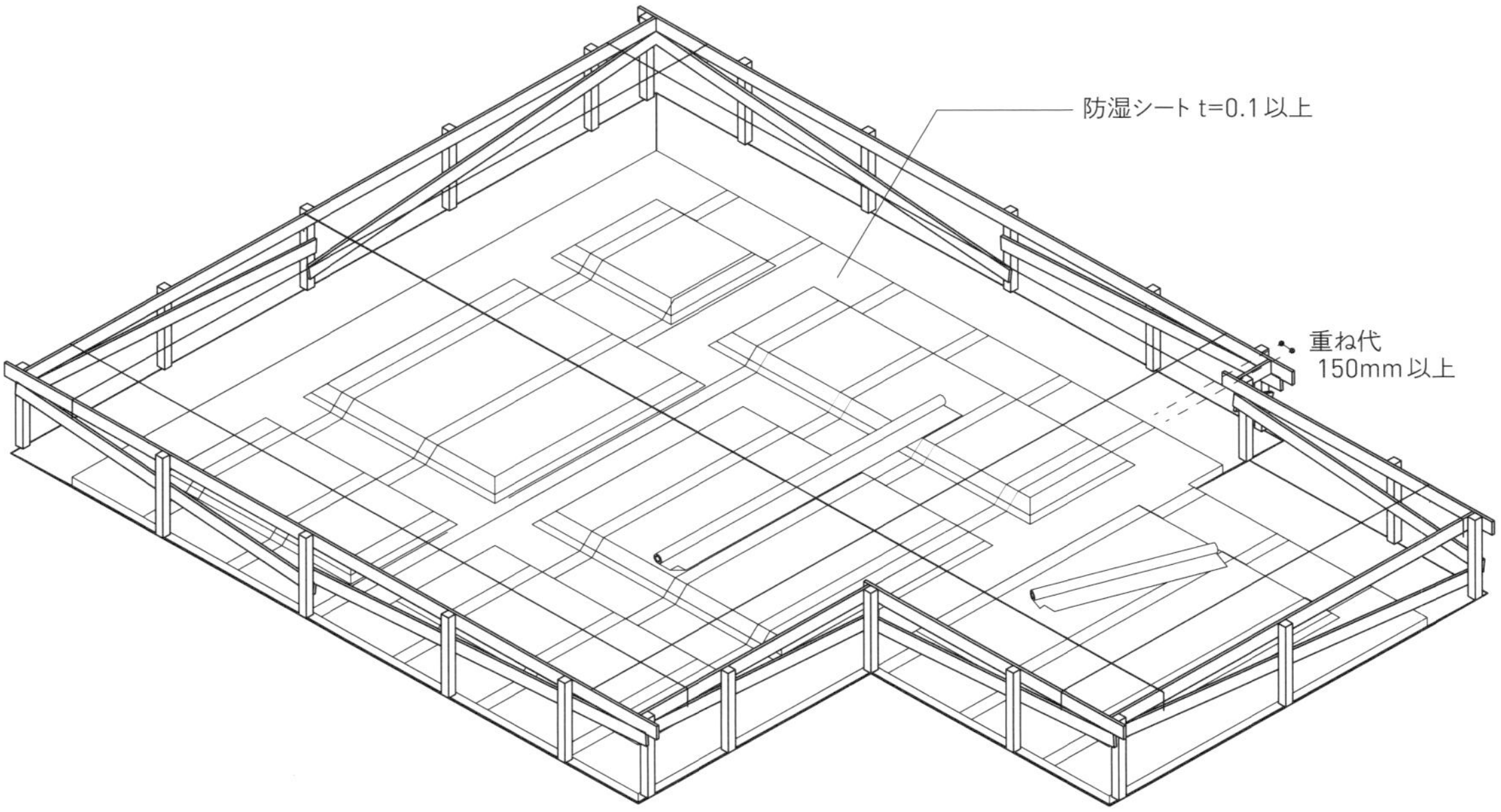

3. 防湿シート敷き

床下地面の全面に住宅用プラスチック系防湿フィルムまたはこれと同等以上の効力を有する防湿フィルムで厚さ0.1ミリ 以上のものを敷き詰める。重ね代は150ミリ以上とする。

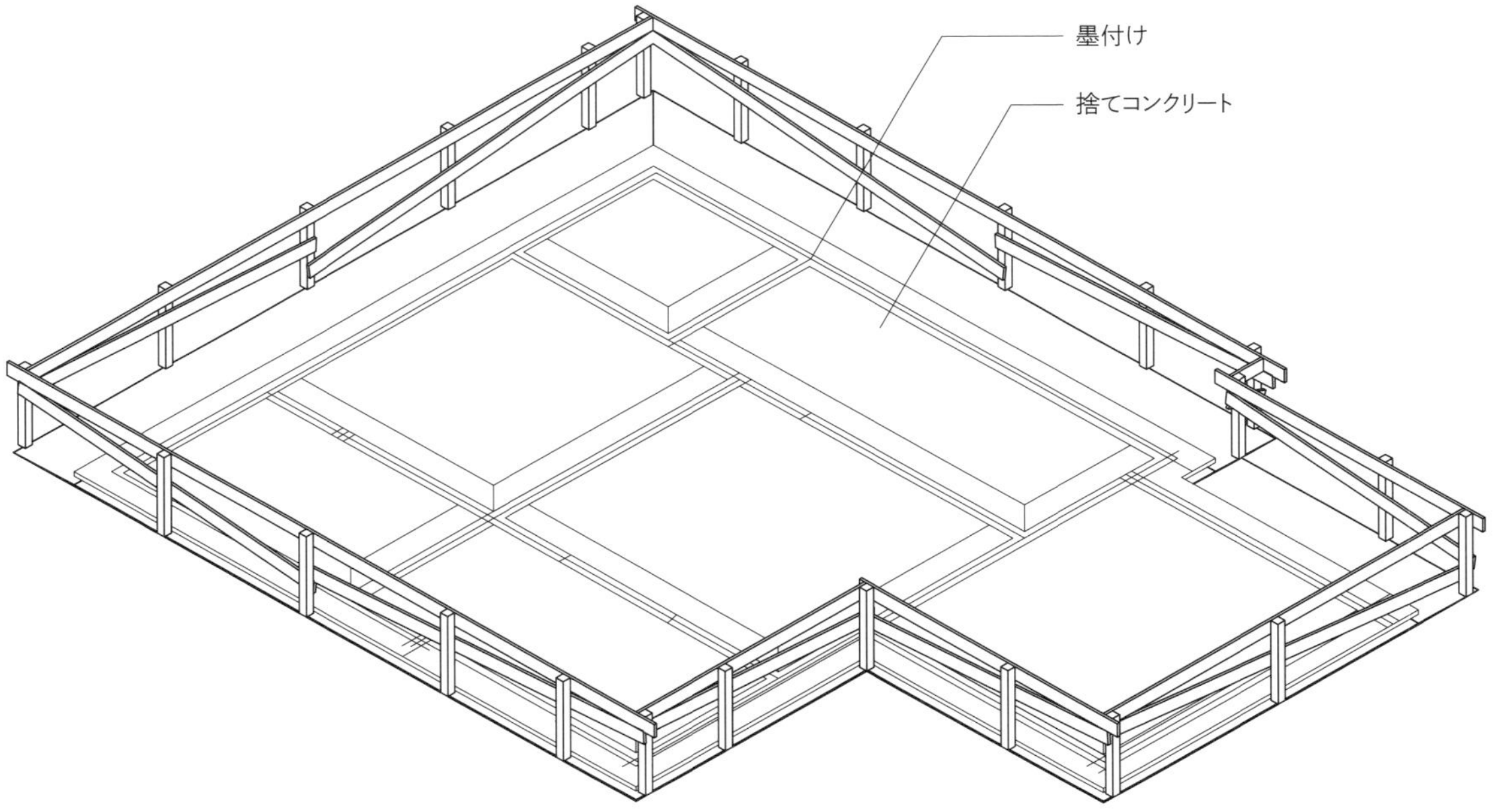

4. 捨てコンクリート打設・墨付け

基礎底面を平らにならして配筋の際のスペーサーを安定させたり、通り芯の墨付けをするために、防湿フィルムの上に捨てコンクリートを厚さ50ミリ程度打設する。

基礎工事

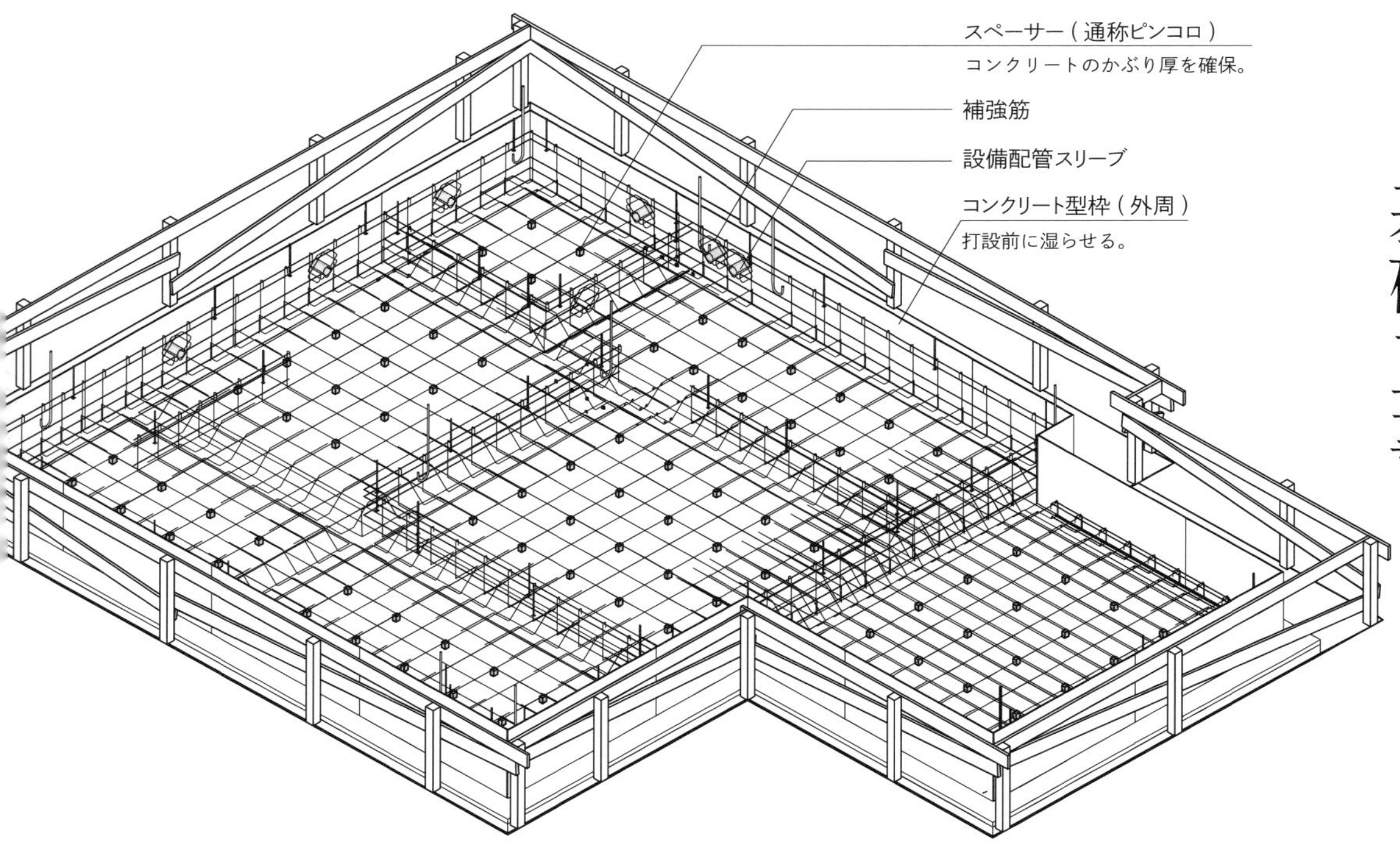

1. 配筋・アンカーボルト・ホールダウン金物設置

配筋

基礎配筋図にしたがい、鉄筋の径、ピッチ、定着長さ（40d 以上）、コンクリートのかぶり厚の確保、スリーブ穴空けにともなう補強筋の設置などに注意し、配筋する。（図 1）

アンカーボルトの設置

建物が風圧力や地震力を受けた際に持ち上がって位置がズレないよう基礎と土台を緊結するための金物を基礎に埋設する。土台の継手、耐力壁の両端、その他 2 階以下の建物であれば 2.7メートル以内、3 階の建物であれば 2メートル以内に設置する。

ホールダウン専用金物

耐力壁端部の下部に取り付けられたホールダウン金物と基礎とを一体化し、耐力壁端部に生じる垂直方向の浮き上がりを防ぐ。開口部や筋交金物との関係で、設置位置を事前に検討することが重要である。（図 2）

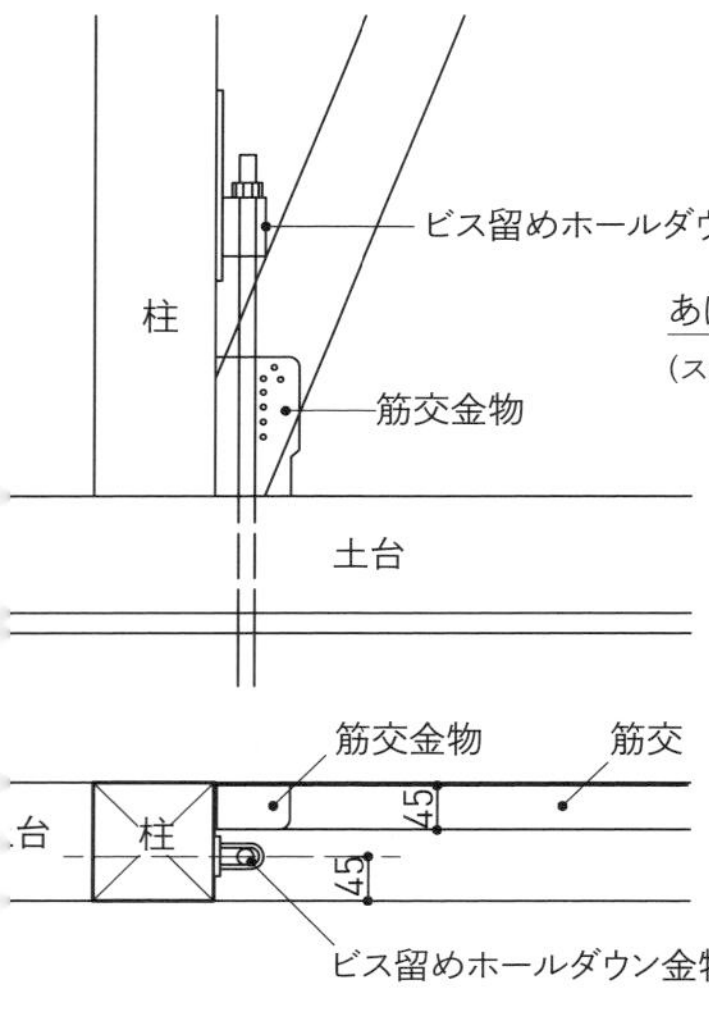

（図2） 筋交プレートとホールダウン金物の納まり

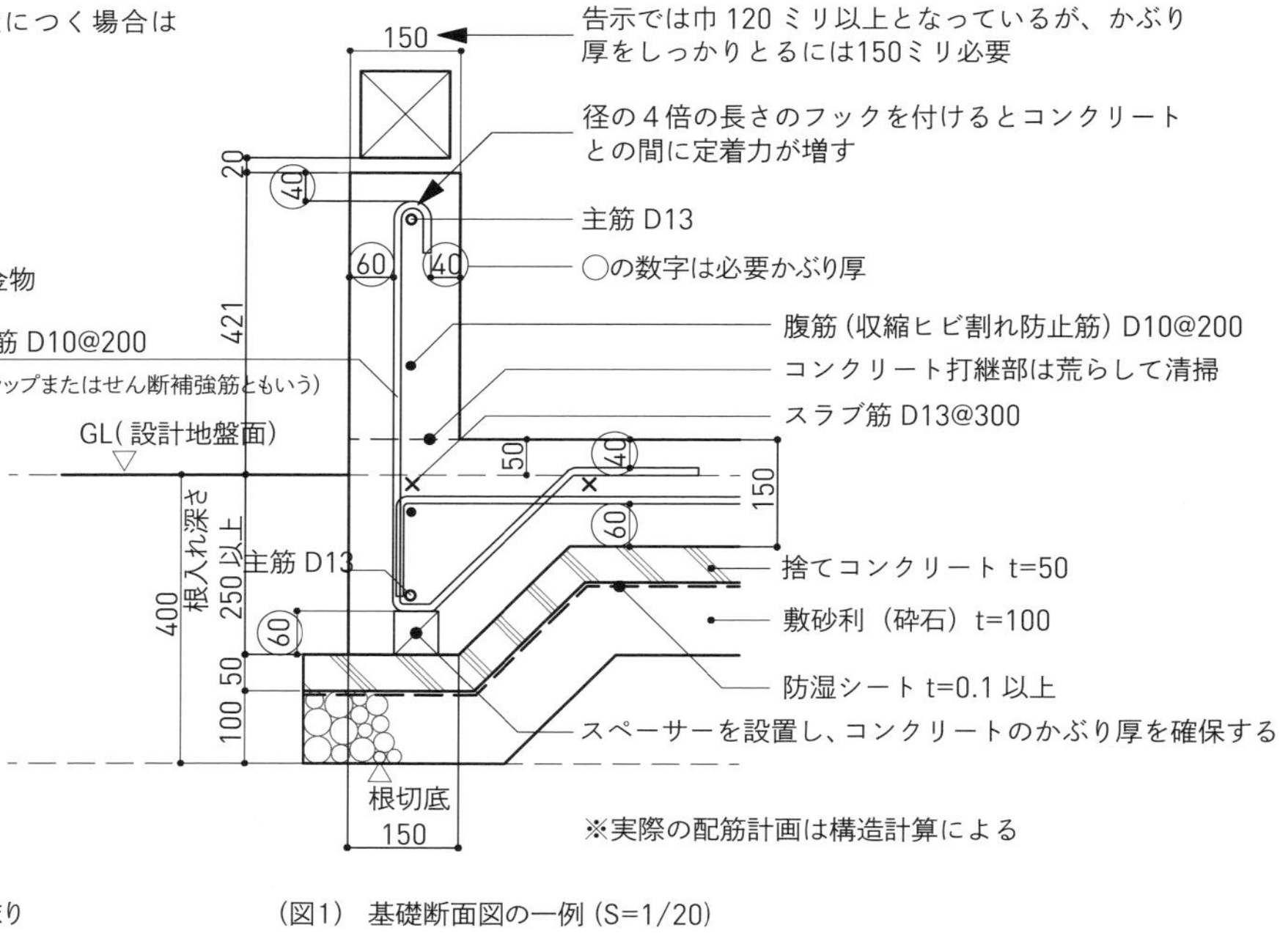

（図1） 基礎断面図の一例（S=1/20）

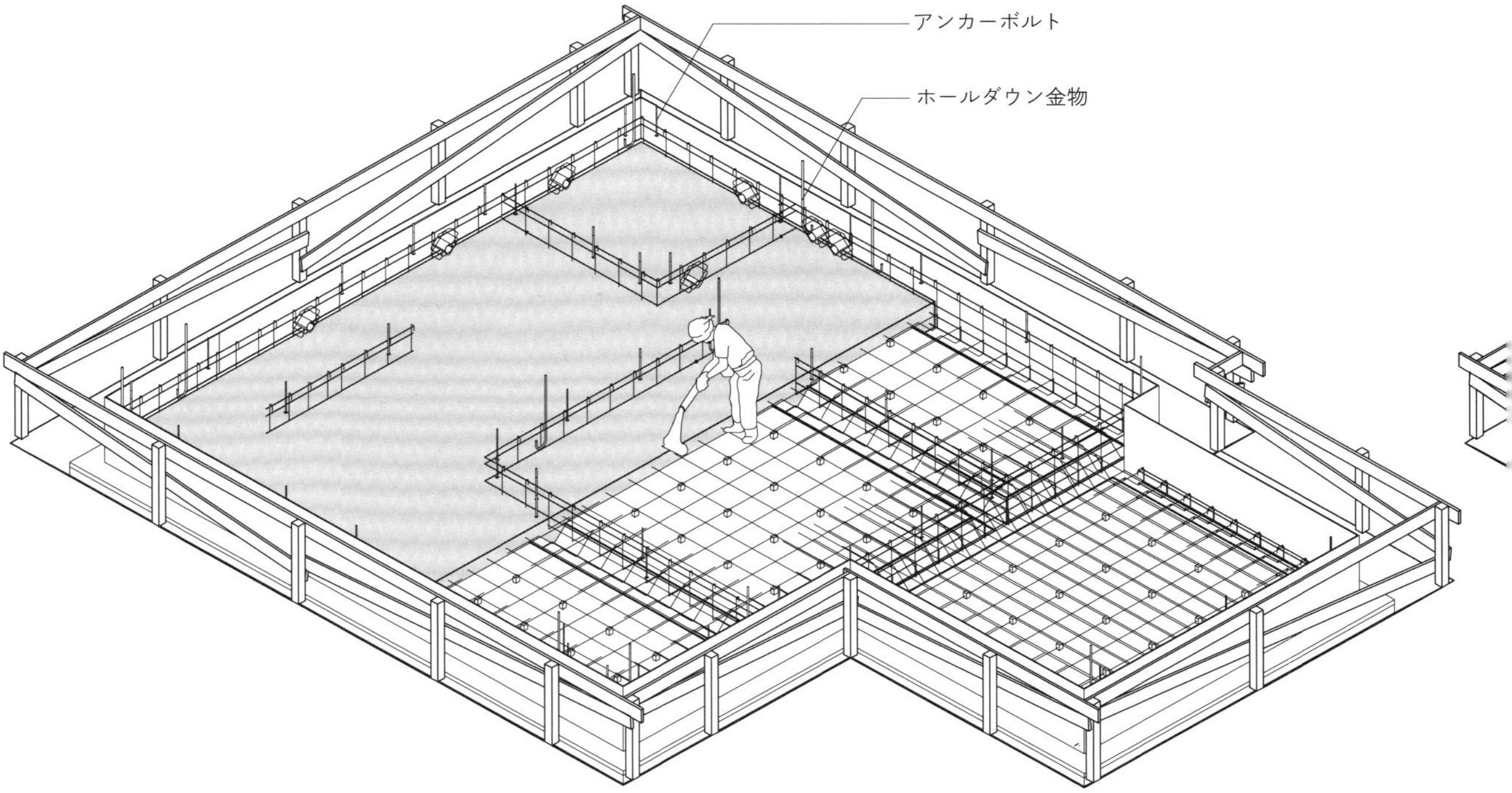

2. 耐圧盤コンクリート打設

基礎のコンクリートを2回に分けて打つうちの1回目の打設。コンクリートの呼び強度※、スランプは特記による。

※生コン工場が打設28日後においてその強度が出ることを保証する値。設計基準強度+3N/㎟（平均気温8〜25℃）または6N/㎟（平均気温8℃未満または25℃を越える）。

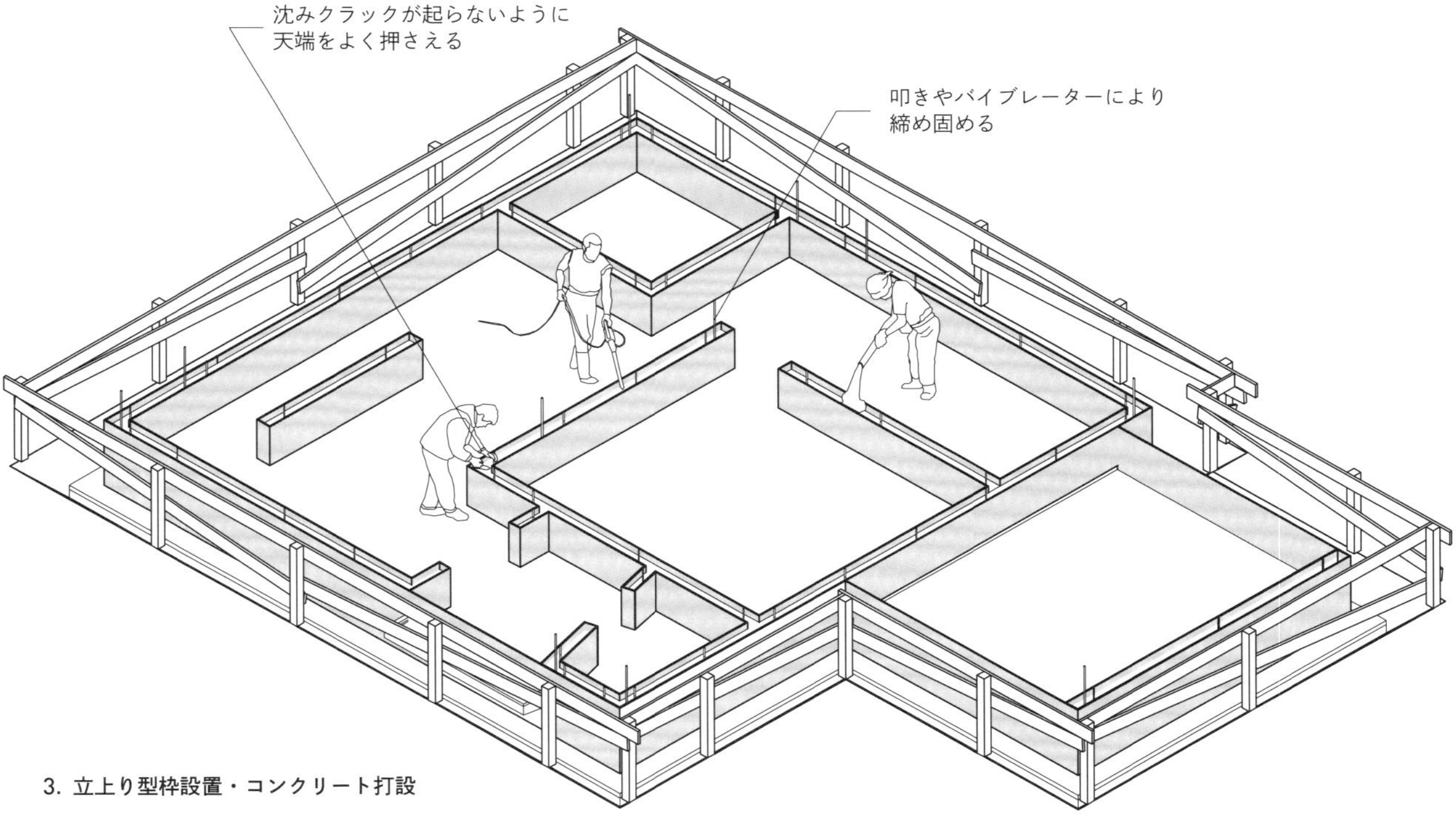

3. 立上り型枠設置・コンクリート打設

立上り型枠設置

耐圧盤のコンクリートを打設した後、その上に載せるように基礎の立上り型枠を設置する。

コンクリート打設

先に設置した、アンカーボルト、ホールダウン金物、配管のヴォイド管が傾いたりズレたりしないように気を付けながら、2回目のコンクリートを打設する。コンクリートの養生期間は気温20℃以上の場合は4日以上、10℃以上20℃未満の場合は6日以上とする。

土台敷き

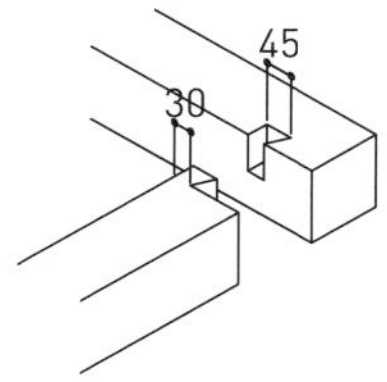

片蟻掛け

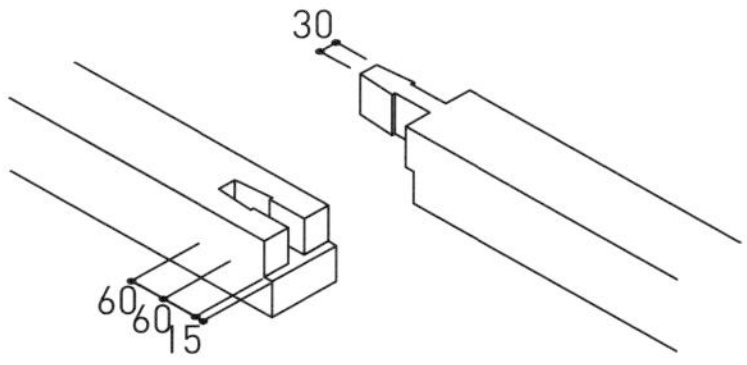

腰掛け鎌継ぎ

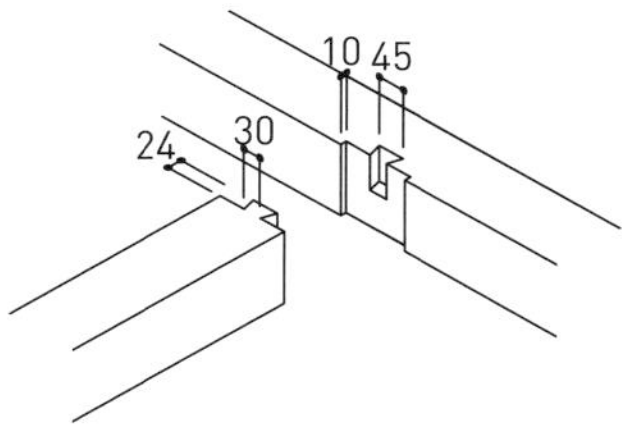

大入れ蟻掛け

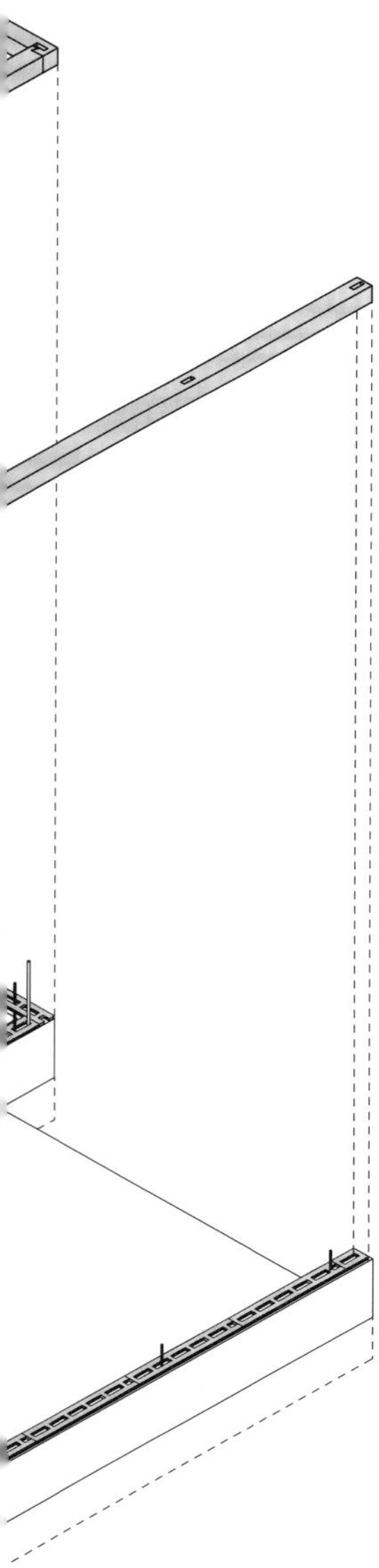

土台は基礎の上に設置され、柱から受ける荷重を分散させて基礎に伝える役割がある。

土台の寸法は１０５角以上１２０角を標準とし、継手（長さを継ぐ接合）は柱や耐力壁内を避け、腰掛け蟻継ぎまたは腰掛け鎌継ぎとする。直行方向の仕口（直角または斜めに接合）は大入れ蟻掛け、隅部は片蟻掛けとする。建物にかかる水平荷重による浮き上がりやズレを拘束するためにアンカーボルトで基礎に緊結する。

土台は地面に最も近い位置に設置される木質構造材なので、ヒノキやヒバなどの腐朽に強い樹種を使う。また防蟻剤には揮発しないホウ酸系の薬剤を用いると効果も長く続き、また人体にも無害である。基礎断熱とするために基礎との間に気密パッキンを挟み込み、床下の気密をとるとともに、基礎コンクリートと絶縁することで湿気が土台に廻らないようにする。

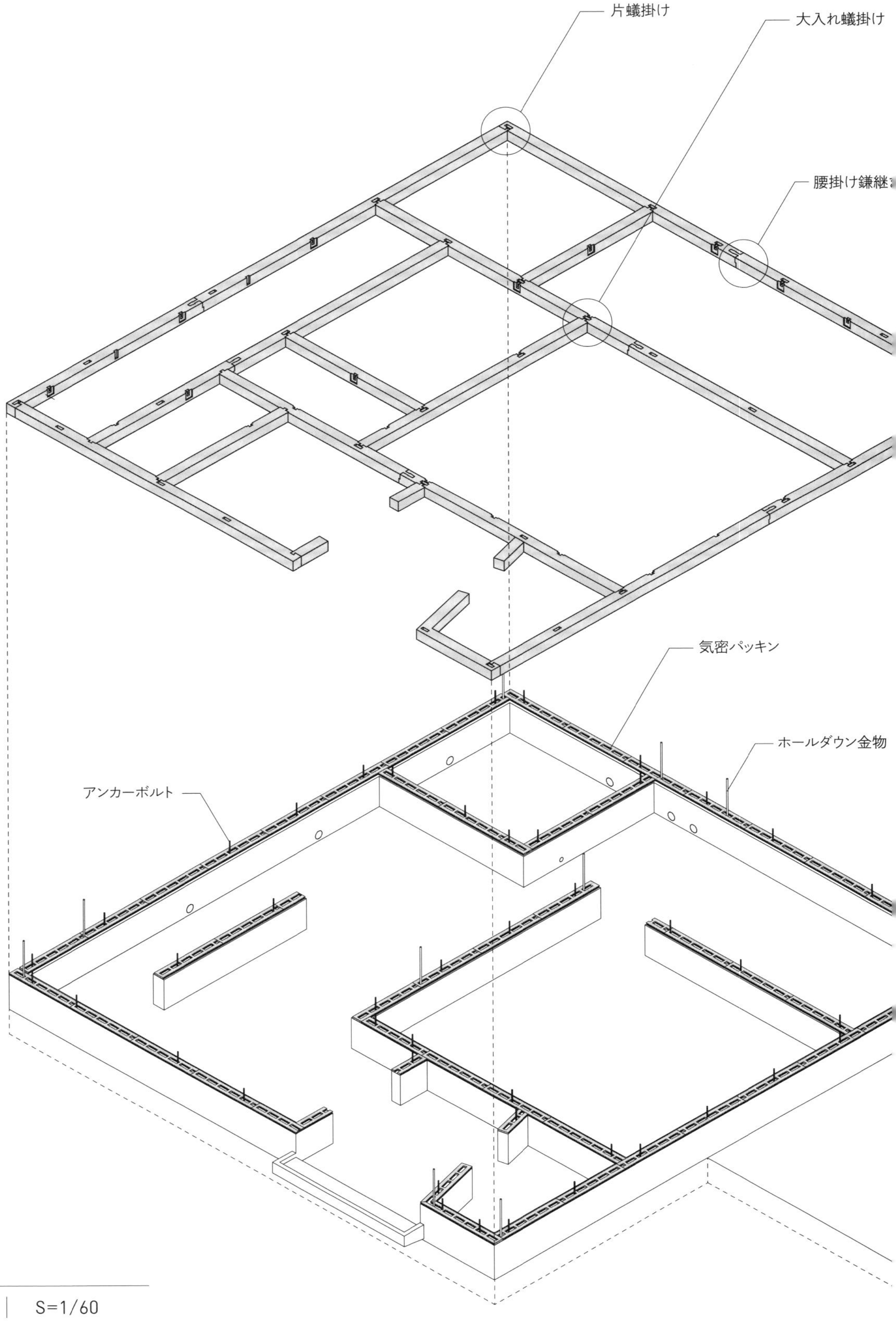

土台敷き　S=1/60

基礎断熱材・鋼製束・大引

朝霞の家では、床下通気出入口を室内側にとる「基礎断熱工法」を採用しており、外壁の中心線から600ミリの範囲の基礎立上りと耐圧盤に押出法ポリスチレンフォーム3種50ミリ厚を貼っている。

大引は土台、基礎が柱からの垂直荷重を受けるのに対し、床の荷重のみを請け負う役割を担う。床下地を3×6板（さぶろくばん）の厚板構造用合板を用いるため、その受け材として、合板周辺には土台（120×120）または大引（90×90）が、中間には受け材（45×90）がくるように計画する。大引は土台に対して大入れ蟻掛け、受け材は大入れ仕口で接合し、中間部を耐圧盤の上に直接載せた鋼製束で支えている。

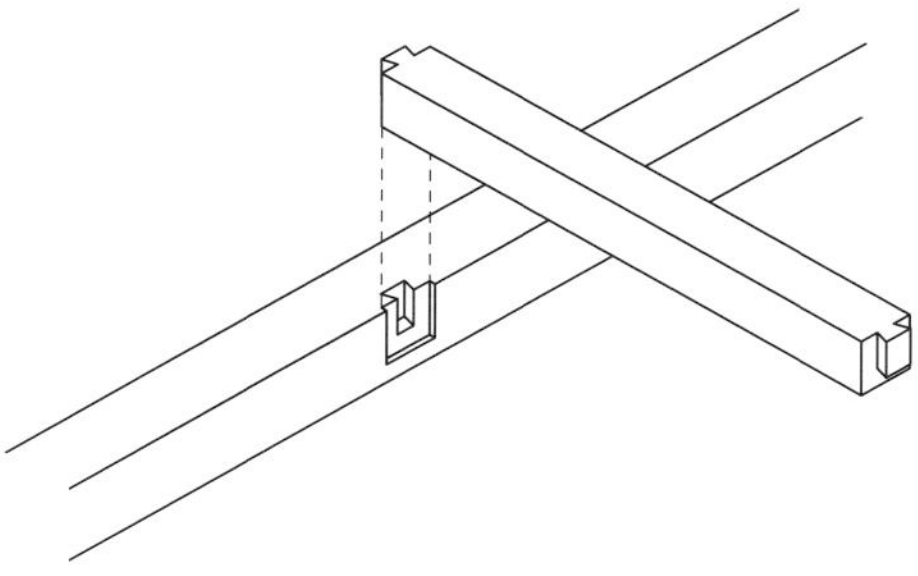

大入れ蟻掛け

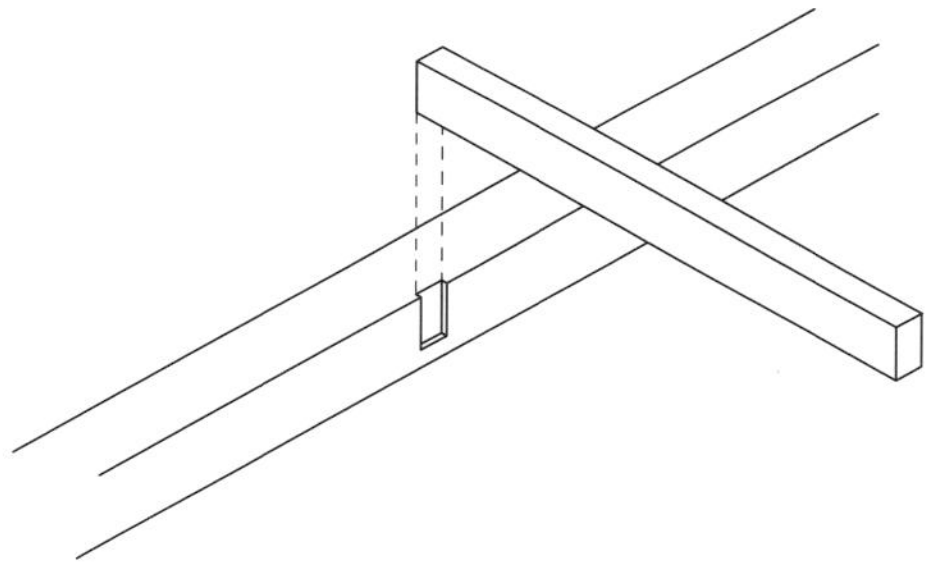

大入れ仕口

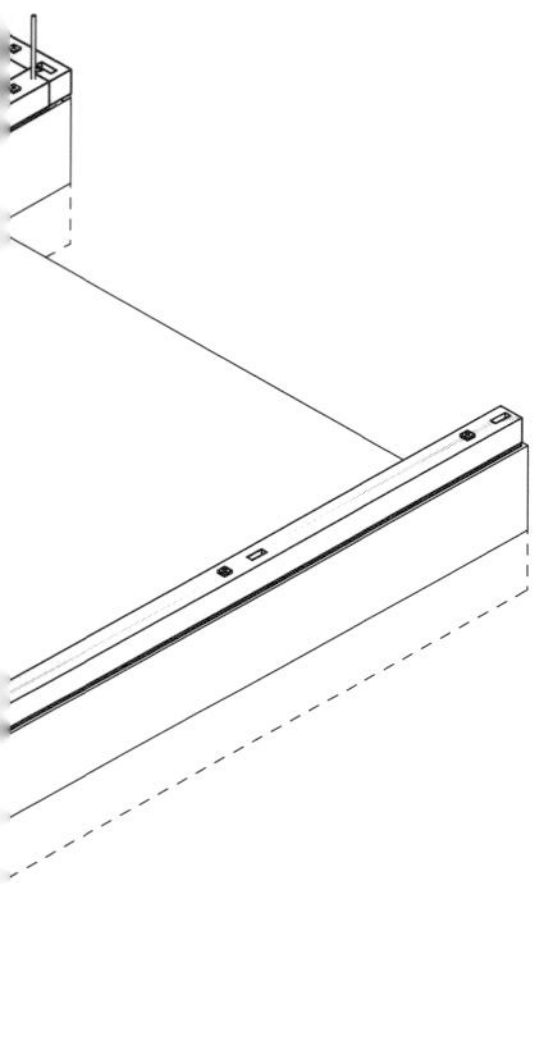

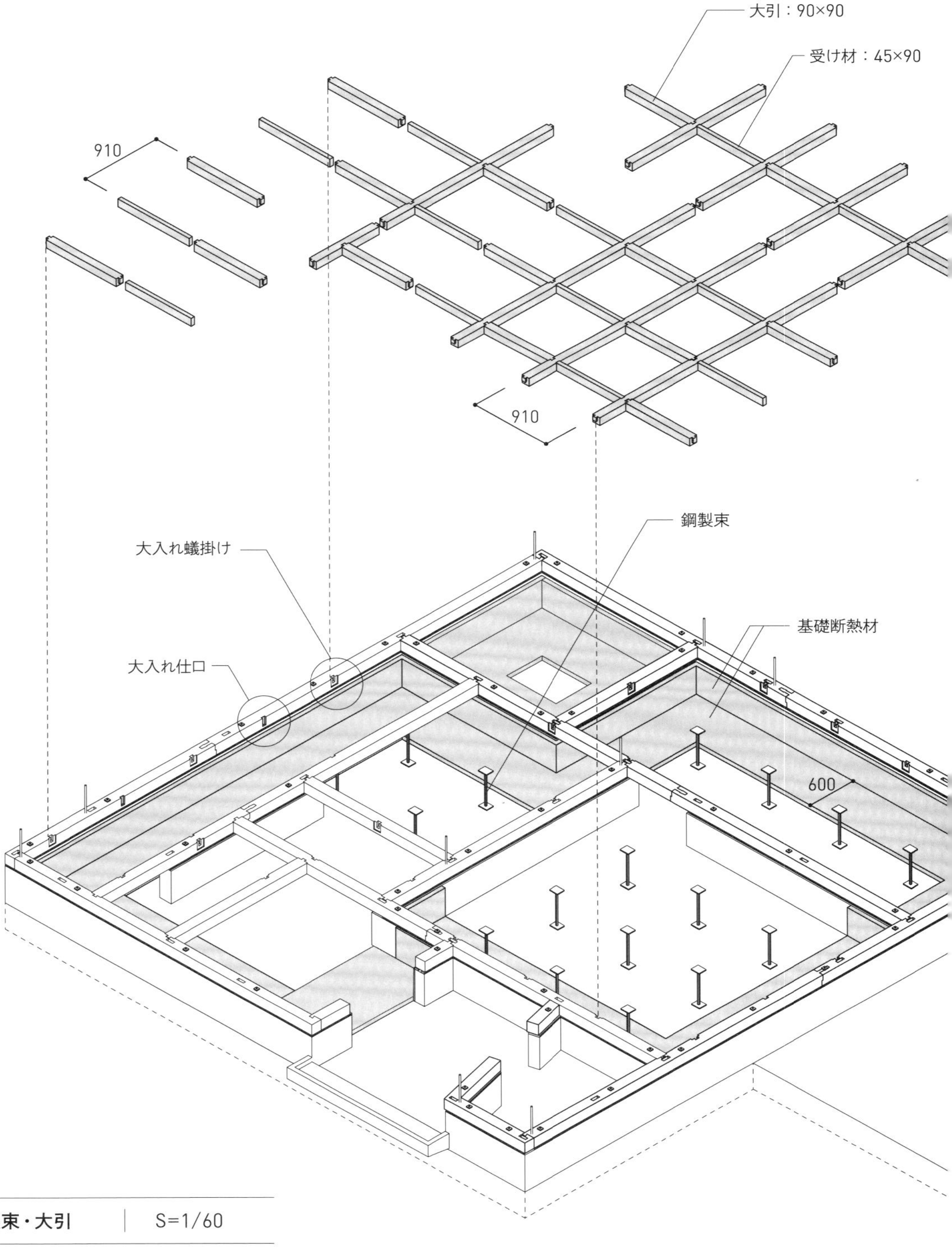

基礎断熱材・鋼製束・大引　S=1/60

1階床下地

ベタ基礎の場合はコンクリート耐圧盤の水平剛性が高いため、土台がアンカーボルトで固定されていれば、土台の上で面剛性をとる必要はないが、根太を省略することで施工の効率化が図れ、また床下空間のメンテナンススペースを大きくとることができることから、朝霞の家では、床下地として構造用合板24ミリ以上（根太レス合板）を土台に直接取り付ける方法を採用している。

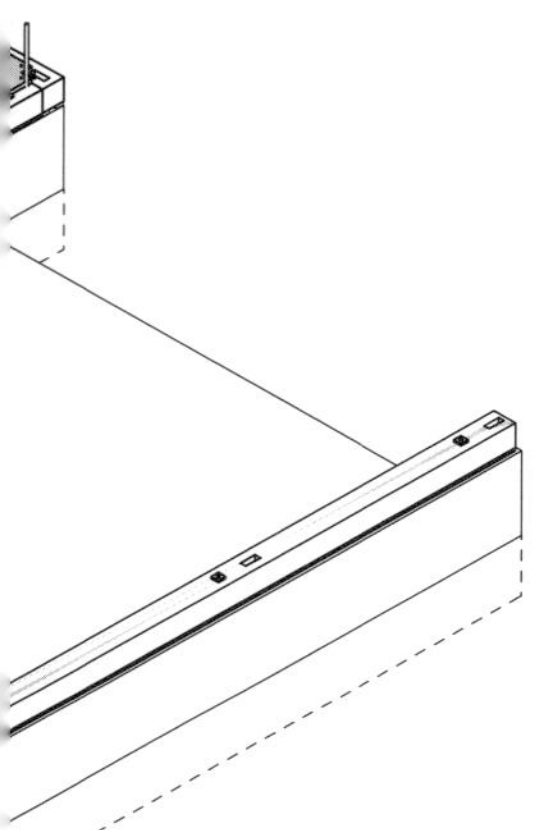

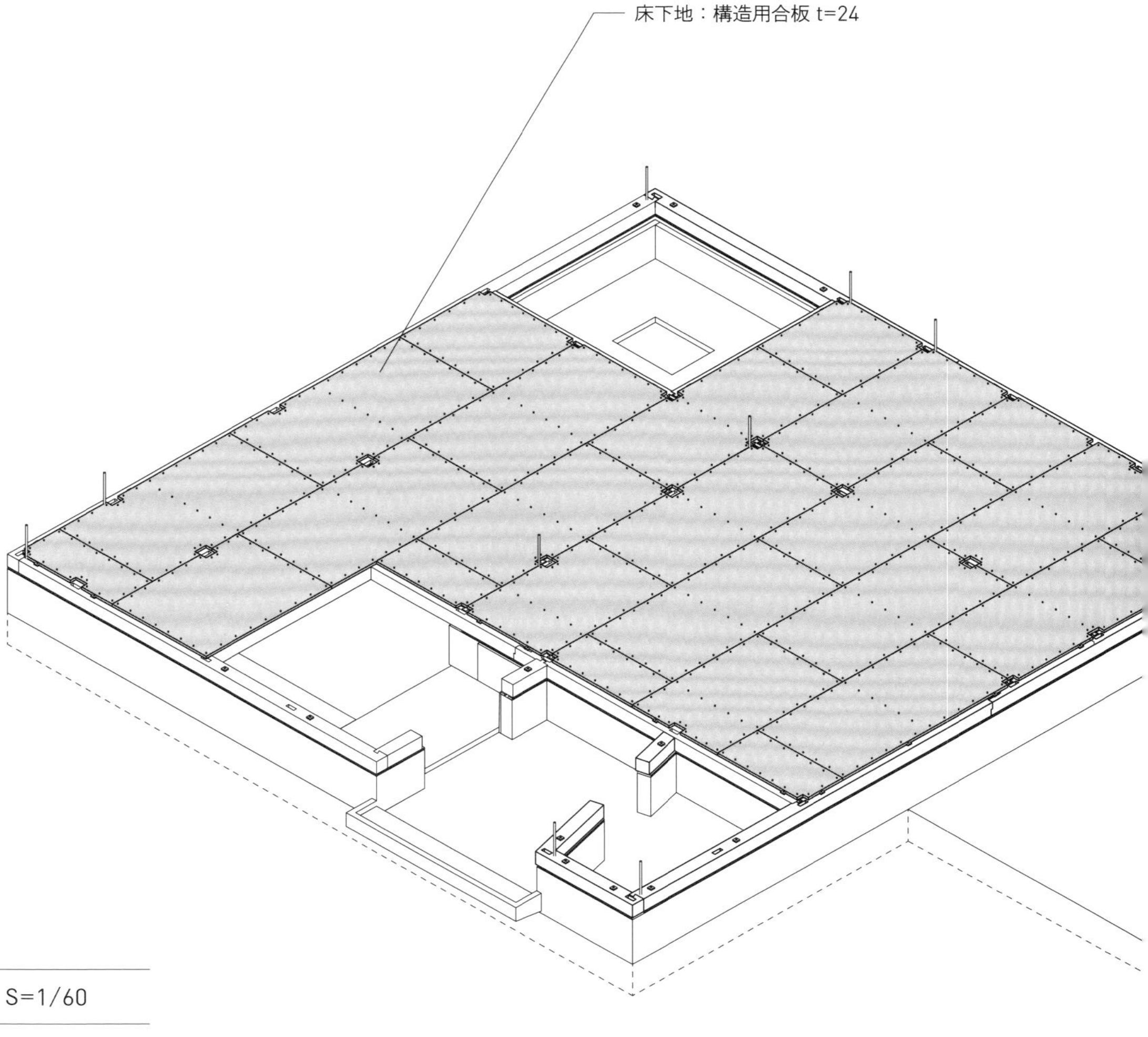

1階床下地　S=1/60

1階柱・隅柱

柱の断面寸法は座屈と土台へのめり込みの検討によって実際は決まるが、一般的には１０５角または１２０角を標準とする。朝霞の家では隅柱を１２０角の通し柱、その他を１２０角の管柱としている。四隅を管柱とした場合も上下の柱を金物で緊結すれば強度的には変わりないが、通し柱としたのは施工上、建物全体の垂直位置を調整しやすいからである。

柱は、上からの荷重による圧縮力の他に、耐力壁の取り付く柱には水平荷重時に引張力が働く。その際に柱が抜けないよう、計算によって求めた引抜き力に応じた耐力の金物を用いて、柱脚を土台あるいは基礎に、柱頭を梁または上階の柱に固定する。

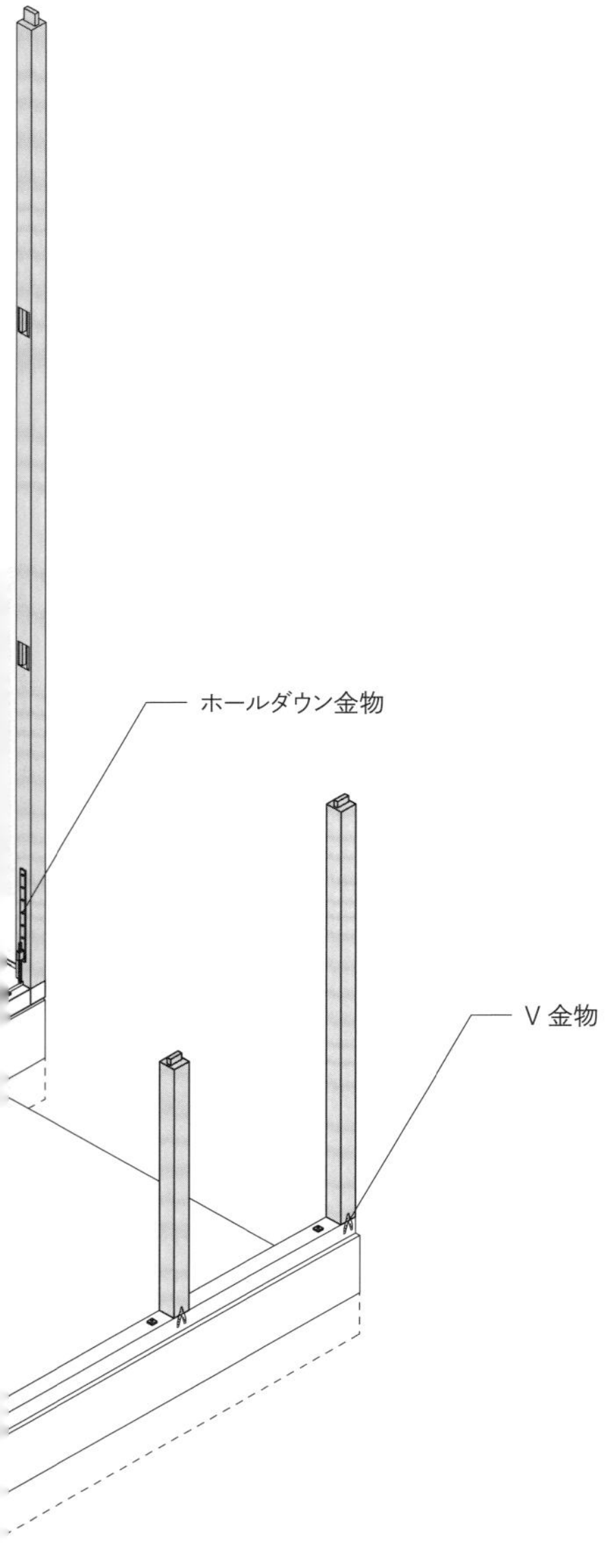

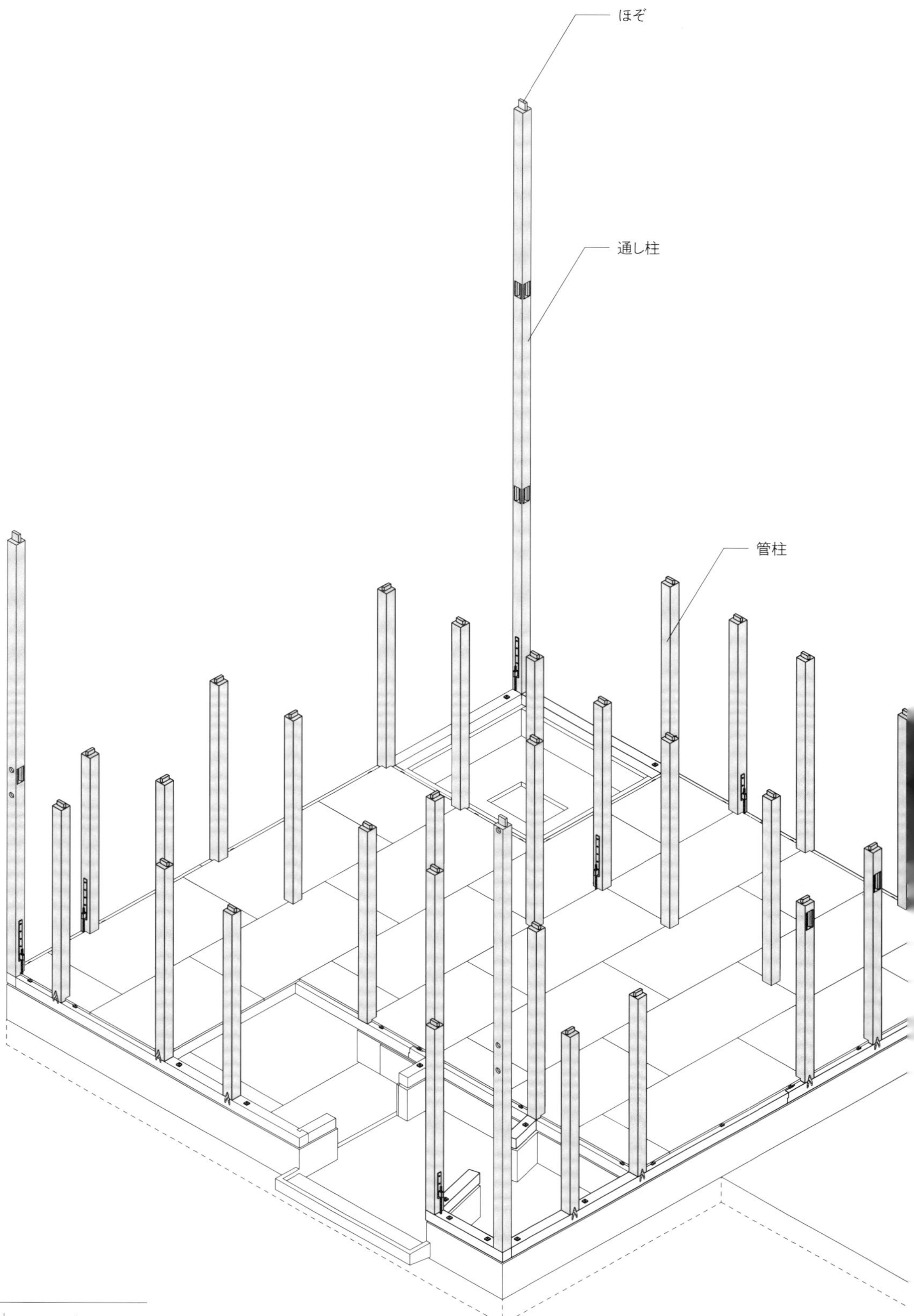

1階柱・隅柱 | S=1/60

2階床梁

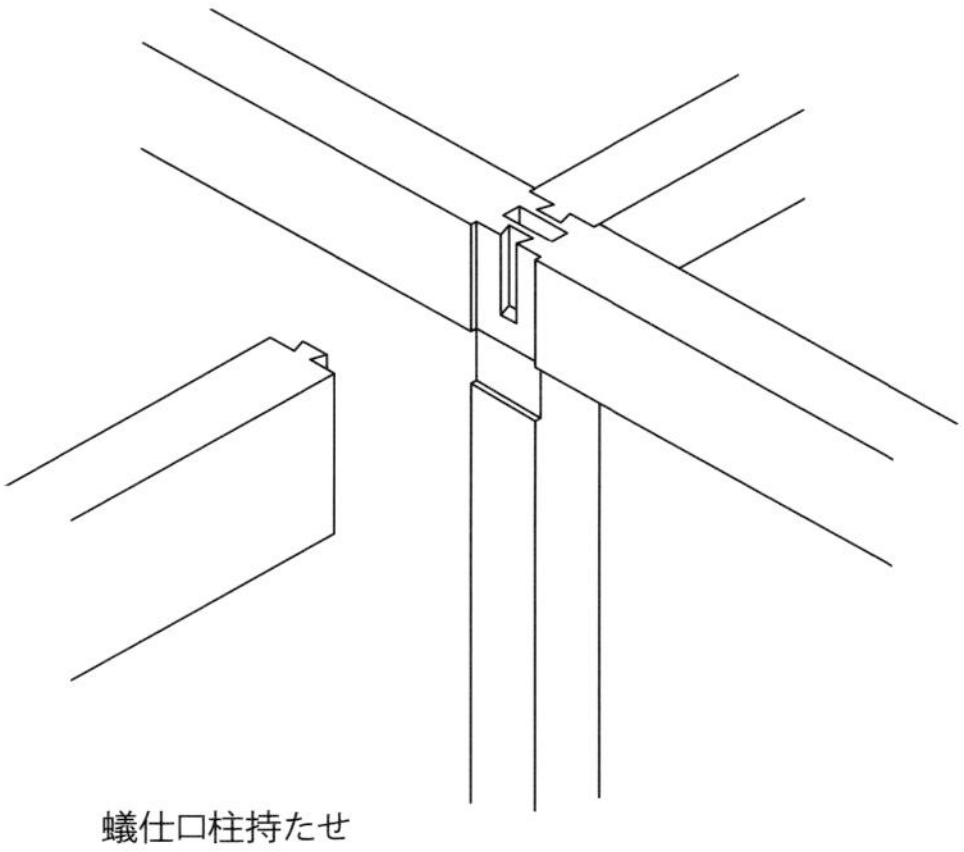

蟻仕口柱持たせ

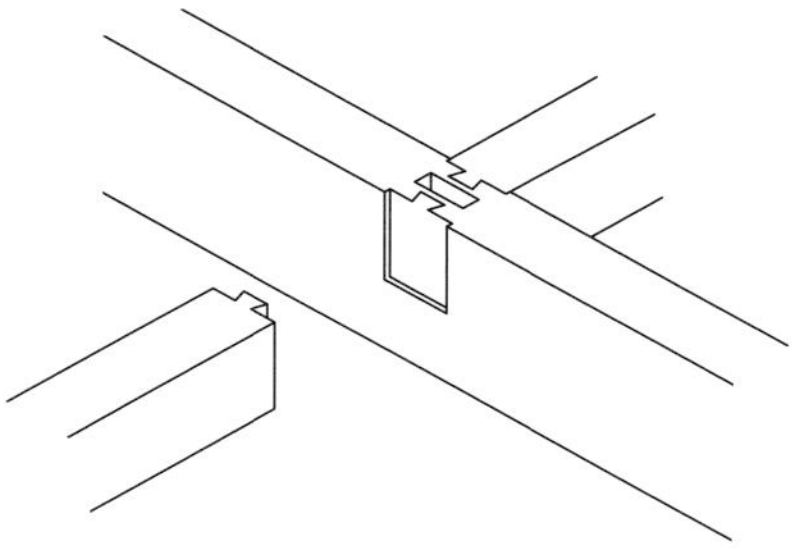

大入れ蟻仕口

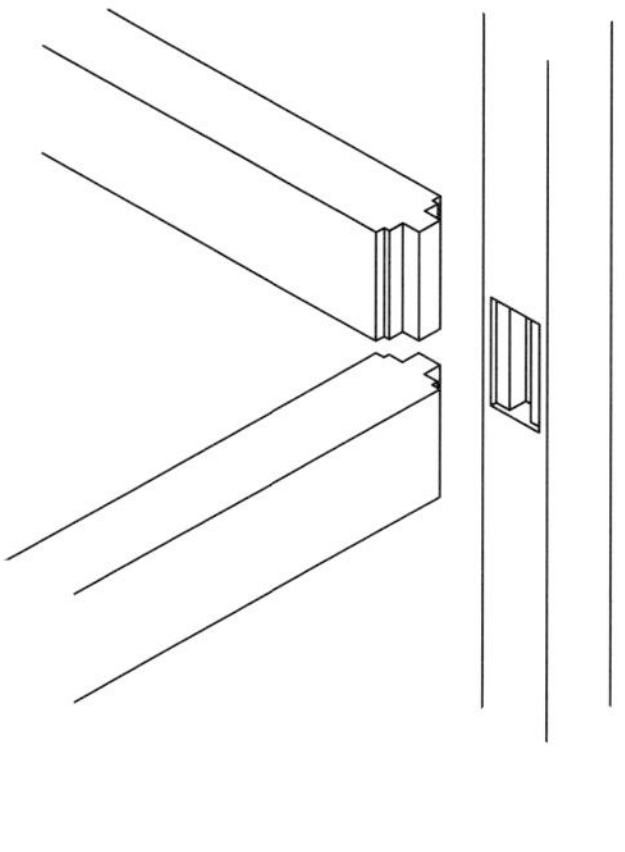

二段ほぞ

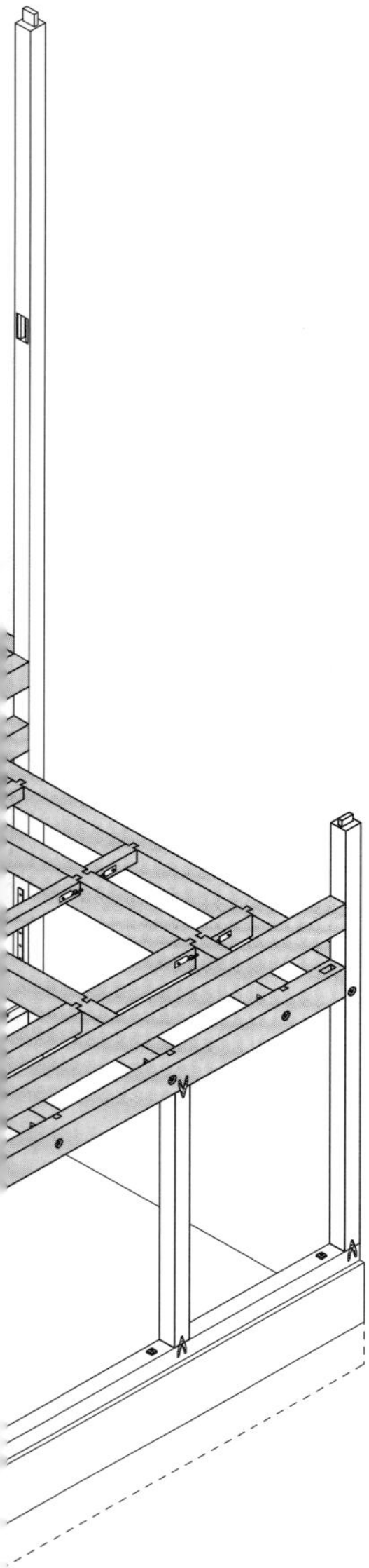

梁の断面寸法は梁に作用する曲げ応力やせん断応力、変形に対する変位角を求めて算出される。変位角は建築基準法では１／２５０以下とされているが、大梁に小梁が架かるような場合のたわみは、それらの変形の和となることから、各部材の変位角を１／４５０以下に抑えられるように検討すべきである。

床の面剛性をとるための厚板構造用合板を梁天端に直張りできるよう、すべての梁の天端レベルを同じにしている。梁の端部は抜け出して耐力が著しく低下することがないよう、羽子板ボルトなどの金物で引き寄せる。

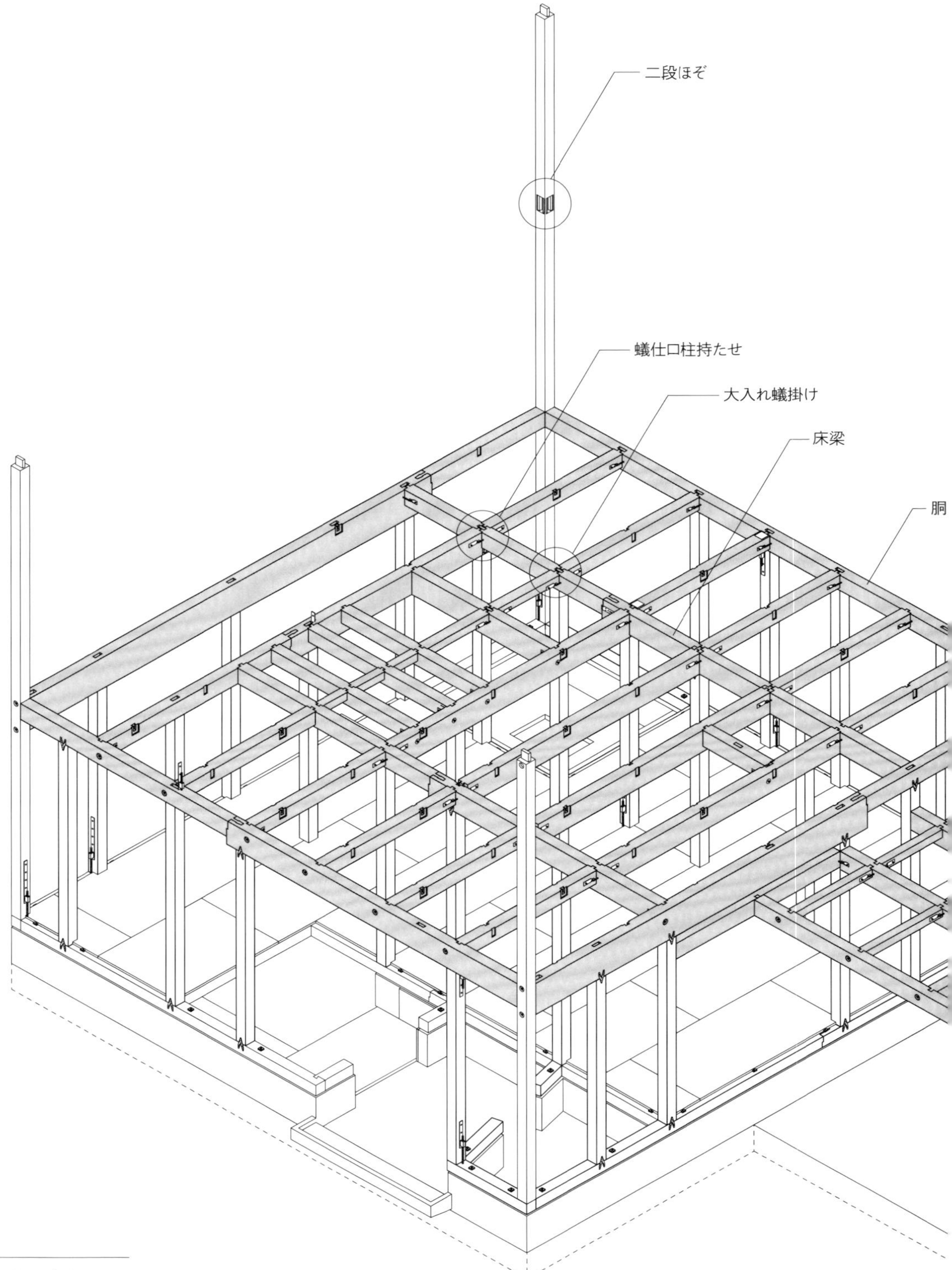

2階床梁　S=1/60

2階床受け材

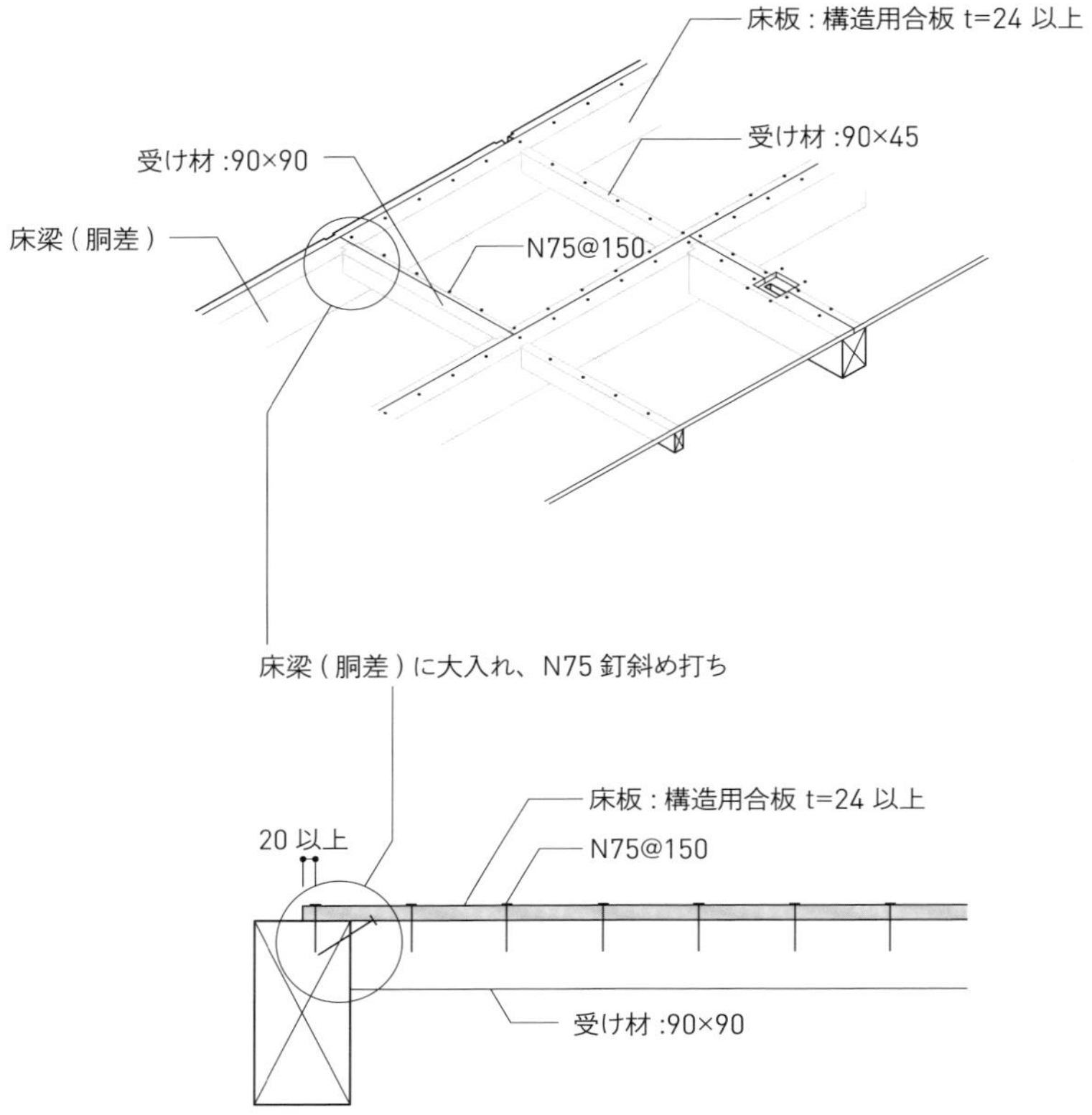

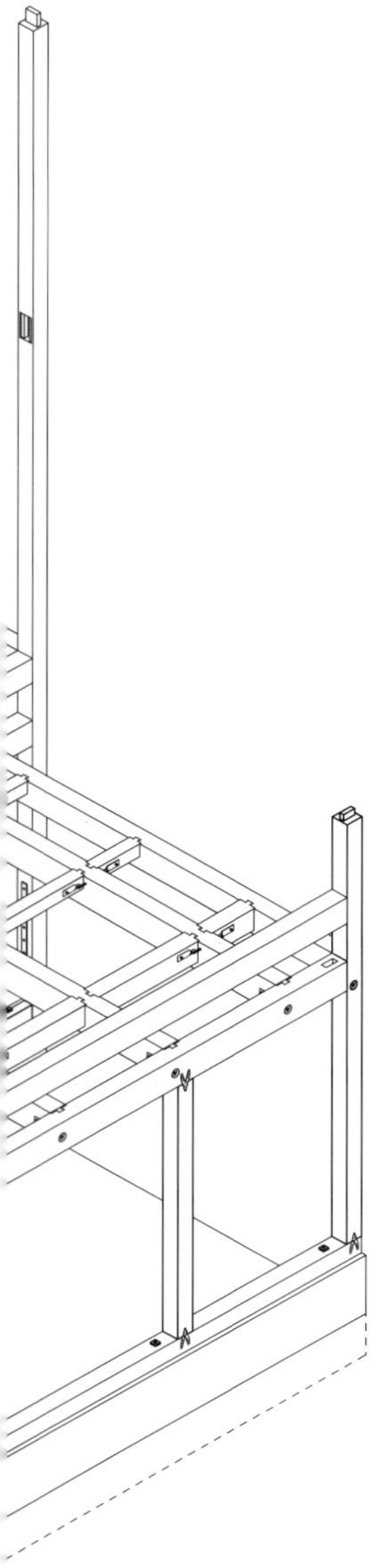

床の面剛性をとるための合板を受ける材を設置する。構造面材の3×6板をその周囲と中間を釘で留め付けるために90×90（合板の継目）と45×90（合板の中間）の受け材を910ミリピッチで交互に入れている。

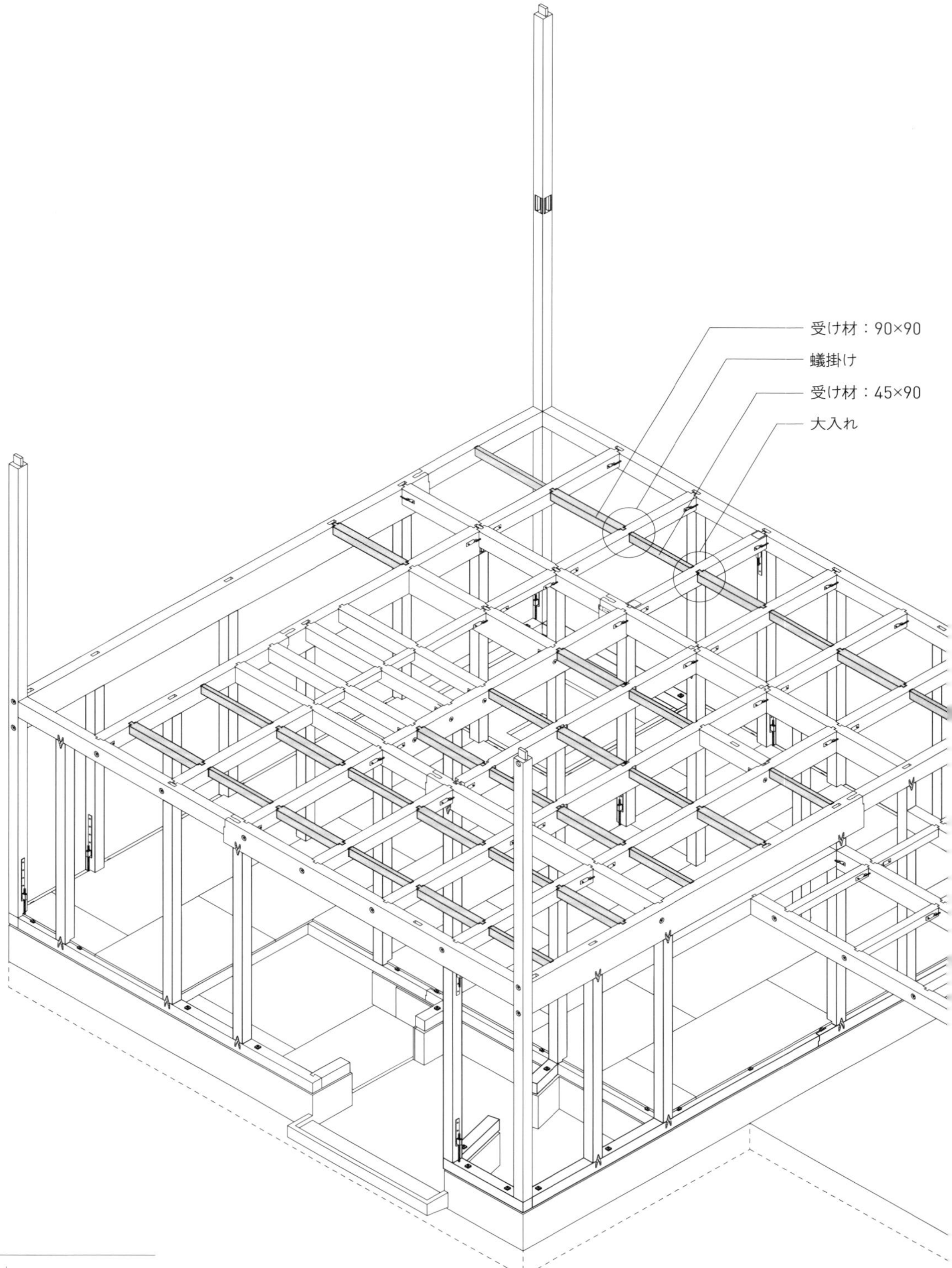

2階床受け材 S=1/60

2階床下地

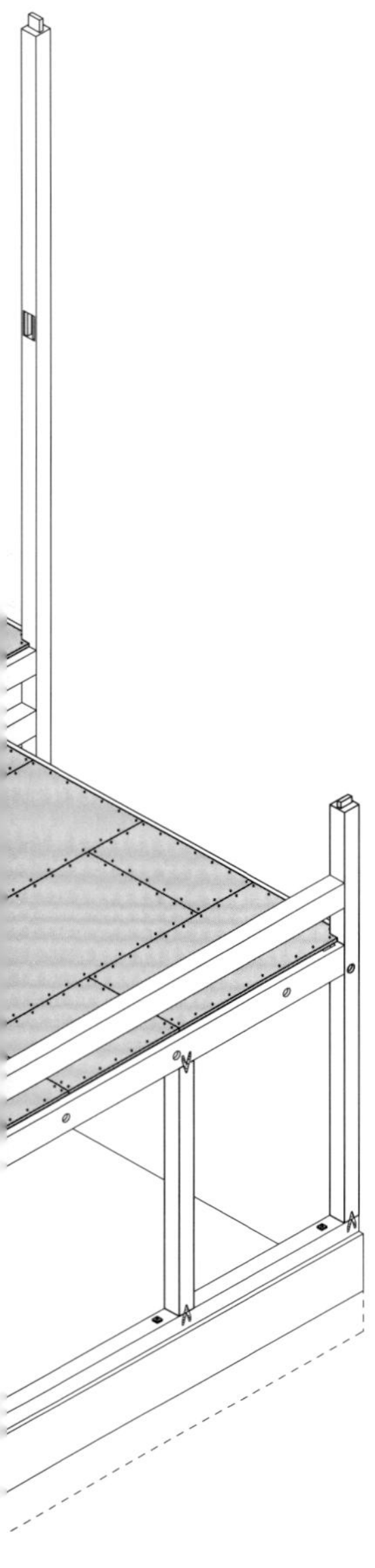

床組の剛性には、水平力を下階の耐力壁に均等に伝えるという重要な役割がある。床組の水平剛性をとるためのいくつかの方法の中でも、構造用合板を釘打ちとしたものは特に高い剛性を確保することができる。朝霞の家では、構造用合板24ミリ厚、根太なし直張り四周釘打ち、N75@150以下（受け材の間隔910ミリ）としている。床倍率（※）は4.0である。柱の部分は欠き取り釘打ちする。

※水平構面の固さを示す指標。床倍率1は床の長さ1メートル当たり1.96キロニュートンの耐力を示す。

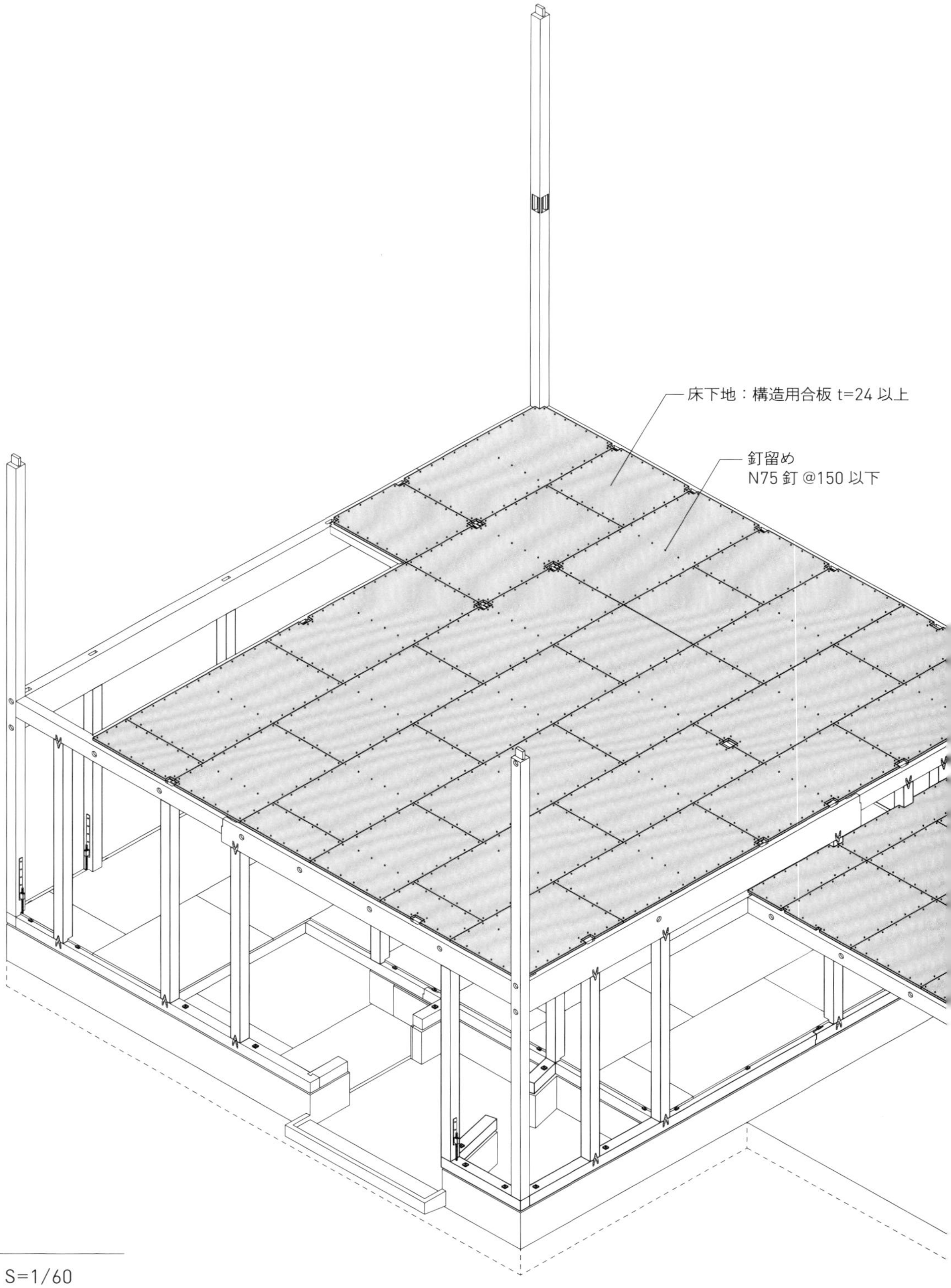

床下地：構造用合板 t=24 以上
釘留め
N75 釘 @150 以下

2階床下地 S=1/60

2階柱

管柱はできるだけ1階と柱位置を合わせて設置するのが望ましい。1階同様、耐力壁の取り付く柱の引抜き力を算定し、柱頭柱脚を金物で固定する。

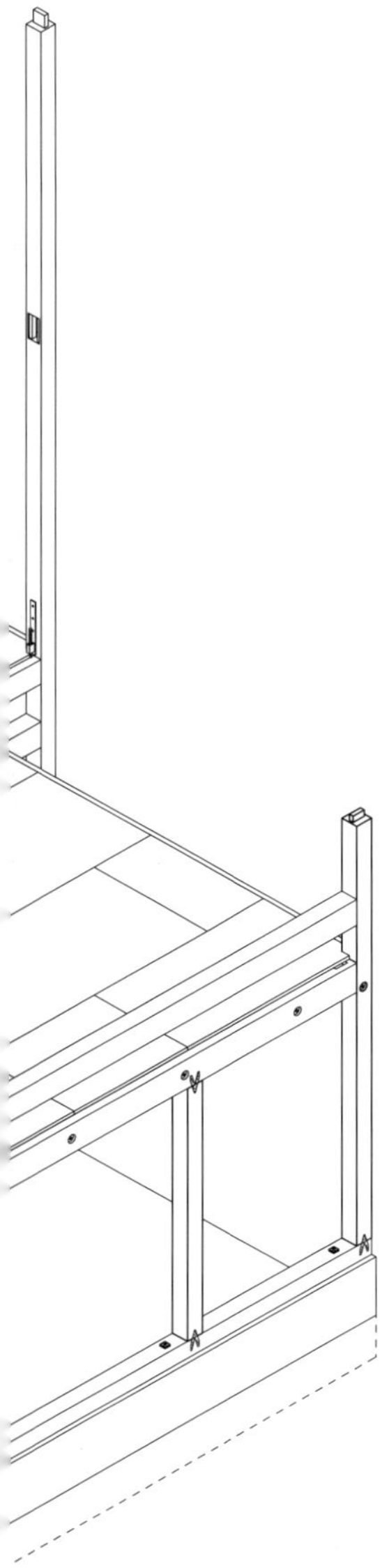

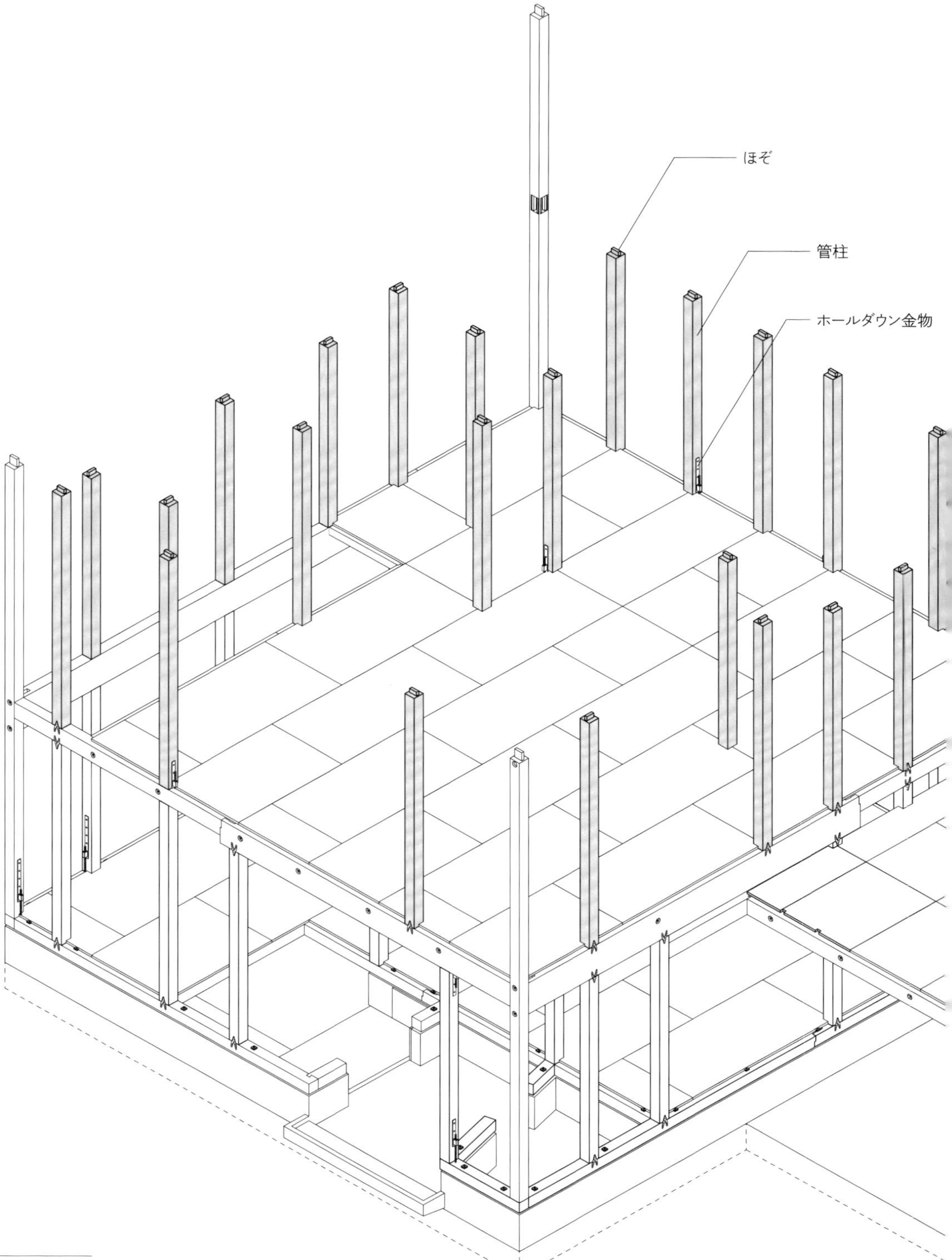

2階柱　S=1/60

3階床梁・受け材

2階床同様に床梁と受け材を取り付ける。吹抜け部は梁が風圧を受けるので、それに抵抗するために火打梁の設置や梁巾を増すなど、たわみを軽減する対策が必要である。朝霞の家では、吹抜けの梁の上に910ミリのピッチで登梁を架ける計画となっており、それがたわみ止めの役割を果たしている。

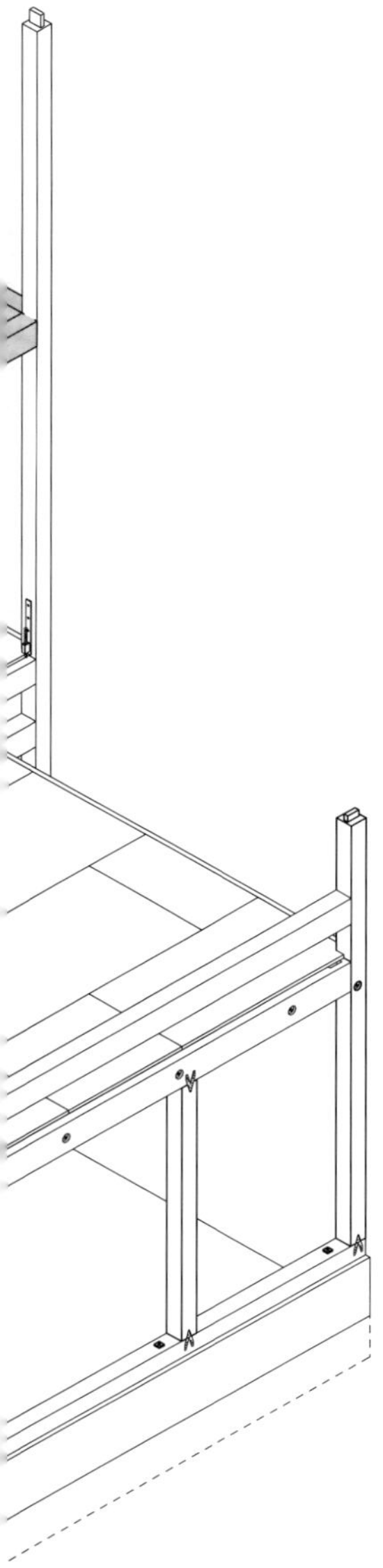

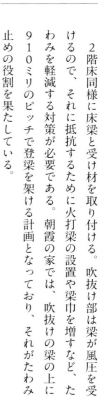

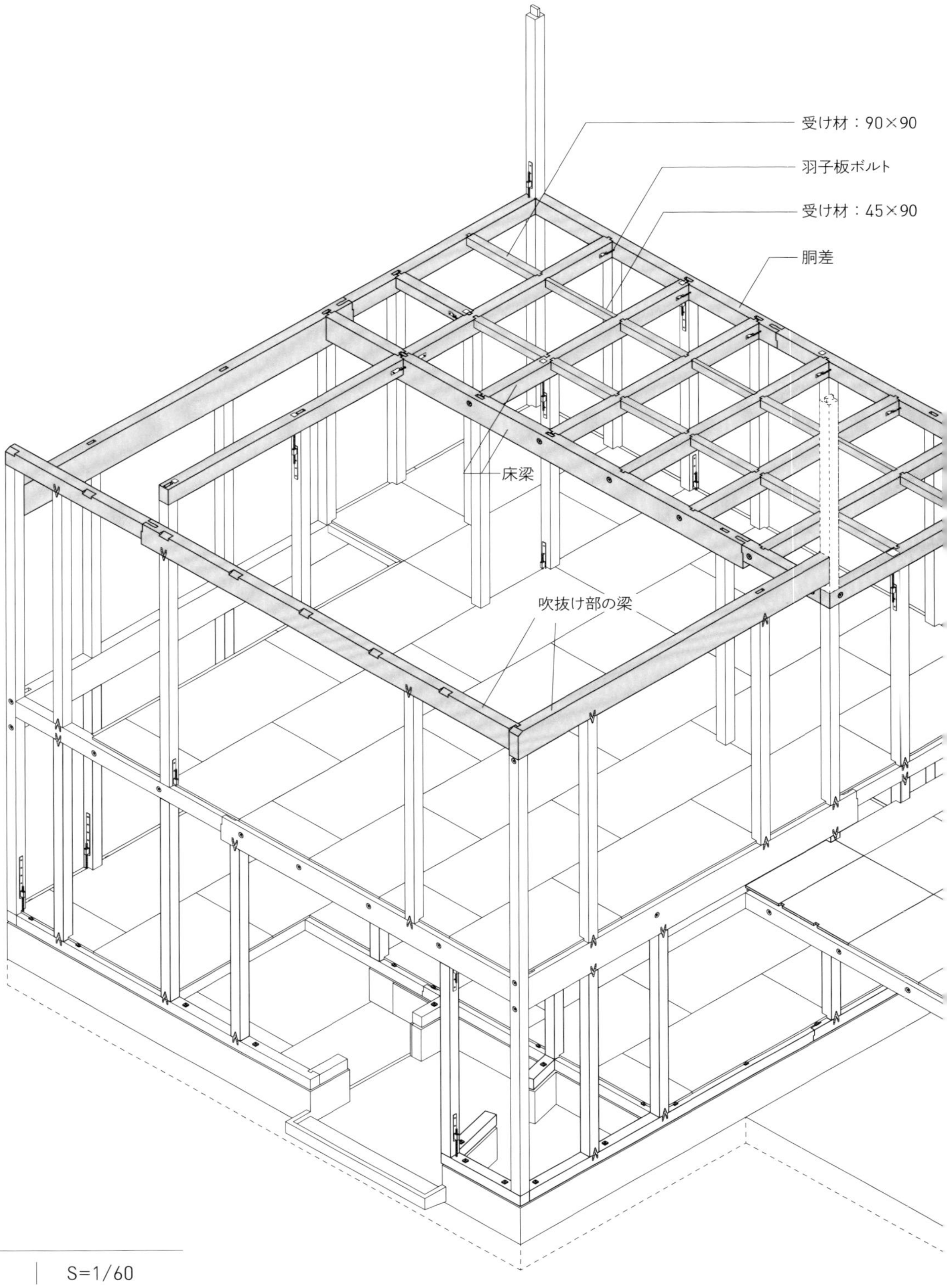

3階床梁・受け材　S=1/60

3階床下地・柱・小屋梁

2階同様、床梁に構造用合板24ミリを打ち付け、柱、梁を設置する。

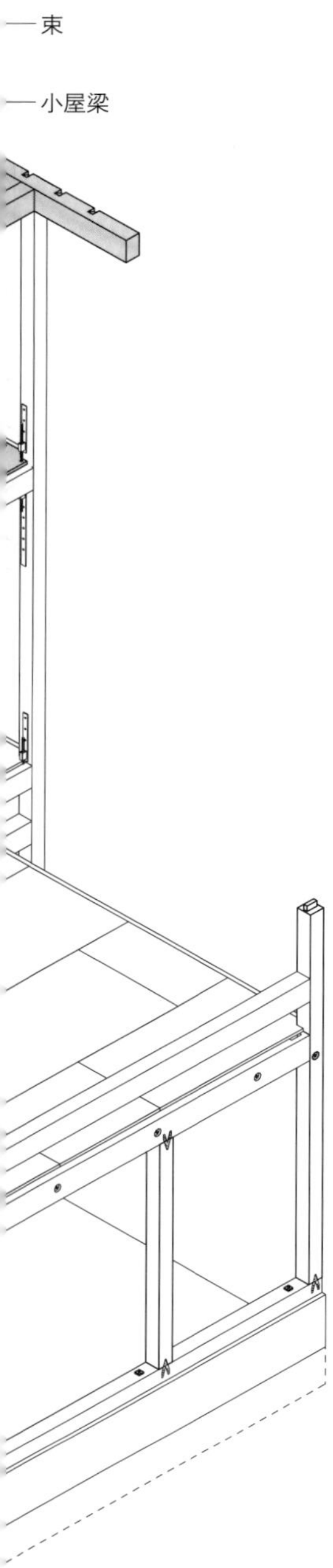

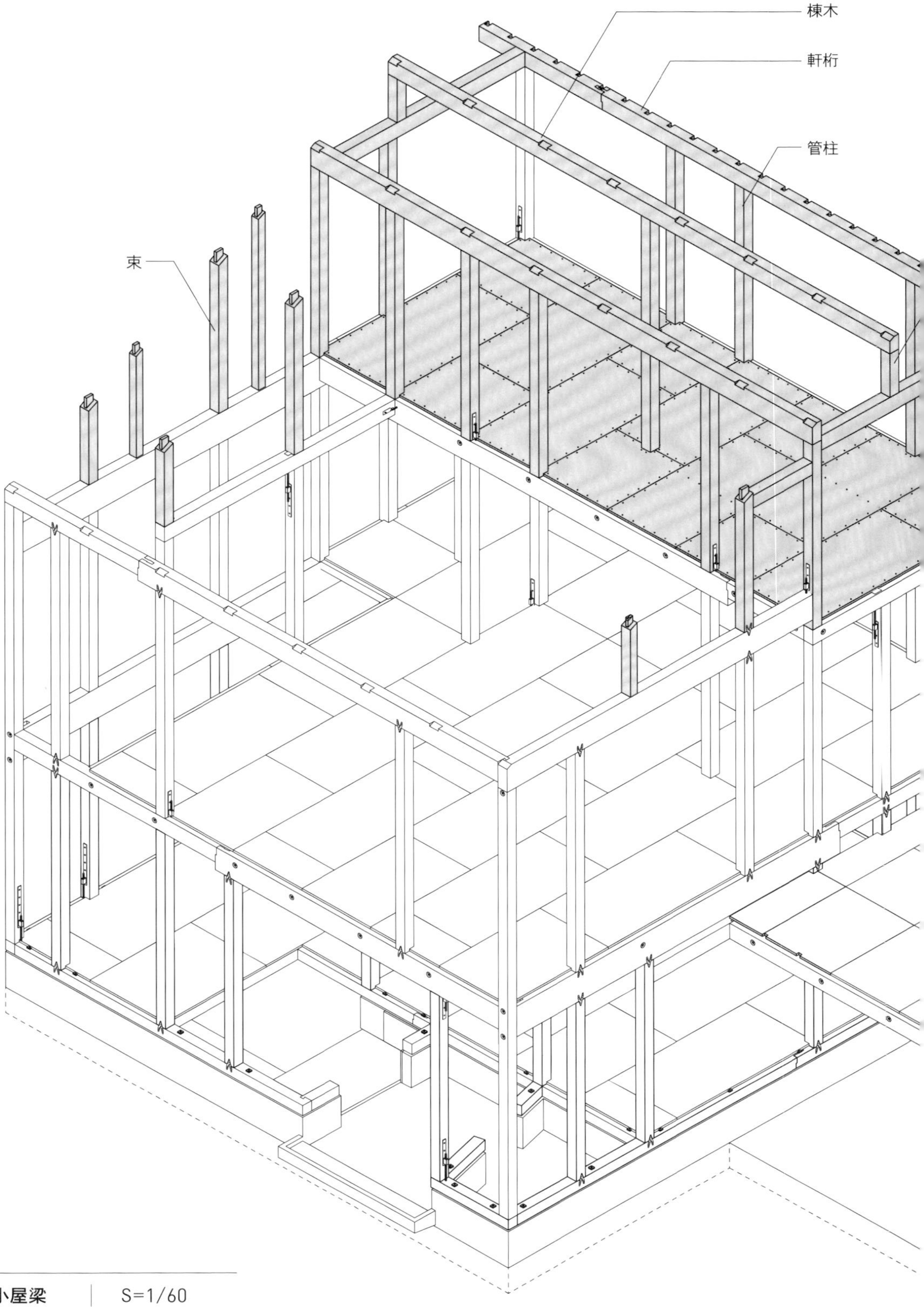

3階床下地・柱・小屋梁　S=1/60

登梁・母屋

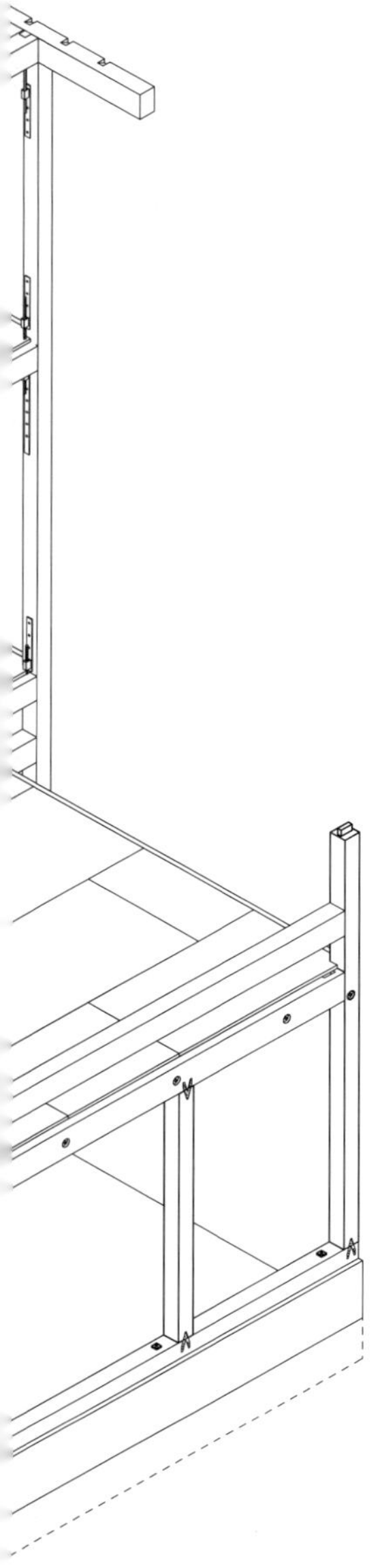

屋根に作用する水平力を外壁廻りの耐力壁に伝えるため、吹抜けの屋根を特に床倍率の高い水平構面とする必要がある。

朝霞の家では小屋組に構造用合板24ミリを打ち付けて水平構面とするため、910ミリピッチで240×120の登梁を設置した上で、それに直行するかたちで910ミリピッチに面材取り付けのための母屋を梁と平らになるように落とし込んでいる。

けらばの軒先の出は、母屋をワンスパン手前から持ち出し、垂木を支える構造としている。

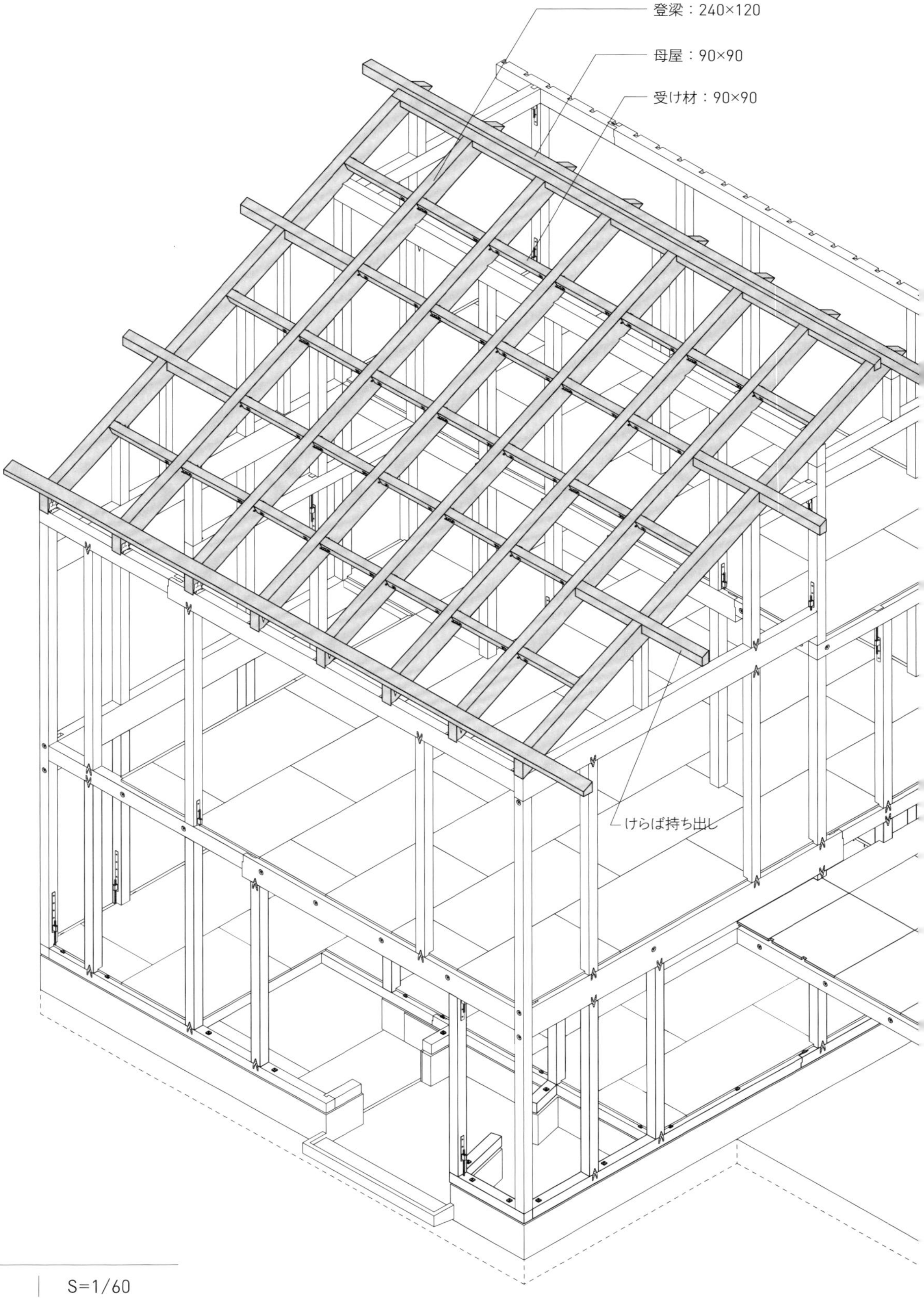

登梁・母屋　S=1/60

屋根水平構面

吹抜け上部の屋根面で水平剛性をとるため、構造用合板24ミリ厚を直張り四周釘打ち、N75@150以下（受け材の間隔910ミリ）としている（床倍率3）。

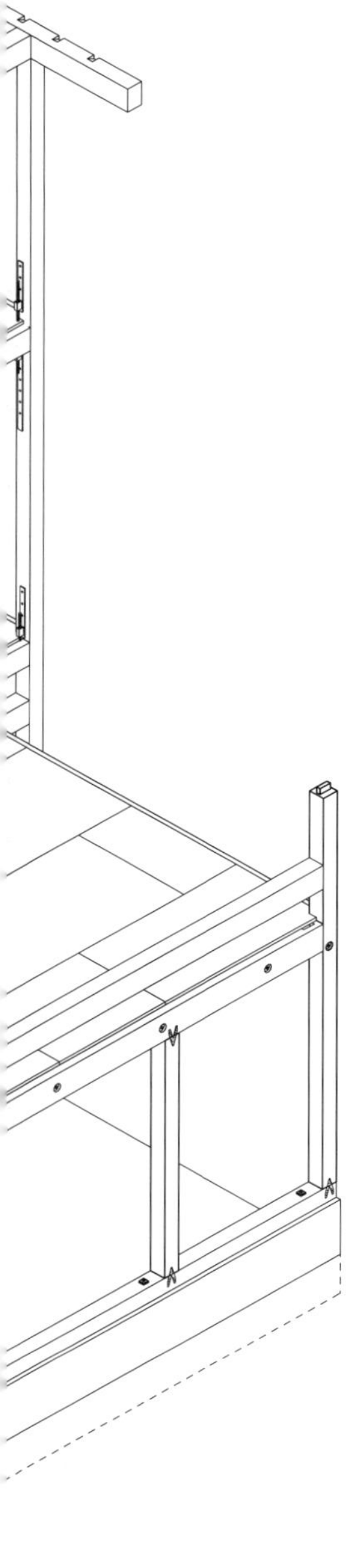

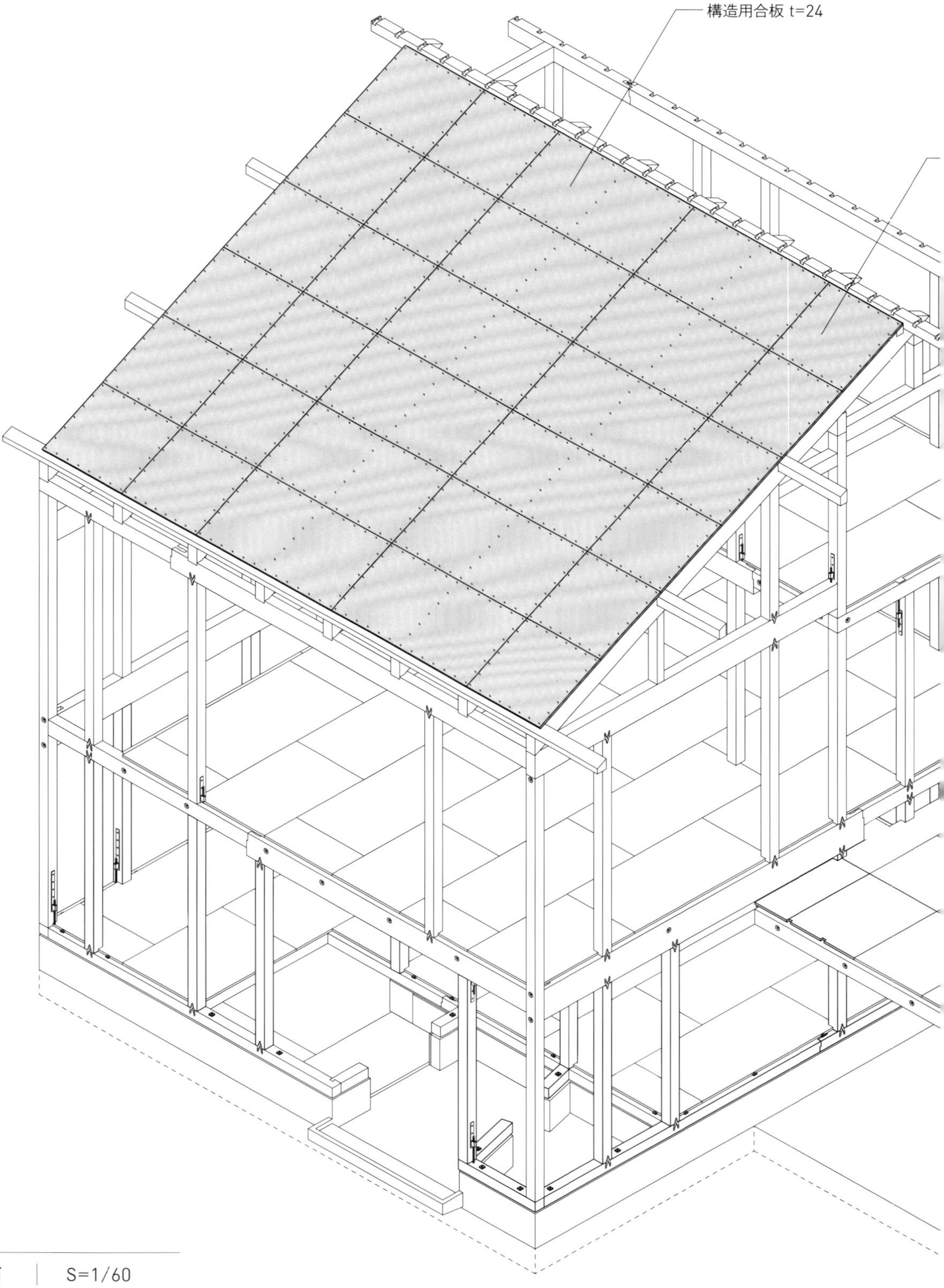

屋根水平構面 | S=1/60

垂木

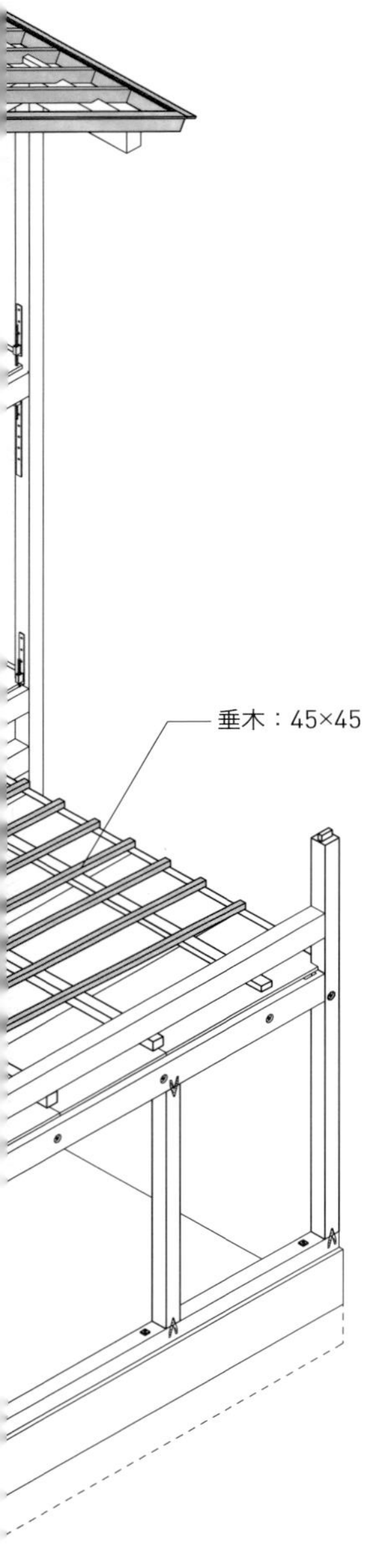

屋根の軒を出すための構造および屋根の通気層を確保するため、吹抜け屋根の水平構面の上にさらに垂木（90×45@303）を流している。もう片方の屋根は、屋根の水平構面のための合板下地として、同じ垂木（90×45@303）を流し、垂木が倒れないよう頂部と桁の上の2か所（垂木と垂木の間）に転び止めを設けている。

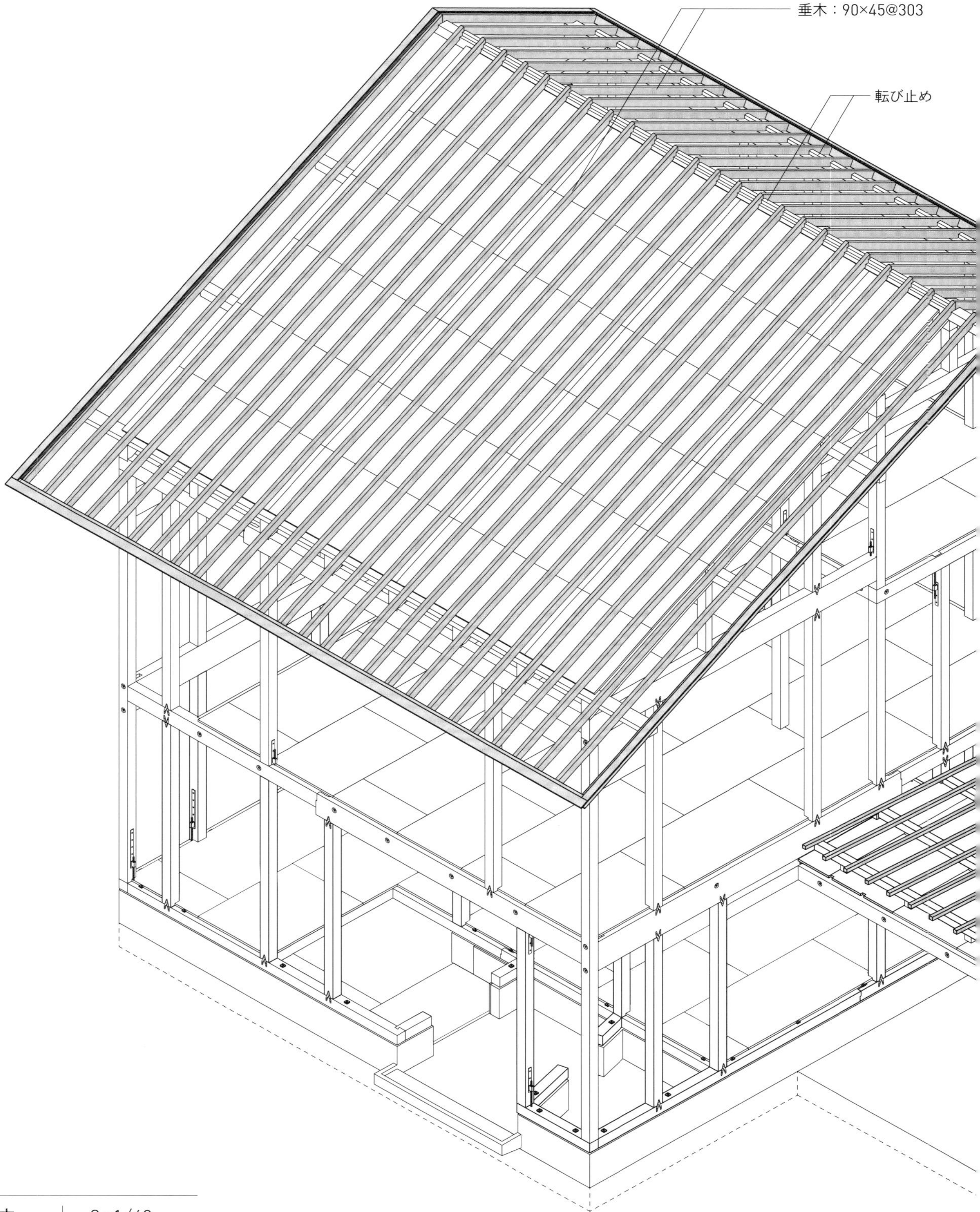

垂木　S=1/60

野地

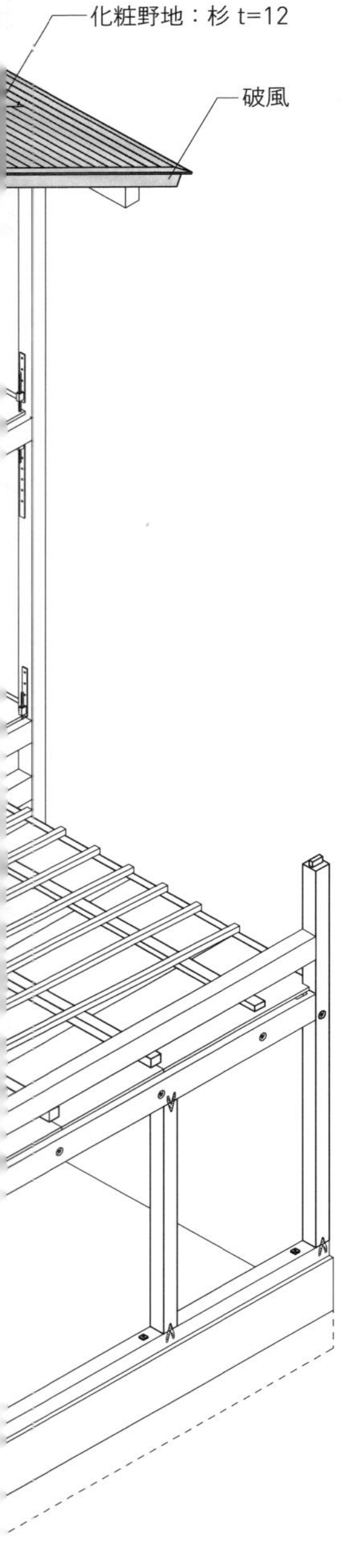

吹抜けでない方の屋根は、構造用合板12ミリ厚の野地板により、屋根面の水平剛性をとっている。床倍率は１・０である（※）。

軒先が現しとなる部分は、野地に杉（無垢材）を用い、見えがかりのよさと耐久性に配慮している。

※傾斜角度30度以下、構造用合板12ミリ厚、垂木＠４５５転ばし、N50釘＠１５０以下、転び止め有り、床倍率１・０。

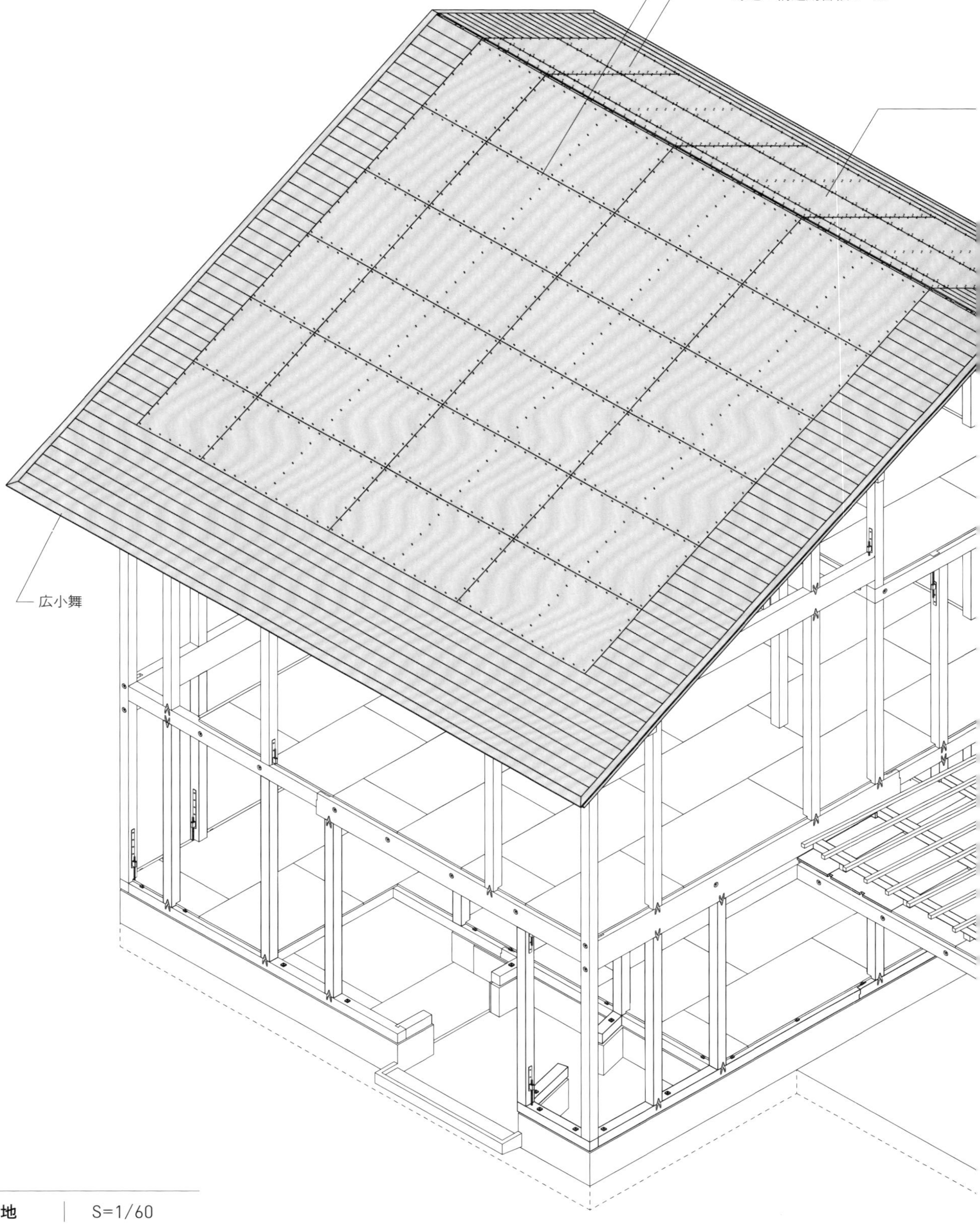

野地 | S=1/60

屋根

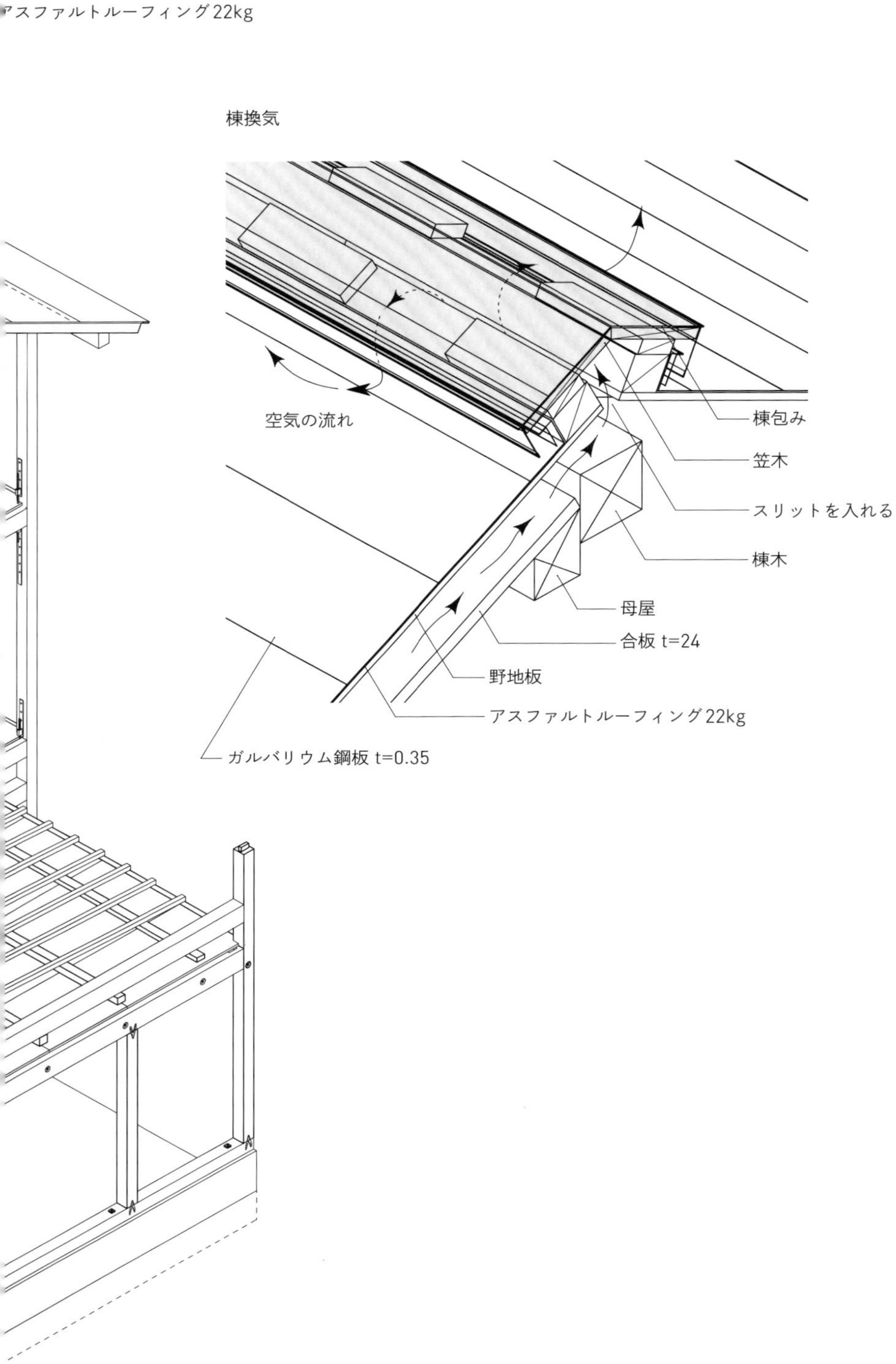

屋根の一次防水と結露水や湿気から野地を守るため、野地の上にアスファルトルーフィング22キログラムをステープル留めして防水し、その上をガルバリウム鋼板0・35ミリ厚の横葺きとしている。

頂部の棟包みには屋根通気の出口となるようにスリットを設け、屋根下の湿気や熱気を排出する。

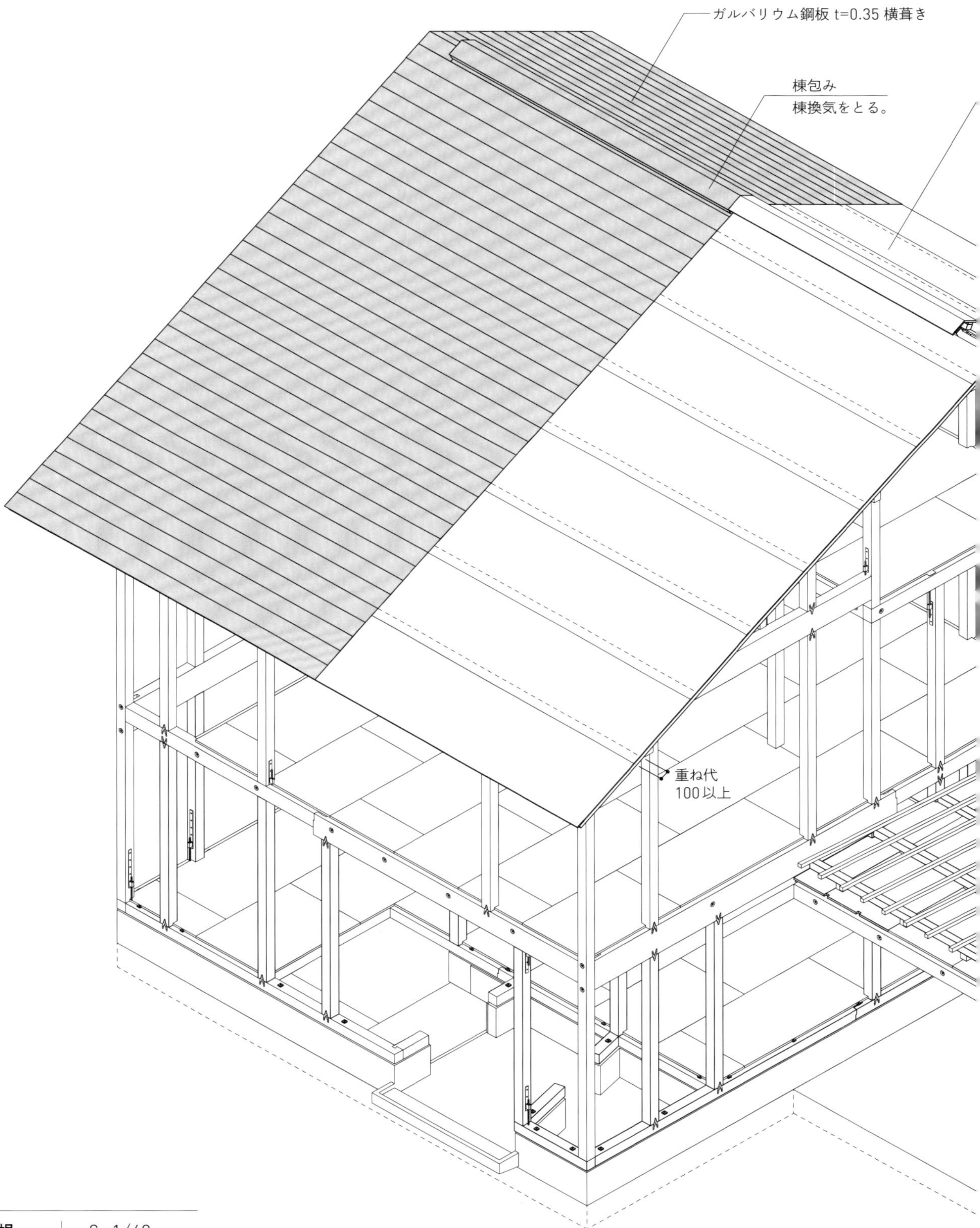

屋根 | S=1/60

筋交・間柱・窓台・まぐさ

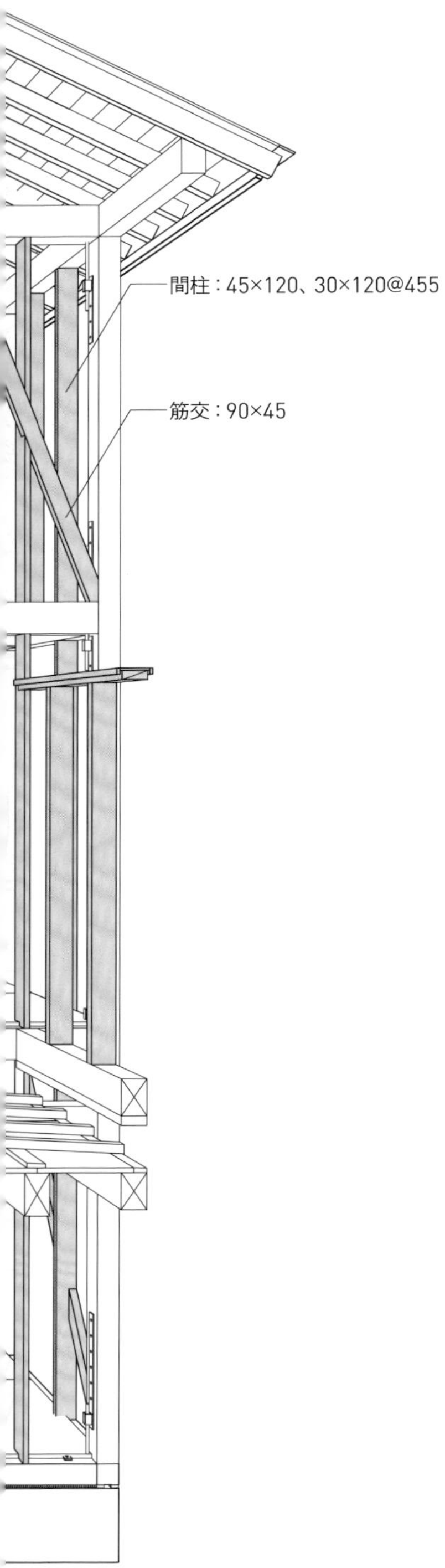

壁の面剛性は、筋交と構造用面材を併用している。筋交の取り付く壁に水平力が作用した場合、筋交には引張力または圧縮力がかかる。引張力に備えて筋交の両端を接合金物で留め付け、圧縮力を受けたときに梁を突き上げることによって柱が外れないよう、柱梁の仕口の固定をしっかりと行う。

間柱は、土台、桁、梁に大入れ釘打ちとする。耐力壁面材を留め付ける下地にもなるので、構造用面材の巾９１０ミリに合わせて、継目と板の中間を釘打ちできるよう４５×１２０、３０×１２０の材を基準となる隅柱から４５５ミリピッチで交互に設置する（構造用面材の継目に45ミリ、中間に30ミリの間柱がくる）。

また、筋交にぶつかるときには、間柱の方を切り欠くようにするのだが、そのことは筋交の座屈長さを短くすることにも役立つ。

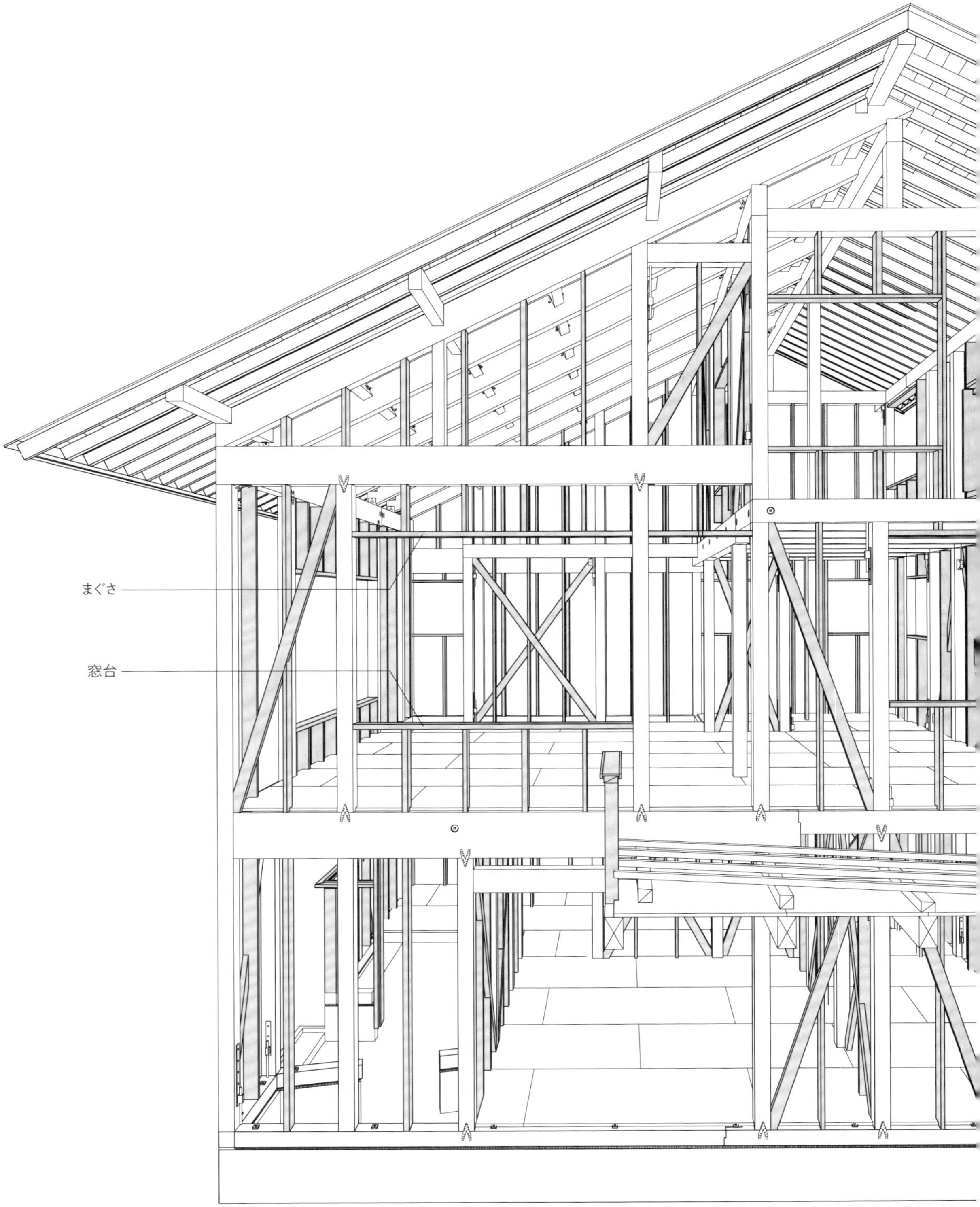

筋交・間柱・窓台・まぐさ | S=1/60

耐力壁面材

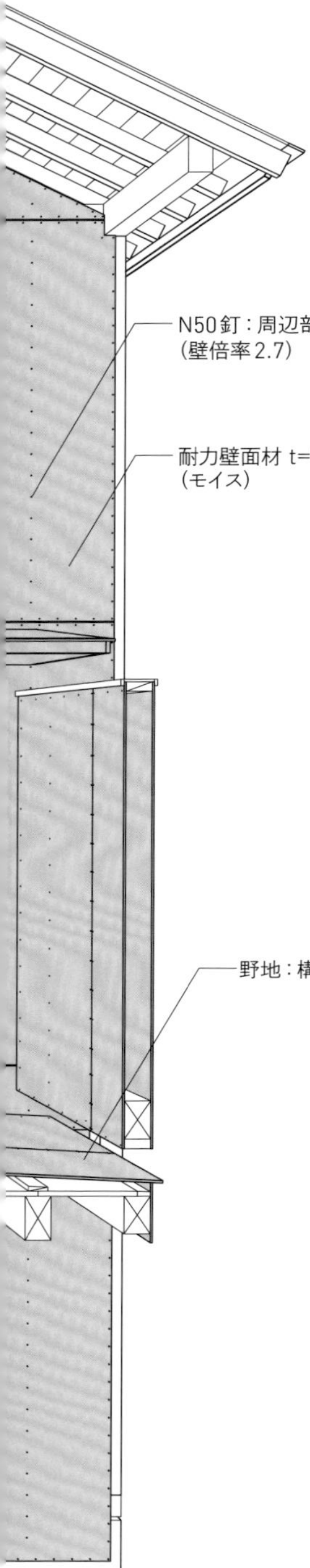
N50釘：周辺部@100、中間部@200
(壁倍率2.7)
耐力壁面材 t=9.5
(モイス)
野地：構造用合板t=12

耐力壁には、構造用合板以外にも壁倍率認定を受けているさまざまな建材があるので、製品の壁倍率に対する釘打ちの方法を確認して用いる。構造用面材は、柱、間柱、梁、桁などの構造材に確実に釘留めする。面材をやむを得ず柱や梁以外で継ぐ場合は、４５×１００以上の受け材を入れるようにする。

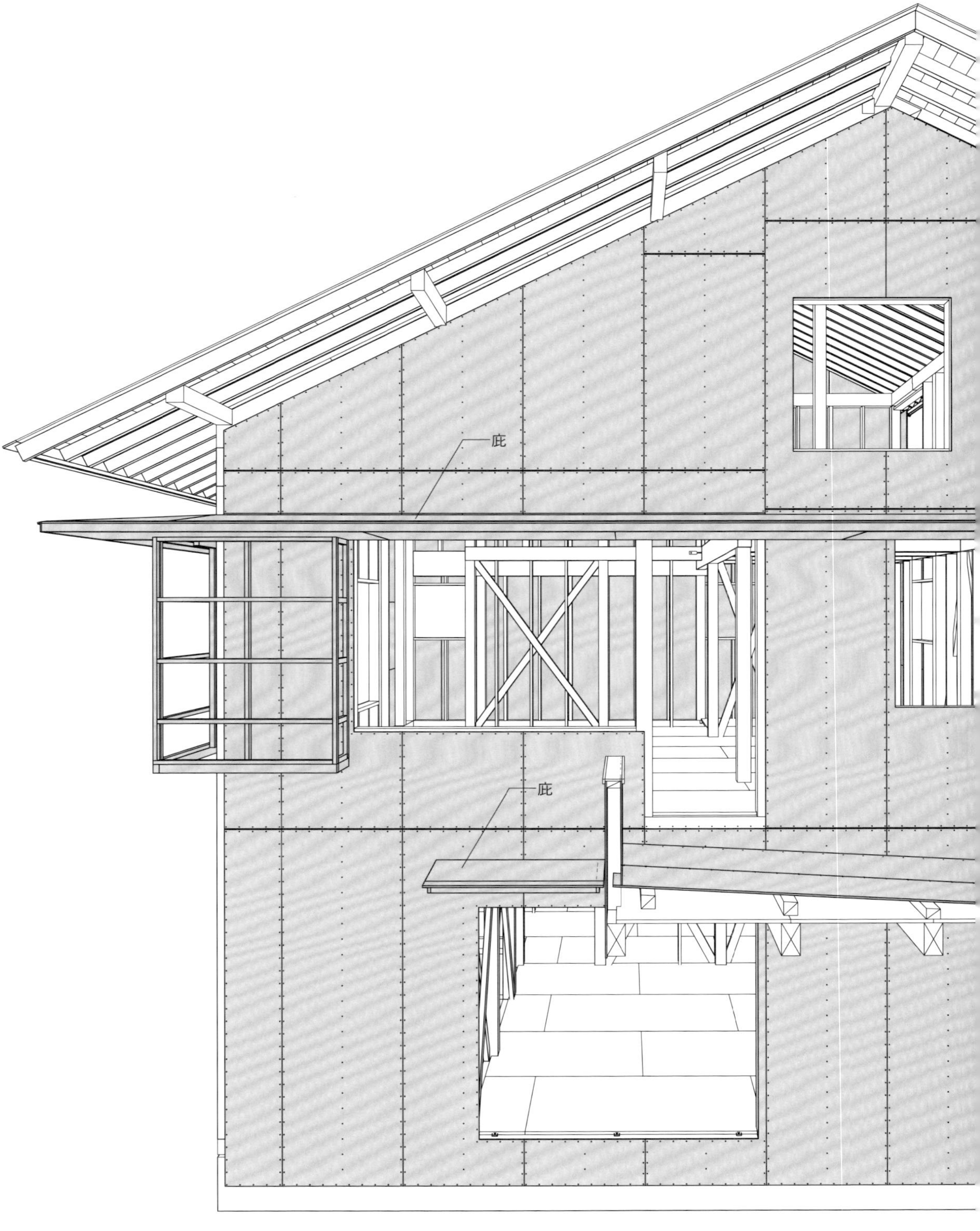

耐力壁面材　S=1/60

透湿防水シート・庇板金

外壁下地となる構造用面材の外側には、壁内の湿気を排出しながら防水できる透湿防水シートを施工する。シートの重ね代は150ミリ以上とし、下から張り重ねる。サッシや枠廻りは、防水テープなどで留め付ける。

庇などの板金の立上りはシートを上から覆い、板金により確実に水が外壁の外に排出されるようにする。

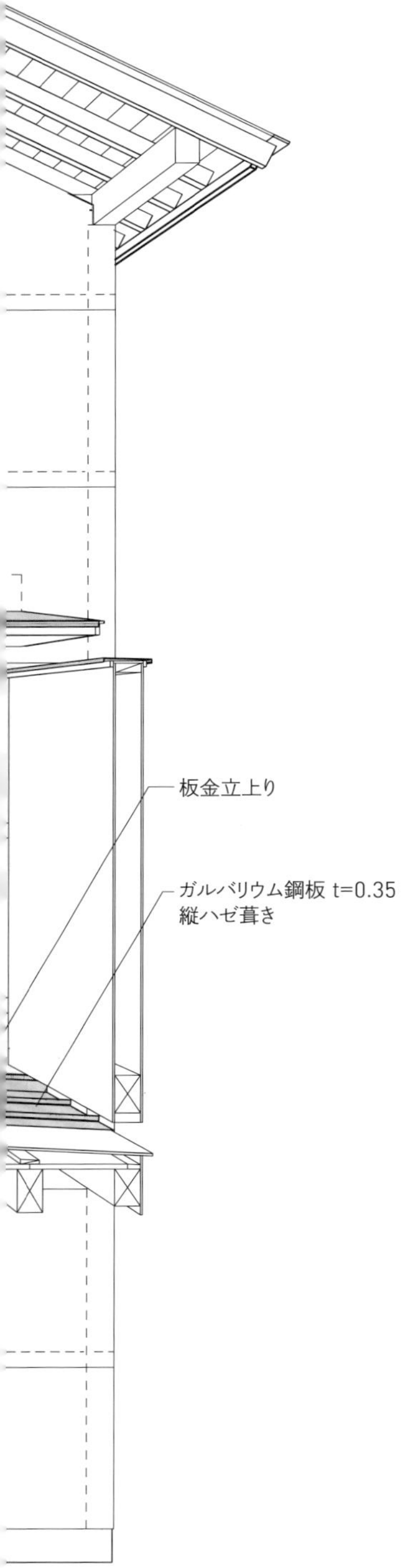

窓廻りの防水処理手順

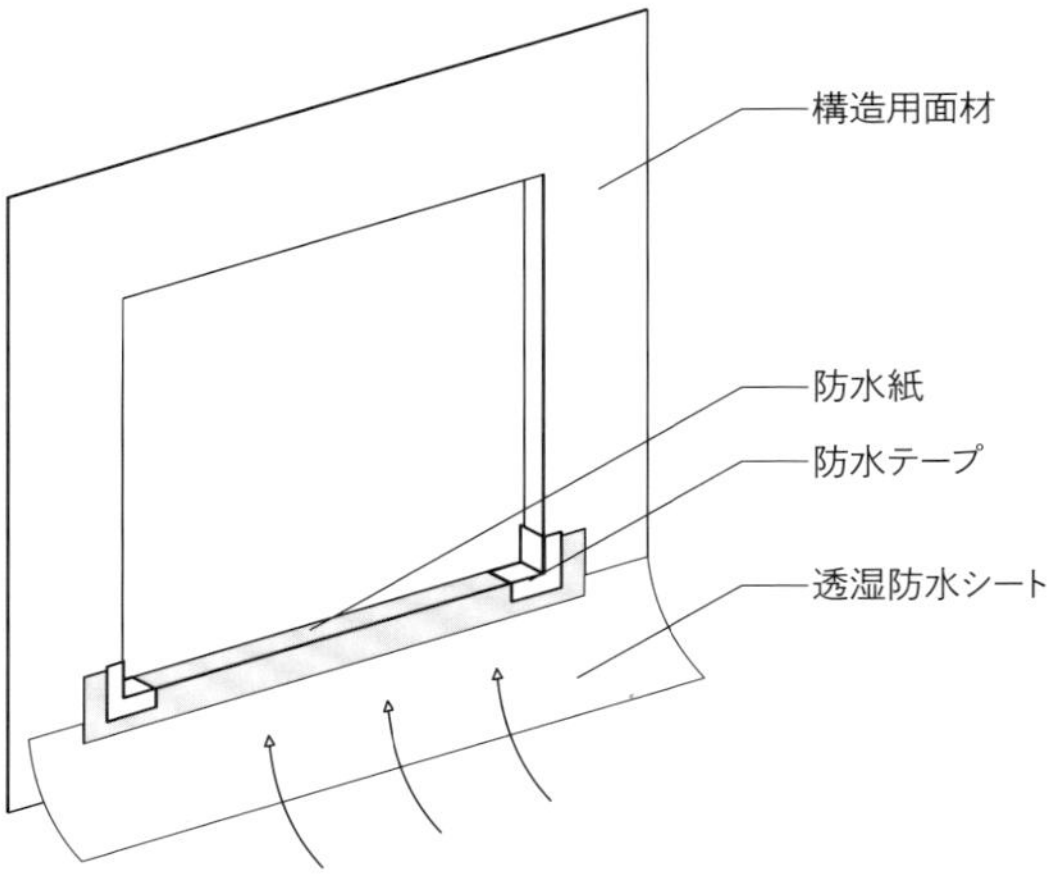

① 透湿防水シートを防水紙の下に差し込む

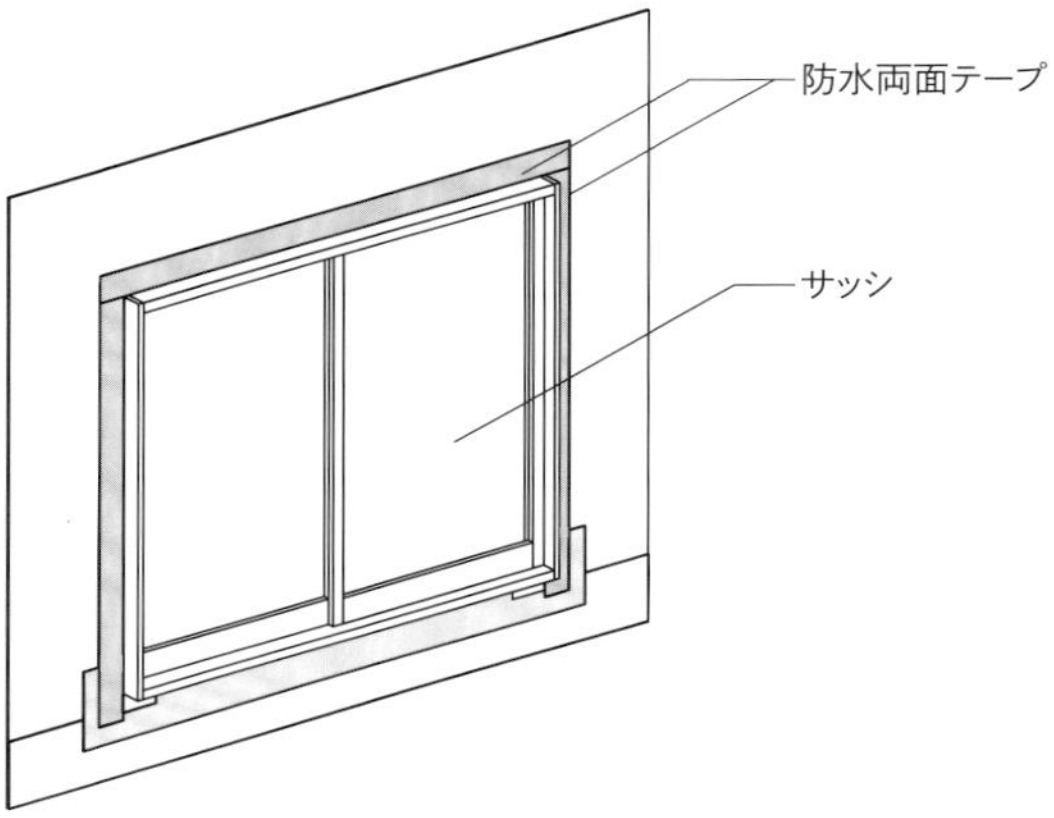

② サッシを取り付け、ツバを覆うように防水両面テープを両脇、上部の順に貼り付ける

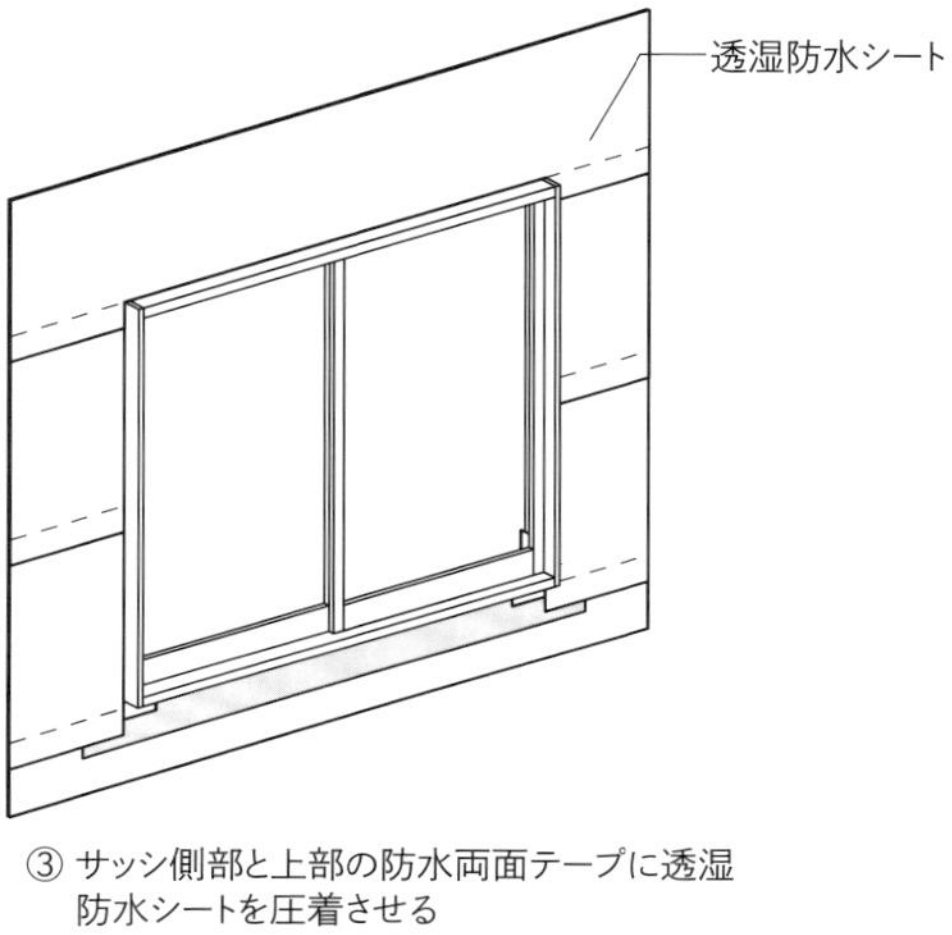

③ サッシ側部と上部の防水両面テープに透湿防水シートを圧着させる

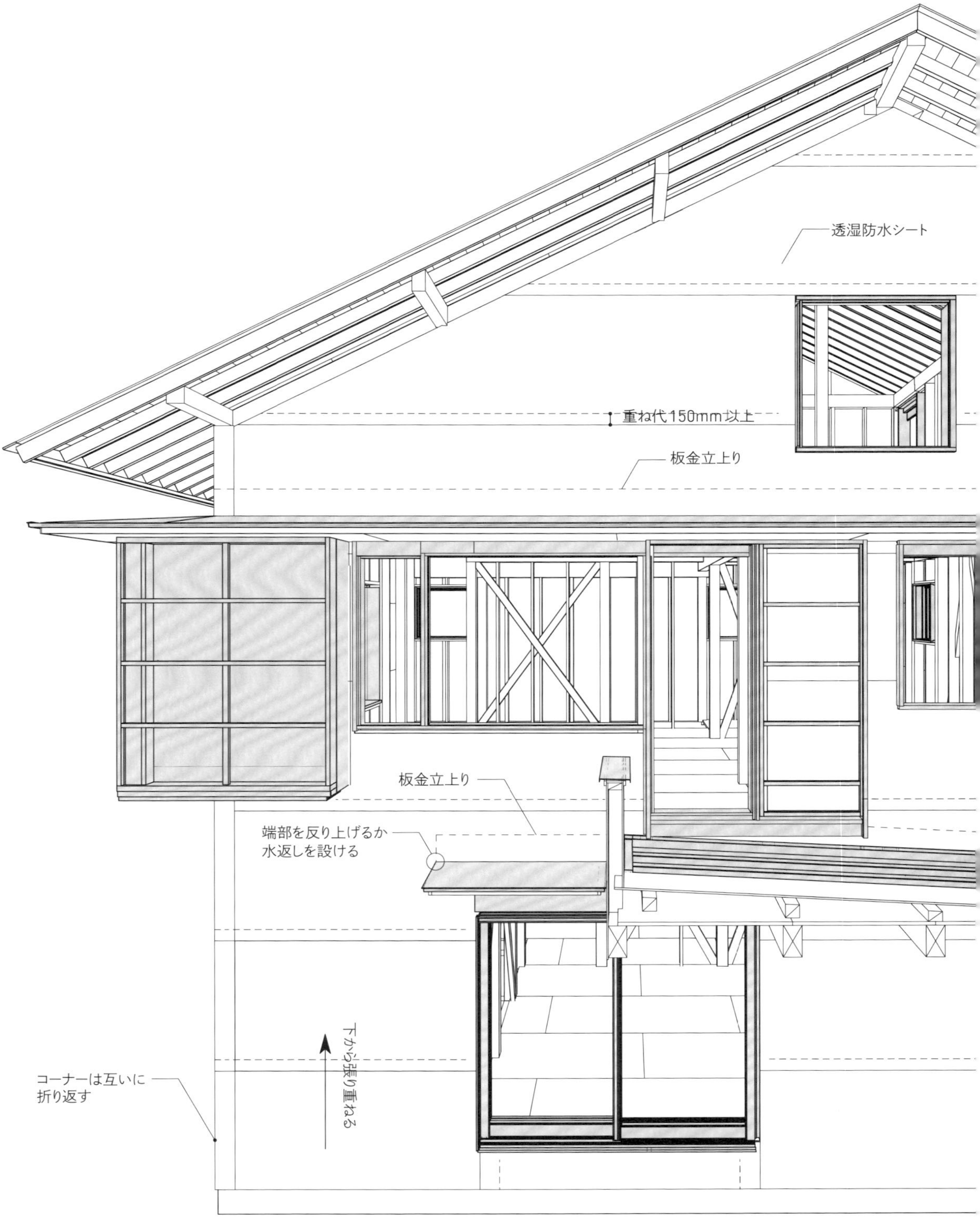

透湿防水シート・庇板金　S=1/60

外壁通気縦胴縁

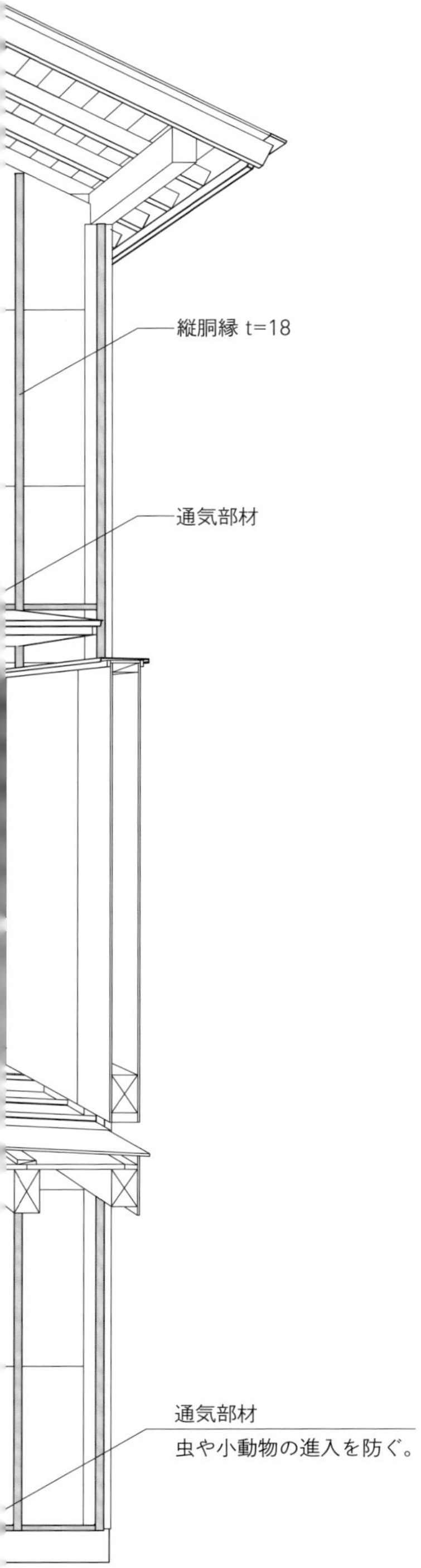
縦胴縁 t=18
通気部材
通気部材
虫や小動物の進入を防ぐ。

室内側から入り込んだ湿気が壁内に滞留し続けると結露を起こし、断熱材の性能や構造材の耐久性能の低下を引き起こす。壁内の湿気を速やかに排出できるよう一次防水を担う透湿防水シートの外側に縦胴縁を設置し、通気層をつくっている。

通常、通気は壁下端から入り、上部で抜けるように考え、窓などの障害物がある場合は、縦胴縁を窓に突き付けとせず、空気が横に伝うよう計画する。庇などで通気が一旦途切れる場合は、庇上で再び通気の入り口を設けることもあるが、庇板金の両端部から雨水が通気層に流れ込まないようコーキング処理だけに頼らず、両端際の板金を反り上げたり、水返しを設けるなどの処置が必要である。

外壁通気縦胴縁　S=1/60

横胴縁・外壁板張り

通気胴縁の上に横胴縁を取り付け、外壁板材の釘打ちの受け材としている。

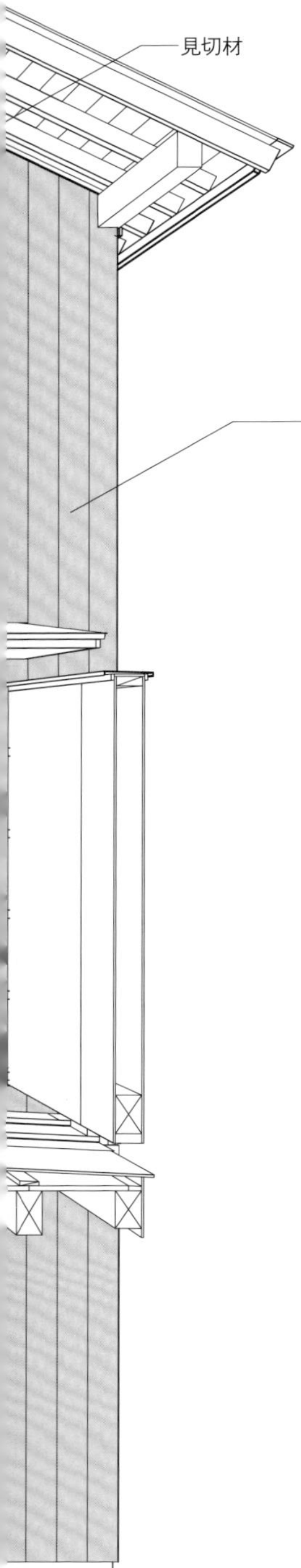

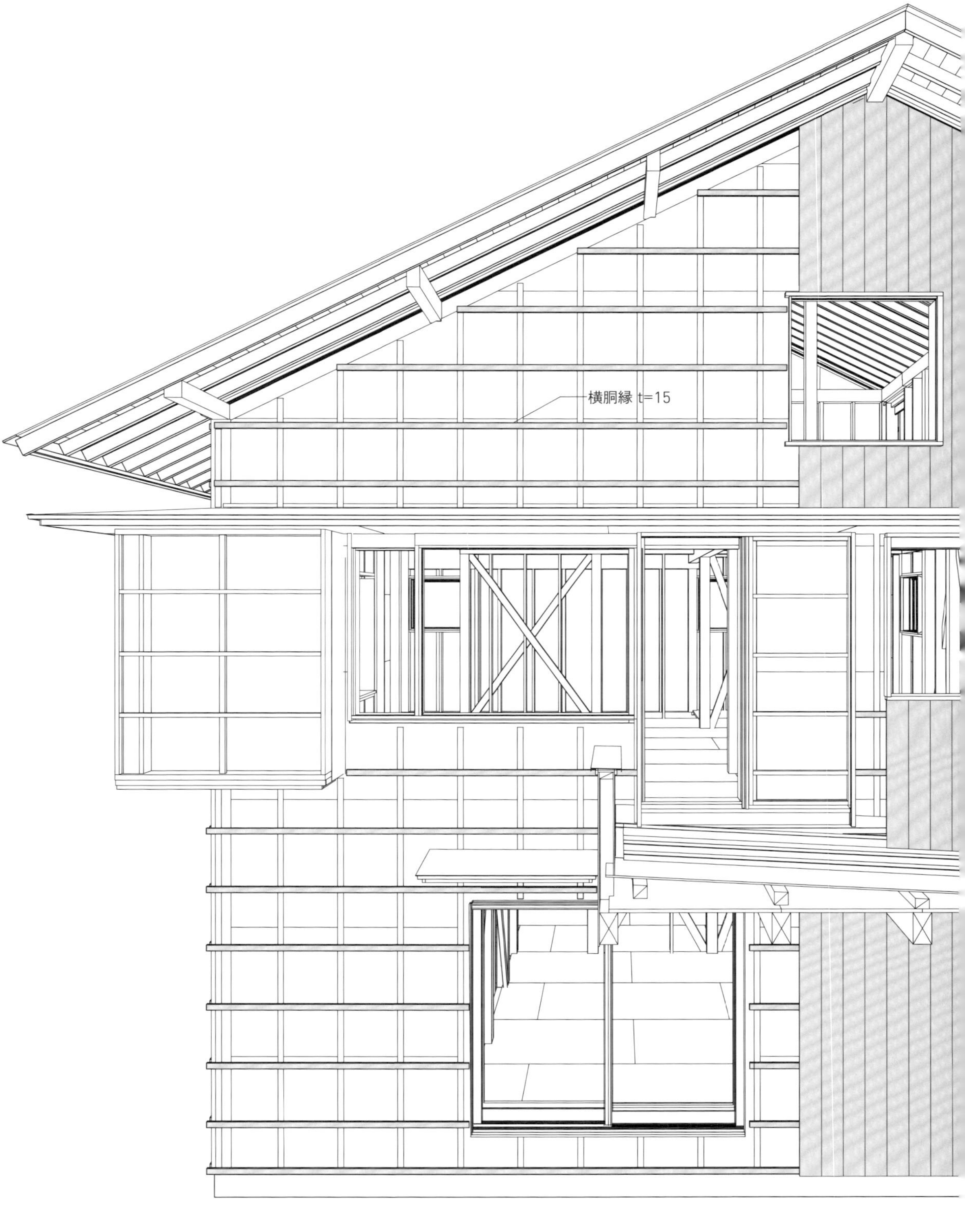

横胴縁・外壁板張り　S=1/60

断熱材

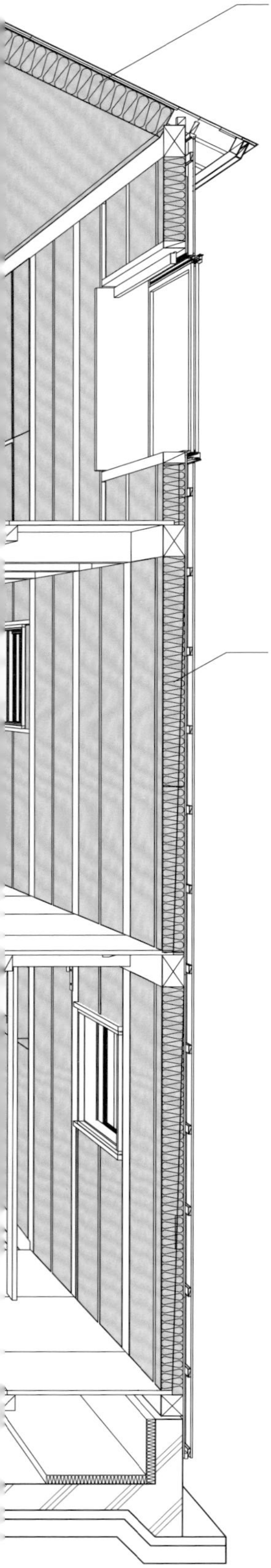

高い断熱性能は省エネルギーはもちろん、快適な住環境をめざすには欠かせない。断熱性能が高いと、全館暖房を少しのエネルギーでまかなうことができる。その結果、寒い部屋というのがなくなり、家中の部屋の稼働率が格段に上がるのが魅力である。また、朝晩あるいは日ごとの室温の変化が小さく安定する。

朝霞の家では、セルロースファイバーを屋根と壁の断熱に採用している。これは、専門業者によって施工されるため施工ムラによる断熱性能の欠損がないといったことの他、東京程度の温暖な気候では防湿シートを室内側に施工する必要がないため物質本来の調湿作用が期待でき、防音性能にも優れるといった特徴がある。

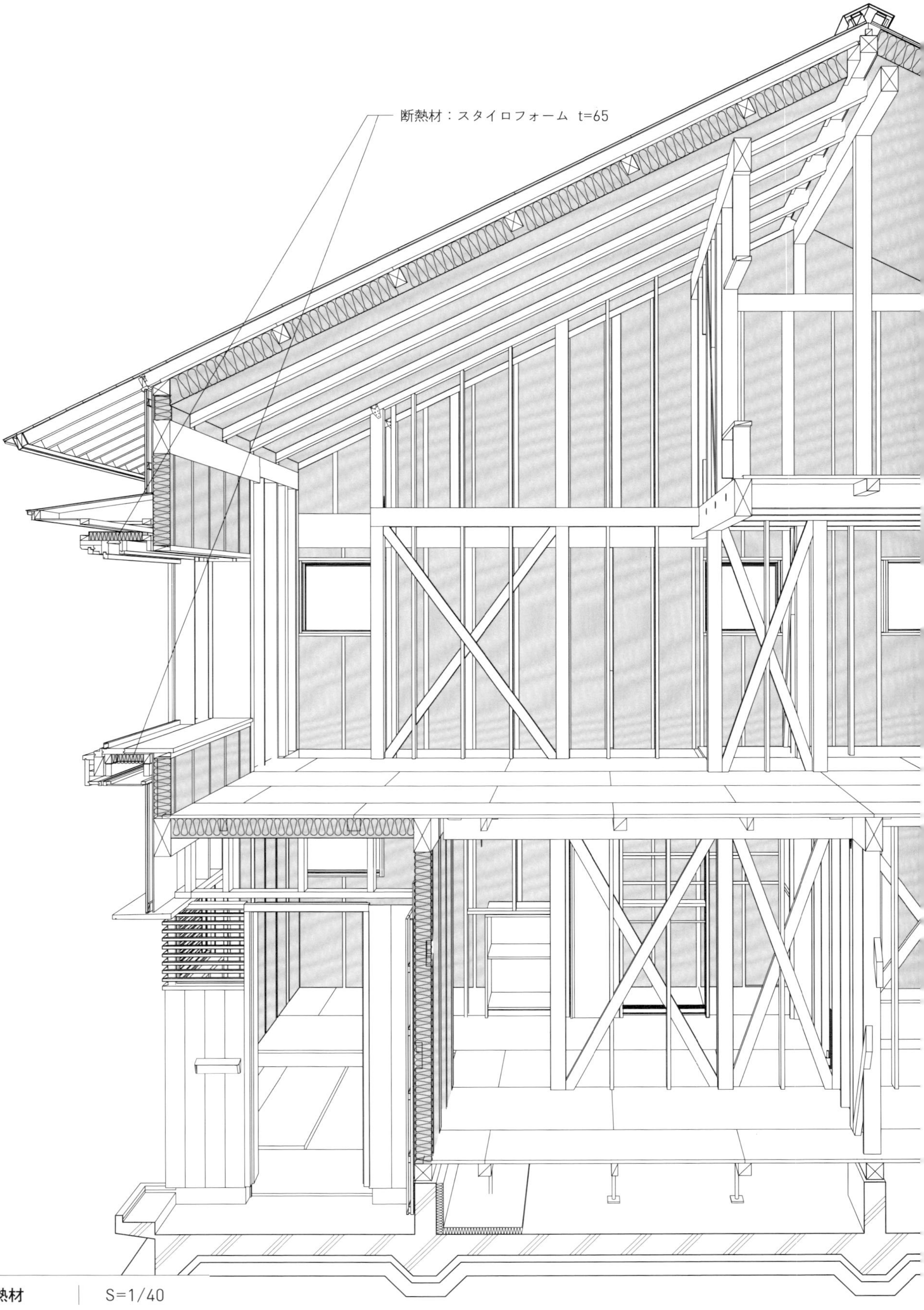

断熱材　S=1/40

床板張り

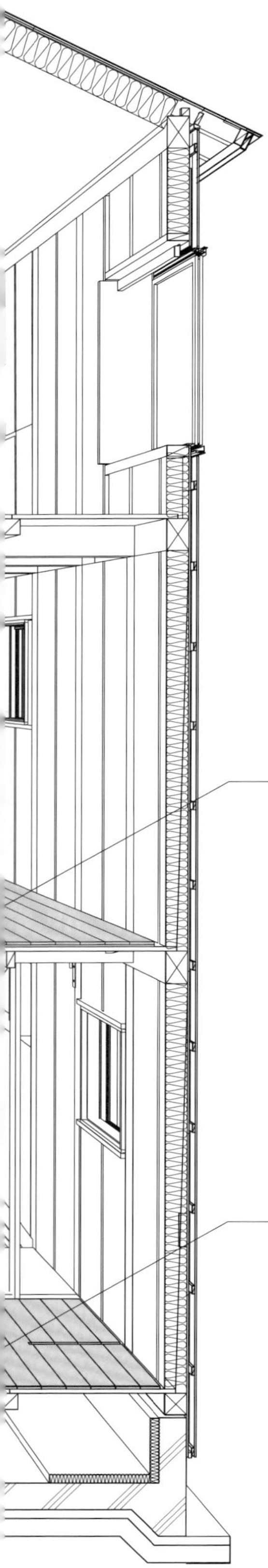

床下地を厚板合板とした場合は、フローリングを張る際の釘打ち用下地を兼ねることができる。どこにでも釘が打てるので、床板の張り方は自由になる。一方、下地が根太である場合は、床板の張り方向を根太と直行させる納まりとなるため、大引、根太の床組をするときに床張り方向の確認を要する。床材は床鳴りを防ぐために接着剤を併用して釘打ちとする。

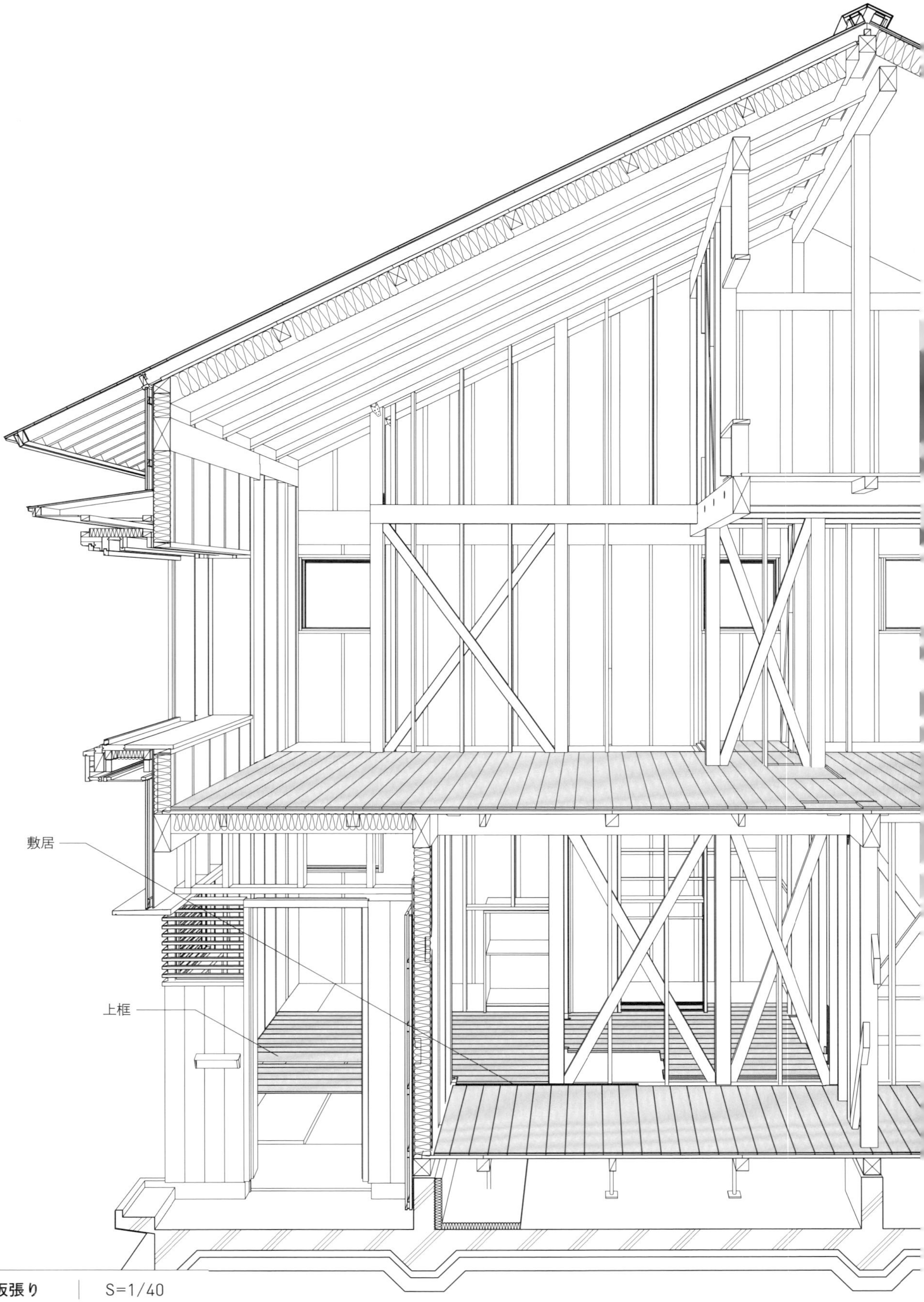

床板張り S=1/40

内部枠・巾木

鴨居や敷居、戸当たり枠など室内の建具廻りの枠のことを内部枠という。床と同じレベルに取り付く敷居は床板施工時に同時に入れることとなるが、建具用レールを床板に彫り込んで設置し、敷居を省略する場合もある。内部枠の取り付け下地は間柱を切り欠いて取り付ける。

床巾木は床板の収縮が壁の仕上げに影響しないように床板と壁の仕上げを切り離したり、掃除の際に壁を痛めないなどの役割がある。床板を張った後、その上に取り付けるのが通常で、出巾木とするか入巾木とするかで枠や造作家具との納まりが異なるため、事前の検討を要する。

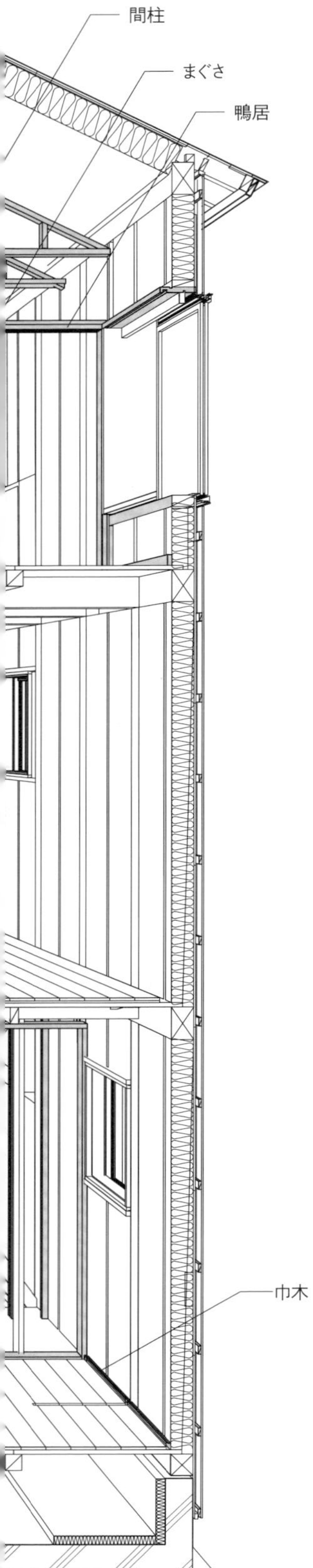

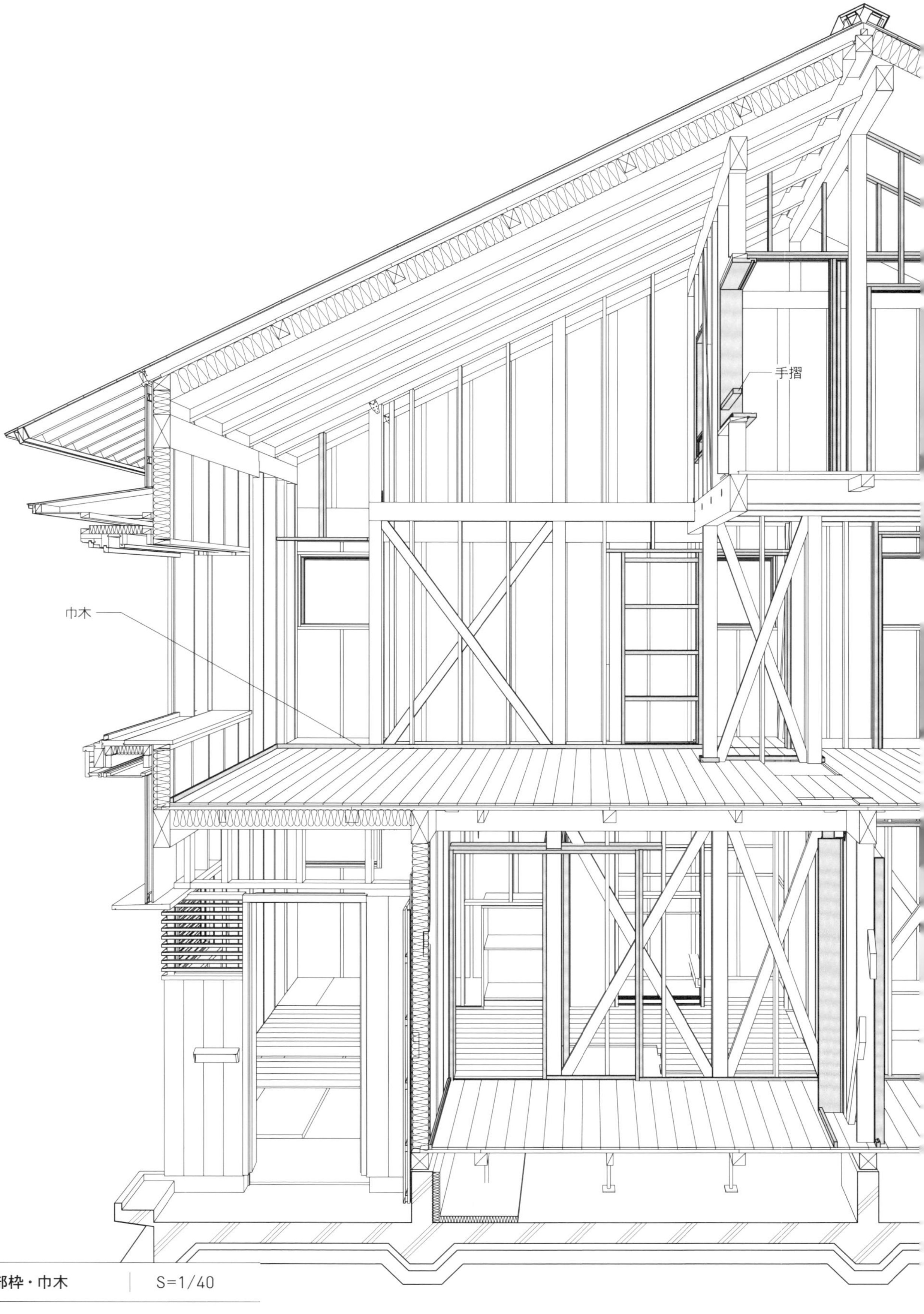

内部枠・巾木　S=1/40

天井野縁

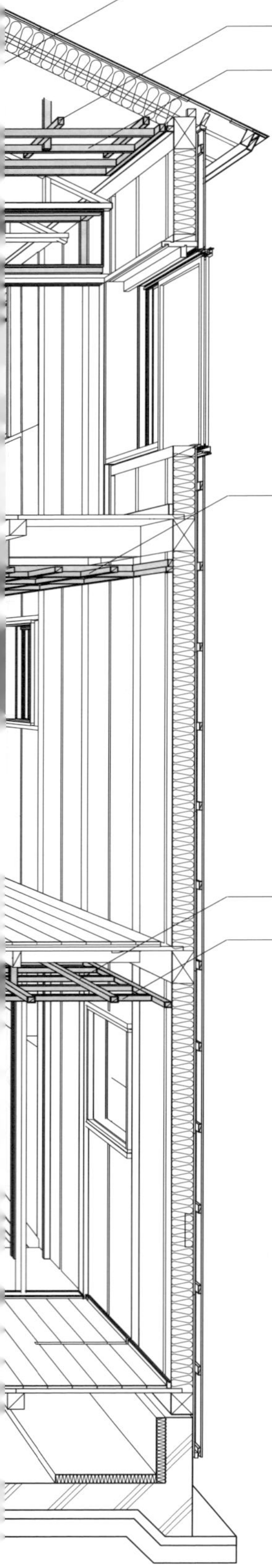
吊木
野縁受け：30×40@910
野縁：30×40@455
野縁：30×40@455
野縁受け：30×40@910
野縁：30×40@455

天井下地は吊木、野縁受け、野縁で構成し、構造材の歪みが直接仕上げ材に伝わらないようにする。吊木、野縁受け、野縁は30×40の下地用角材（通称いんにっさん）を用いる。

ダウンライトがある場合は、事前に位置を確認して、野縁の位置を調整する。

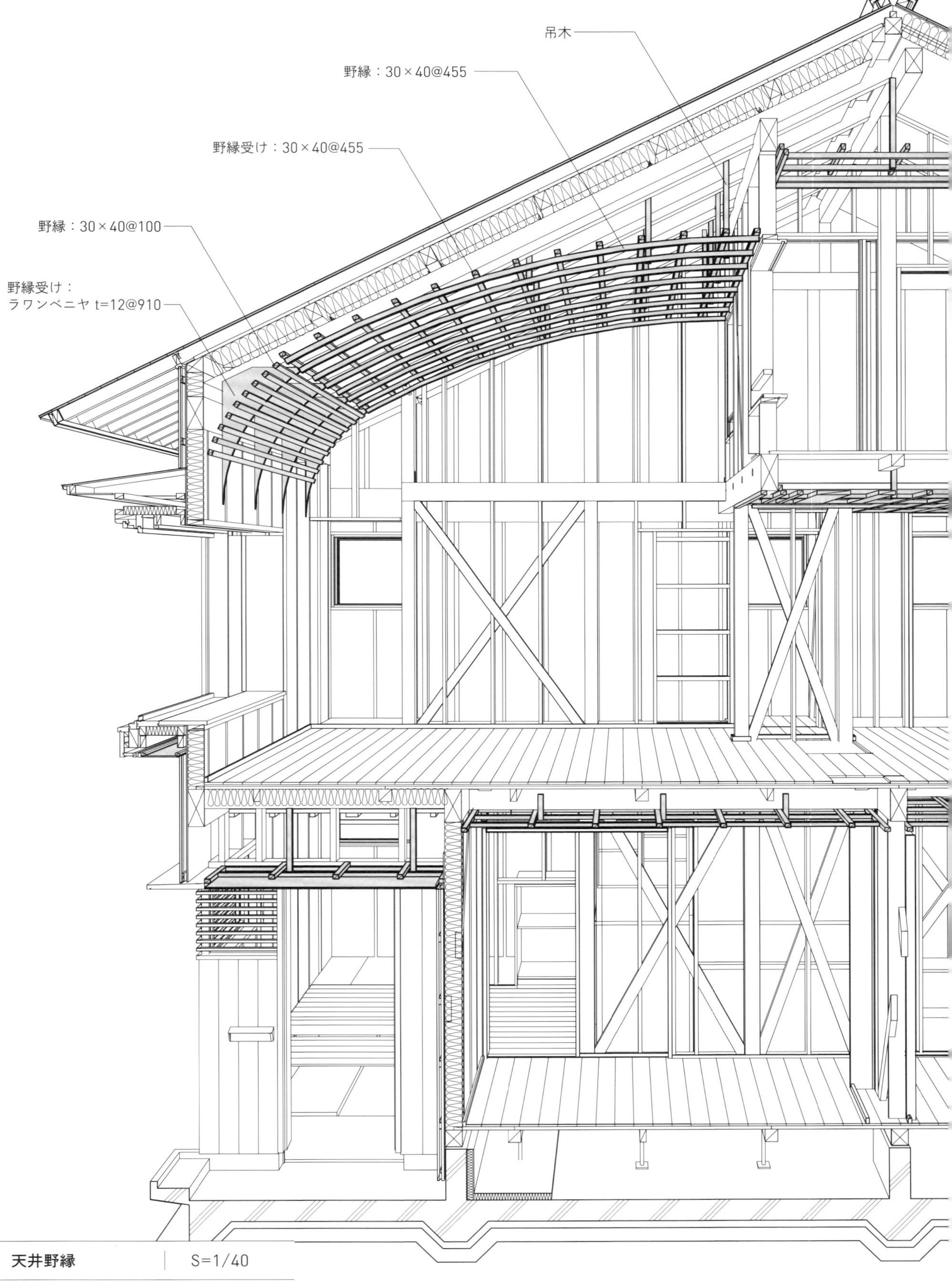

天井野縁 | S=1/40

階段・造作家具・建具吊り込み

朝霞の家では1～2階を階段なりに下地を組んで段板、蹴込み板を取り付け、2～3階にかけては段板を壁にのみ込ませた透かし階段にするため、側桁を両壁の柱、間柱に彫り込んで壁の中に隠し、段板を大入れで納める方法をとっている。

造作家具は、現場で大工工事とする場合は壁のボード施工前に設置するが、家具工事として工場製作する場合は、ボード施工後に設置するため、十分なクリアランスをとって寸法を決めなければならない。

建具は外部・内部ともに、それぞれの枠が造作された後に現場で採寸し、工場で製作される。外部は戸締まりのため早い時期に設置され、内部は塗装などの仕上げ前に吊り込まれる。

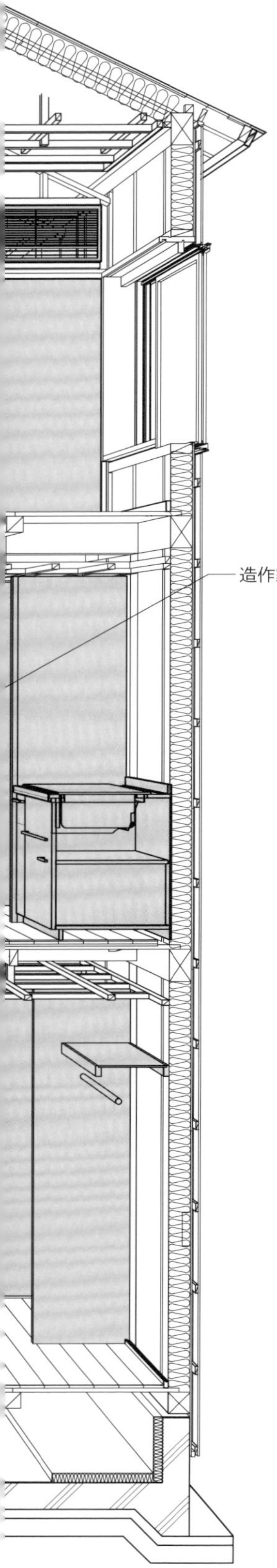
造作家具

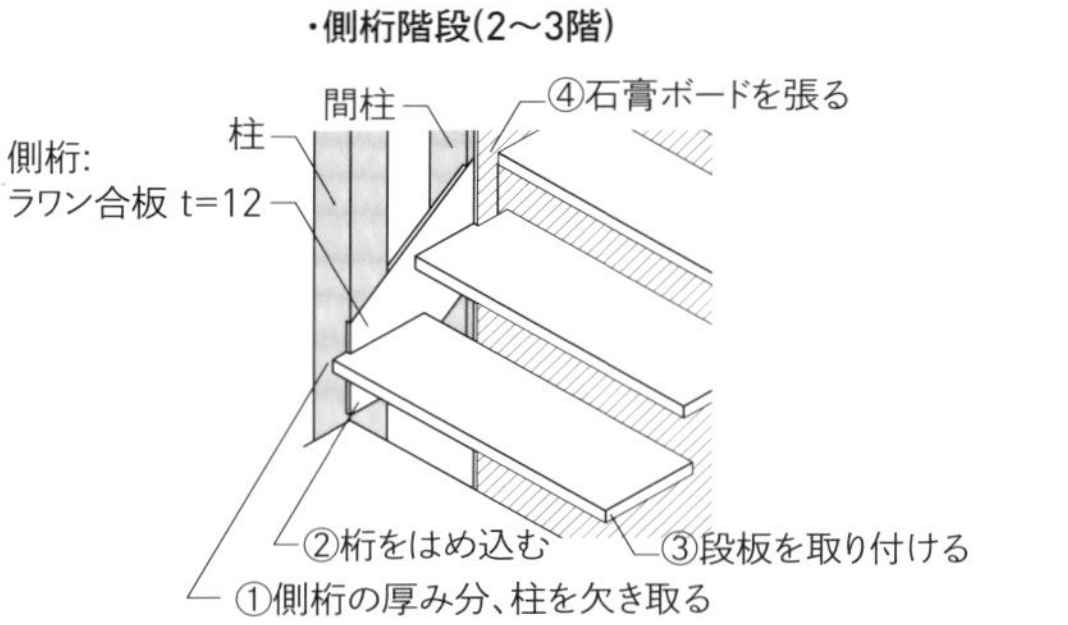
・側桁階段(2～3階)
間柱
④石膏ボードを張る
柱
側桁:
ラワン合板 t=12
②桁をはめ込む
③段板を取り付ける
①側桁の厚み分、柱を欠き取る

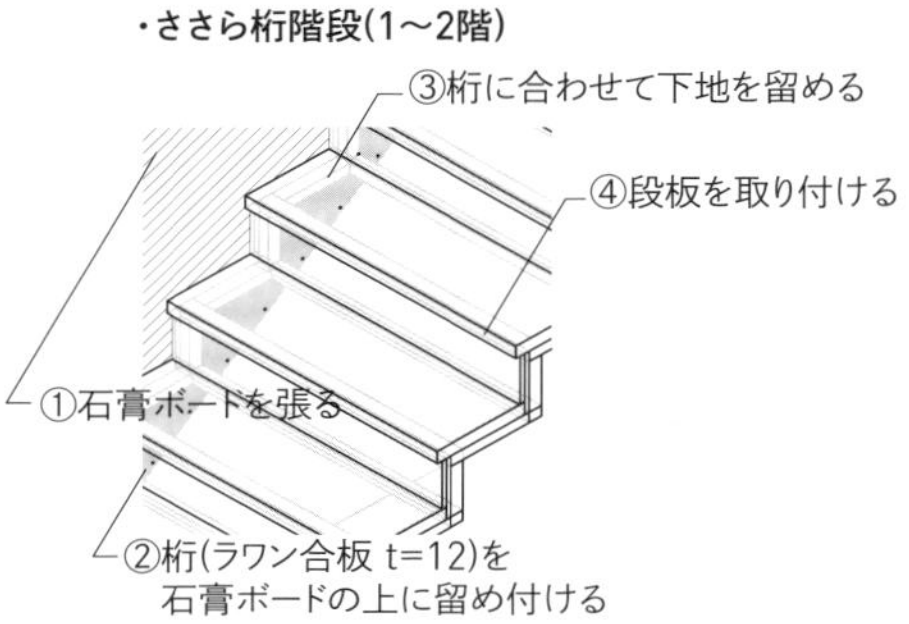
・ささら桁階段(1～2階)
③桁に合わせて下地を留める
④段板を取り付ける
①石膏ボードを張る
②桁(ラワン合板 t=12)を
石膏ボードの上に留め付ける

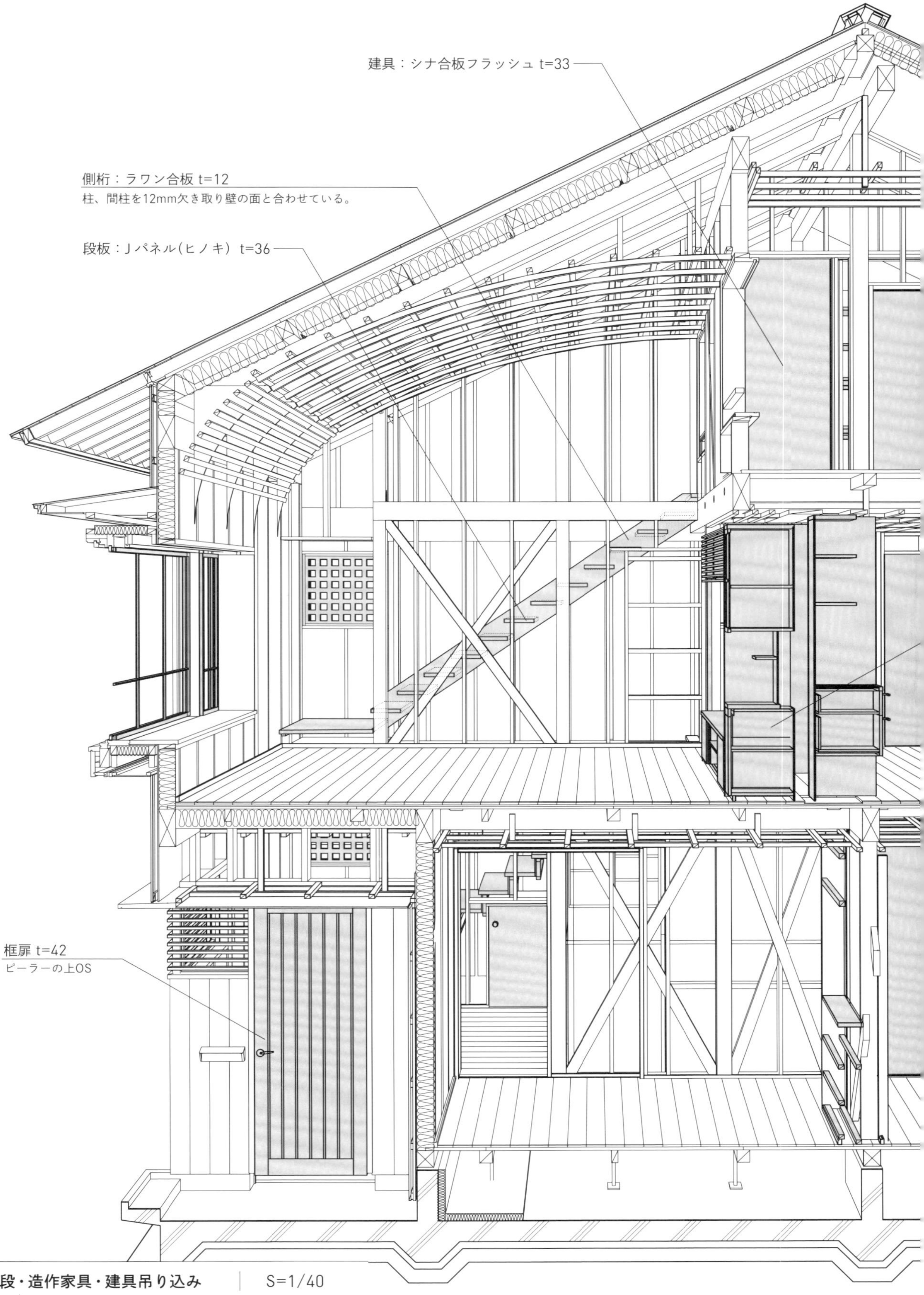

階段・造作家具・建具吊り込み　S=1/40

内装下地ボード張り

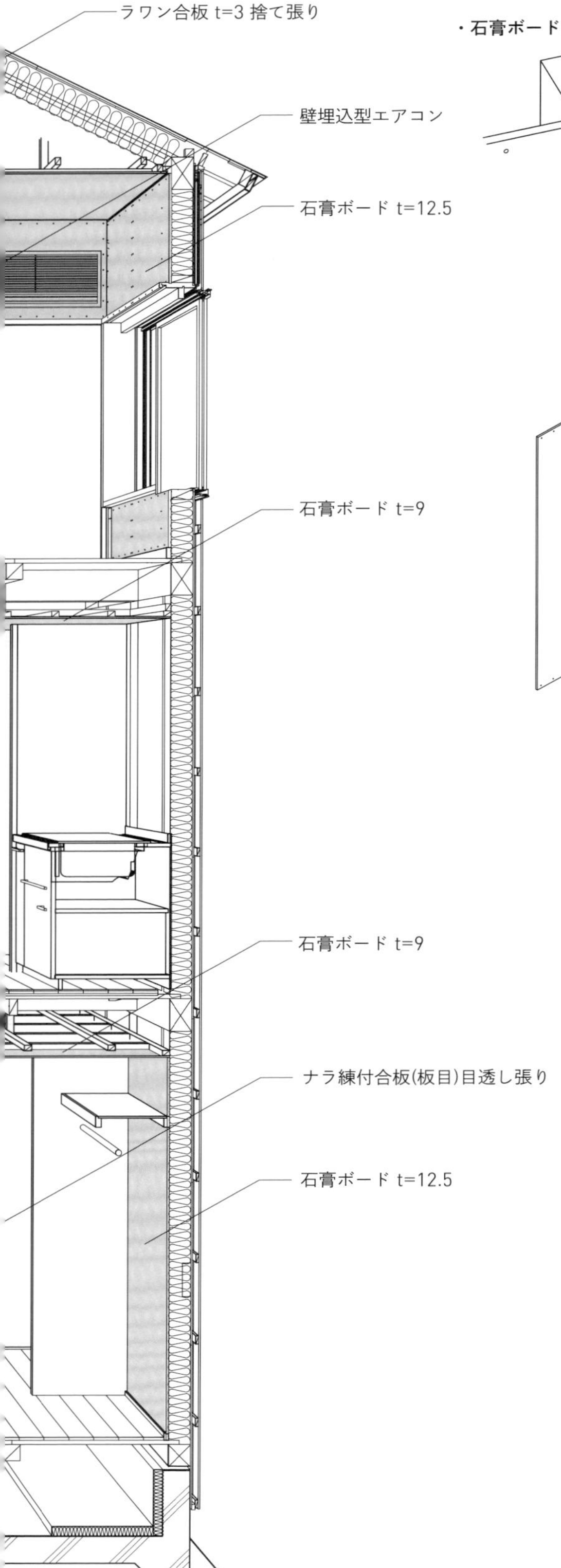
ラワン合板 t=3 捨て張り
壁埋込型エアコン
石膏ボード t=12.5
石膏ボード t=9
石膏ボード t=9
ナラ練付合板(板目)目透し張り
石膏ボード t=12.5

・石膏ボードの下地処理

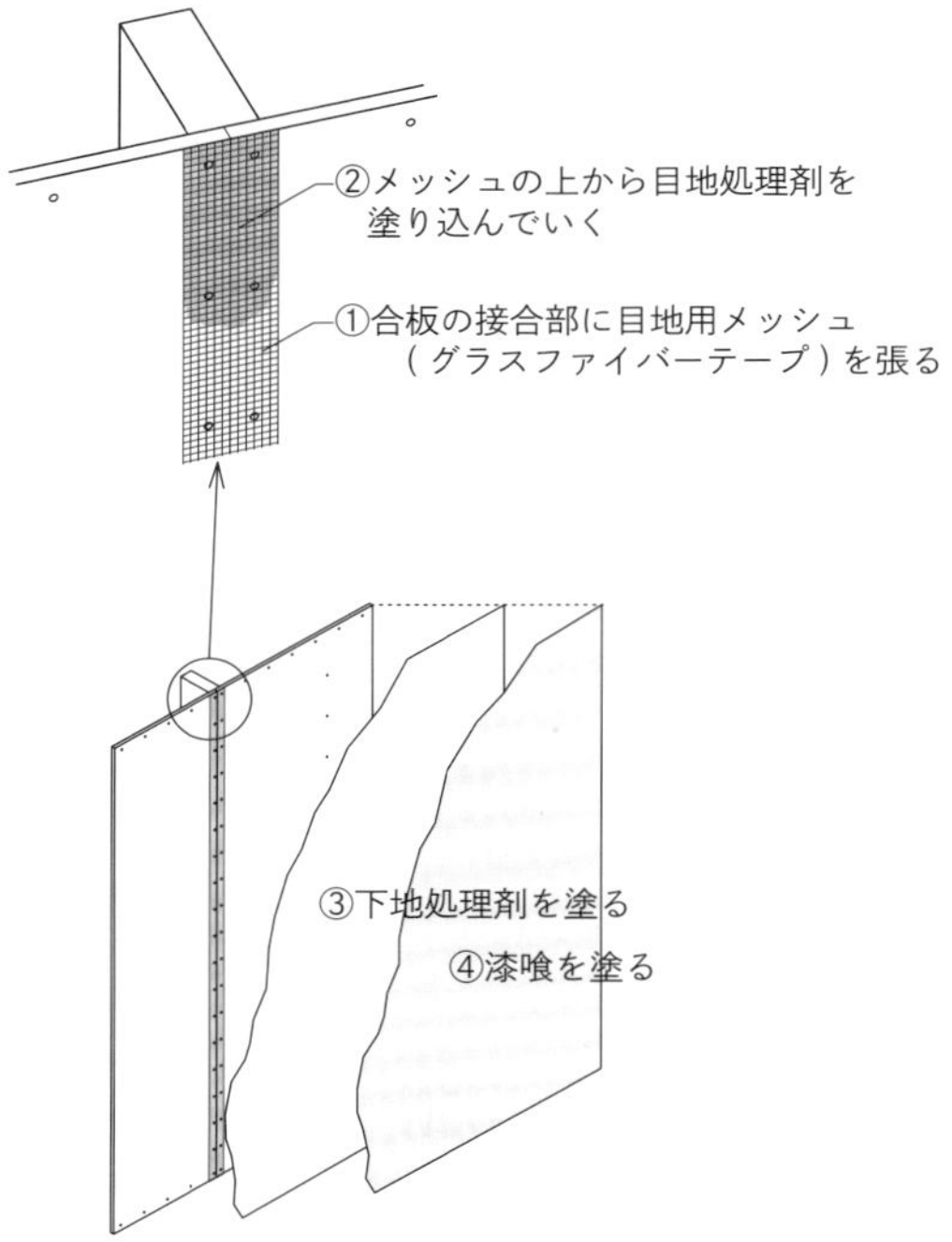
②メッシュの上から目地処理剤を
塗り込んでいく
①合板の接合部に目地用メッシュ
（グラスファイバーテープ）を張る
③下地処理剤を塗る
④漆喰を塗る

最近は、漆喰塗りでも石膏ボード12・5ミリの上に漆喰を2・5ミリ程度塗る薄塗りが主流であり、朝霞の家でもその方法をとっている。下地のズレがそのまま仕上げのクラックへとつながるので、下地の留め付け、目地処理には細心の注意を払う。

階段室などで壁が大きな面になる場合は、石膏ボードの下地に横胴縁を入れるか、ボードを二重張りして構造材との間にワンクッションとるのがクラック防止に有効である。

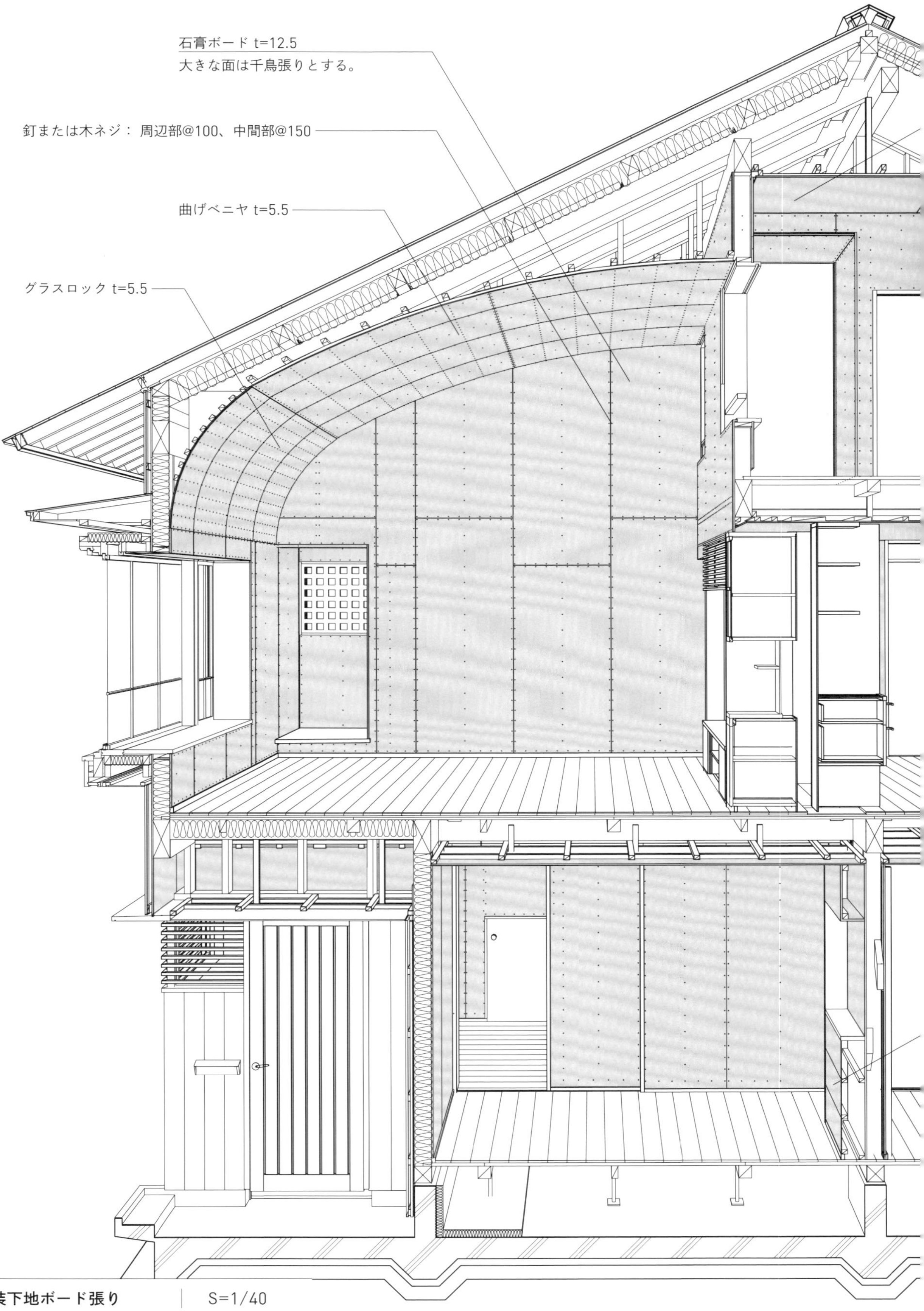

内装下地ボード張り | S=1/40

塗装・左官・縁甲板張り

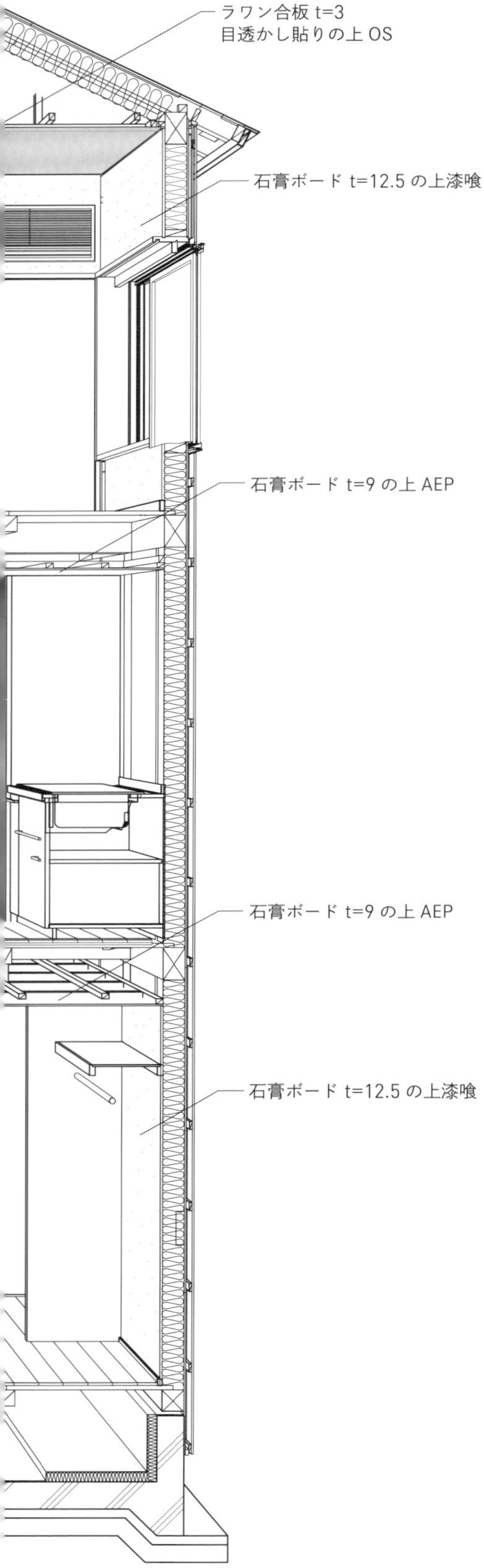
ラワン合板 t=3
目透かし貼りの上 OS
石膏ボード t=12.5 の上漆喰
石膏ボード t=9 の上 AEP
石膏ボード t=9 の上 AEP
石膏ボード t=12.5 の上漆喰

広間の天井の縁甲板はオイルペイントを刷毛塗りした後、布で拭き取ることで木目が透けて見える仕上げとしている。天井に張る前の板に施すことで刷毛や拭き取りのムラがなく仕上がり、また、実（さね）の部分まで塗装できるので、板が乾燥して空いた場合にも、継目に地の色が出ないなどの利点がある。

その他の塗装は、天井の石膏ボードには水性のアクリル系エマルションペイントを、木質にはオイルペイントを施している。生地を見せる木部で、水染みを防止したい箇所はウレタン（3分ツヤ）をその他は自然系オイルを塗っている。

漆喰は消石灰が主成分で水を混ぜることで化学反応がはじまり、二酸化炭素を取り込みながら固化していく性質がある。朝霞の家では石膏ボードに下塗り後、漆喰（総塗り厚2・5ミリ程度）で仕上げている。下地に木刷りやラスボードを使った厚塗り（総塗り厚10ミリ以上）とすると、漆喰本来の調湿や消臭作用も期待できるので予算があれば厚塗りとしたいところだが、薄塗りでもその風合いの魅力は十分に味わえる。

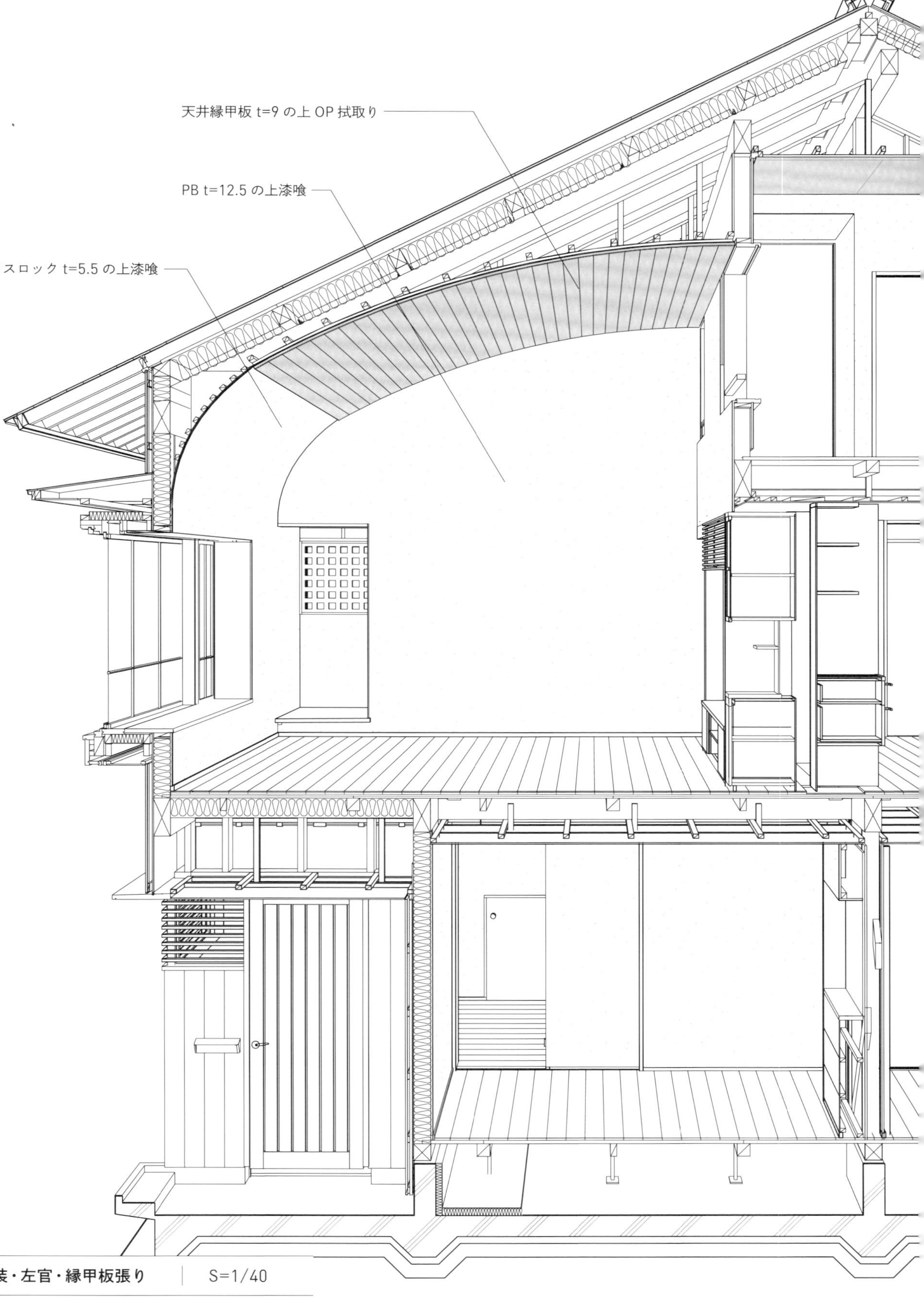

塗装・左官・縁甲板張り　S=1/40

外構・植栽（完成）

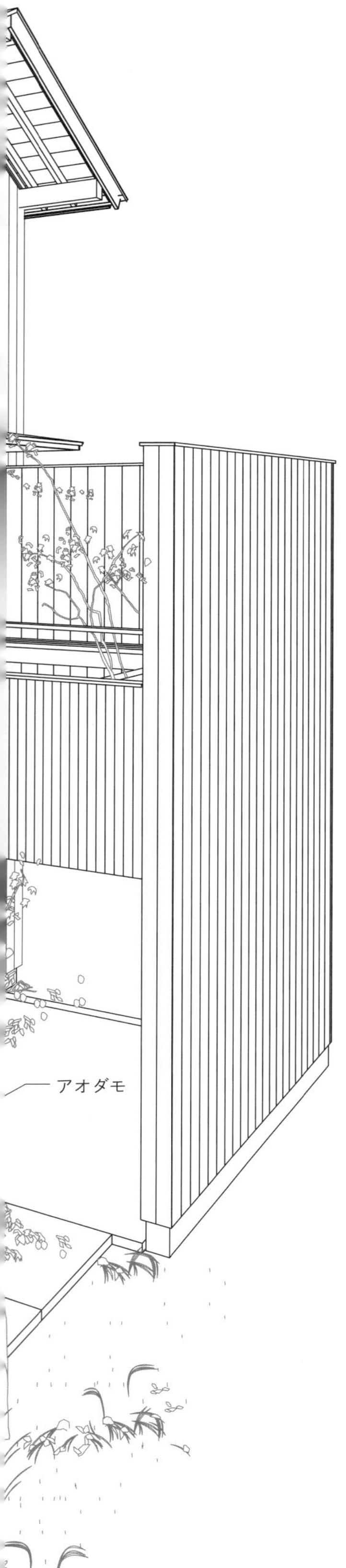

1階の外構床は植栽スペースを残してアプローチ部分をレンガ敷きとし、駐車場部分はメッシュ筋入りのコンクリート土間（150ミリ）を金ゴテで平滑に仕上げている。

2階の広間から続くベランダは、隣地境界側の壁を立ち上げて目隠しとし、造り付けの花壇に植栽して人工的なプライベート庭をつくった。

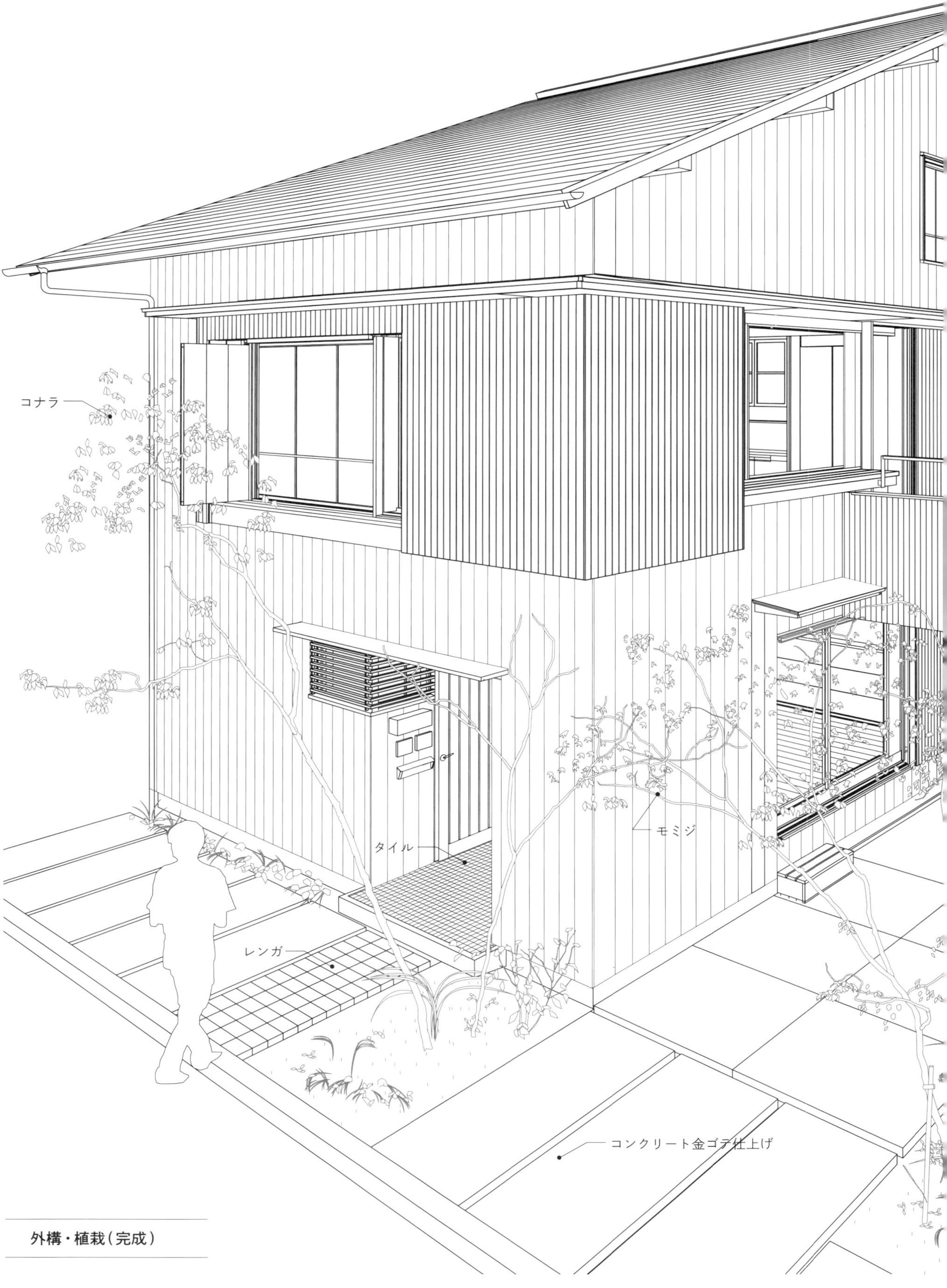

外構・植栽（完成）

佇まいについて

控えめでありながら優しさを感じさせる佇まい。そこでは高い塀ではなく植物が足元を彩り、人や物が通過するのに事足りる寸法の木の扉が静かに佇む。夜になるとガラス窓から灯りがもれ、そこに住む人の営みを通りに伝える。道行くすべての人に好意的な作用がありますように。

水廻りについて

白いタイルはそれだけで、水廻りの清潔さを担保する素材である。清掃に対してのタフさだけでなく、光を適度に反射させながら空間を清潔な光で満たしてくれるのが魅力だ。艶っぽさを出そうと色付きのタイルを用いると、たちまち清冽な印象は失われ、普遍的な意味合いとは違う価値を見つけ出さなければならなくなる。そんなことが面倒でいつも白いタイルに落ち着いてしまう。

寝室の窓

朝は刻々と変化する明るさの中で目覚めたい。足元からじわじわやってくる光の中でまどろむ時間を想像しながら寝室の窓を考えている。

階段について

名建築を体験する中で、巧みに組み込まれた段差に感動することがしばしばある。わずか数段の階段によって瞬間的に目線の高さが変化し、景色があっという間に切り替わる。その瞬間の感動に建築の素晴らしさを感じる。

居場所の条件

そこに身を置こうとするとき、人は拠り所を求める。拠り所となる要素が整ったところを巧みに見つけ、腰を降ろす。建築空間においてその要素となるのが、景色の見える窓であり、身体を包む壁であり、居場所と呼応する家具である。すべてがうまくいくまでプランニングの手を止めてはならない。

キッチンについて

使いやすさではなく居心地よくありたい。合理的で固められたものでなく、毎日使い続けて体になじんだときにはじめて好きと思える柔らかさがあってもいいように思う。そこにいる時間を大切に思える光や風、景色とともにある生き生きとした場所にしたい。

小さな居場所

小さな居場所は個人の時間を与えてくれる。単に個室ということではなく、皆が使える小さな居場所が散りばめられた住宅は、その数だけ違った居心地があり、それは心理的な住宅の奥行きと懐の深さにつながる。

植栽について

竣工したばかりの住宅に植栽が施されると、室内空間が一回り広がったように感じる。人の意識が外にまで広がり、外部を室内の延長として視覚的に捉えるからというだけでなく、梢の揺らめき、こすれる葉音、湿った土のにおい、しなやかな生命の力強さ、柔らかさ、ゆっくりとした変化の気配といったものが人の五感を解放するからだと思う。

窓辺のデザイン

フェルメール、ホッパー、ハンマースホイ……。多くの画家が窓辺の風景を描いてきた。それらの絵を見ていると、窓から差し込む光によって室内の親密性がより高まるのを感じる。窓はただ外とつながるツールとしてではなく、人の心と呼応して揺るぎない居場所を提示するためにデザインされなければならない。

屋根について

設計をはじめた頃は勾配の大きな屋根は野暮ったいと敬遠していた。その頃はモダニズム建築に対する憧れも強く、ゆるい勾配屋根の軽快さを格好よいものとして捉えていた。しかし近年は４～５寸勾配くらいのもったりとした屋根に奥深さや品格を感じるようになった。勾配の好みはさておき、必然と思える屋根の姿に美しさを感じる。

2章

「朝霞の家」の設計詳細図

2章では、室ごとの図面を取り上げ、構成の意図、プランやしつらえに内在する意味の解説、また耐久性や性能、使い勝手に配慮した納まりの注意点などを盛り込みながら、設計のときに考えた事柄を綴っている。それらを納まりの決まり事として表面的に捉えるのでなく、その背後にあるベースとなる考え方の理解につなげてほしい。

住宅の設計は多義にわたり複雑だが、基本は非常にシンプルといえる。良心にしたがい、誠実であること。あらゆることはそこから出発している。

外部とのレベル差を内部で解消する場合

土台などの構造材の耐久性、床下の点検やメンテナンス性を考慮し床高をGL＋600ミリとしているが、道路から玄関までのアプローチに十分な距離がなく、600ミリの段差を解消するスペースがとれないことから、室内の玄関ホールで段差を設けている。

このような場合には、玄関土間床よりも高くなった基礎立上り部分に断熱材を施工する。

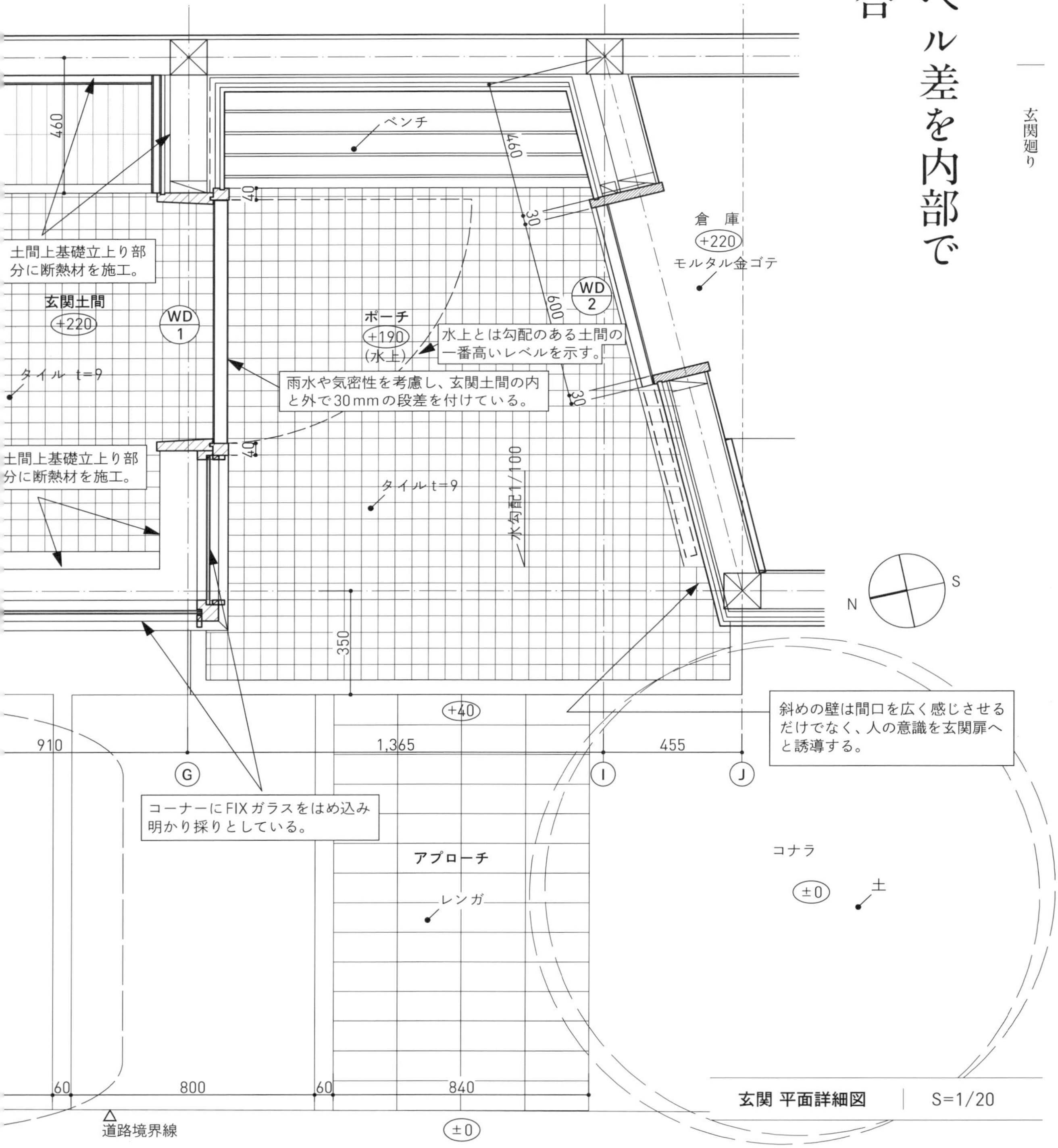
ベンチ
460
40
30
600
倉庫
+220
モルタル金ゴテ
WD 2
WD 1
土間上基礎立上り部分に断熱材を施工。
玄関土間
+220
ポーチ
+190
(水上)
水上とは勾配のある土間の一番高いレベルを示す。
タイル t=9
雨水や気密性を考慮し、玄関土間の内と外で30mmの段差を付けている。
タイル t=9
水勾配1/100
N
S
350
+40
斜めの壁は間口を広く感じさせるだけでなく、人の意識を玄関扉へと誘導する。
910
1,365
455
G
I
J
コーナーにFIXガラスをはめ込み明かり採りとしている。
アプローチ
レンガ
コナラ
±0
土
60
800
60
840
道路境界線
±0

玄関 平面詳細図 S=1/20

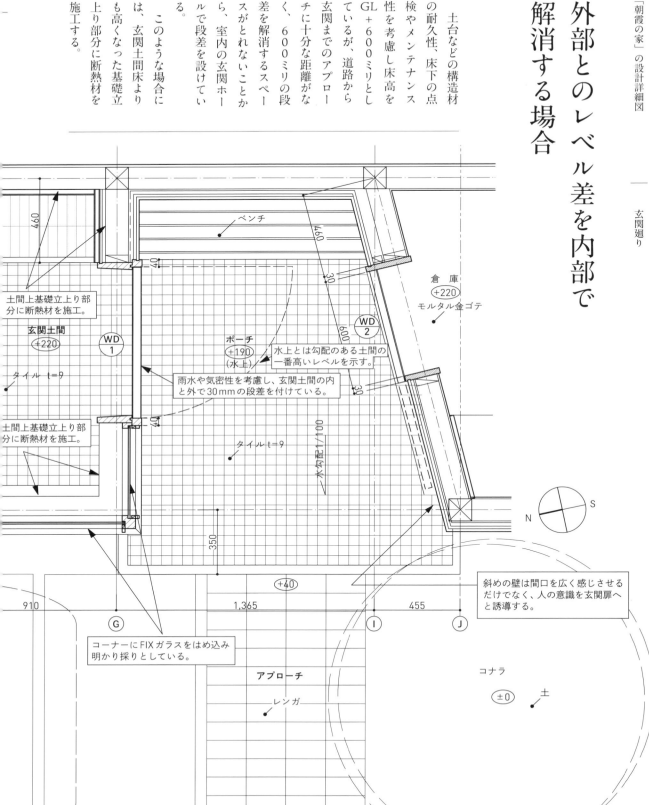

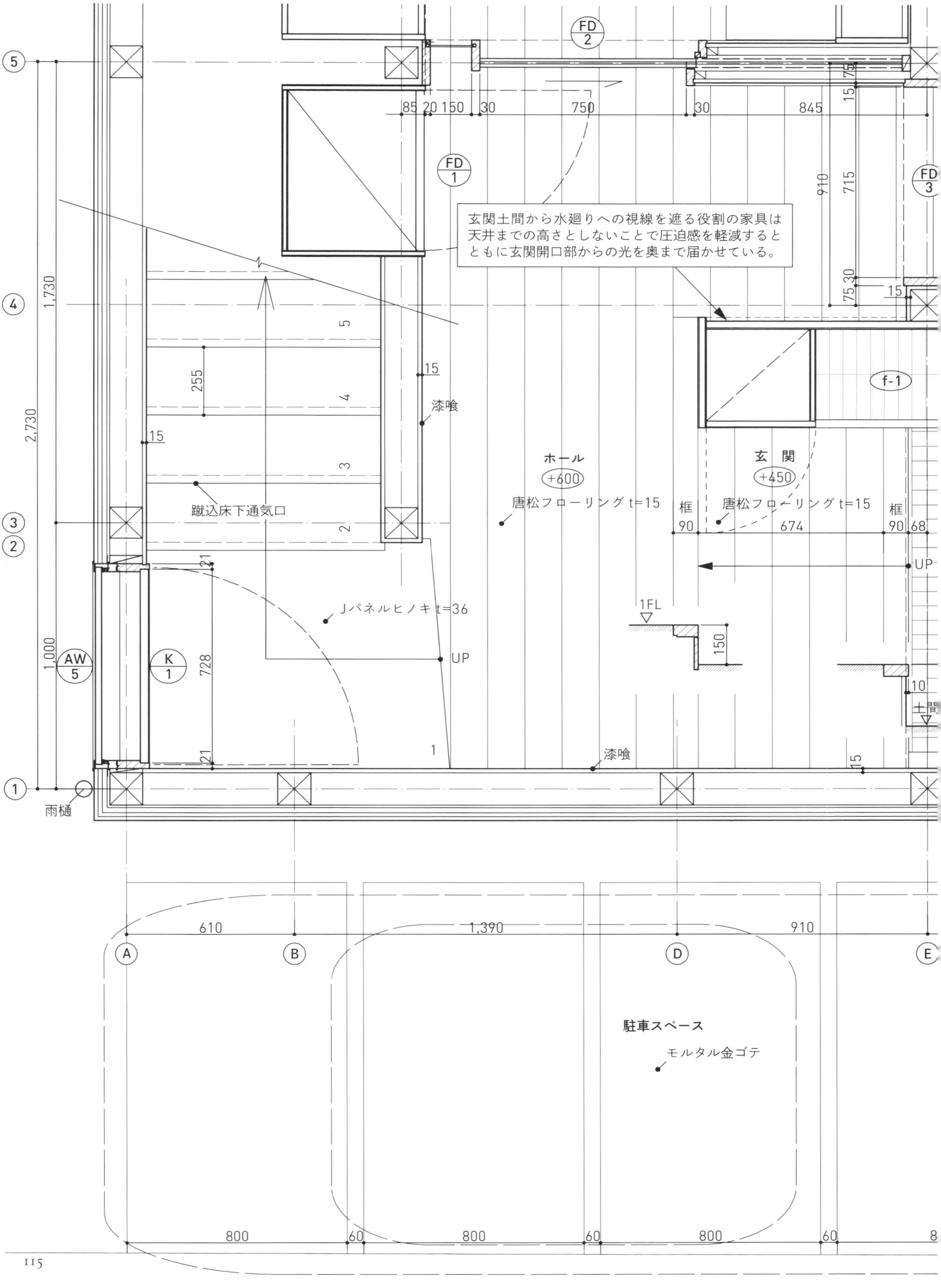
玄関土間から水廻りへの視線を遮る役割の家具は天井までの高さとしないことで圧迫感を軽減するとともに玄関開口部からの光を奥まで届かせている。
ホール
+600
唐松フローリング t=15
玄関
+450
唐松フローリング t=15
框
框
漆喰
漆喰
蹴込床下通気口
Jパネルヒノキ t=36
UP
UP
1FL
土間
雨樋
f-1
駐車スペース
モルタル金ゴテ
FD 1
FD 2
FD 3
AW 5
K 1
610
1,390
910
800
60
800
60
800
60
1,730
2,730
1,000
728
255
150
85 20 150 30 750 30 845
910 715 75 15
90 674 90 68

外部からの視線に配慮した明かり採り窓

昼間は内部に自然光を導き入れ、夕暮れから夜にかけては家内の灯りがもれ出し、暮らしの温かみが通りに感じられるようにと、ＦＩＸガラスをはめ込んだ明かり採り窓を設けている。

窓の高さは通りを行く人の目線よりも高くし、落ち着きと防犯に配慮して格子を造り付けている。

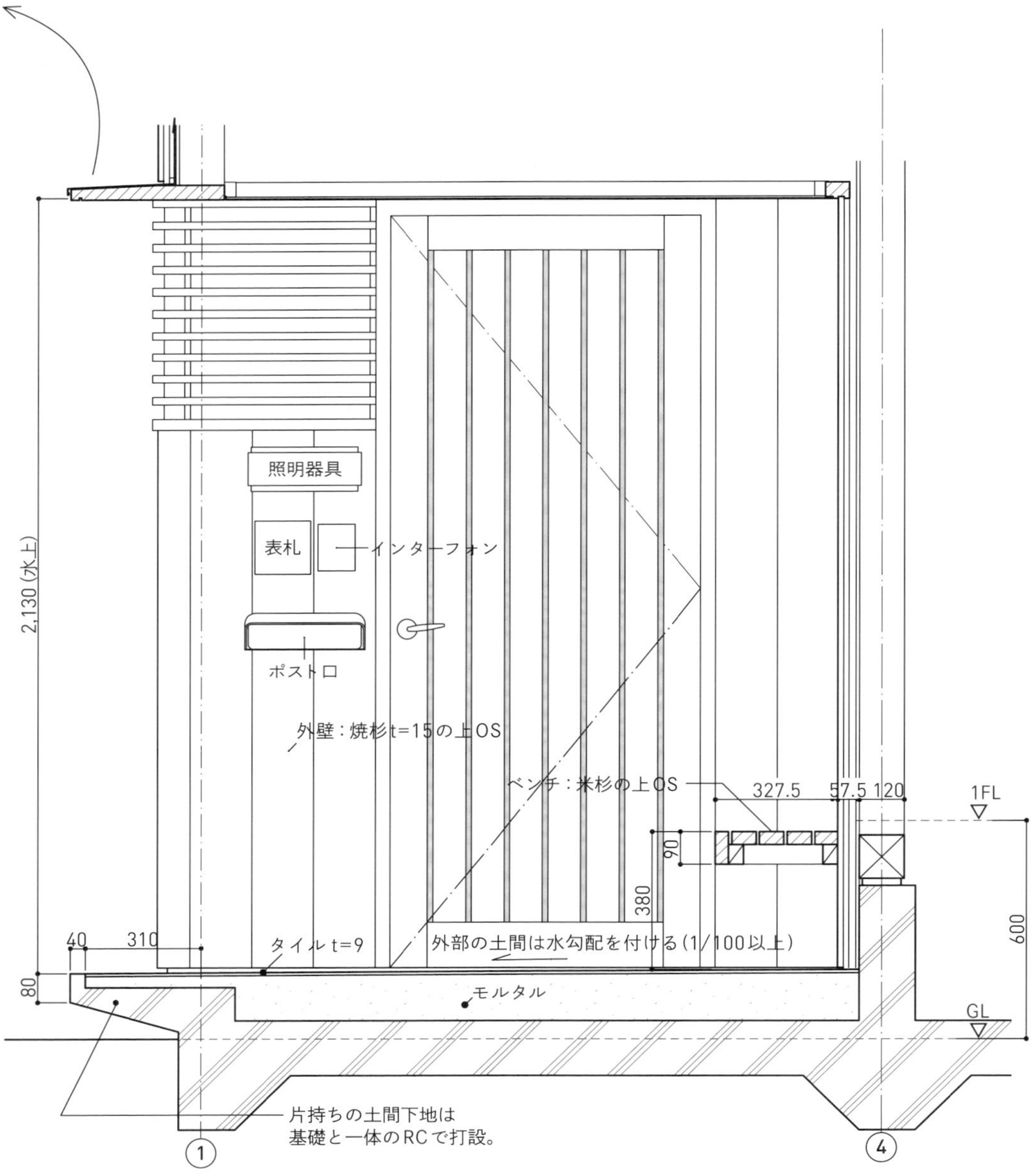

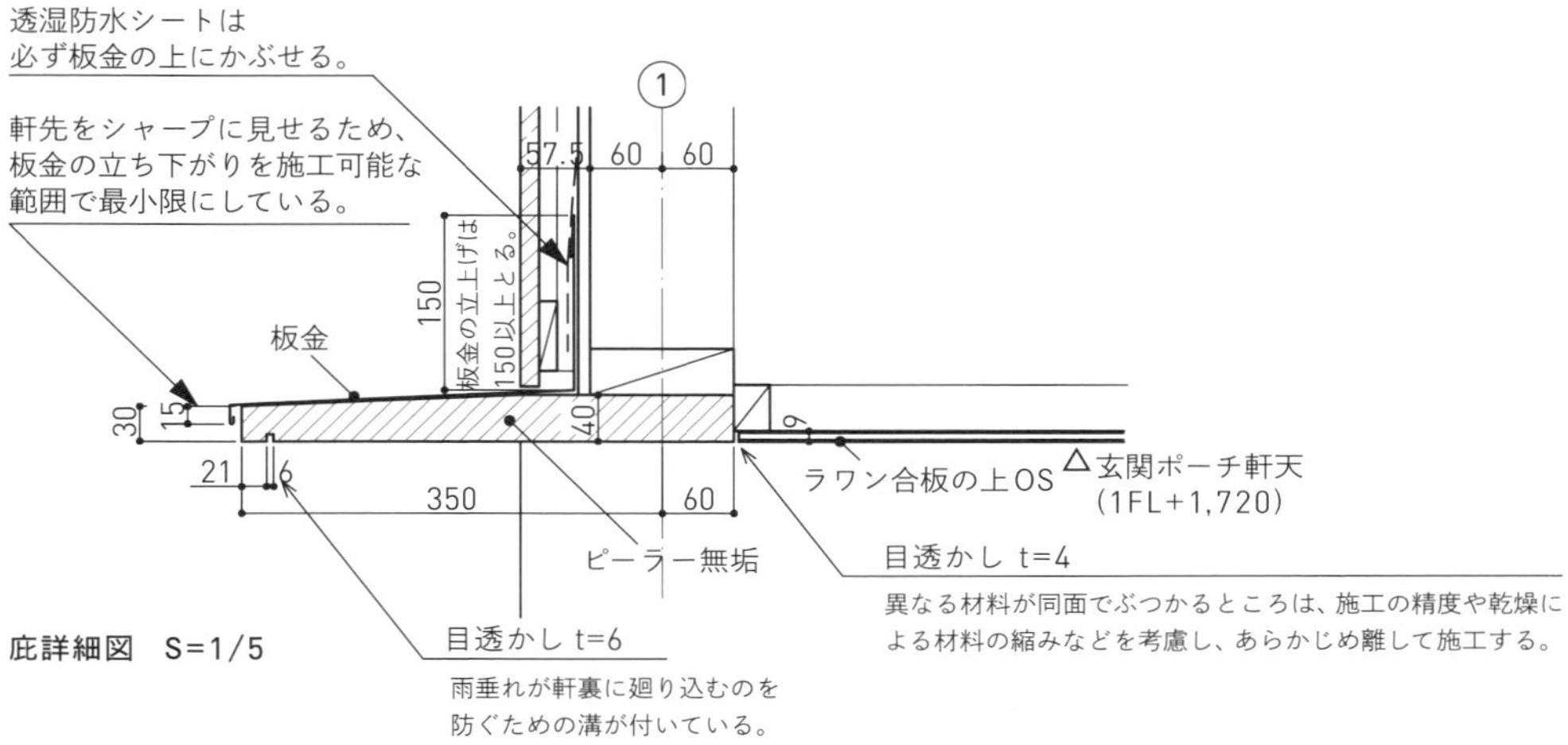
透湿防水シートは
必ず板金の上にかぶせる。
軒先をシャープに見せるため、
板金の立ち下がりを施工可能な
範囲で最小限にしている。
板金
板金の立上げは150以上とる。
150
57.5
60
60
30
15
40
9
21
6
350
60
ラワン合板の上OS
玄関ポーチ軒天
(1FL+1,720)
ピーラー無垢
目透かし t=4
異なる材料が同面でぶつかるところは、施工の精度や乾燥による材料の縮みなどを考慮し、あらかじめ離して施工する。
目透かし t=6
雨垂れが軒裏に廻り込むのを防ぐための溝が付いている。

庇詳細図 S=1/5

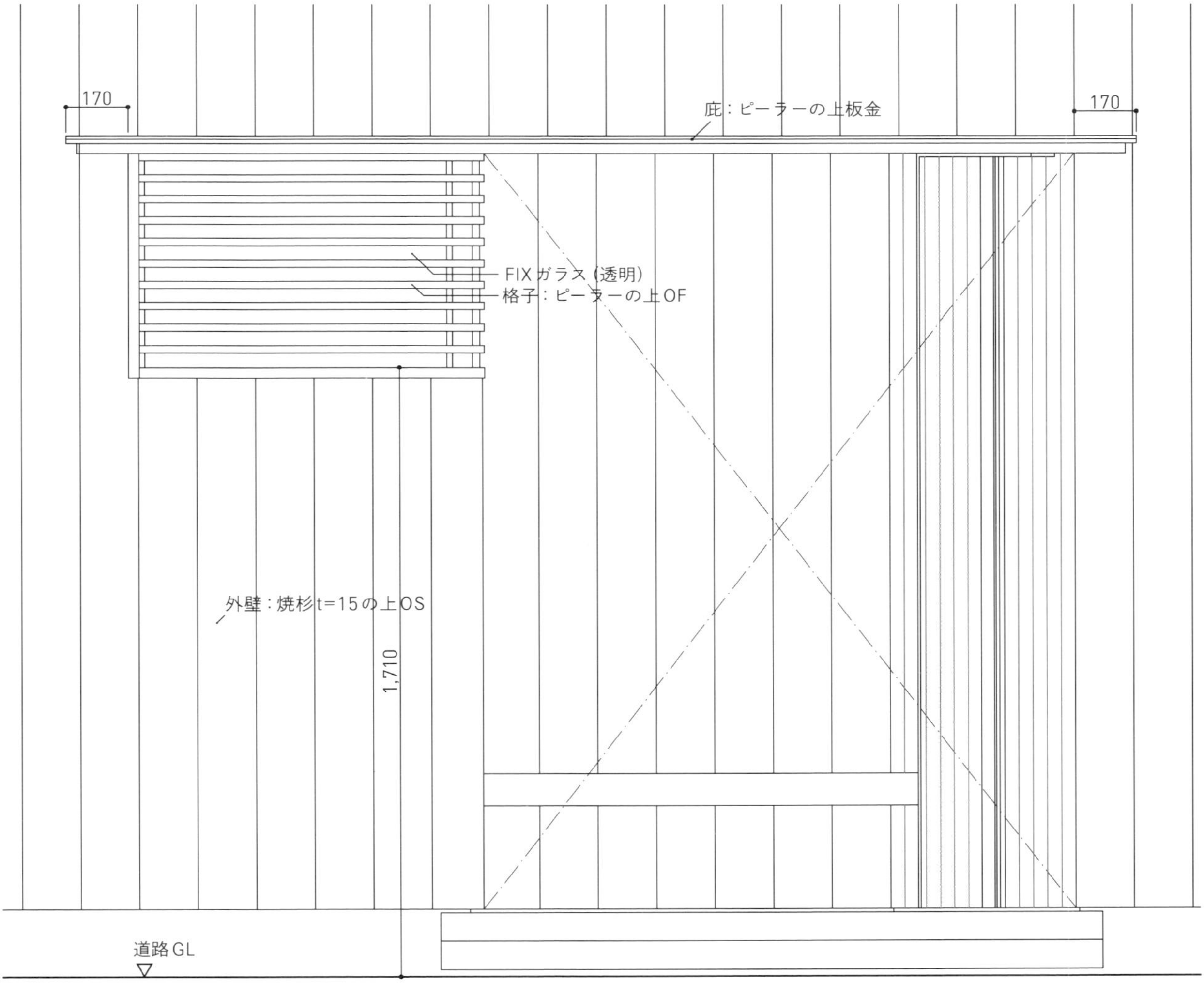
170
170
庇：ピーラーの上板金
FIXガラス（透明）
格子：ピーラーの上OF
外壁：焼杉t=15の上OS
1,710
道路GL

玄関ポーチ 展開図 | S=1/20

帰宅する人を迎えるしつらえ

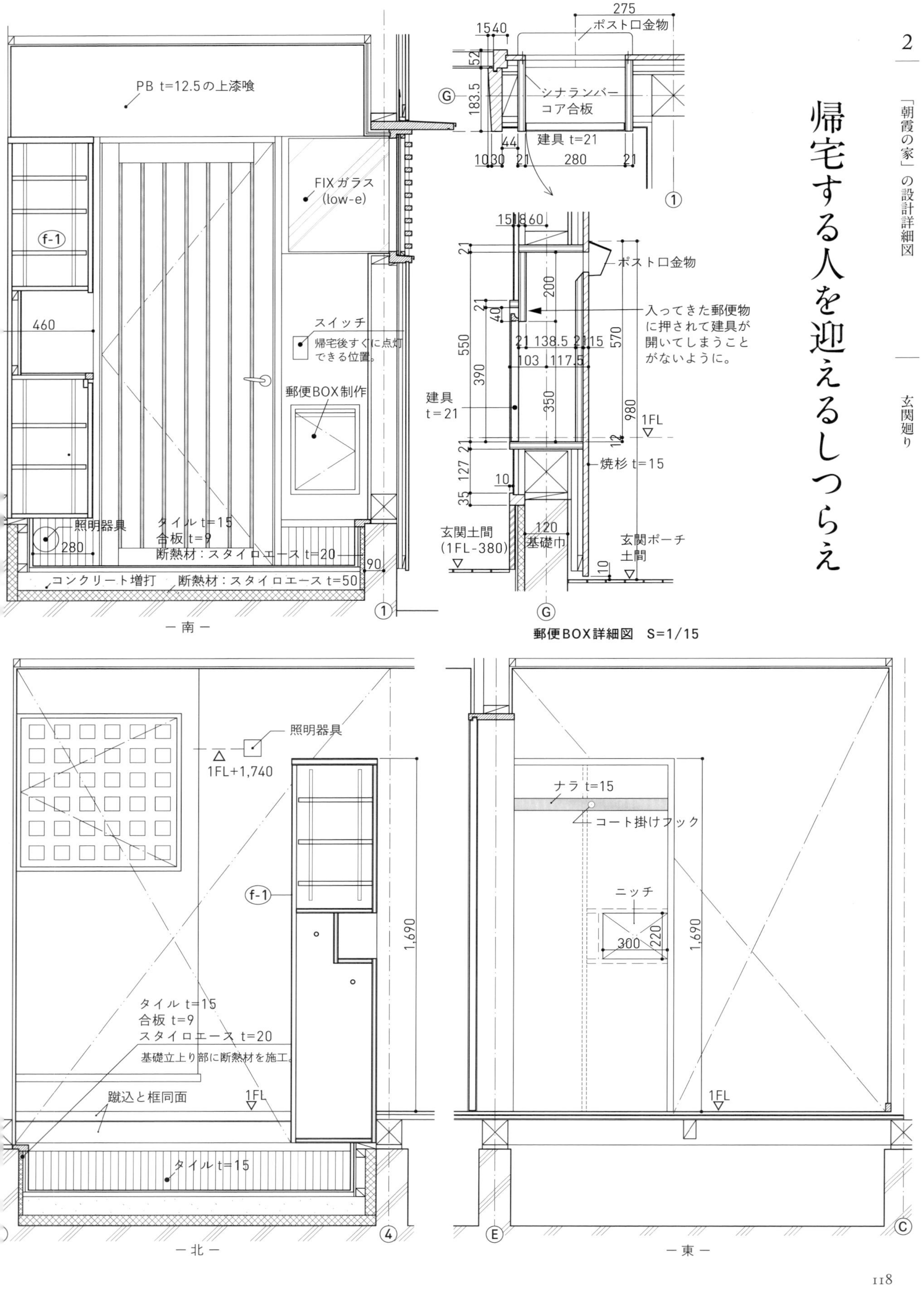

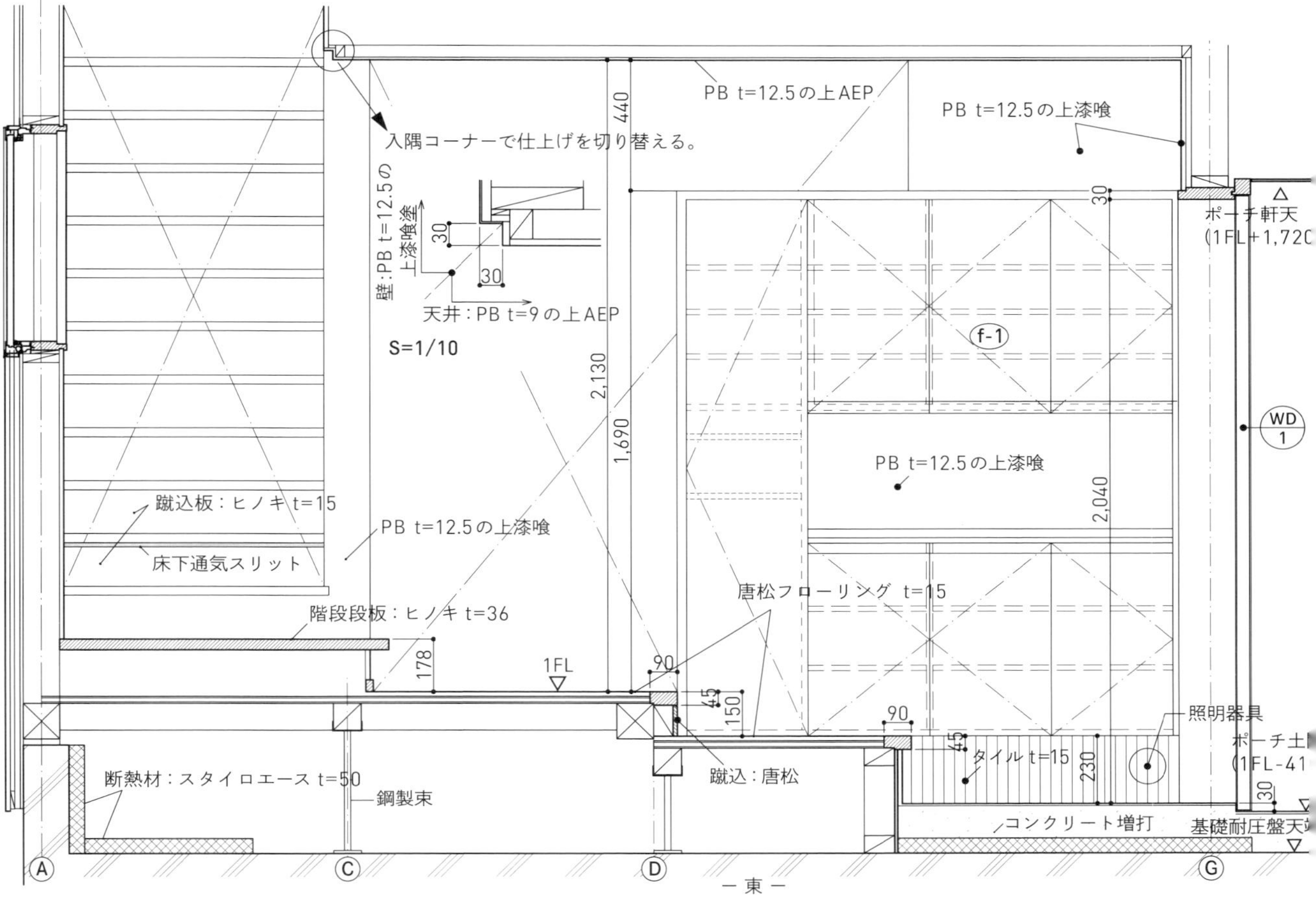

― 東 ―

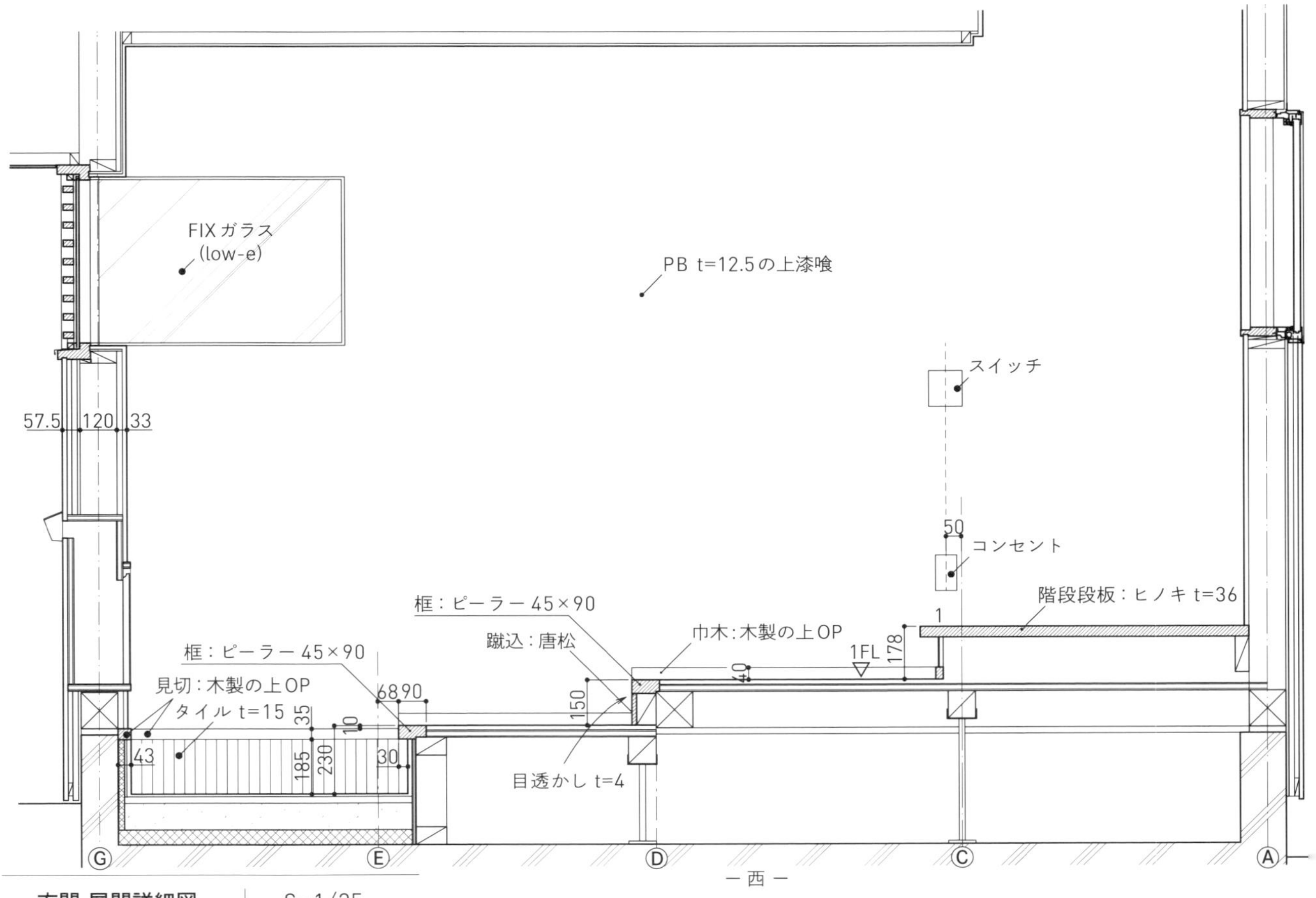

― 西 ―

玄関 展開詳細図　S=1/25

造作家具が担う建築的役割

住宅設計の中で造作（造付け）家具は空間の使われ方を示唆したり、秩序を保ったり、その場での行いを下支えするなどの役割を担う。玄関の小さな空間のためのこの家具は、圧迫感のないよう高さを抑え、漆喰壁になじむよう白を基調としている。靴と傘といった必要な物が納まった上に、空間を仕切るパーティションとしての役割をもちつつ人を迎えるしつらえの場となる。

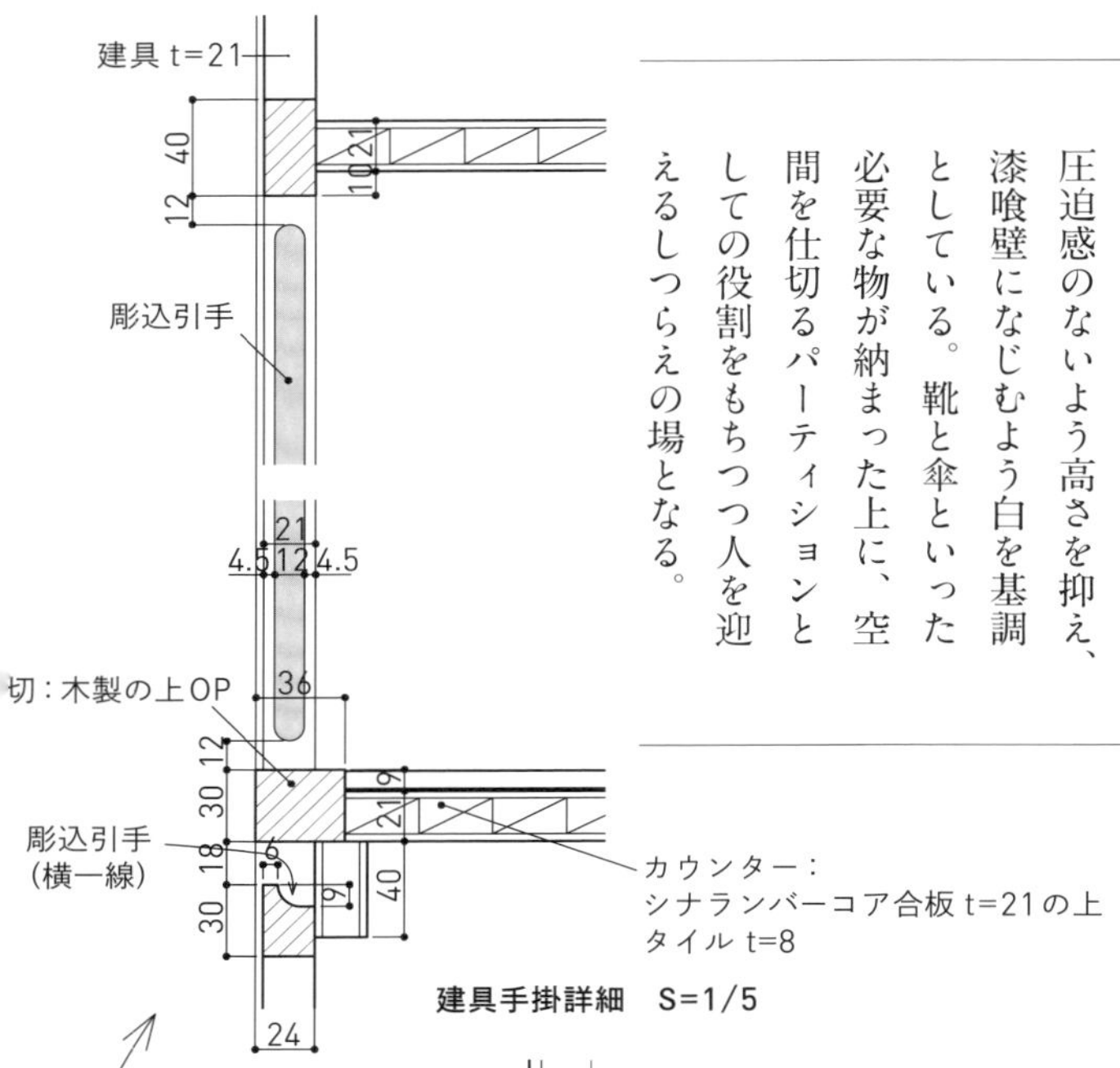

建具手掛詳細　S=1/5

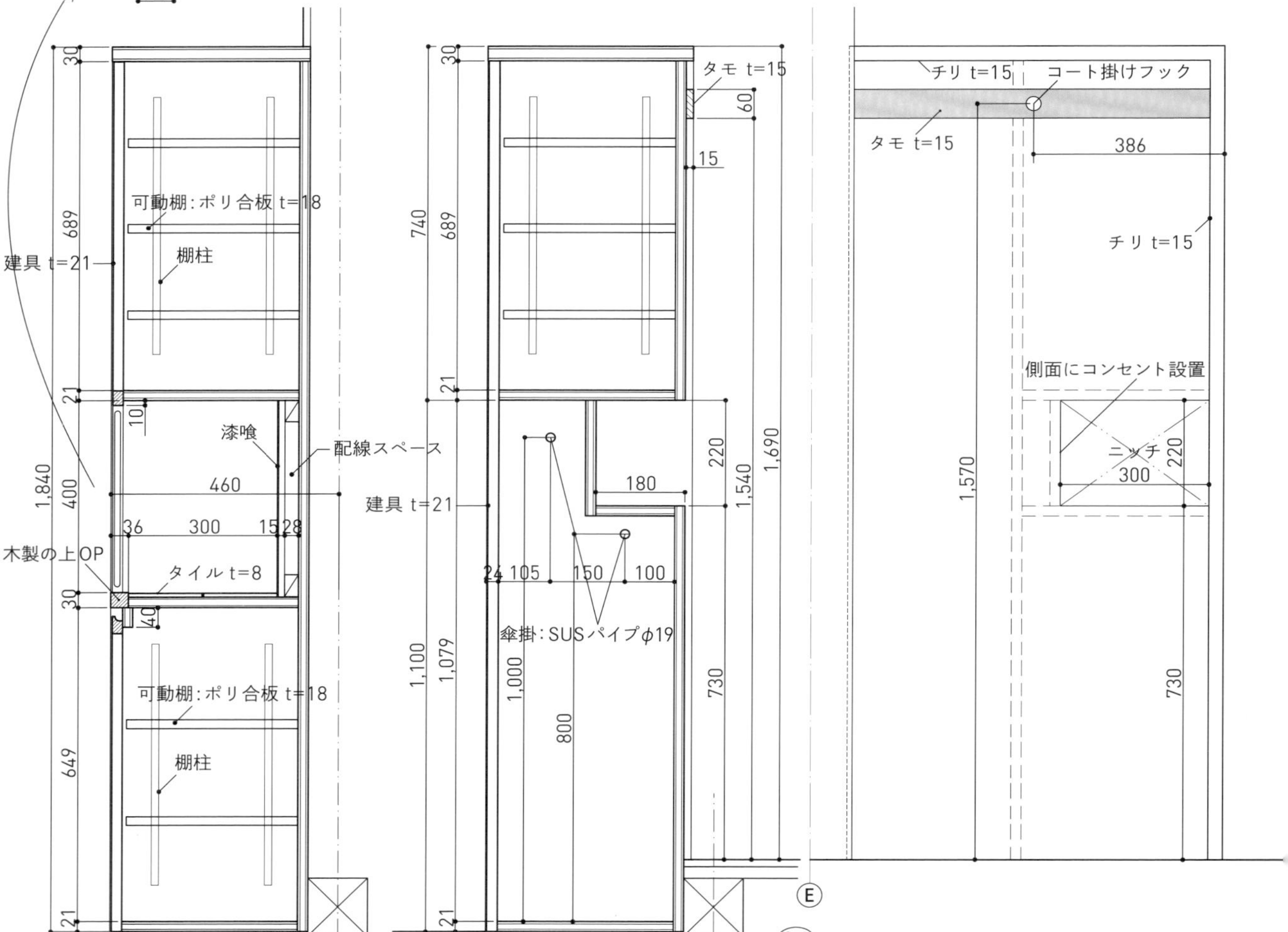

f-1
カウンター：シナランバーコア合板 t=21の上タイル貼り
箱：シナランバーコア合板 t=21, t=30の上見えがかりOP
可動棚：ポリ合板 t=18
建具：シナ合板フラッシュの上OP（手掛：タモ無垢加工）

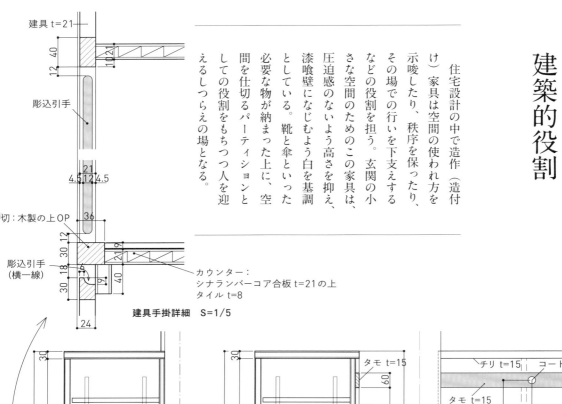

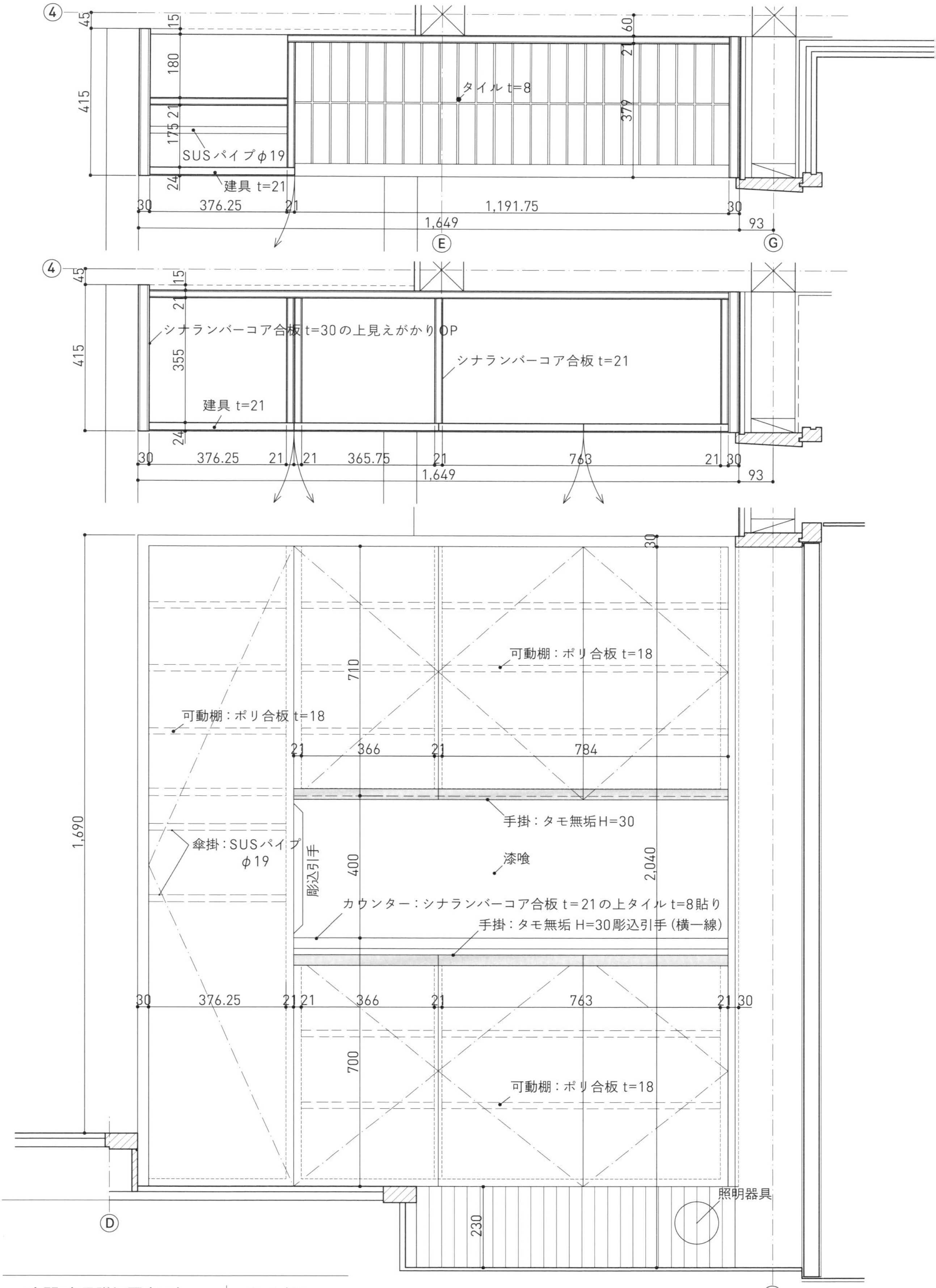

玄関 家具詳細図（f-1）　S=1/15

清潔を維持するシンプルさ

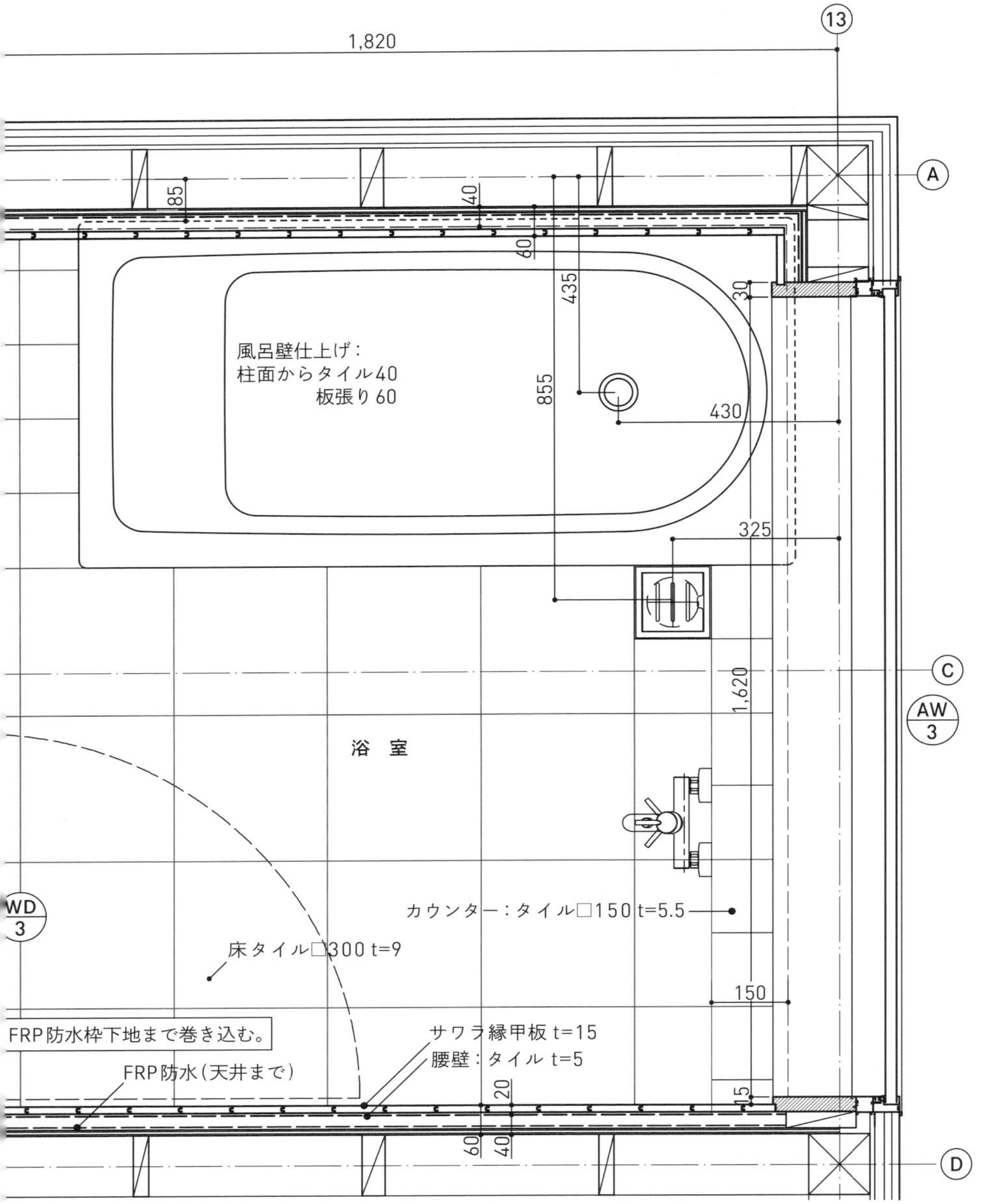

水廻りは衛生を保つのに必要な明るさや風通しのよさ、水の処理や清掃に耐えられる仕上げのタフさ、毎日繰り返し無意識に行われる動作に合わせた物の配置、寸法、それと同時に身体を委ねられる繊細さも求められる。

朝霞の家では少人数での使用を前提に、便所、洗面、洗濯場を一つの空間に収め、採光や換気のための開口部を共有できるようにした。便器の脇にパーティション壁を立てたり、洗濯機は家具のフレーム内に納めるなどしてワンルームの中にも節度を保つ工夫をしている。

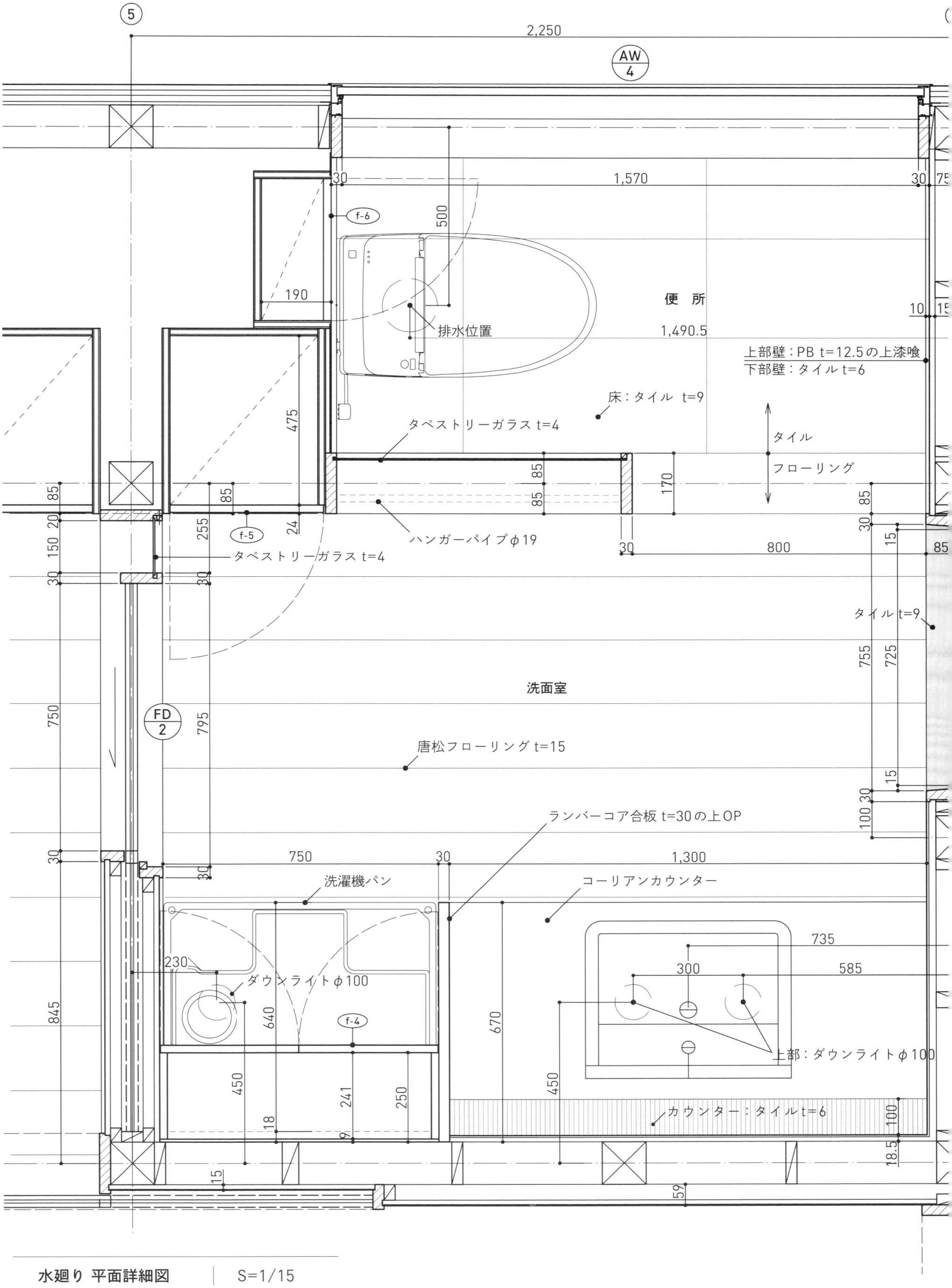

水廻り 平面詳細図　S=1/15

一体的にまとまらないときは分けて考える

洗面カウンターと洗濯機が並ぶレイアウトは、作業面の高さや必要な収納の奥行きなどに違いがあるため、一体感のあるデザインでまとめるのは難しい。ここではパーティションをはさんで縁を切り、手洗スペースをメインに据えてデザインしている。

幕板や吊り戸の鏡貼り建具の手掛けの部分に無垢のタモ材を使い汚れや水がかかりに備えており、その質感が白を基調とした空間に温かみを添えている。

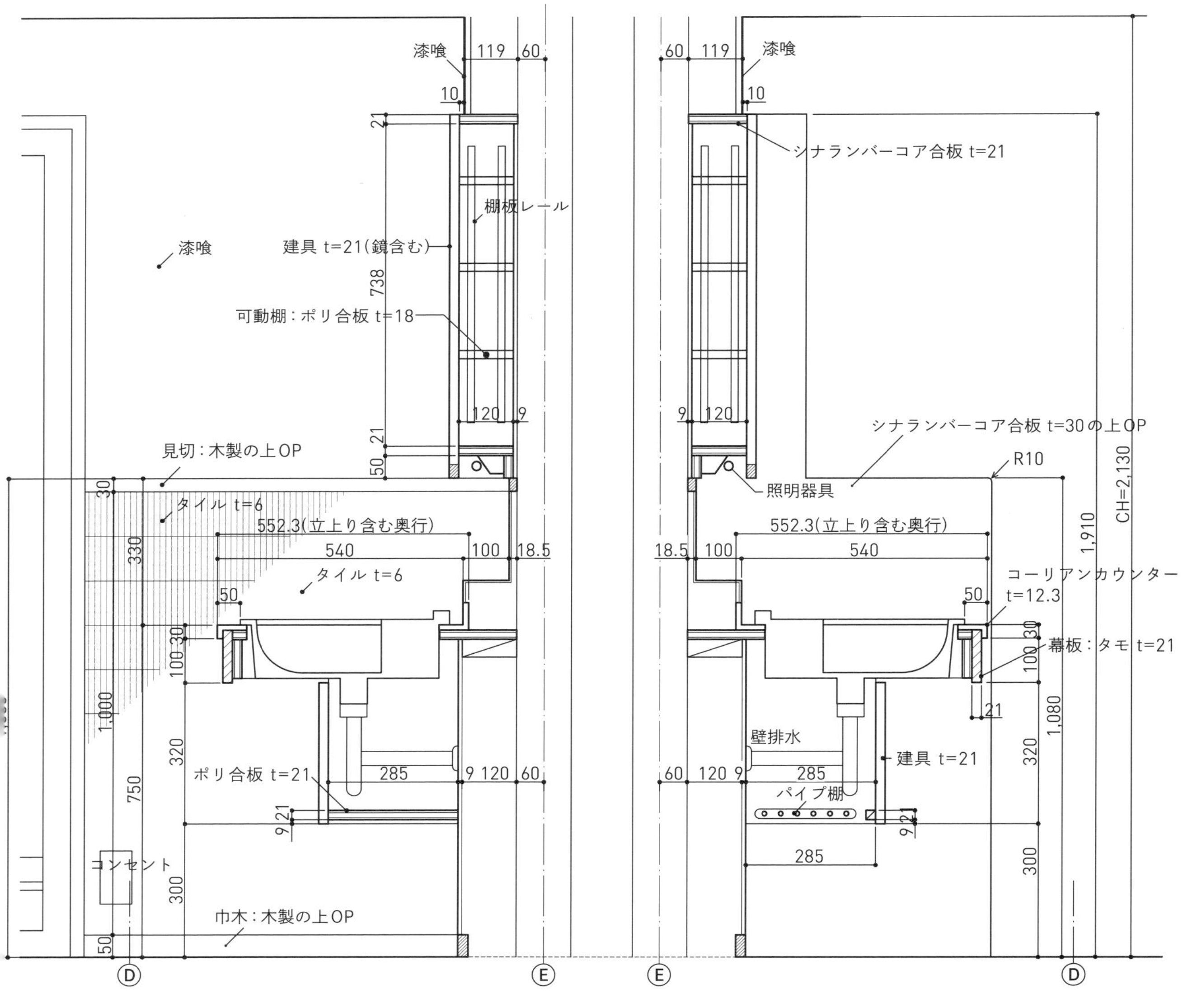

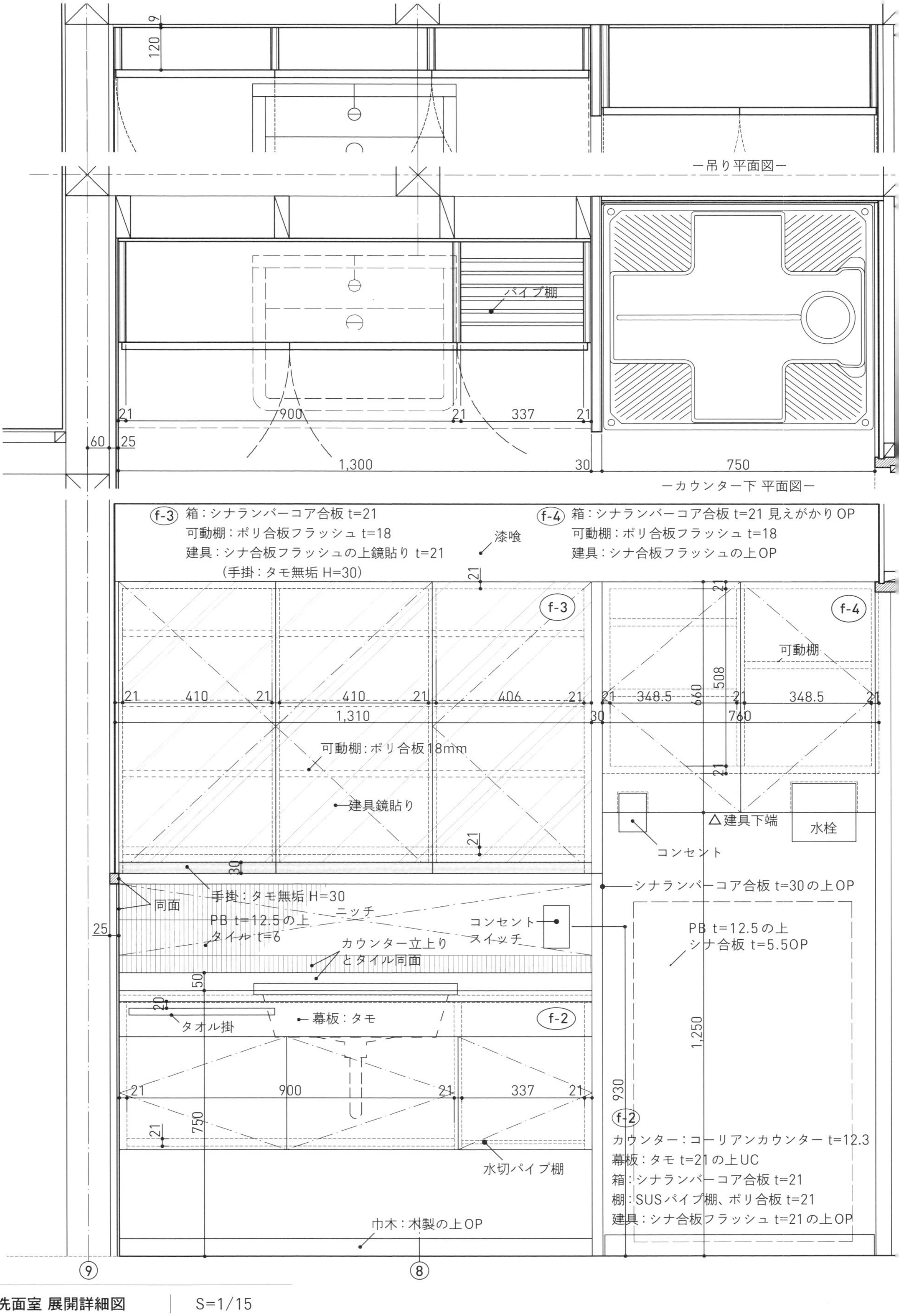

洗面室 展開詳細図 | S=1/15

家具、開口部の内法を天井よりも低い高さで統一する

家具や開口部の高さは、天井までにして垂壁をつくらずすっきりとした印象にする場合と、ある一定の内法で抑えてこもり感や安心感などその場に応じた居心地をつくる場合がある。特にヒューマンスケールの水廻りでは、圧迫感が出ないように身体に合わせた寸法を心がけている。

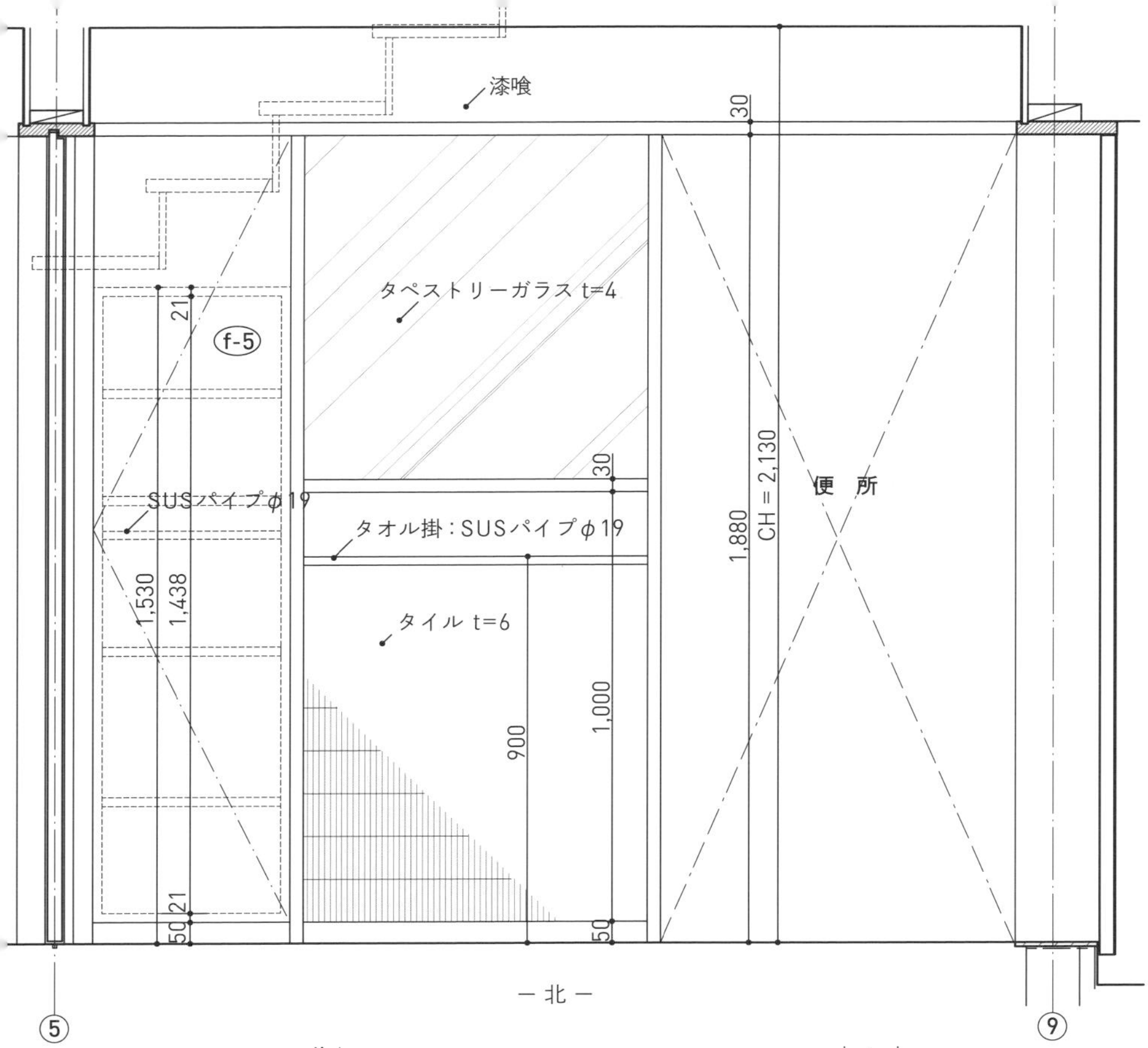

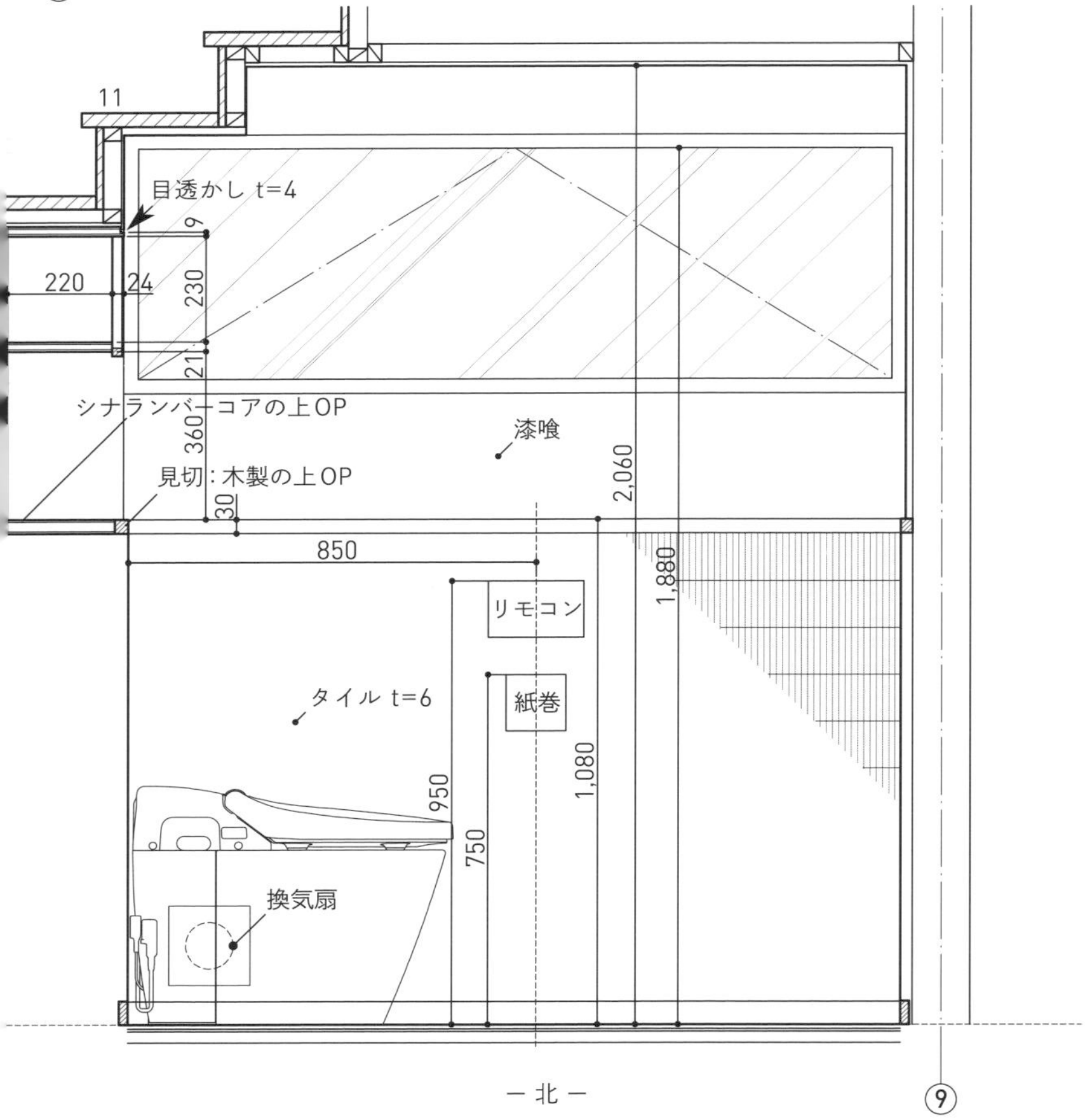

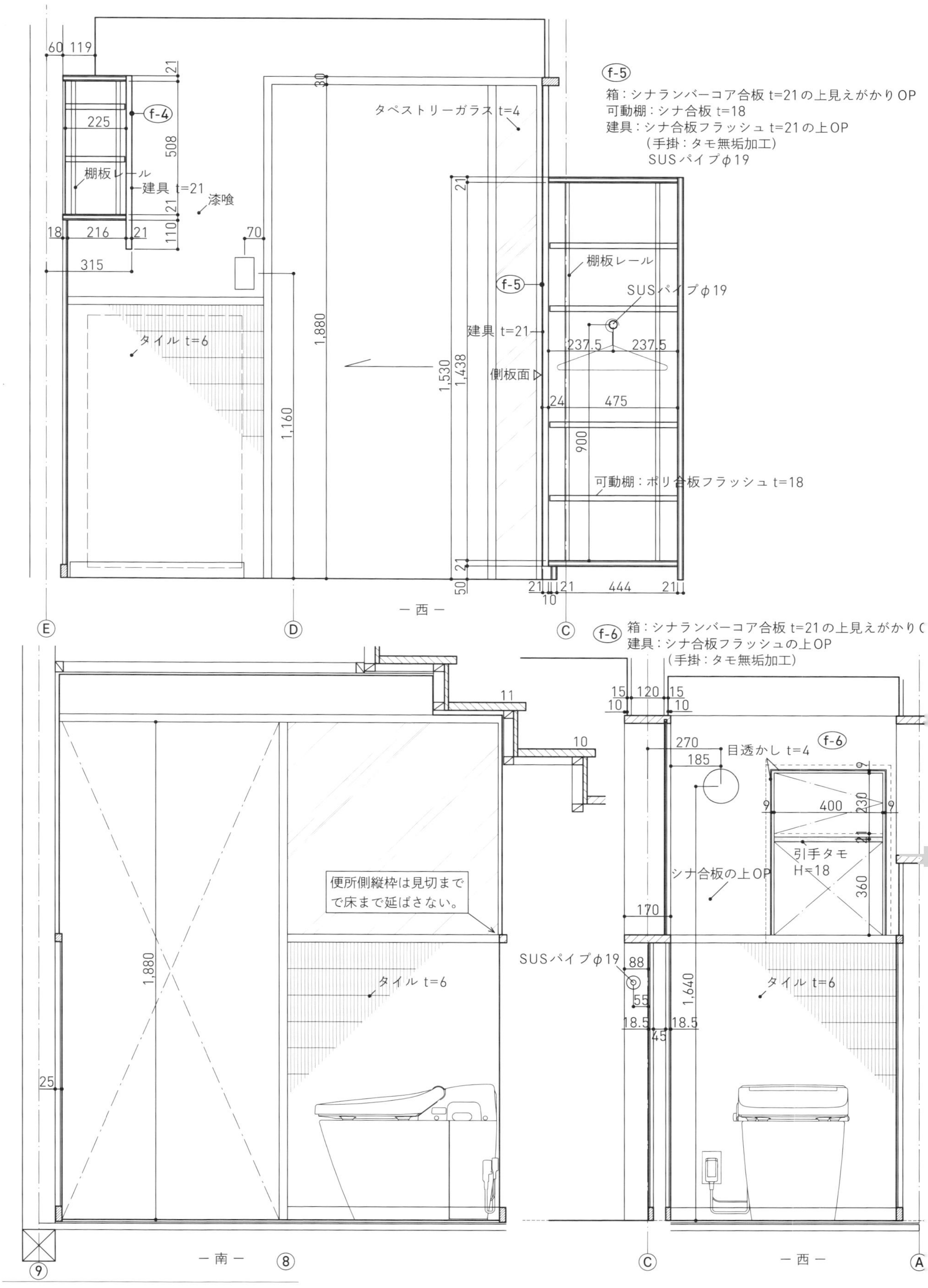

便所 展開詳細図 S=1/20

枠や仕上げ材は後で取り替えできるように納める

水は、仕上げの表面でなく、防水層の上を伝って排水されると考え、防水ラインを明確にすることが重要である。木枠下地や配水管に防水層をかぶせるように巻き込んでから、枠や排水目皿、仕上げ材を取り付けるようにすること。

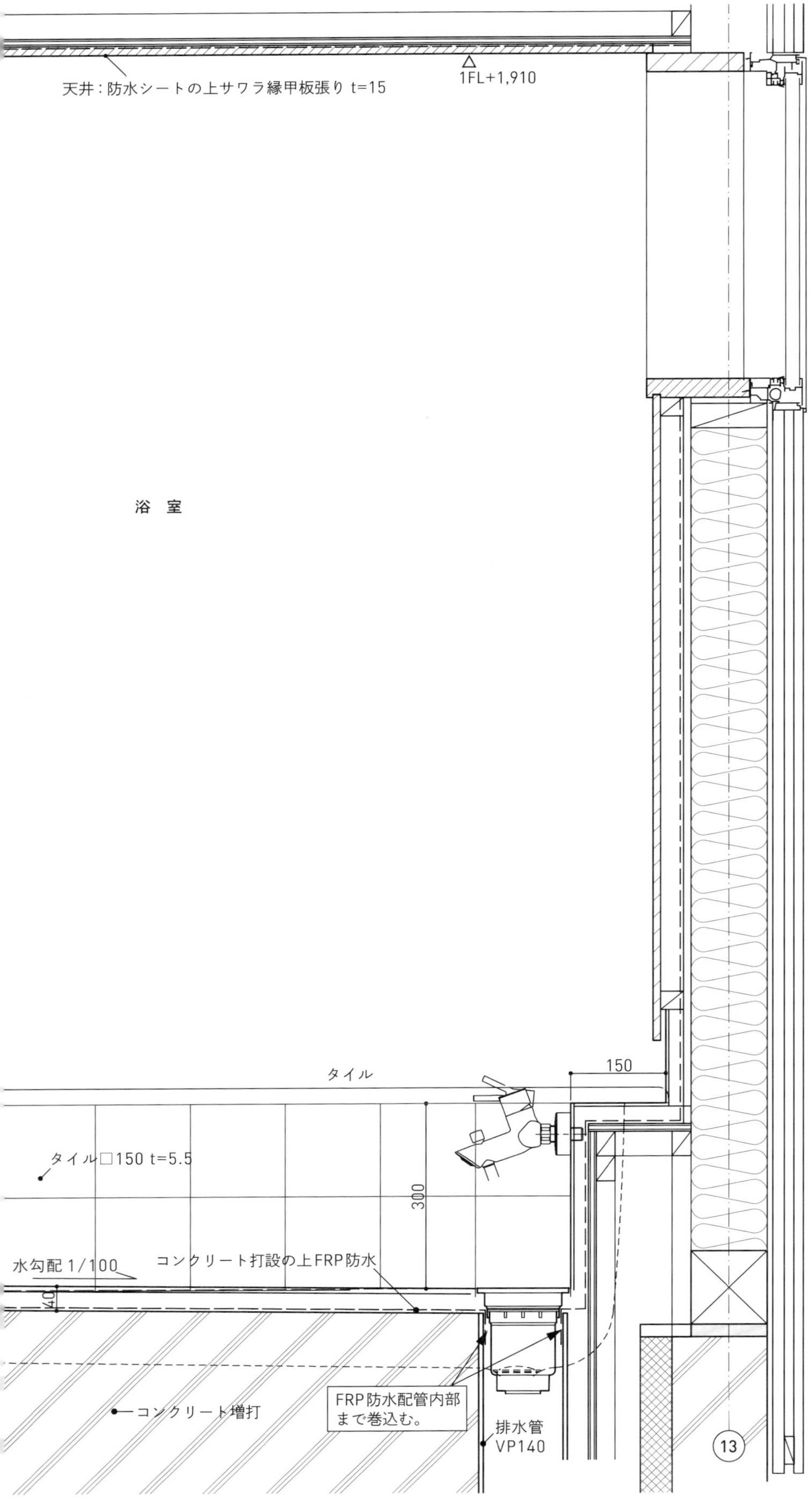

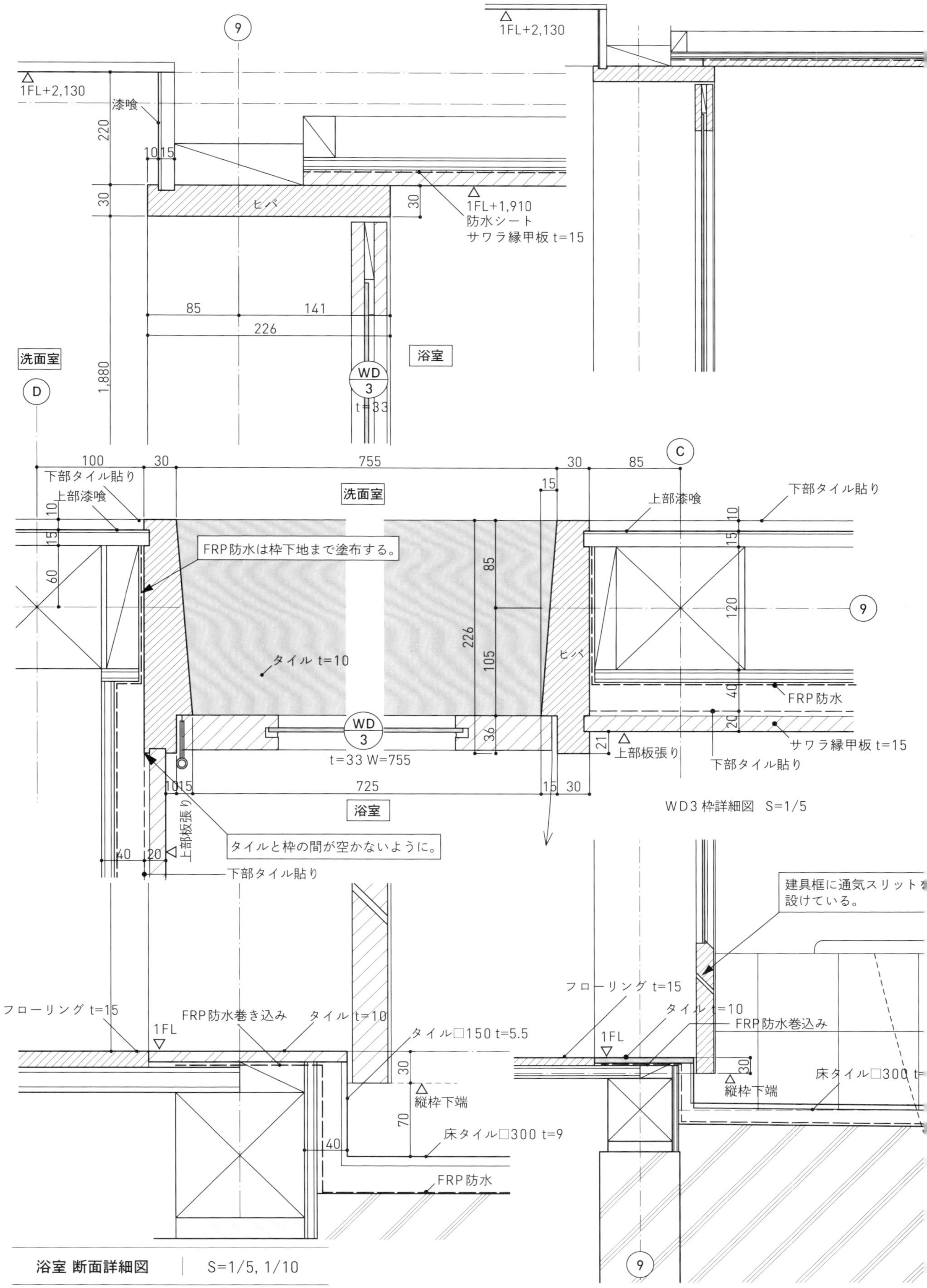

WD3 枠詳細図　S=1/5

浴室 断面詳細図　S=1/5, 1/10

表面の仕上げは水切れよく納める

天井際では天井を伝った水が壁の裏側に入り込まないよう、天井板よりも壁の板を勝たせて納めることが重要である。また、腰壁タイルと板との納まりは板がタイルにかぶさるように施工し、隙間を空けて水切れのよさに配慮する。

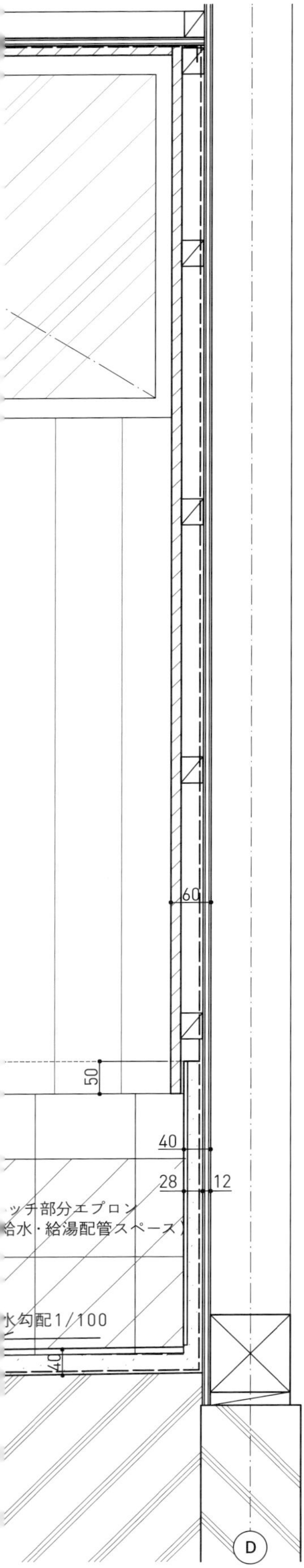
60
50
40
28
12
ッチ部分エプロン
給水・給湯配管スペース）
水勾配1/100
40
D

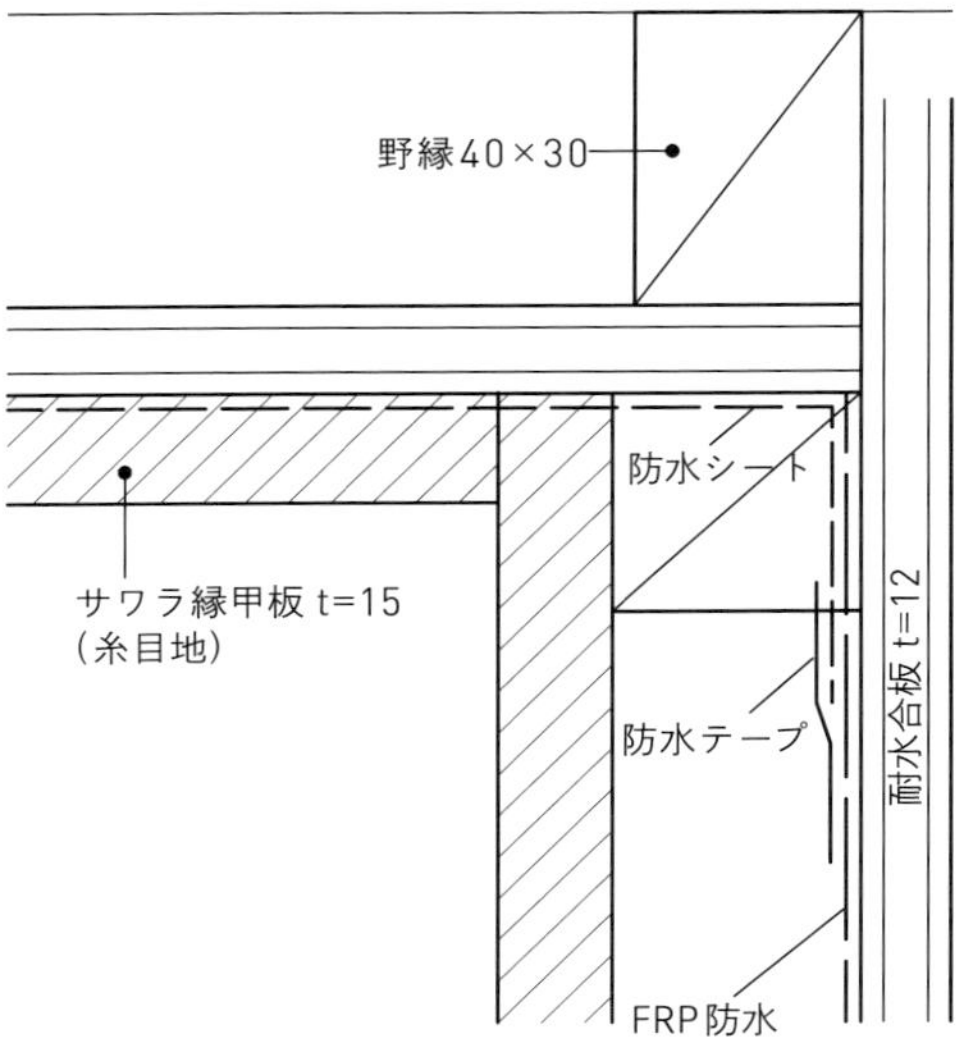
野縁40×30
防水シート
サワラ縁甲板 t=15
（糸目地）
防水テープ
耐水合板 t=12
FRP防水

天井部のディテール　S=1/2

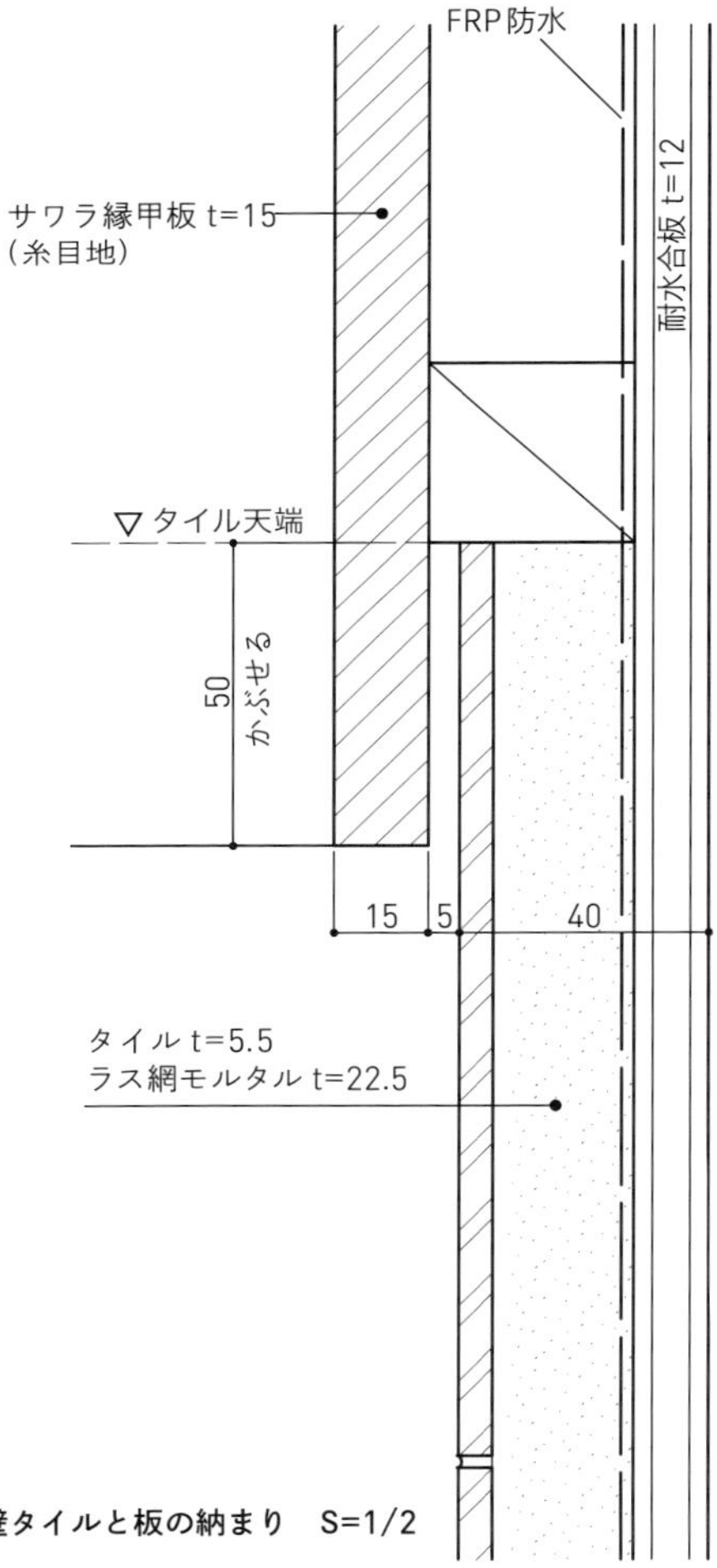
FRP防水
サワラ縁甲板 t=15
（糸目地）
耐水合板 t=12
▽タイル天端
50
かぶせる
15
5
40
タイル t=5.5
ラス網モルタル t=22.5

腰壁タイルと板の納まり　S=1/2

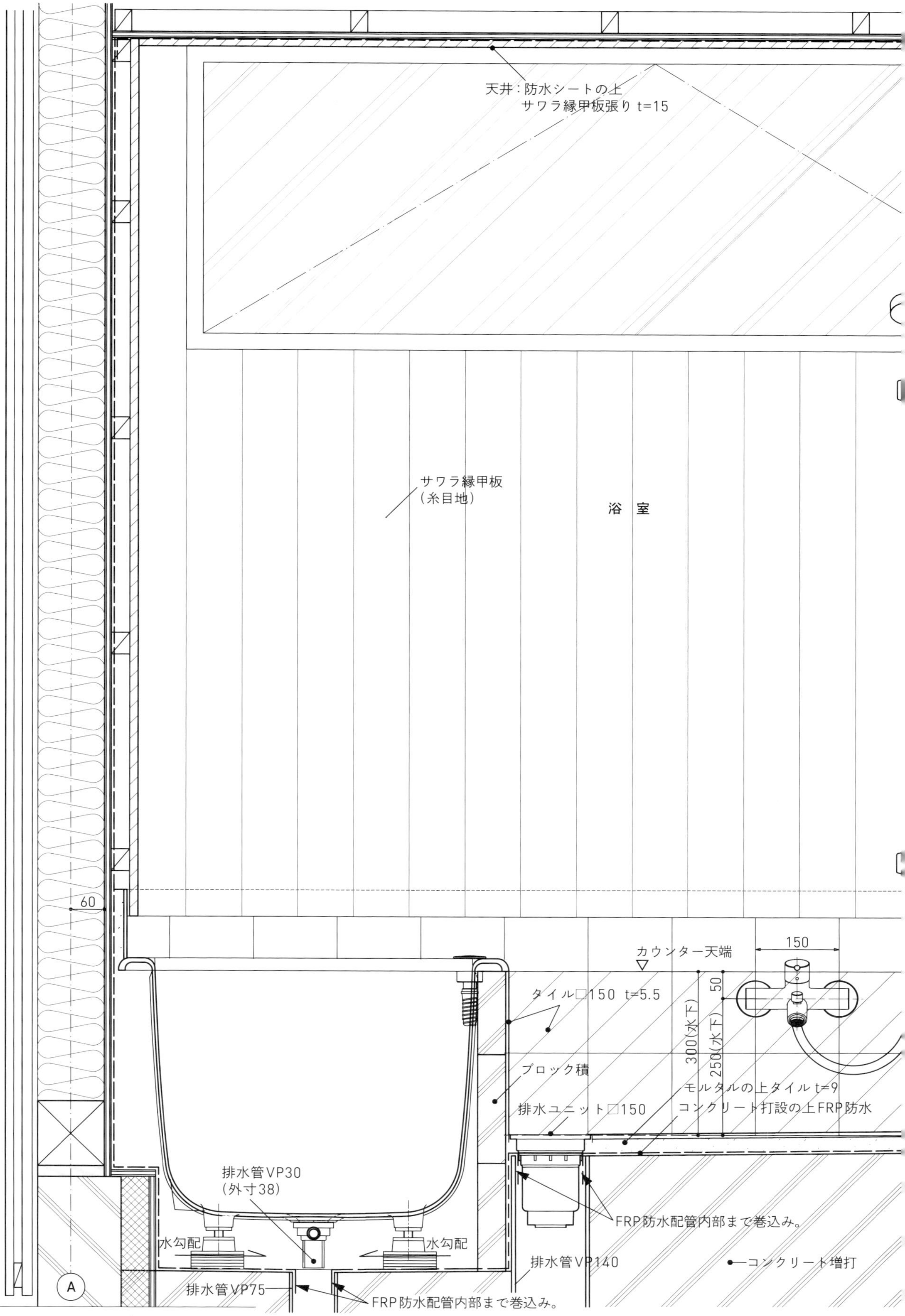

浴室 断面詳細図　S=1/10

心地よい光の中で目覚める窓

心身の休息が主題となる寝室では、就寝前の灯りや目覚めの光をコントロールできるように照明や窓を計画している。また、開口部の先は物干し場になっており、水廻りからの家事動線がスムーズで、乾いた洗濯物はそのまま納戸へしまわれる。

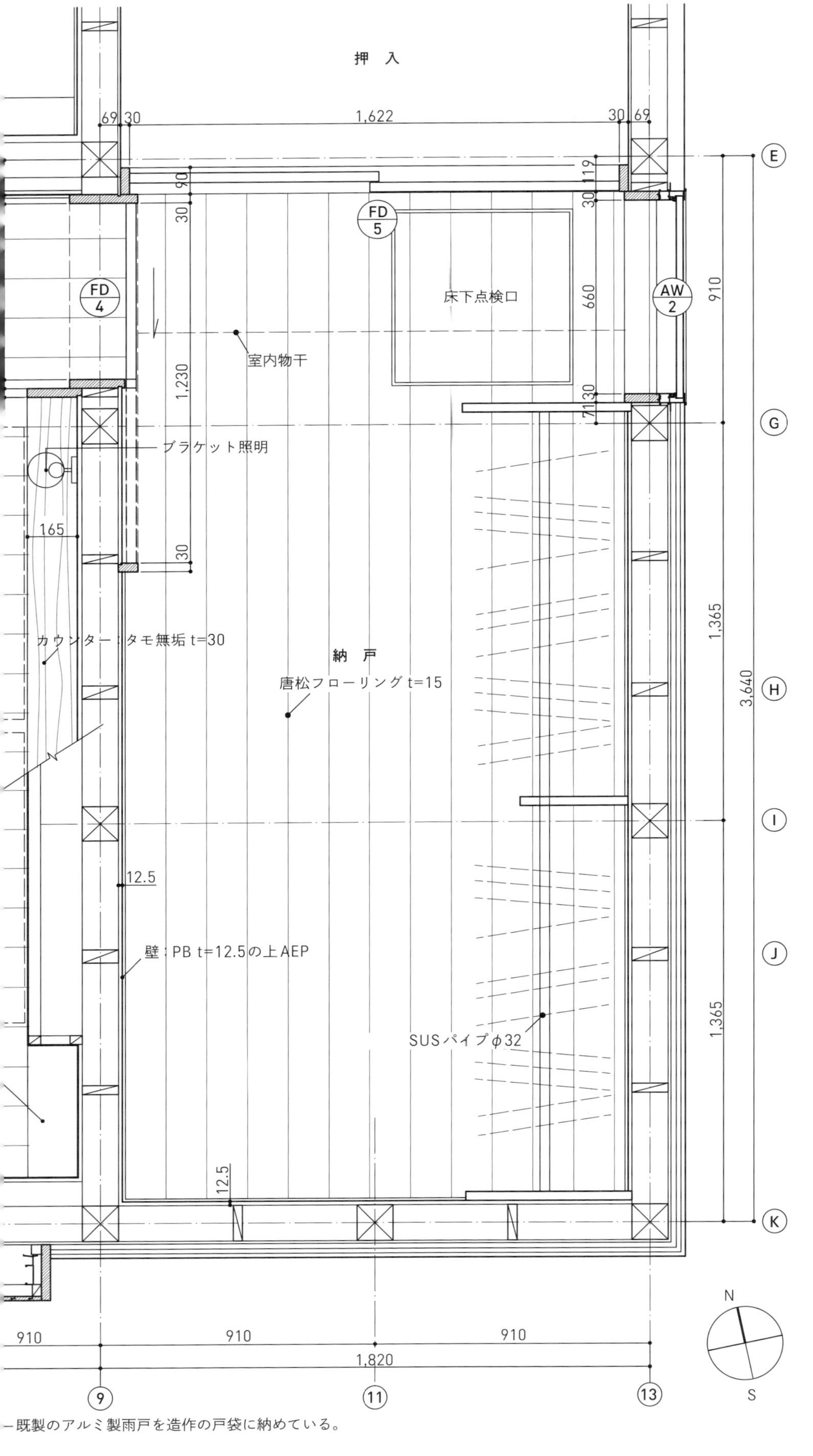

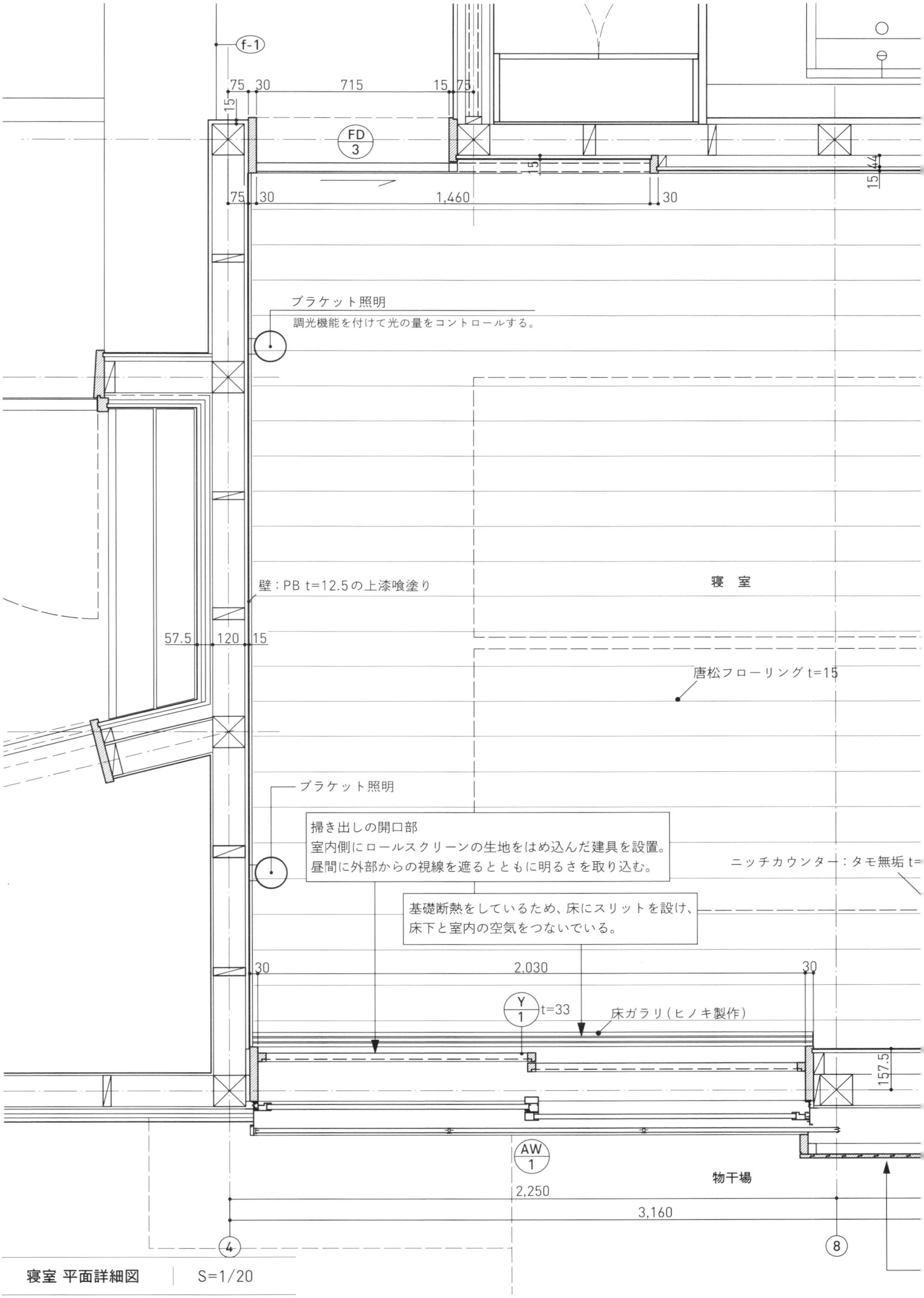

寝室 平面詳細図　S=1/20

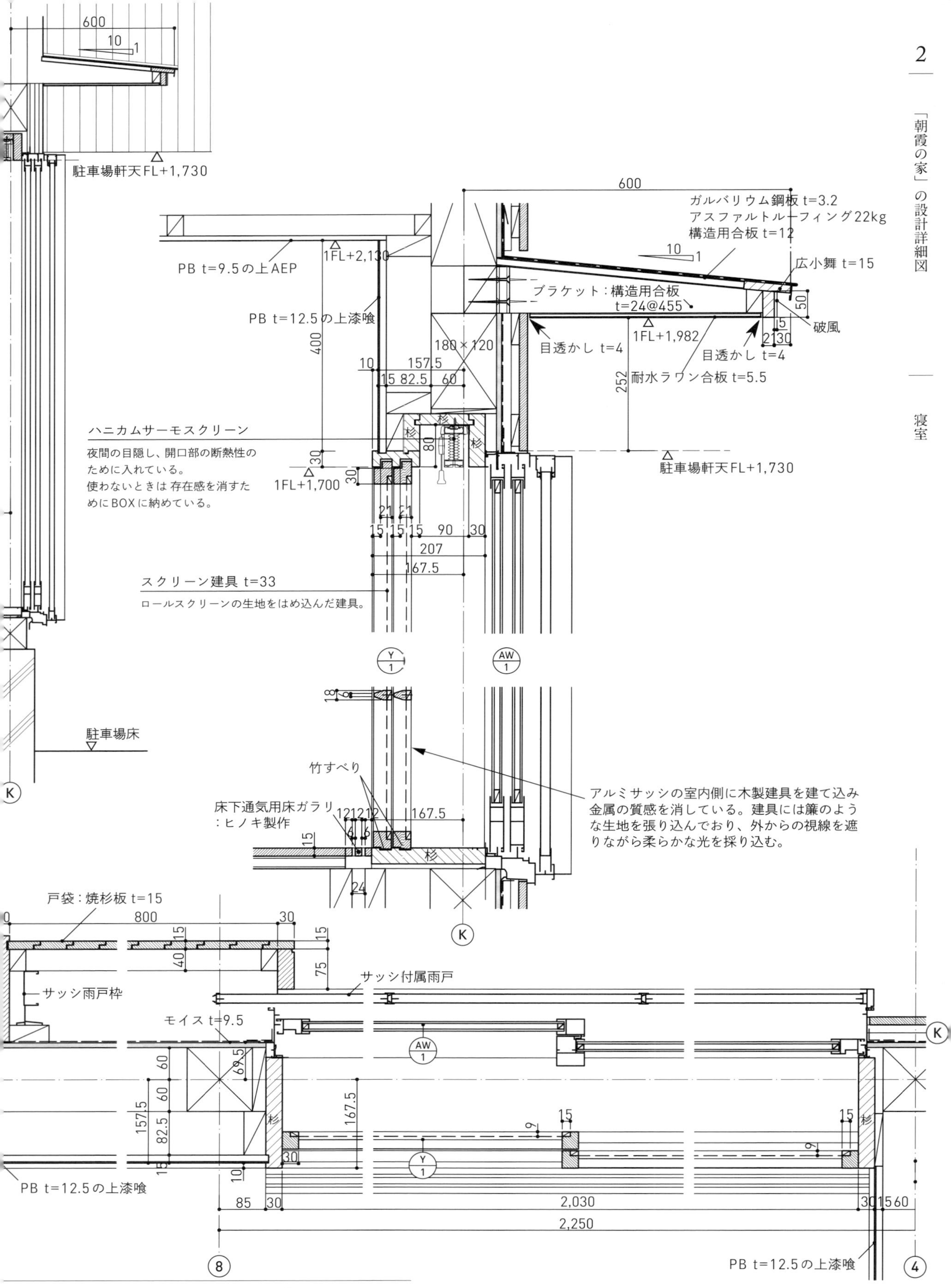

寝室 サッシ枠廻り詳細図（AW1）　S=1/10

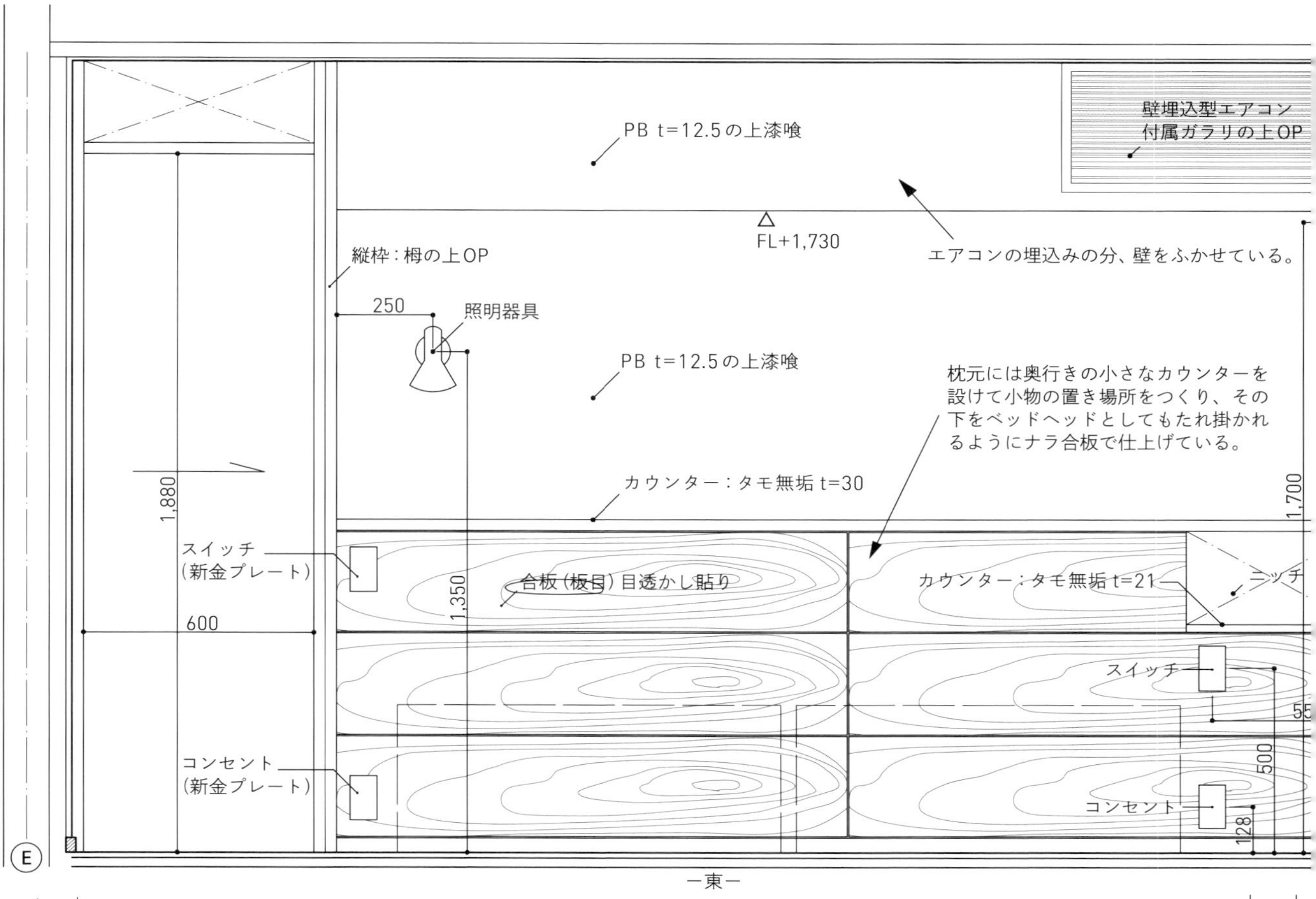

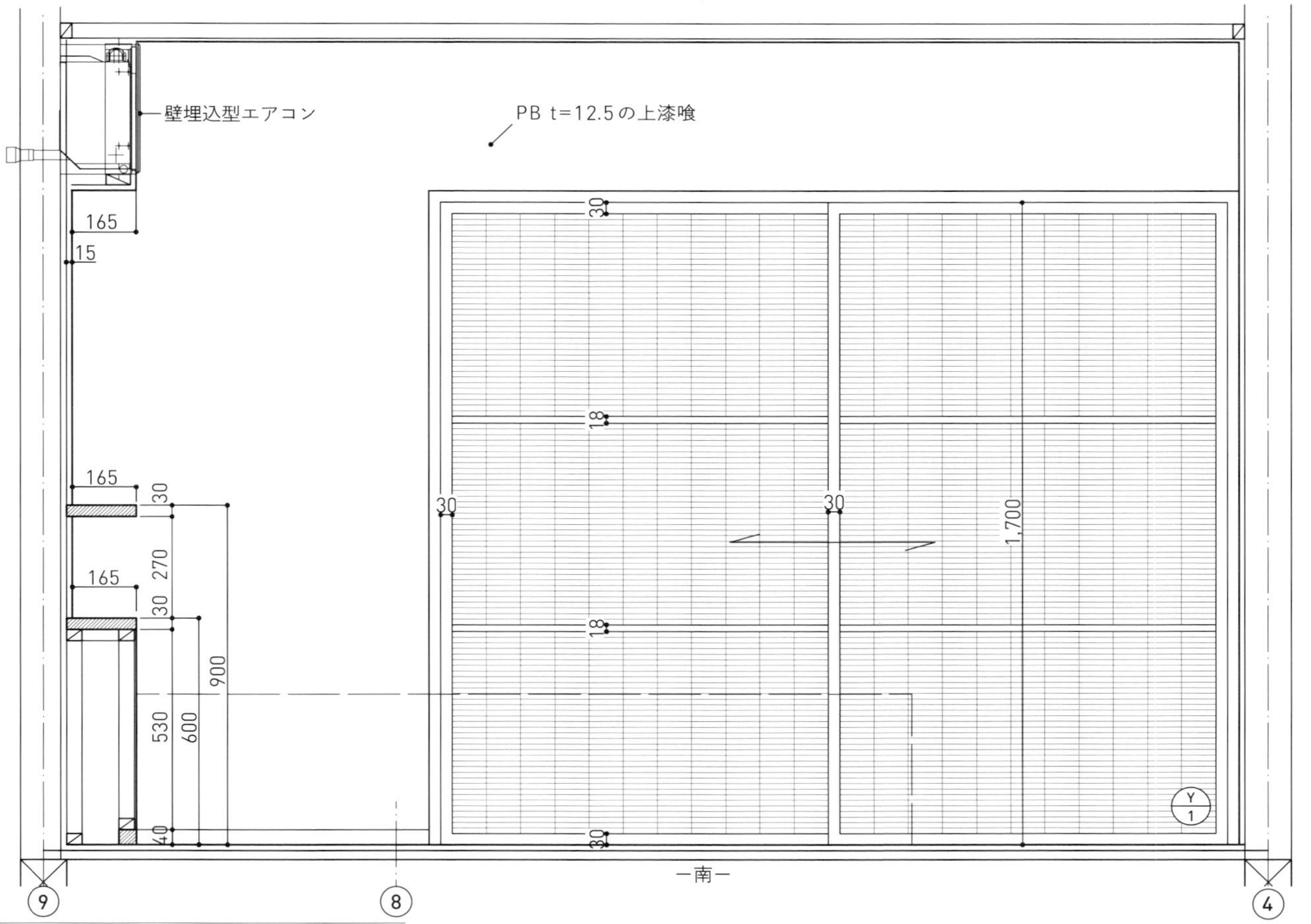

寝室 展開詳細図 S=1/20

階の移動に心理的バリアを感じさせない工夫

生活のレベルが3層にわたることから、朝霞の家では特に階段室の巾、蹴上げ踏面の寸法をゆったりとさせることで他階を近くに感じられるようにしたいと考えた。特に吹抜け空間でつながる2階から3階へは透かし階段とし、軽やかさを演出した。

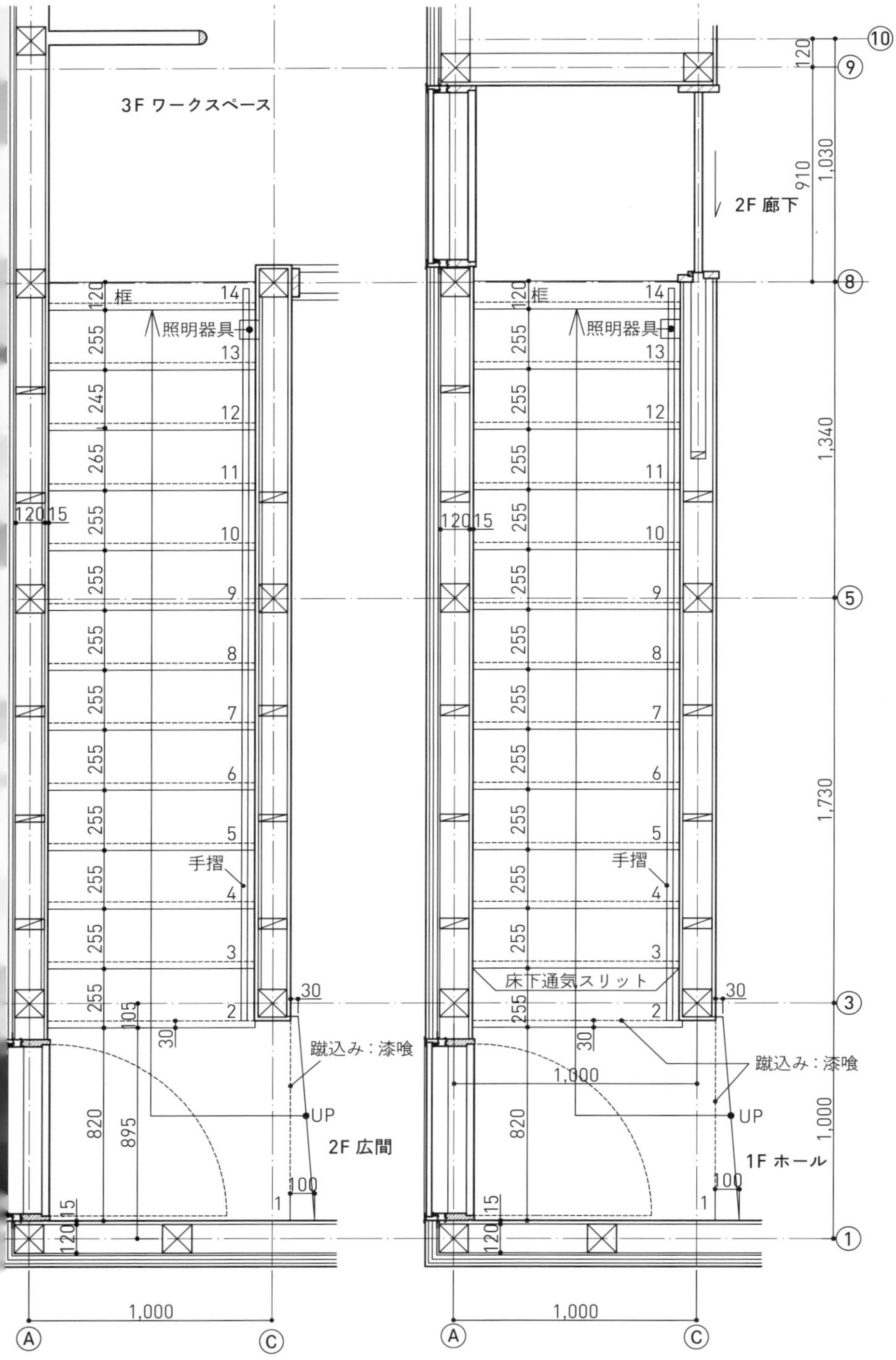

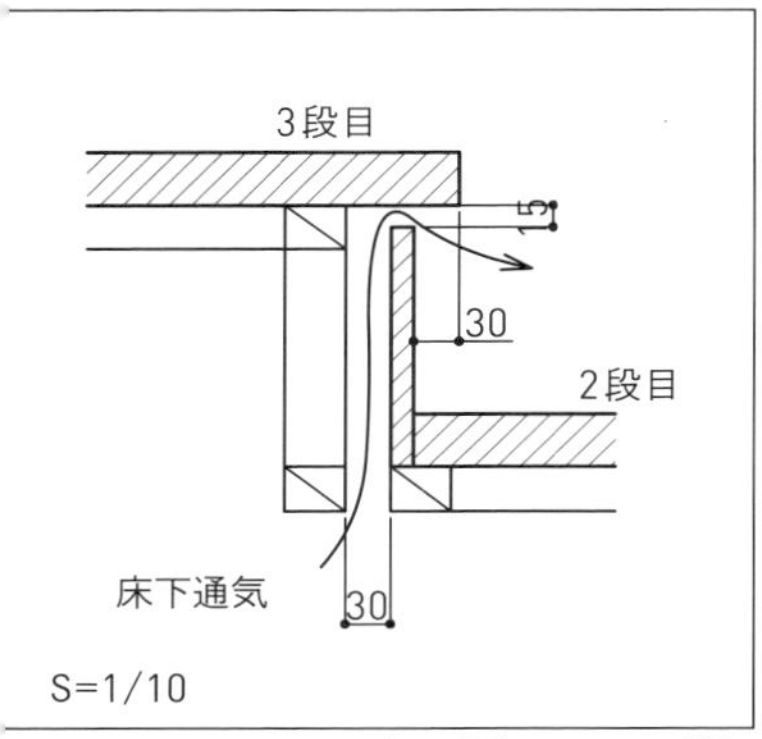

床下通気スリット詳細

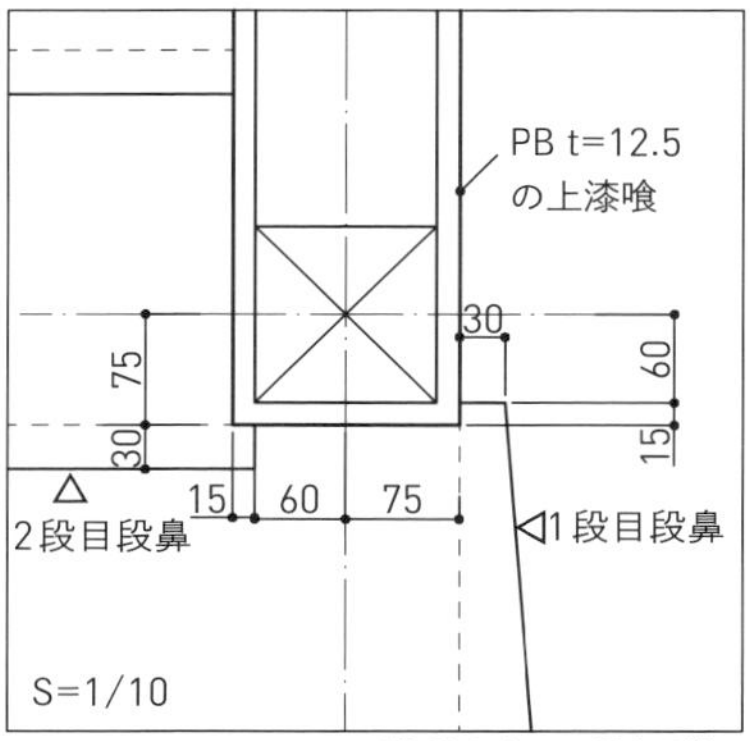

階段上り口 段板詳細

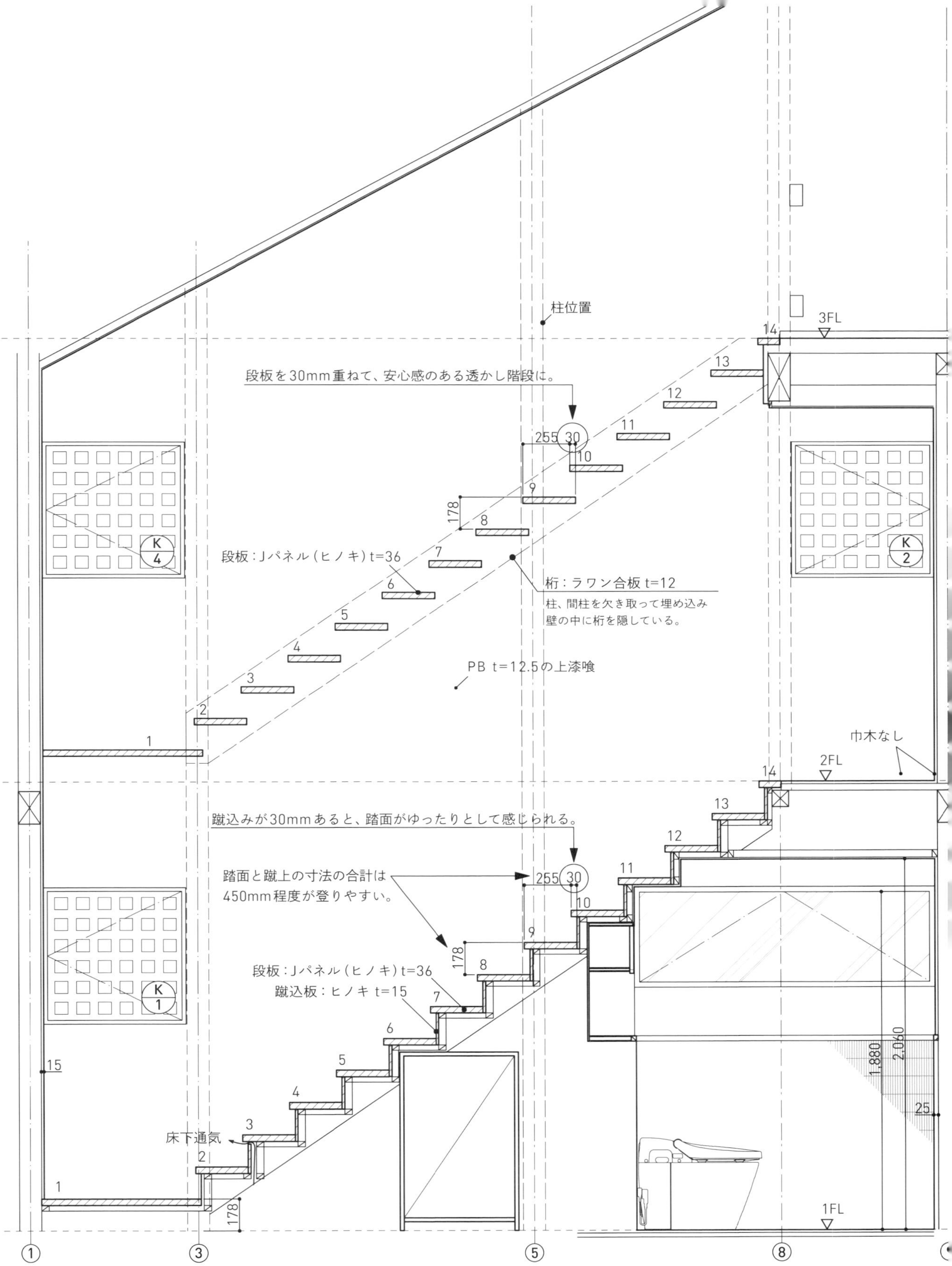

階段廻り 平面・断面詳細図　S=1/30

K/1 K/2 K/3 K/4
格子戸 t=30
材質：スプルースの上OP
オリーブナックル蝶番
マグネットキャッチ

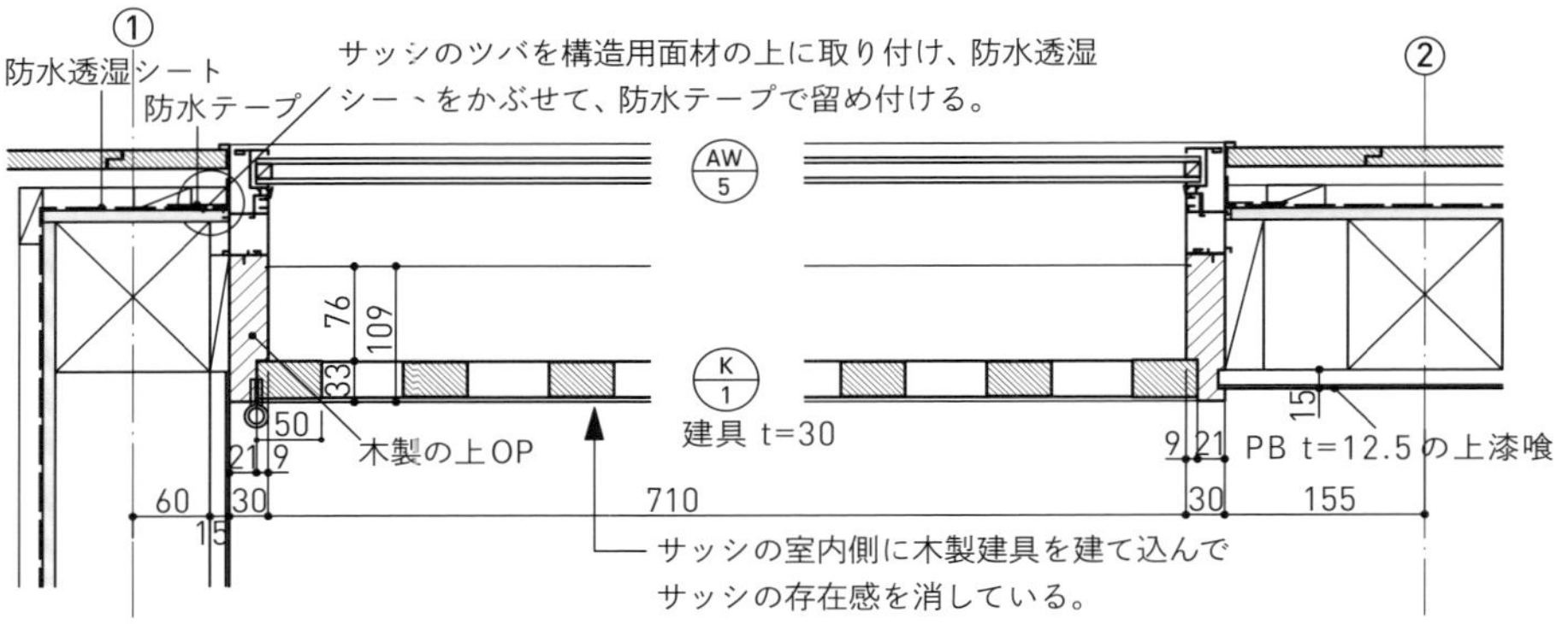

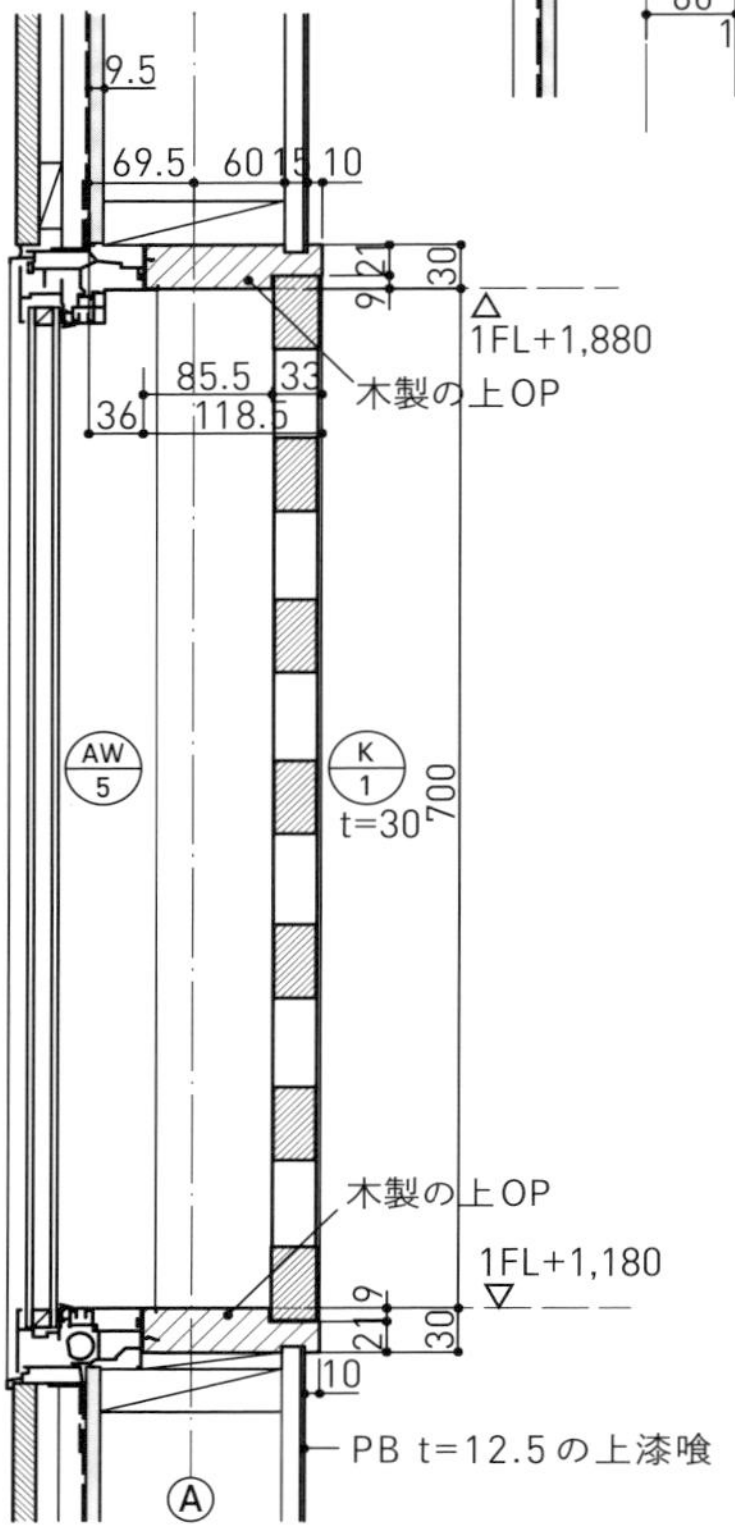

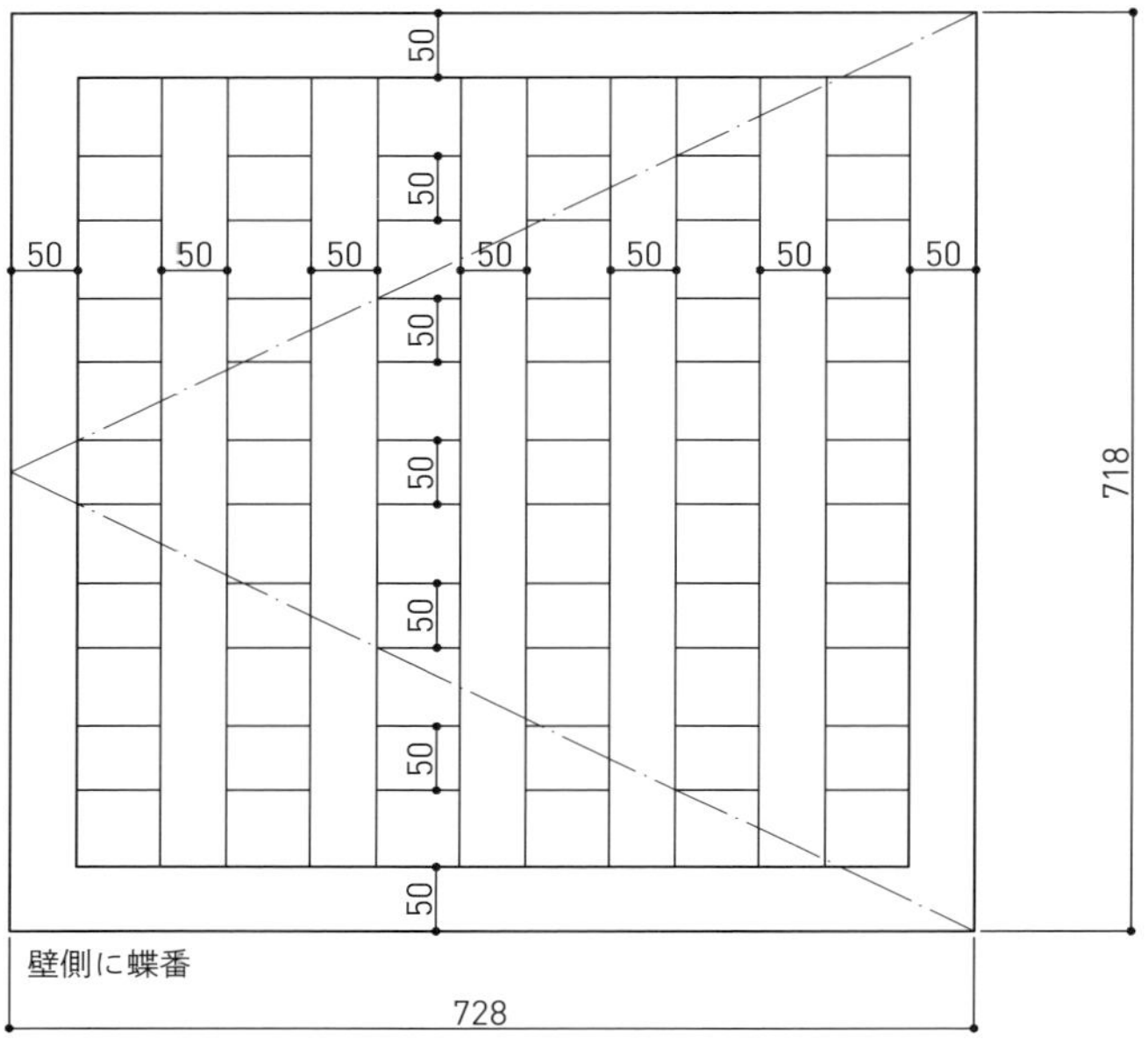

サッシ枠廻り詳細図（AW5）　S=1/10

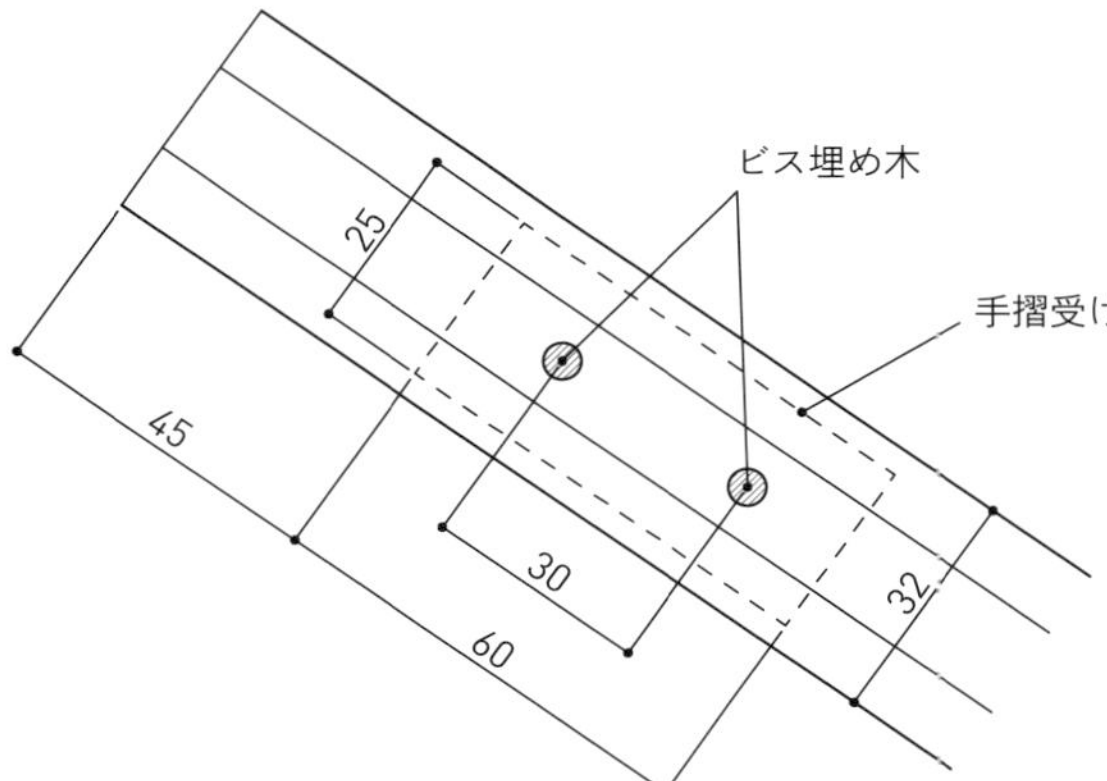

横姿図

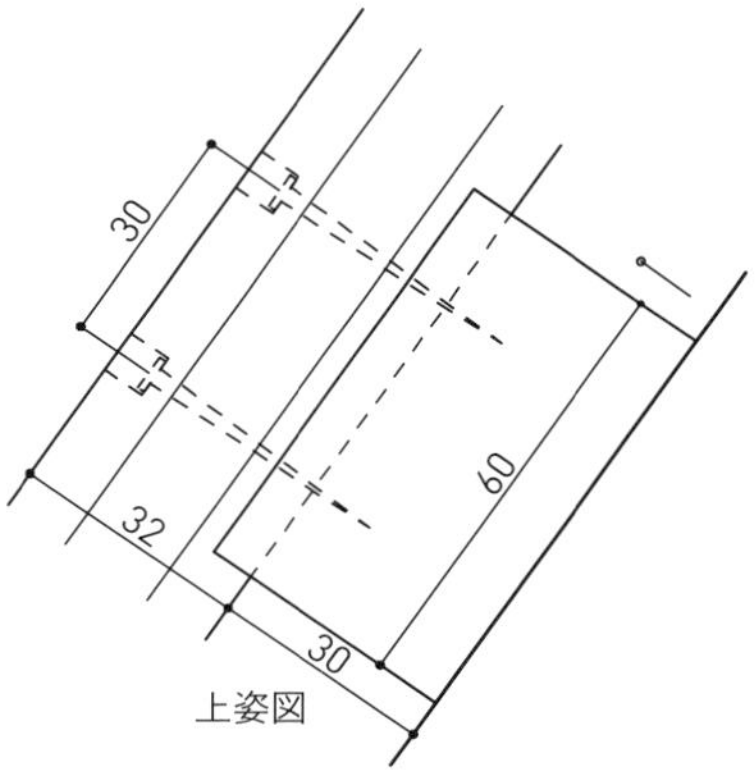

上姿図

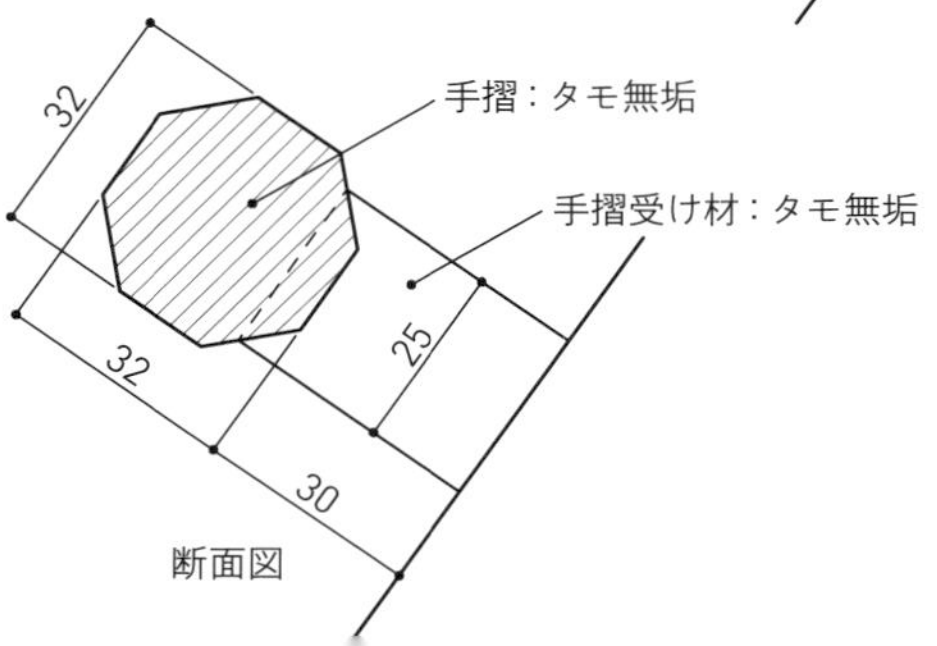

断面図

階段手摺 詳細図　S=1/2

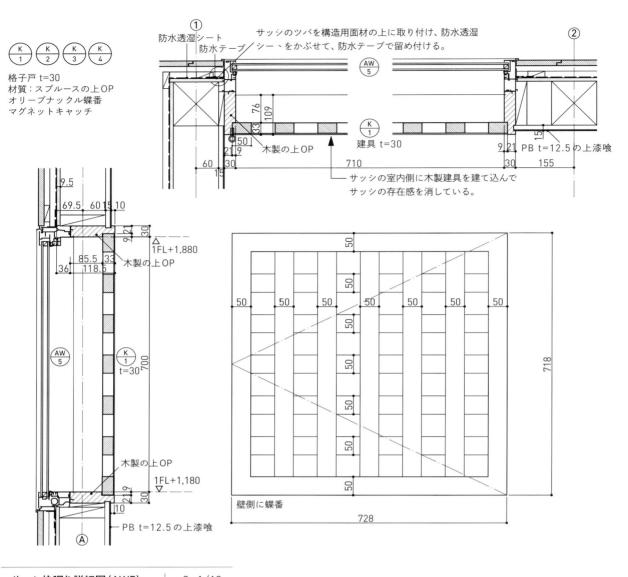

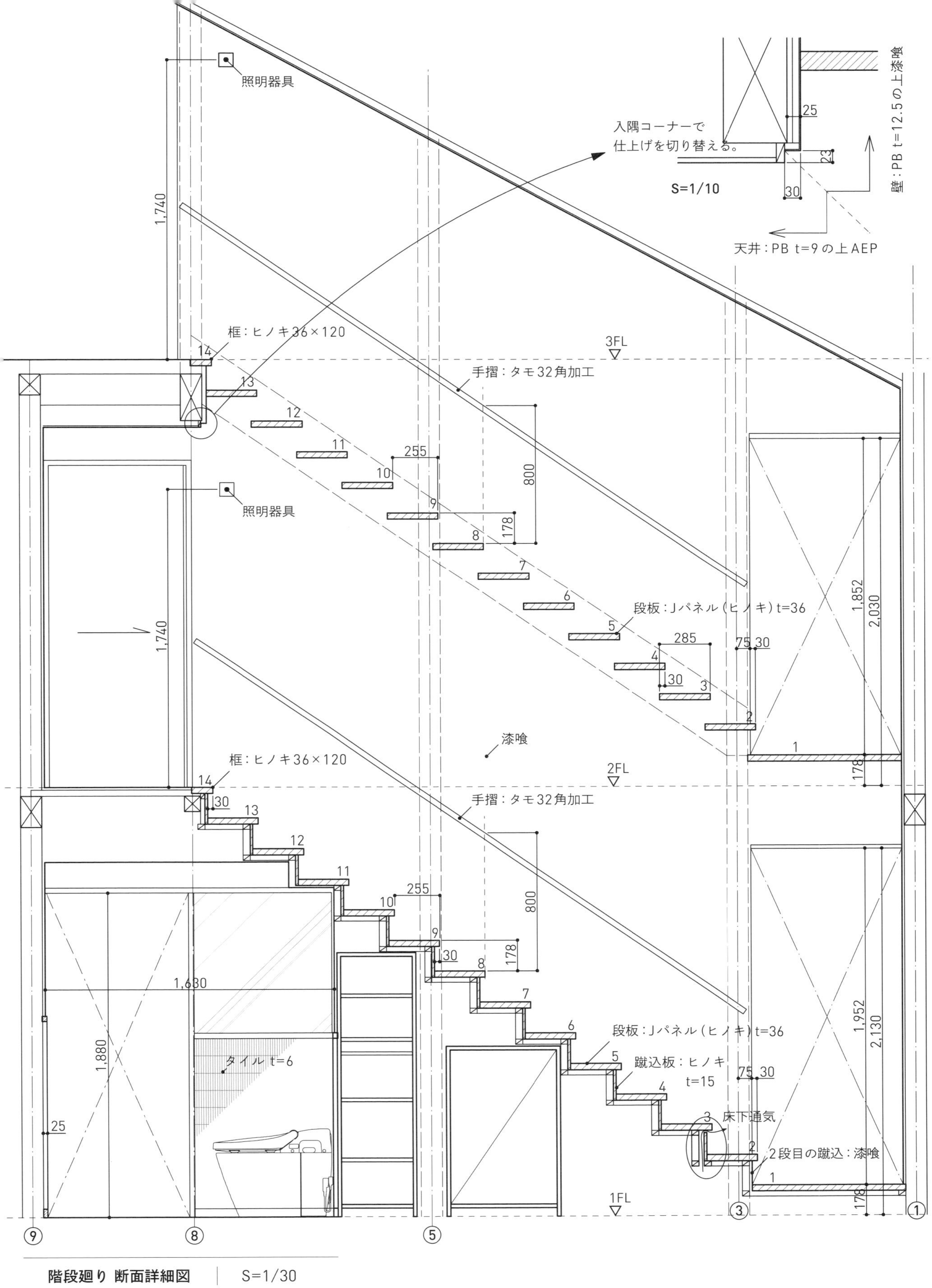

階段廻り 断面詳細図　S=1/30

窓辺に寄り添う人の居場所

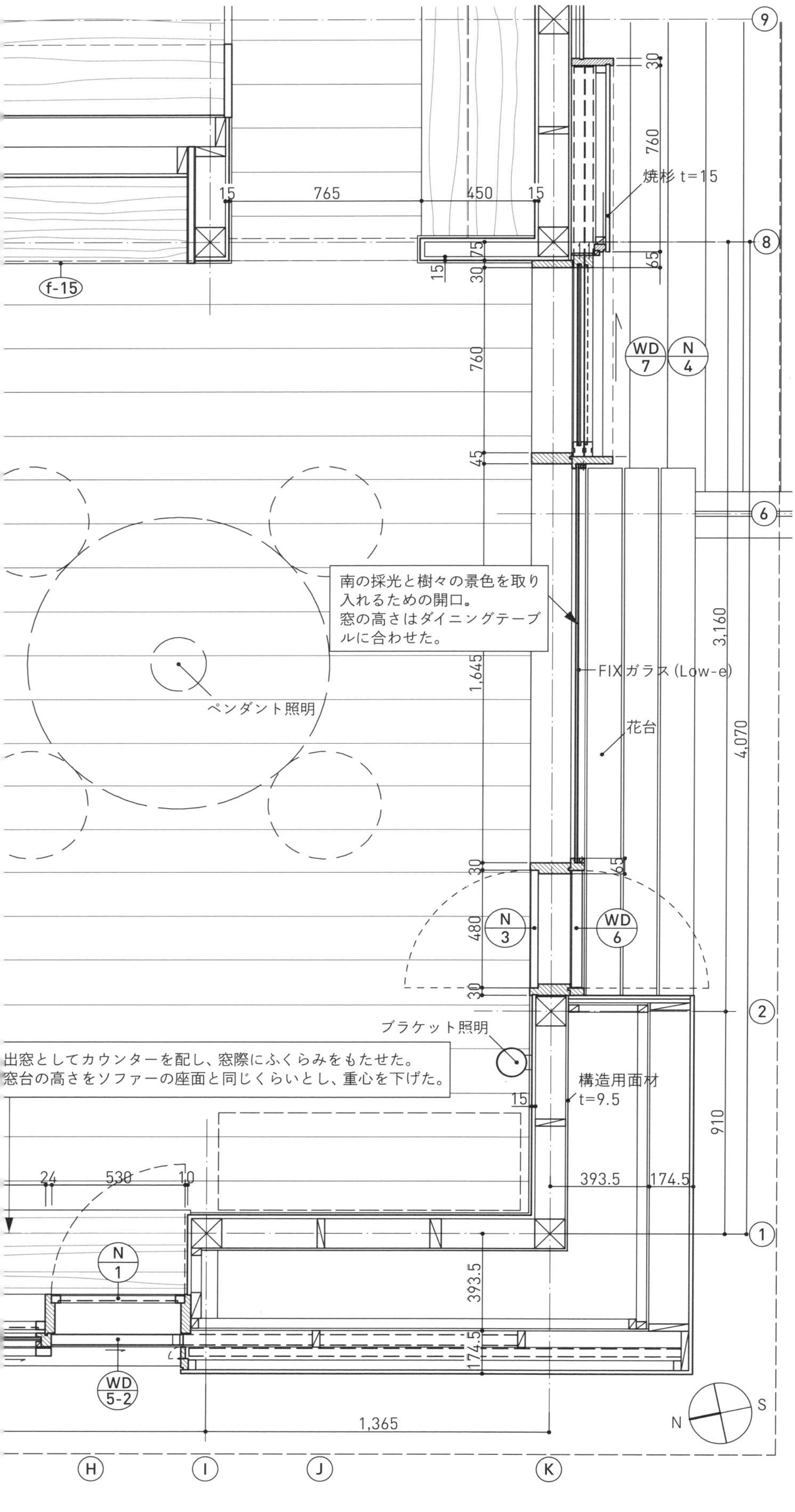

ダイニングとリビングでは座の高さに違いがあり、単に並列させてもうまくなじまない。そこで、ダイニングテーブルとソファの座面に窓台の高さを合わせた窓辺をつくり、それぞれの揺るぎない拠り所とした。

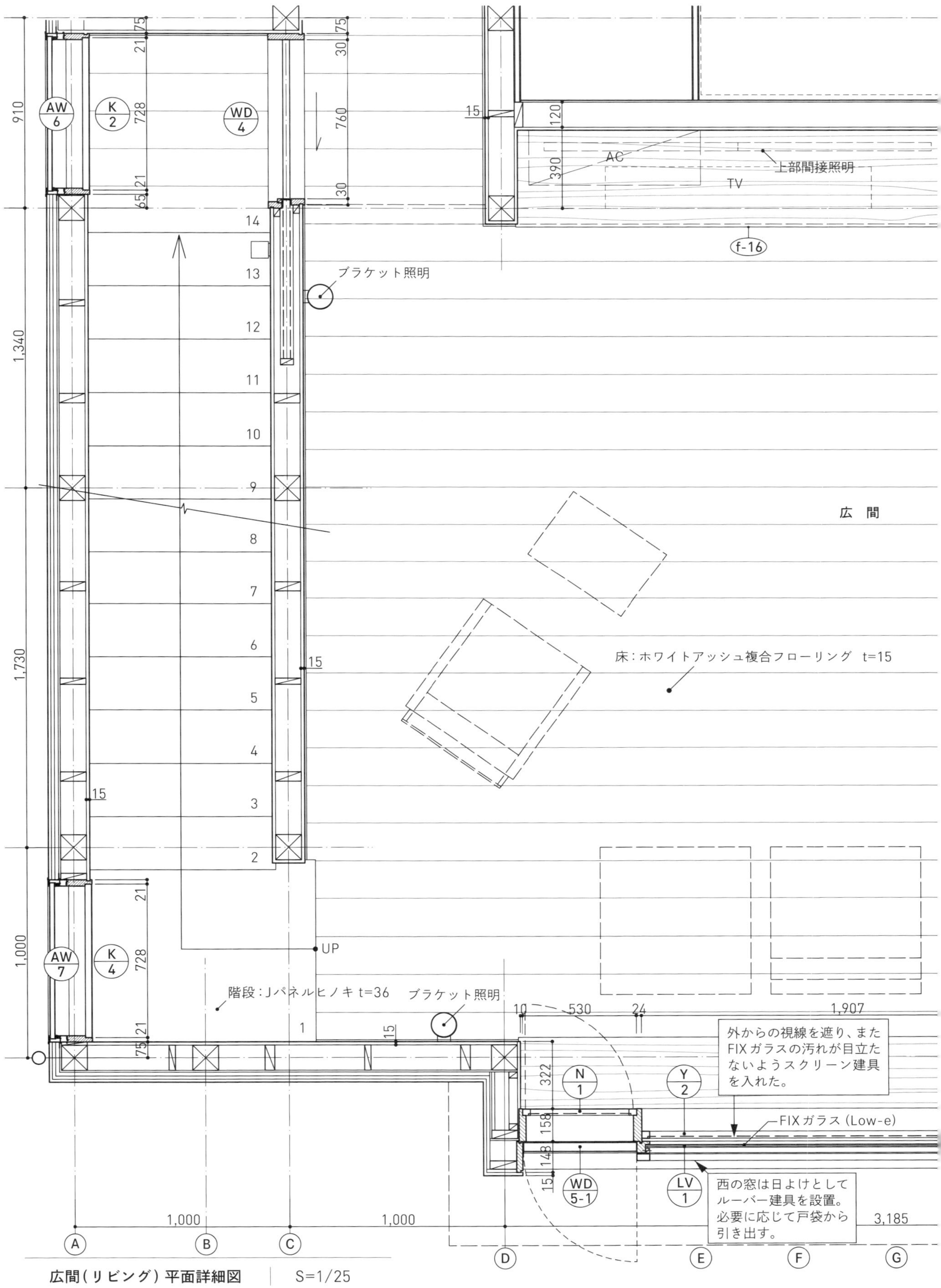

広間（リビング）平面詳細図　S=1/25

壁から続くアール天井で空間を一つにまとめる

吹抜けのある空間は開放感がある一方で、身体寸法を超える高さゆえの不安感をともなう。そこで西側の壁を弧を描きながら天井と連続させることで、柔らかく包まれる安心感を生み出そうと試みている。

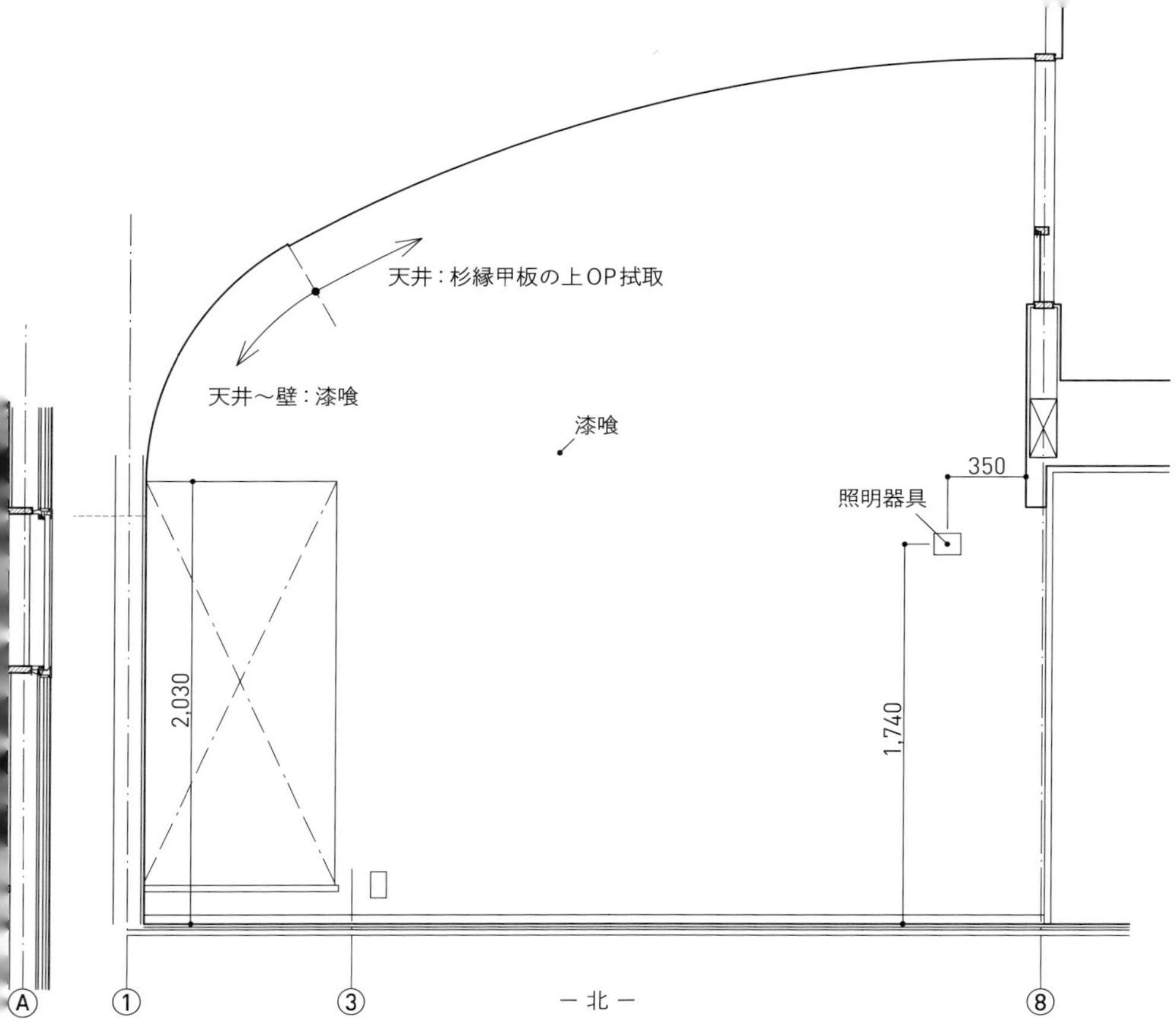

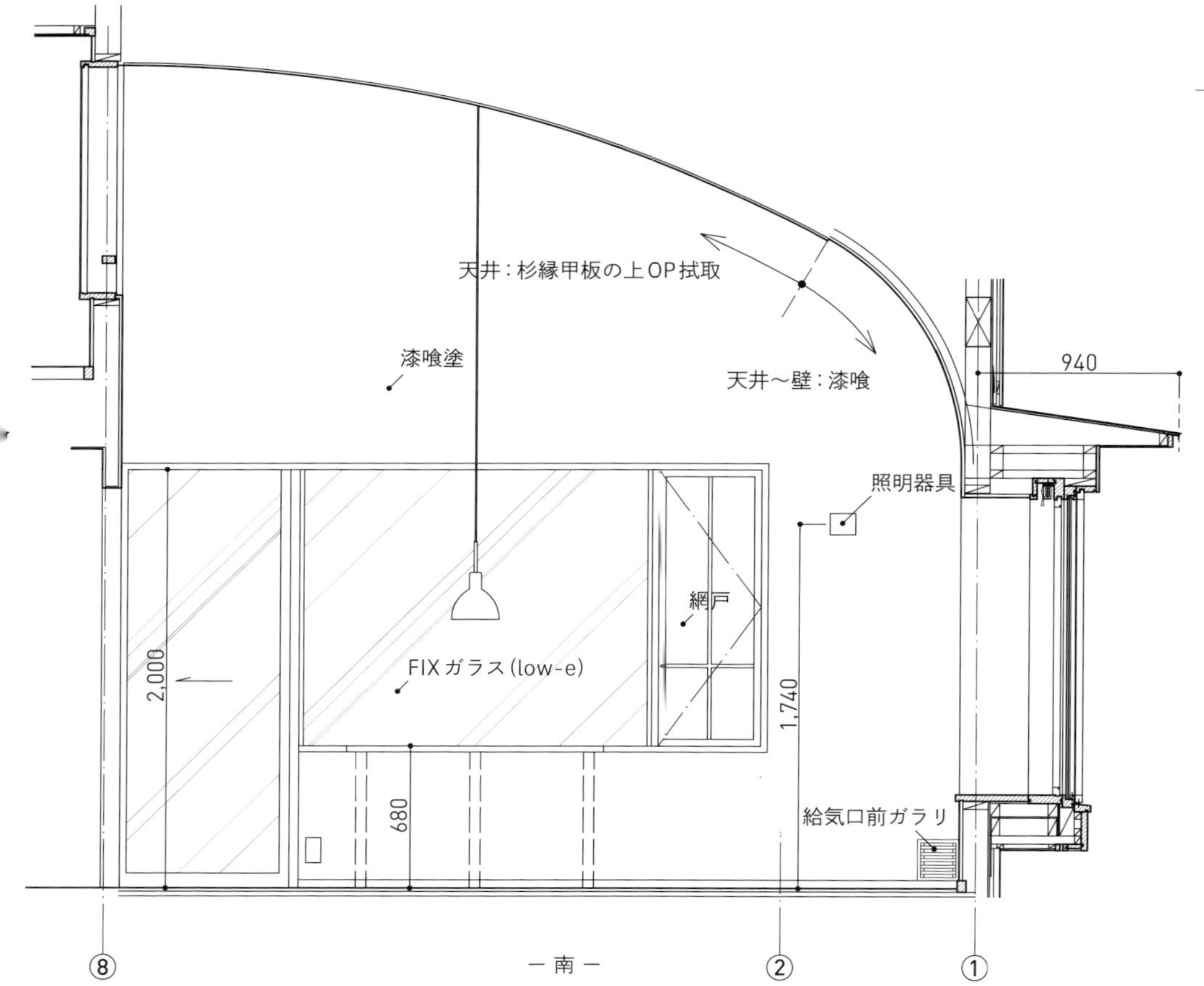

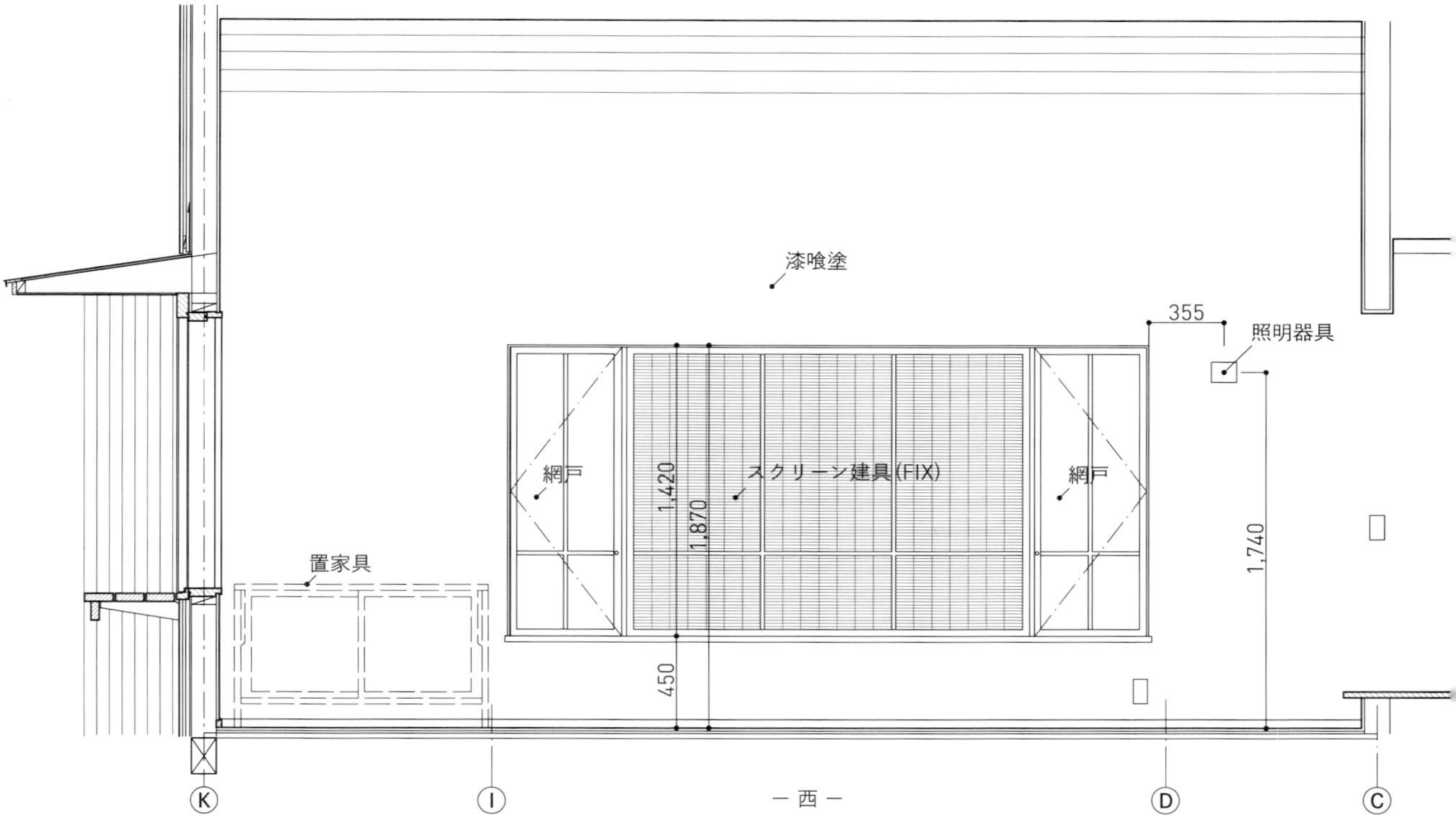

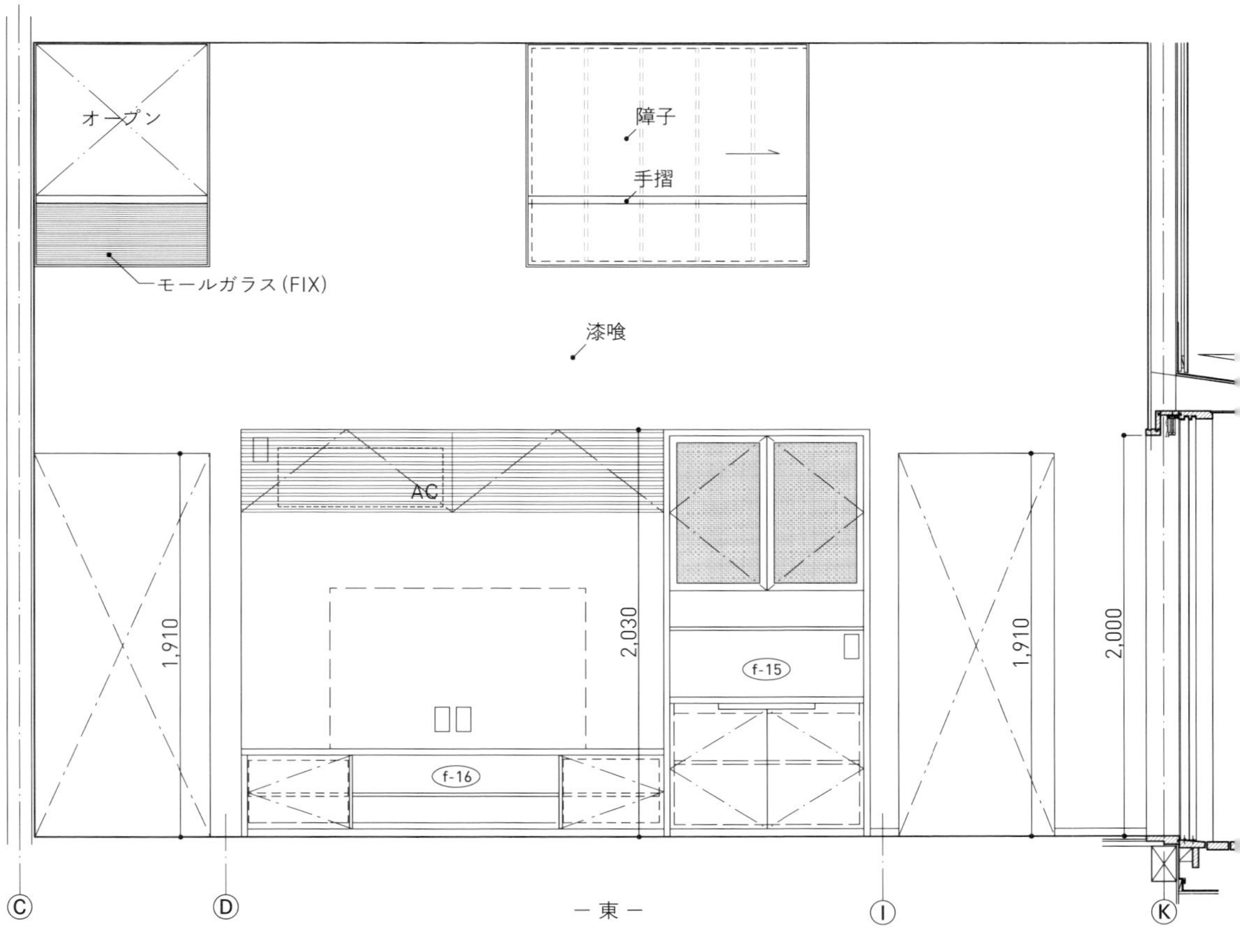

広間(リビング)展開図　S=1/40

エアコンやTVは壁内造作家具に納める

エアコンやTVといった家電の存在感が時に室内の空気感を壊してしまう。機械の性能を十分に発揮できるよう配慮しながら、壁内造作家具のフレームに納めて異物感を和らげている。

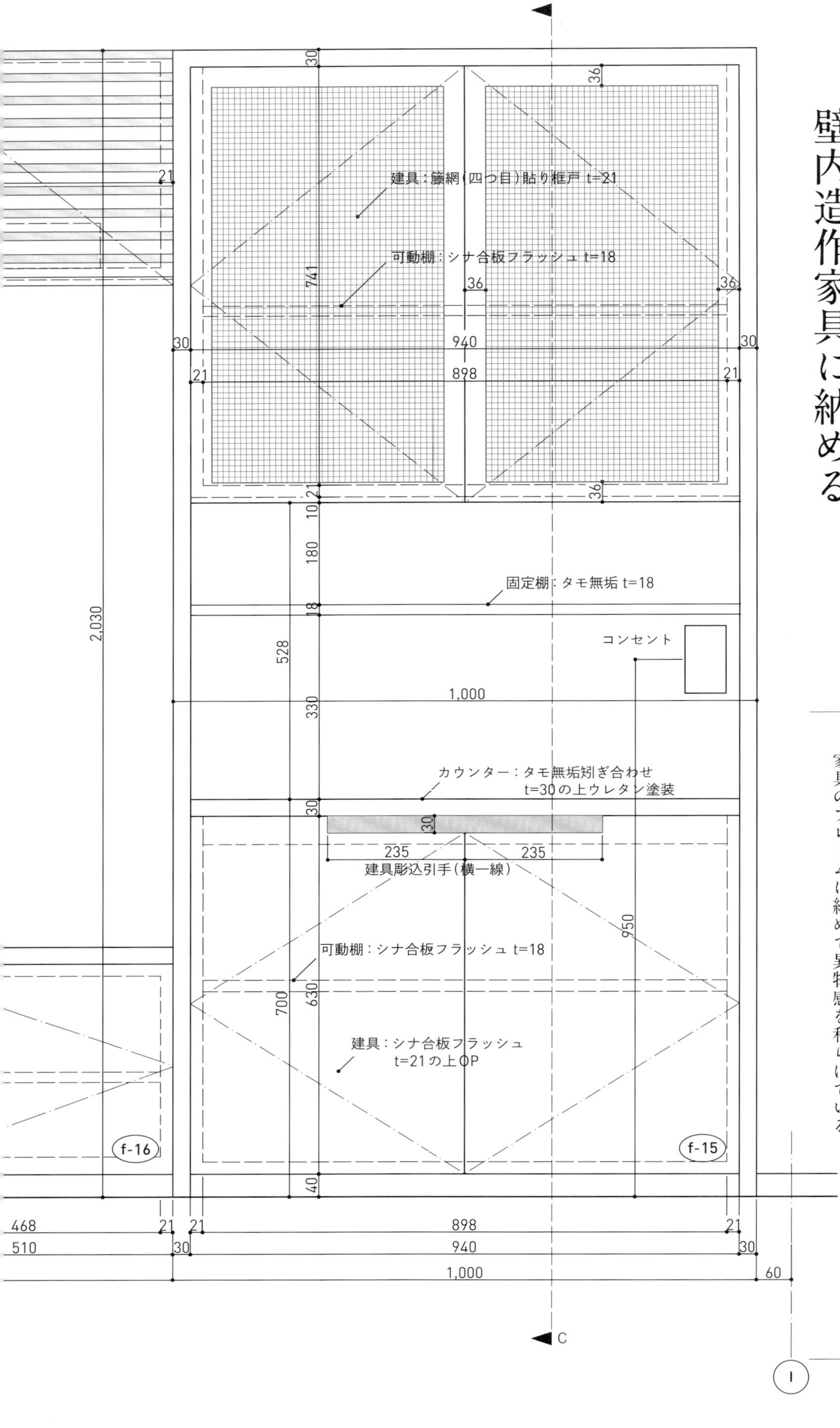

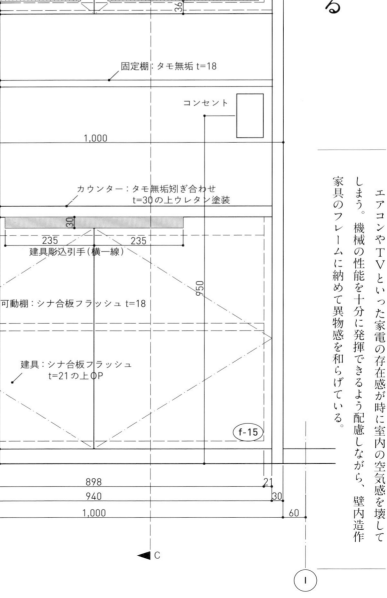

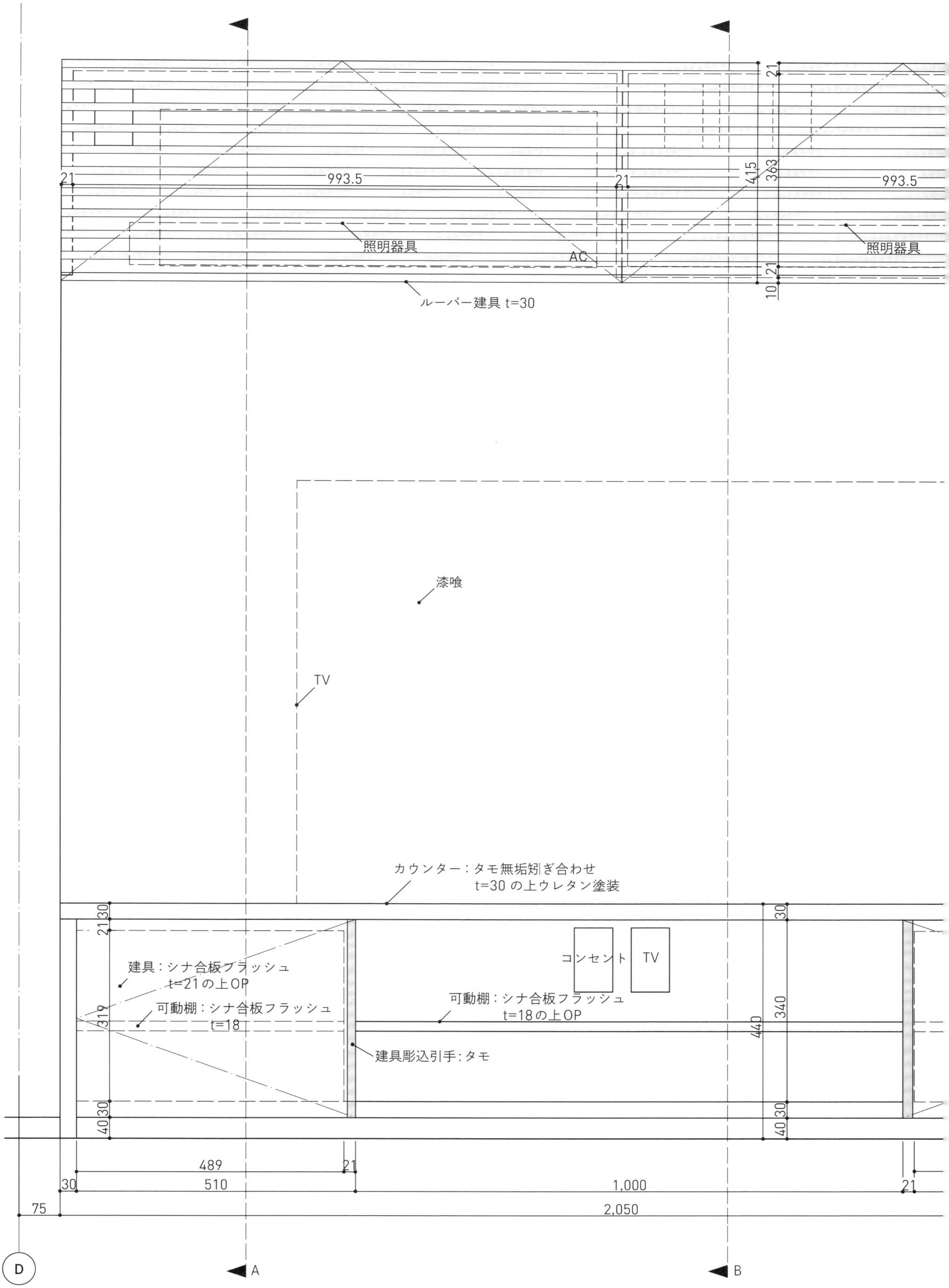

広間（リビング）家具正面図（f-15）　S=1/10

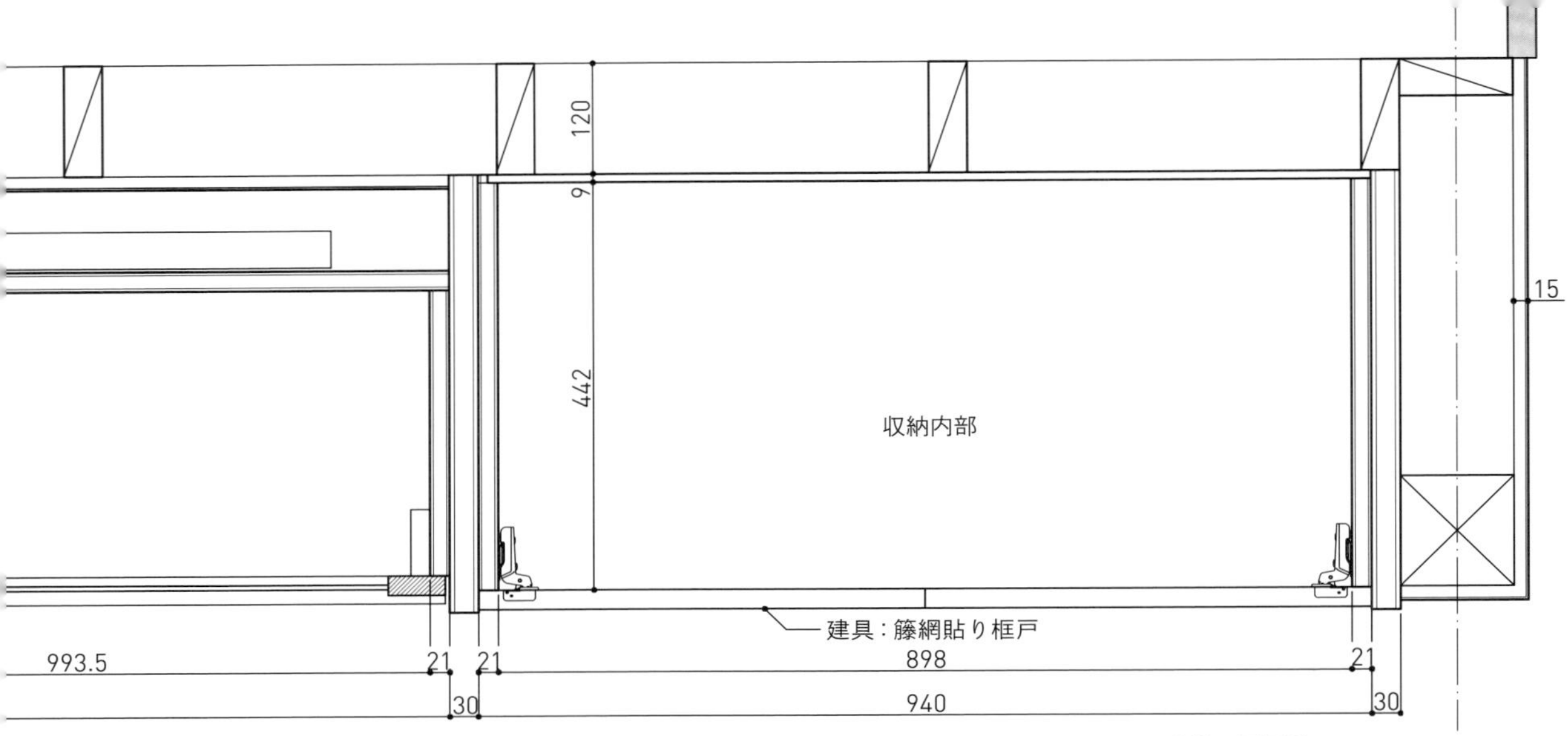

— 上段　平面図 —

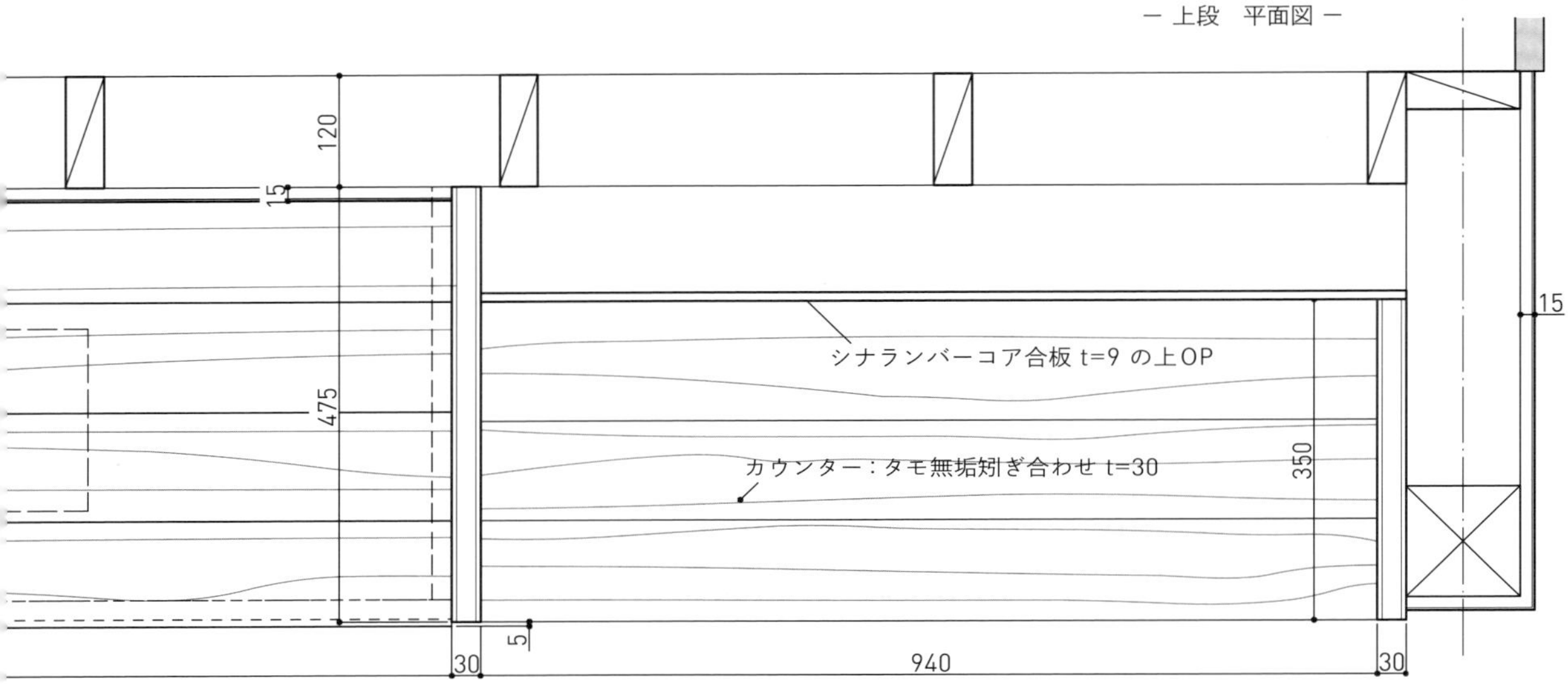

— 中段　平面図 —

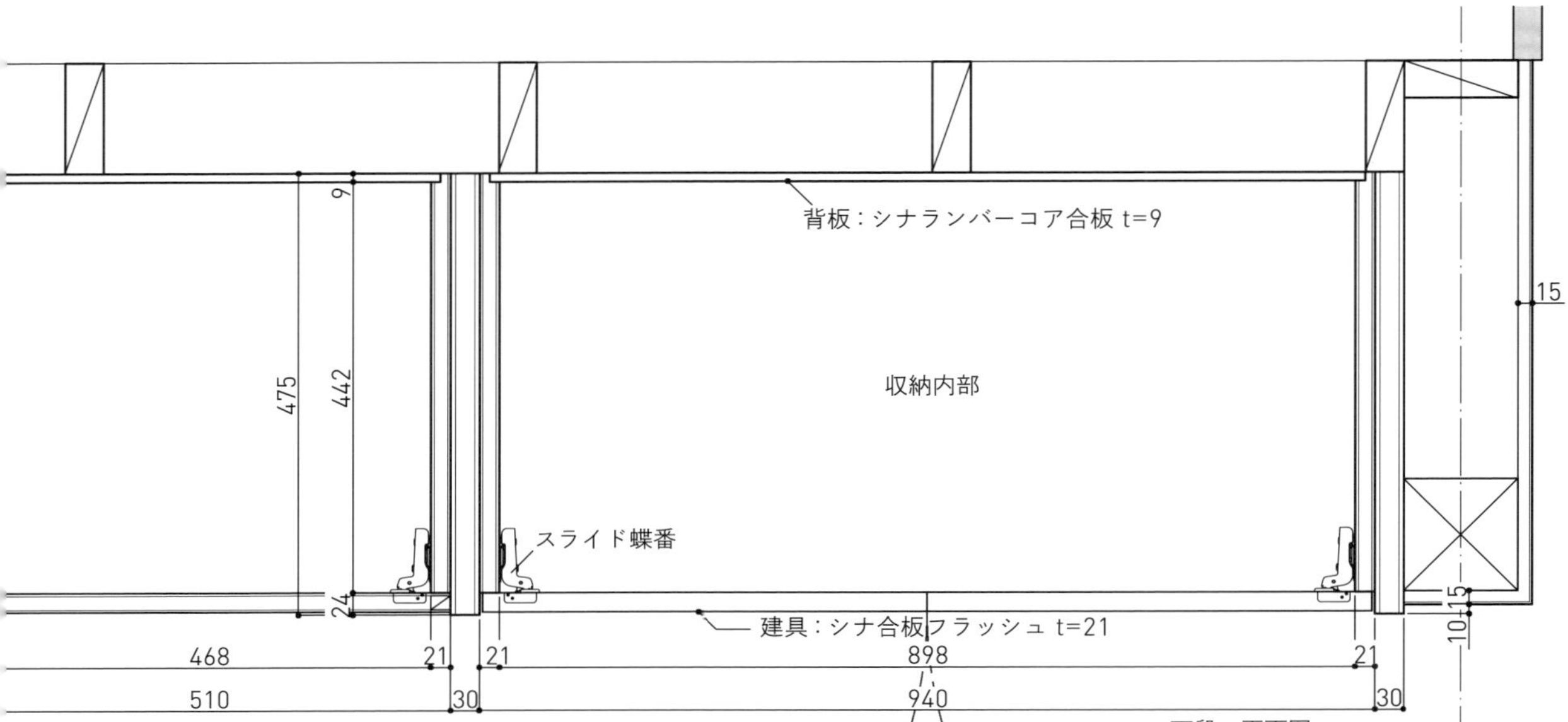

— 下段　平面図 —

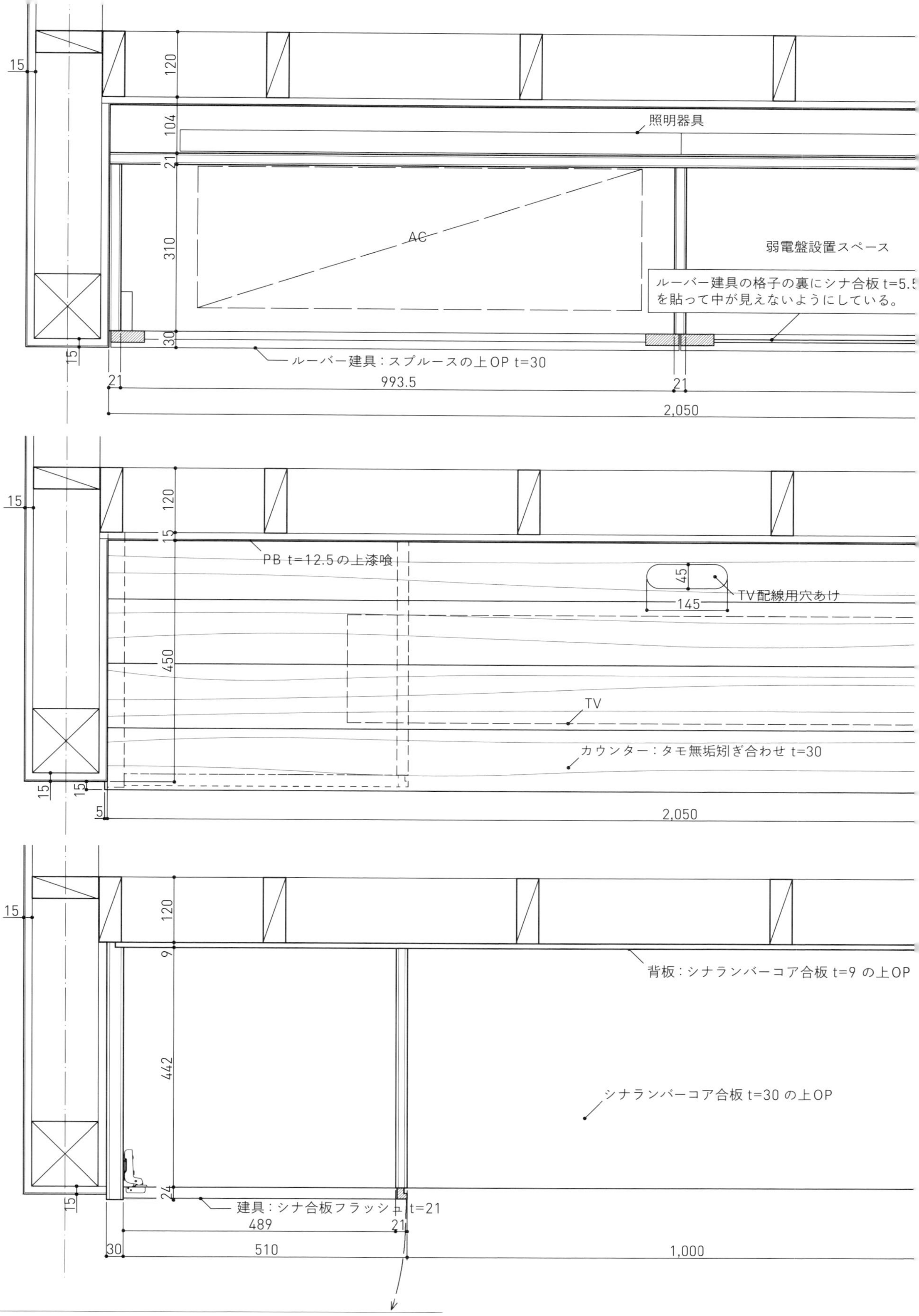

広間（リビング） 家具平面詳細図（f-15） S=1/10

用途に合わせて奥行きを調整する

壁面収納の奥行きはAV機器の寸法に合わせて460ミリとしているが、飾り棚としては深くなりすぎる。そこで背面をふかし、飾ったものが美しく見えるようにカウンターの奥行きを調整している。

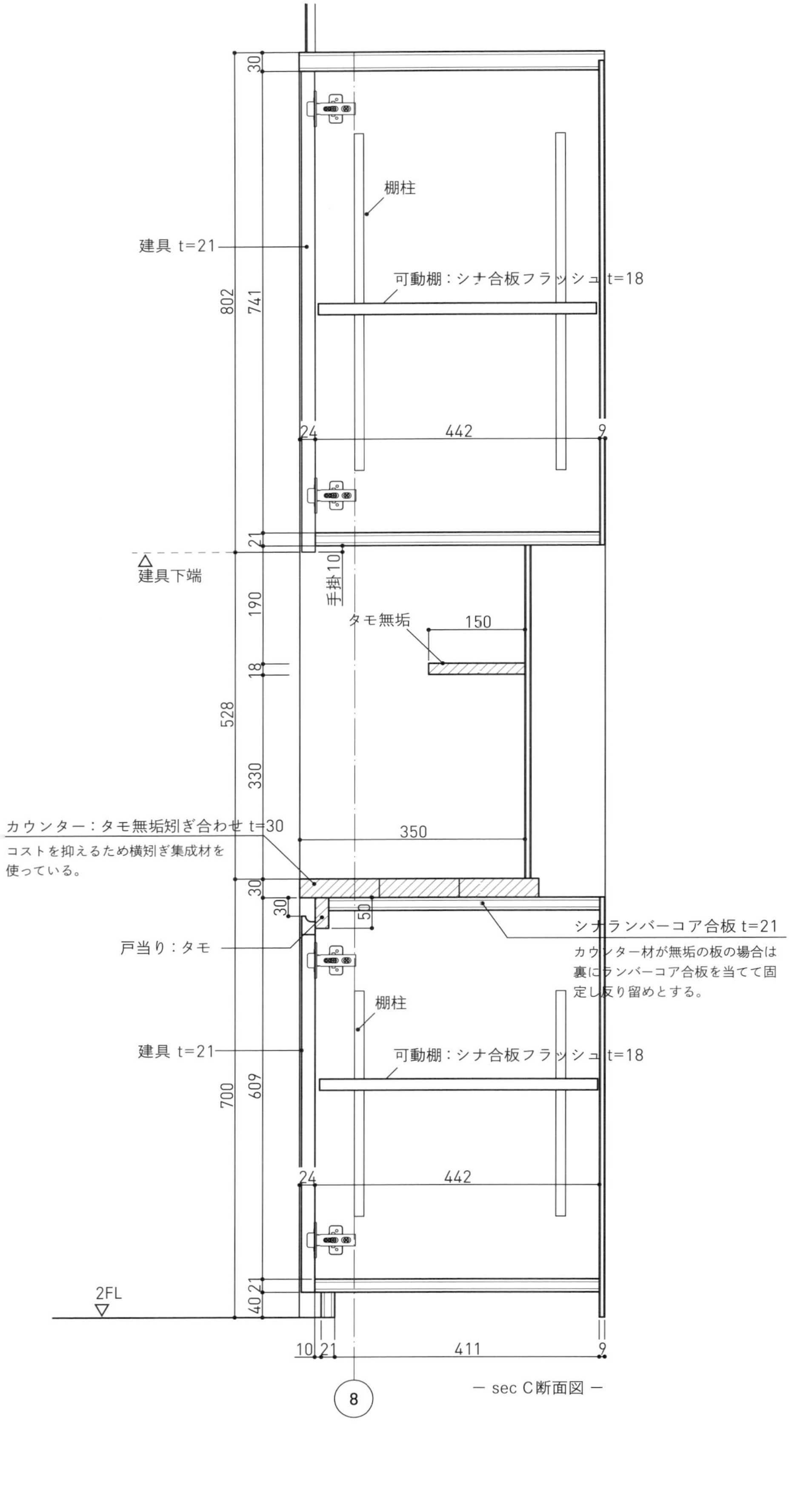

— sec C断面図 —

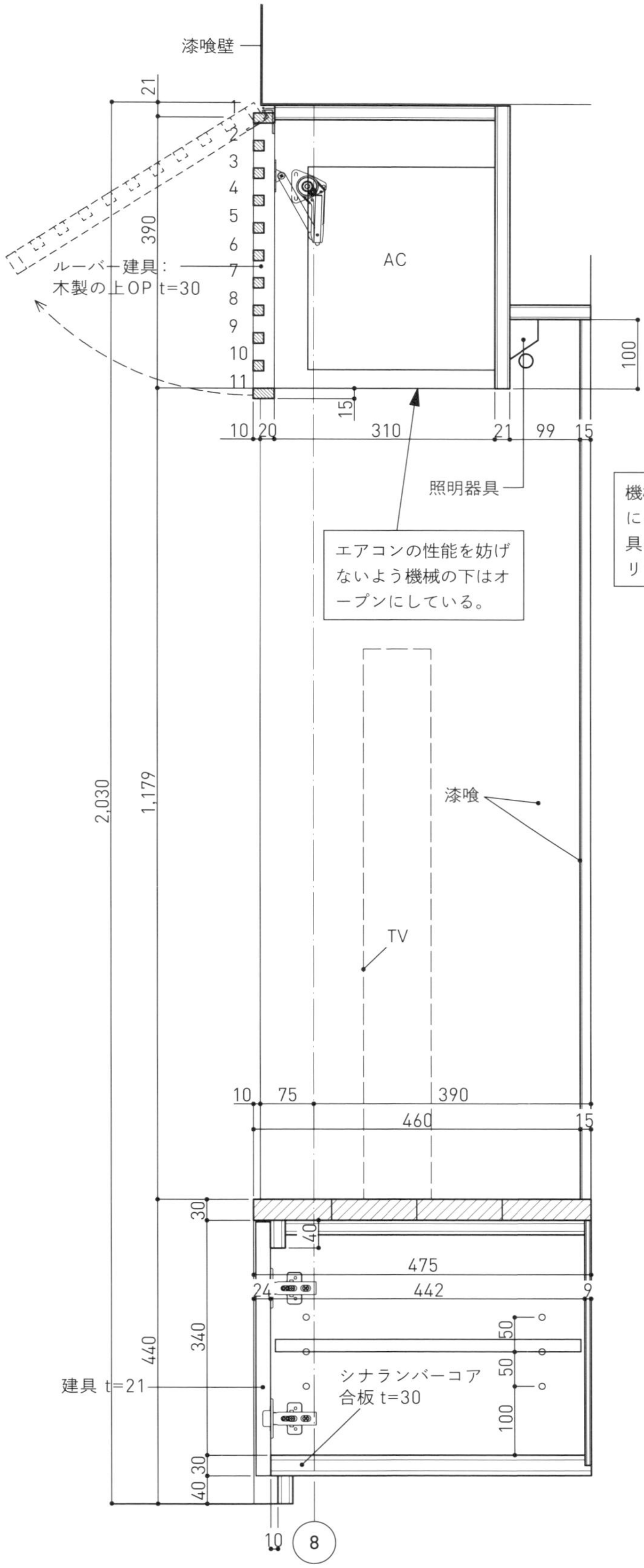

— sec A断面図 —

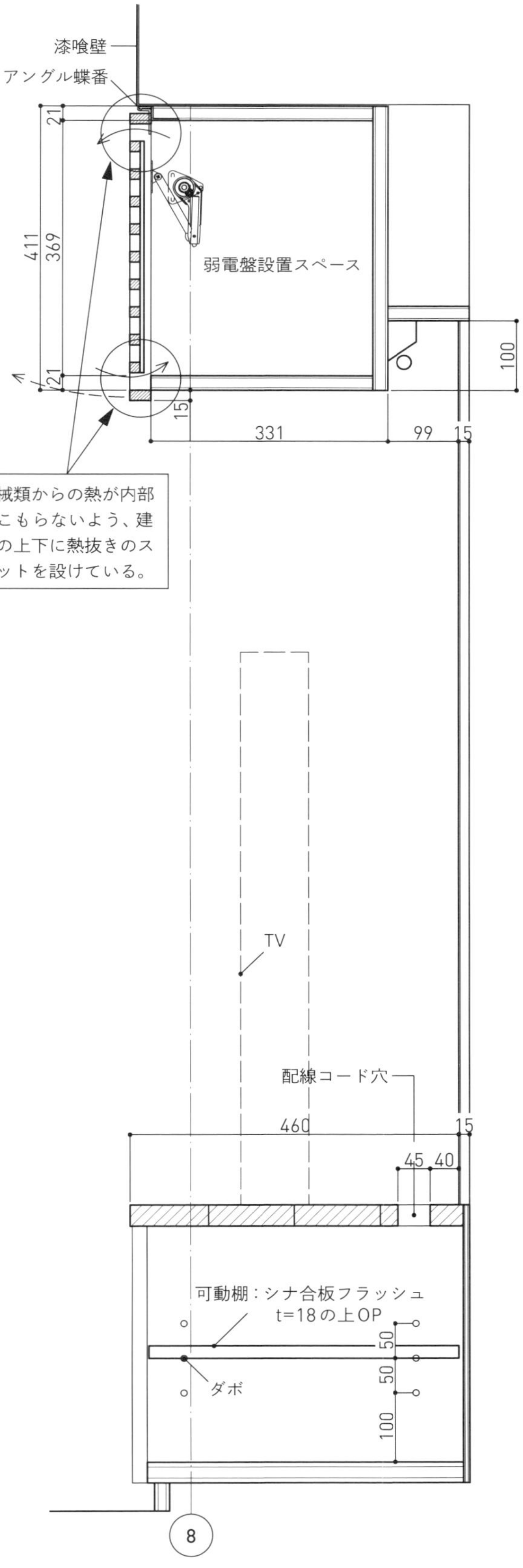

— sec B断面図 —

広間（リビング） 家具断面詳細図（f-15） S=1/10

キッチンにも作業場以上の居心地を

一日のうちで過ごす時間の長いキッチンだからこそ、居心地を大切にしたい。作業性を重視した家具の寸法や構成、レイアウトはもちろん、仕上げの素材感、窓からの景色や採光などに配慮し、気持ちよく過ごせる居場所づくりを心がけた。

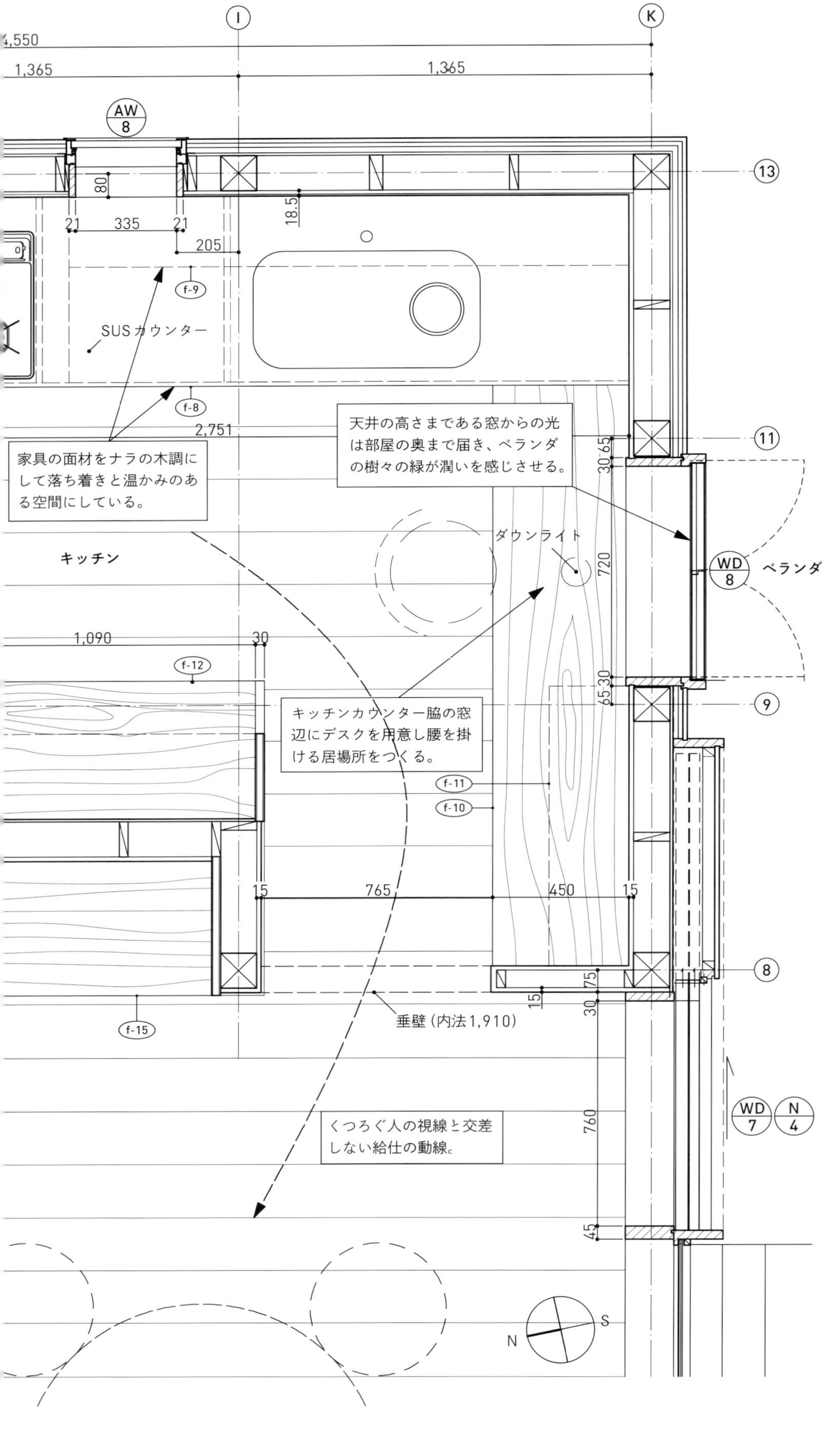
I
K
4,550
1,365
1,365
AW
8
80
18.5
21
335
21
205
f-9
SUSカウンター
f-8
2,751
13
11
天井の高さまである窓からの光は部屋の奥まで届き、ベランダの樹々の緑が潤いを感じさせる。
家具の面材をナラの木調にして落ち着きと温かみのある空間にしている。
キッチン
ダウンライト
30
65
720
WD
8
ベランダ
1,090
30
f-12
65
30
9
キッチンカウンター脇の窓辺にデスクを用意し腰を掛ける居場所をつくる。
f-11
f-10
15
765
450
15
8
75
15
30
f-15
垂壁（内法1,910）
760
WD
7
N
4
くつろぐ人の視線と交差しない給仕の動線。
45
S
N

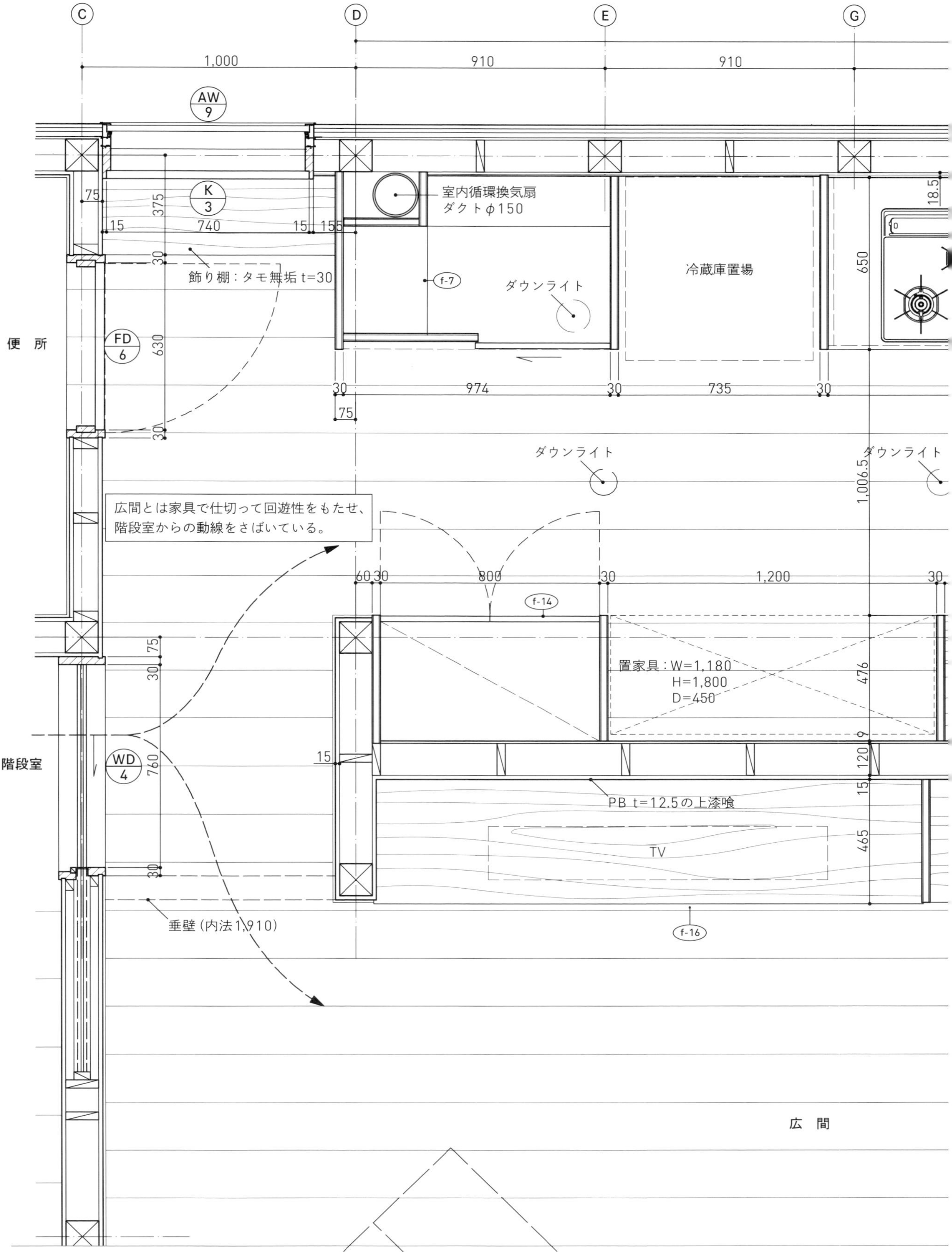

キッチン 平面詳細図　S=1/20

キッチン家具は現場づくりで、統一感のあるインテリアに

既製品のキッチンカウンターは材料の素材感に乏しく、細かな使い勝手の調整ができない。ここではキッチンカウンター本体を大工づくり、面材や建具は建具屋による造作として、周りの造作家具との統一感を出している。

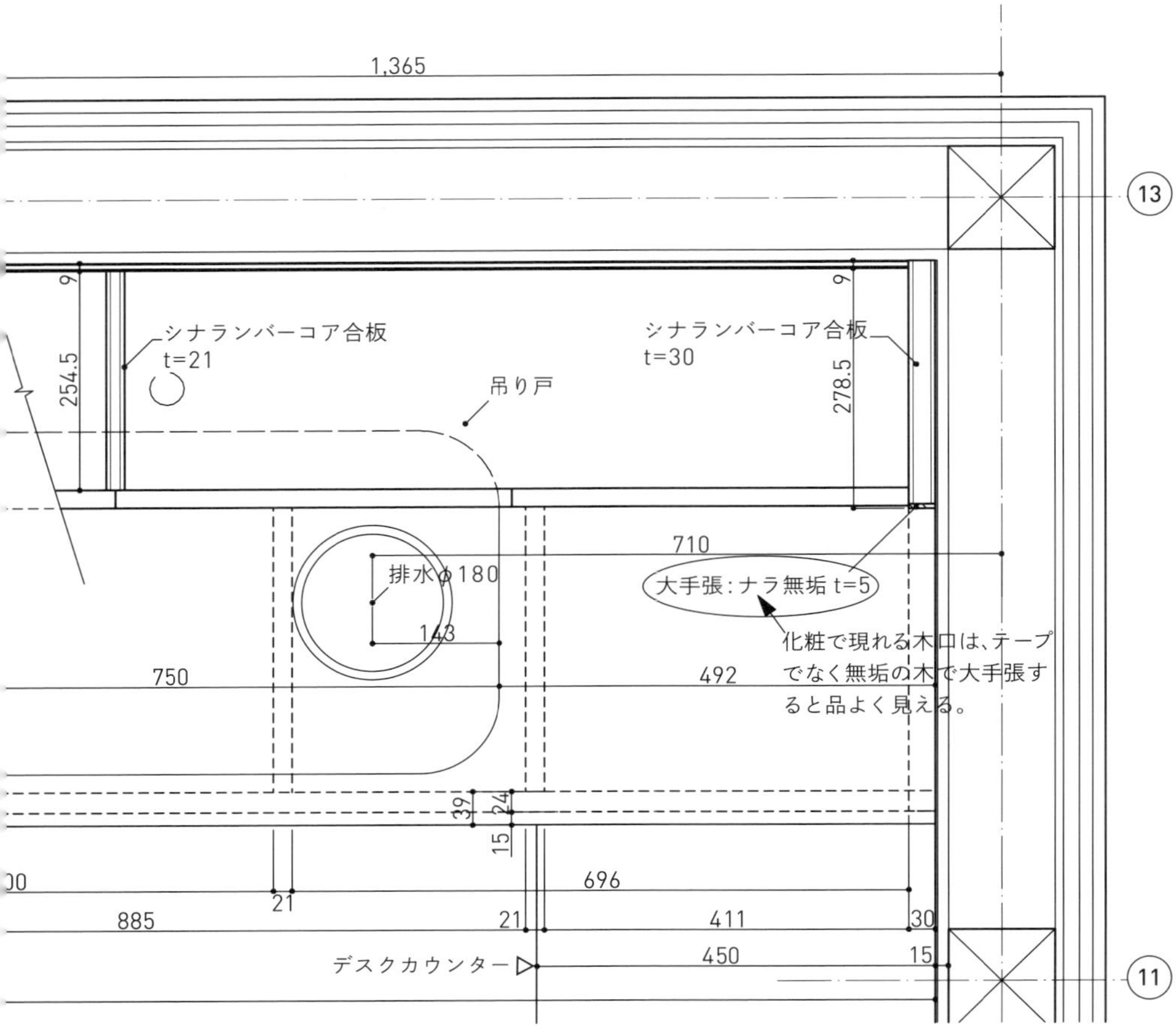
1,365
13
11
シナランバーコア合板
t=21
シナランバーコア合板
t=30
吊り戸
254.5
278.5
9
710
排水φ180
143
大手張：ナラ無垢 t=5
化粧で現れる木口は、テープでなく無垢の木で大手張すると品よく見える。
750
492
39
24
15
696
21
885
411
30
デスクカウンター
450
15

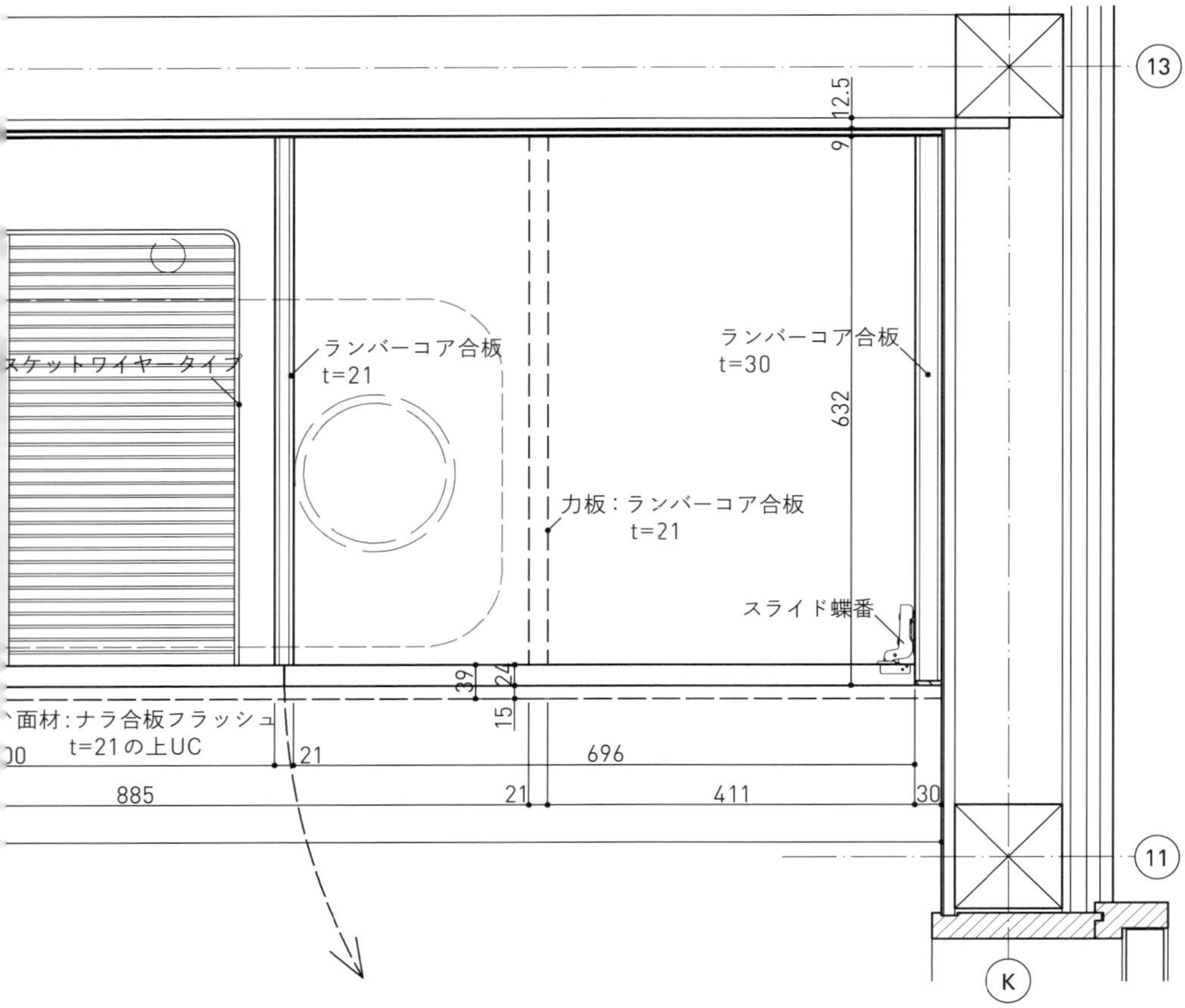
13
11
K
12.5
9
ランバーコア合板
t=21
ランバーコア合板
t=30
632
力板：ランバーコア合板
t=21
スライド蝶番
39
24
15
面材：ナラ合板フラッシュ
t=21の上UC
21
696
885
21
411
30

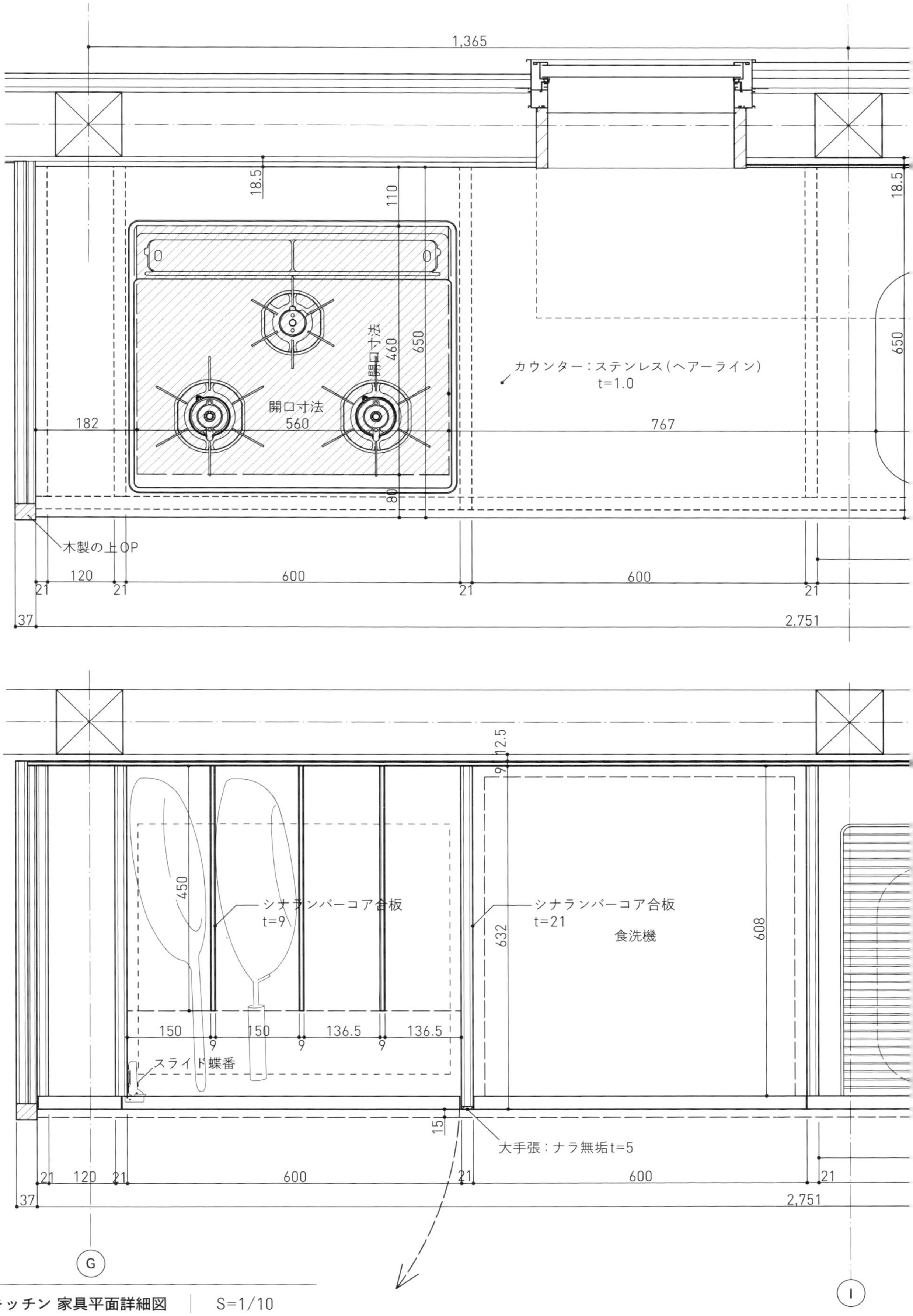

キッチン 家具平面詳細図　S=1/10

キッチン収納は調理手順や人の動きと連動させる

料理の準備から片づけまで、キッチンでの作業の循環がスムーズに行われるように物の収納配置を考える。また仕上げの材料には、掃除のしやすさや必要とされる強度などを満たすものを選ぶ。

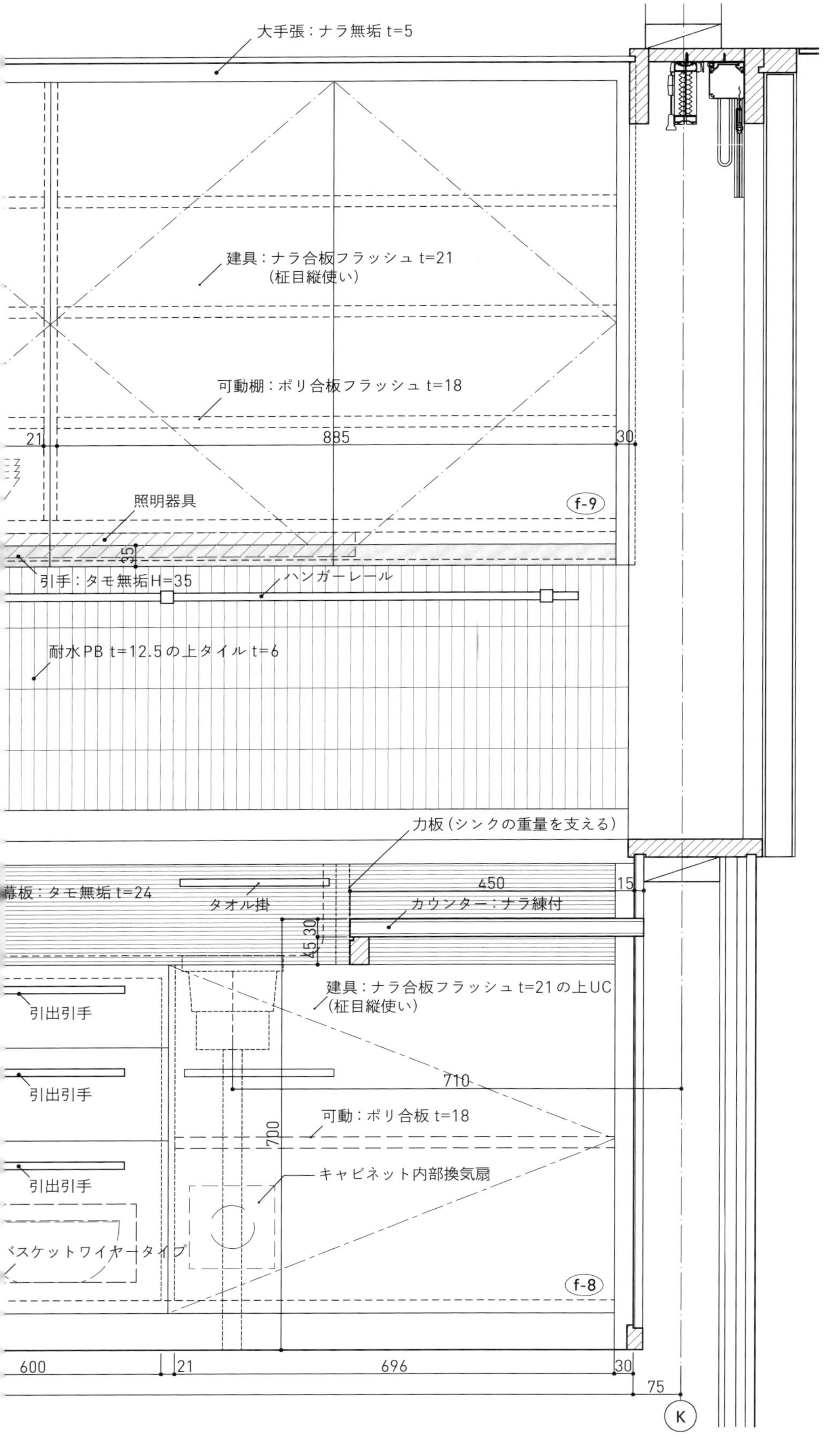

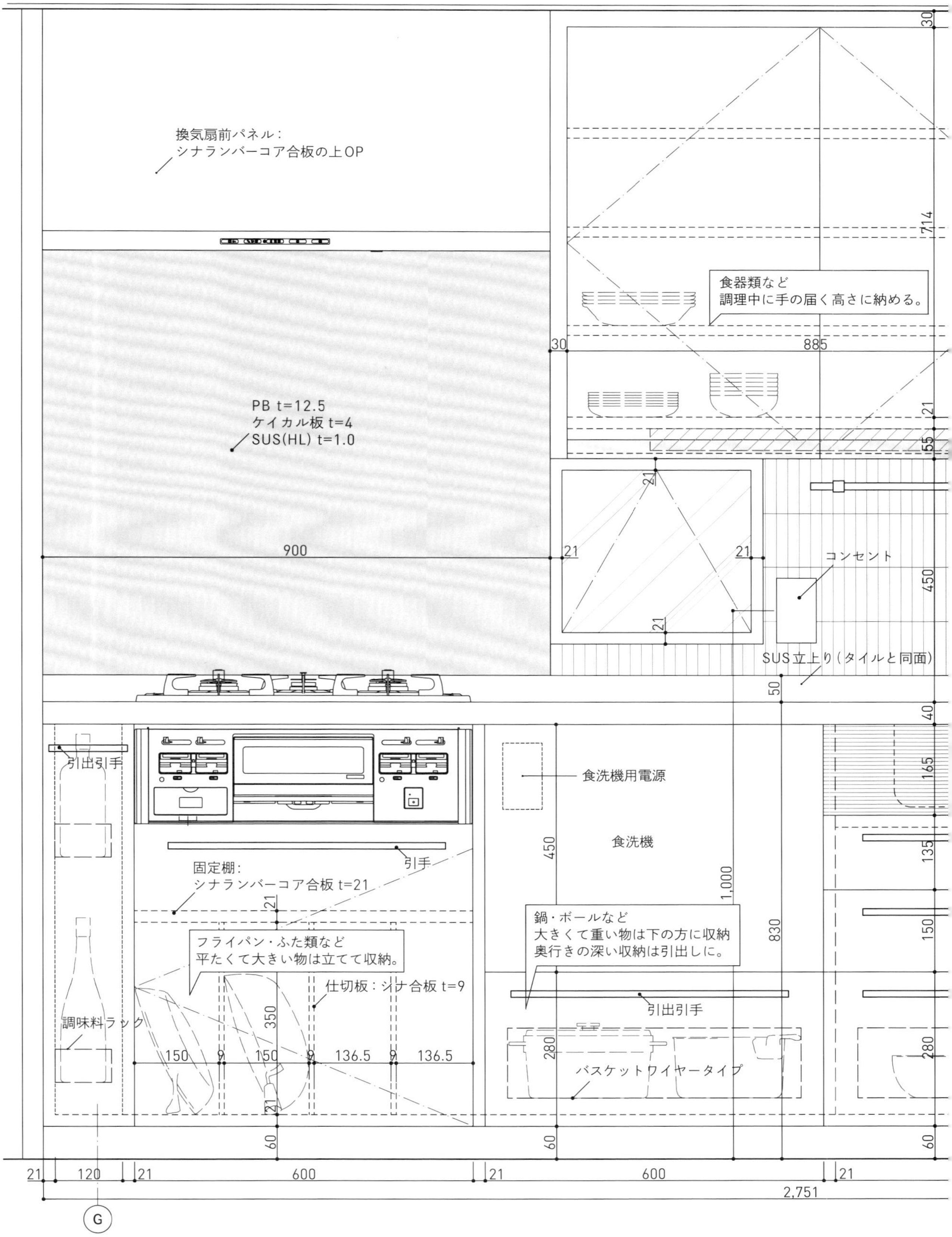

キッチン 家具正面図 | S=1/10

手の届かない吊り戸棚はつくらない

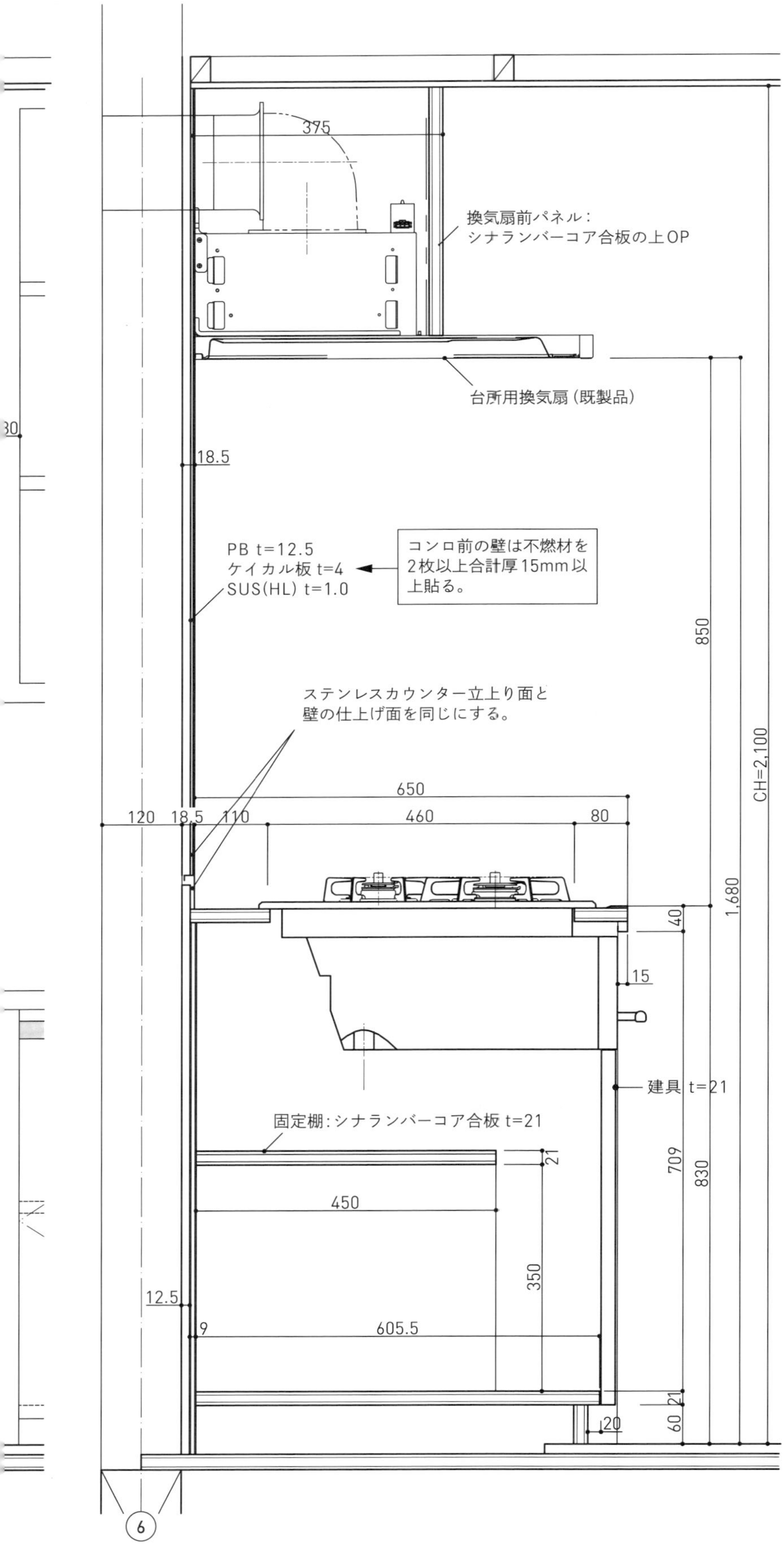

調理中に手早く食器を取り出せるように、吊り戸棚は目線の高さにほしい。奥行きを抑えた上で、キッチンカウンターから45センチの高さまで吊り戸を下げて日常使いできるようにしている。

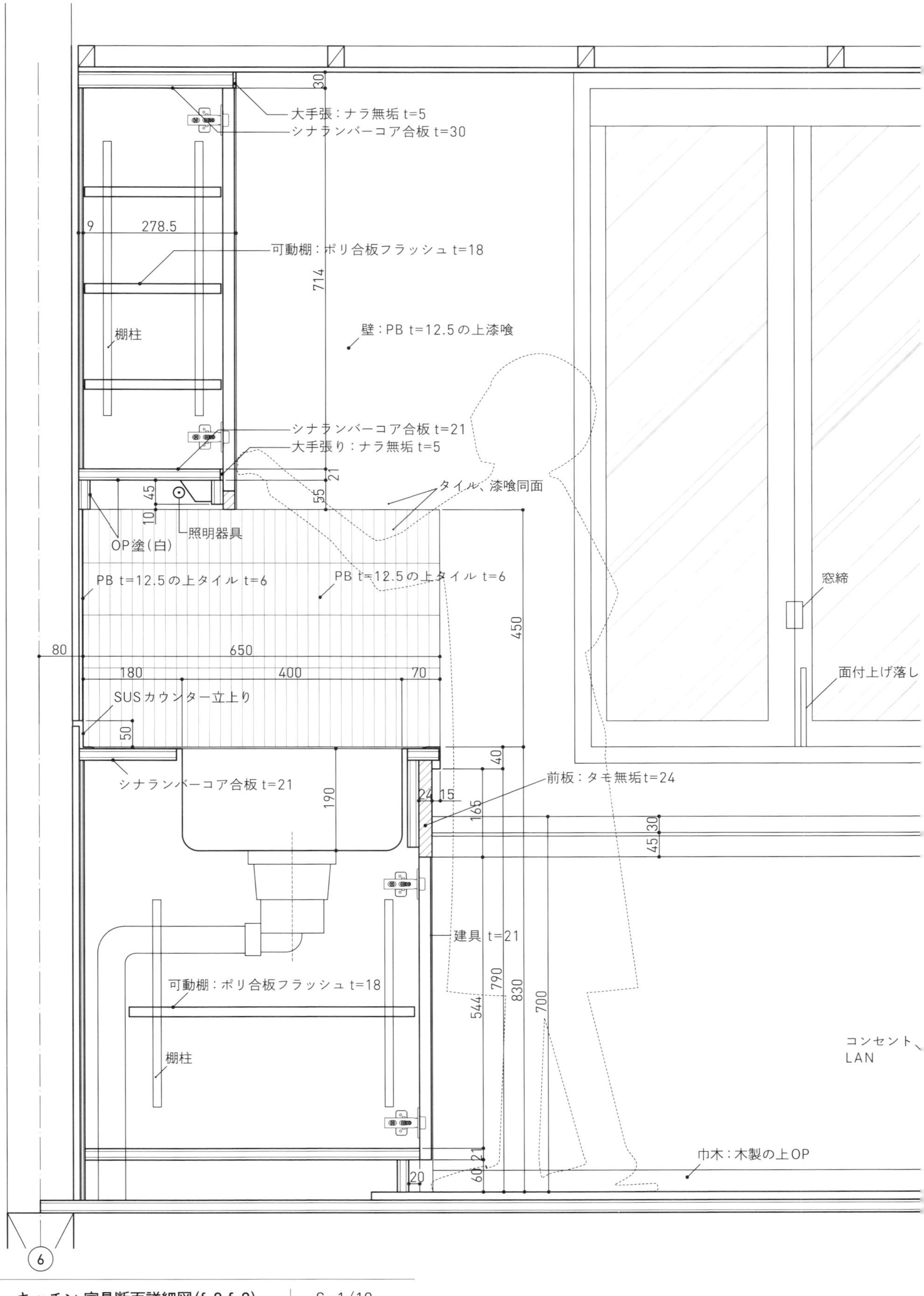

キッチン 家具断面詳細図(f-8 f-9)　S=1/10

植栽の樹々を臨める窓辺

キッチンカウンター脇の窓際にデスクと本棚を設け、人が腰掛けられるスペースをつくった。

- (f-10) カウンター：ナラ練付合板 t=30の上UC
  箱：シナランバーコア合板 t=21 見えがかりナラ練付の上OF
  可動棚：ポリ合板フラッシュ t=21
  建具：ナラ合板フラッシュ t-=21の上UC（引手：タモ無垢加工）
- (f-11) 箱：ナラ練付合板 t=30の上OF
  可動棚：ナラ練付合板 t=21の上OF
- (f-12) カウンター：シナランバーコア合板 t=21の上 タイル貼り
- (f-14) 箱：シナランバーコア合板 t=21 見えがかりOP
  建具面材：シナ合板フラッシュ t=21の上OP
  （引手：金属またはタモ無垢加工）

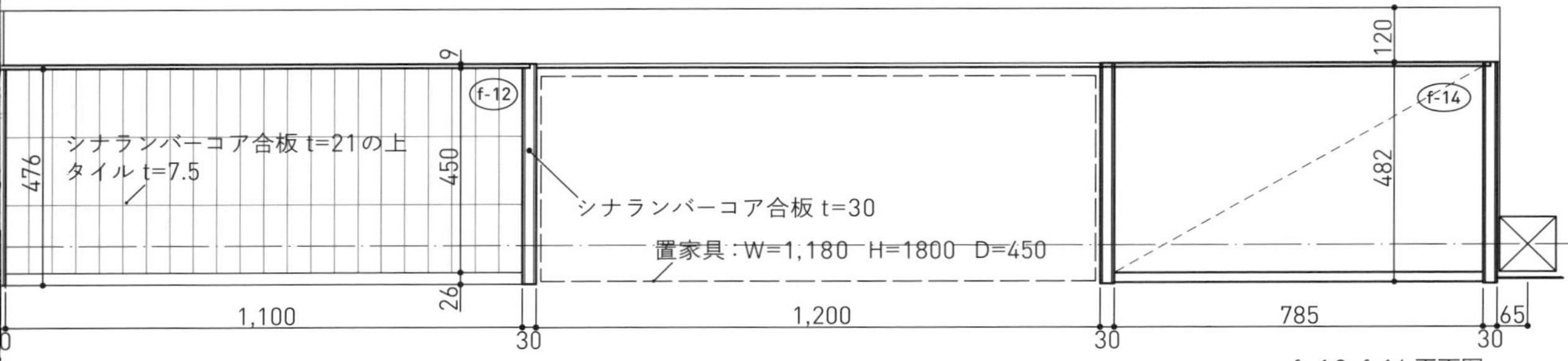

f-12 f-14 平面図

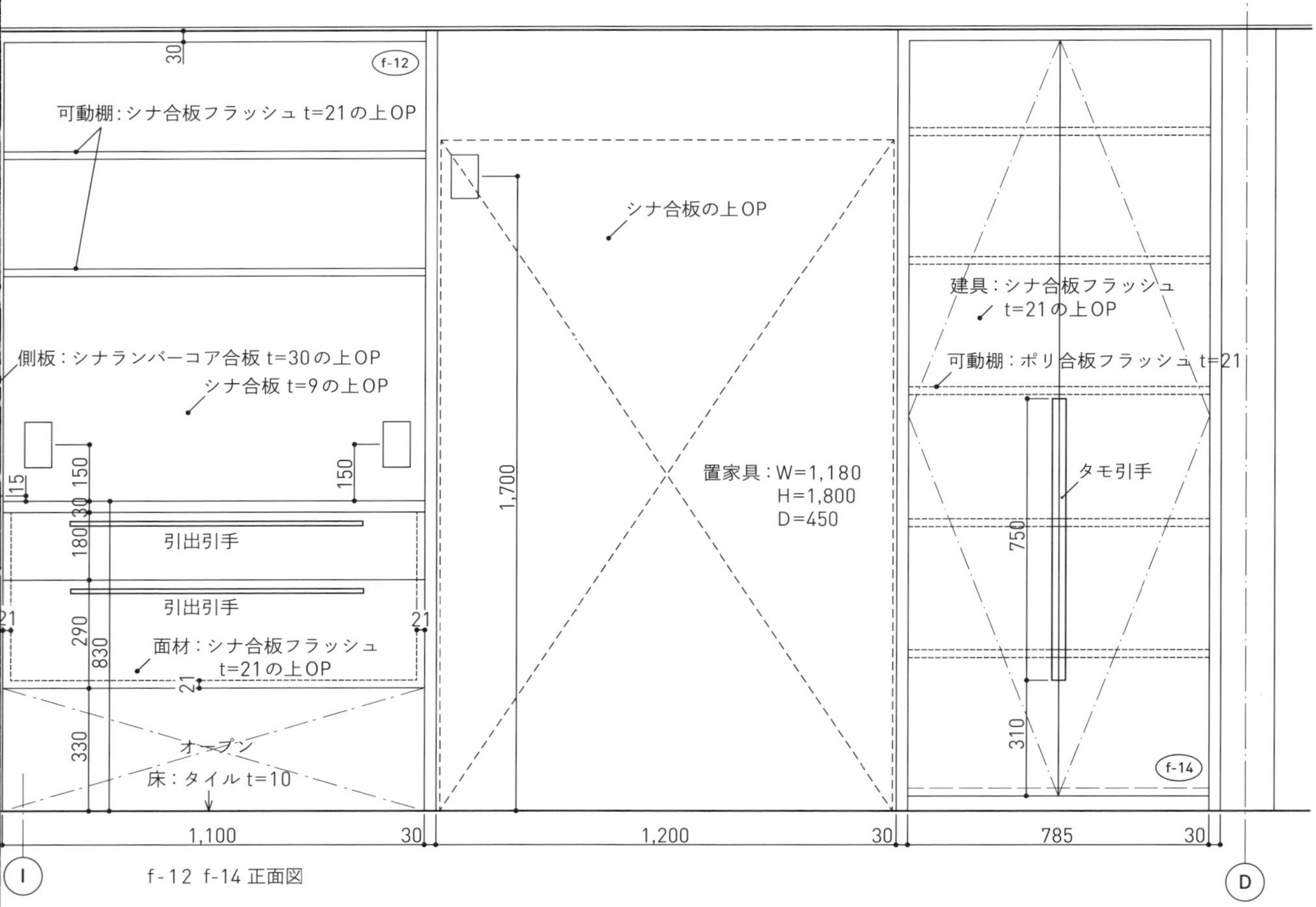

f-12 f-14 正面図

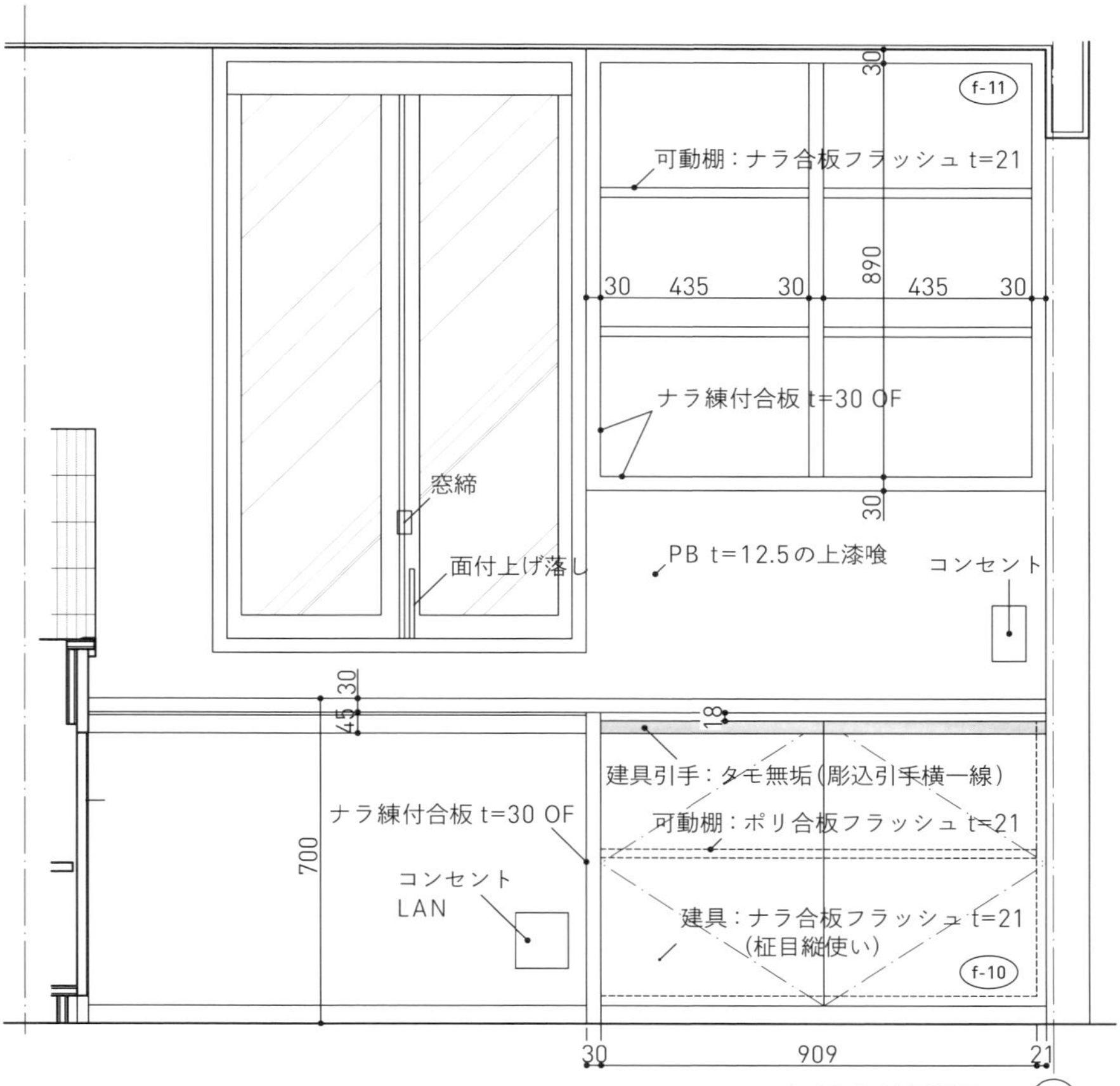

f-10 f-11 正面図

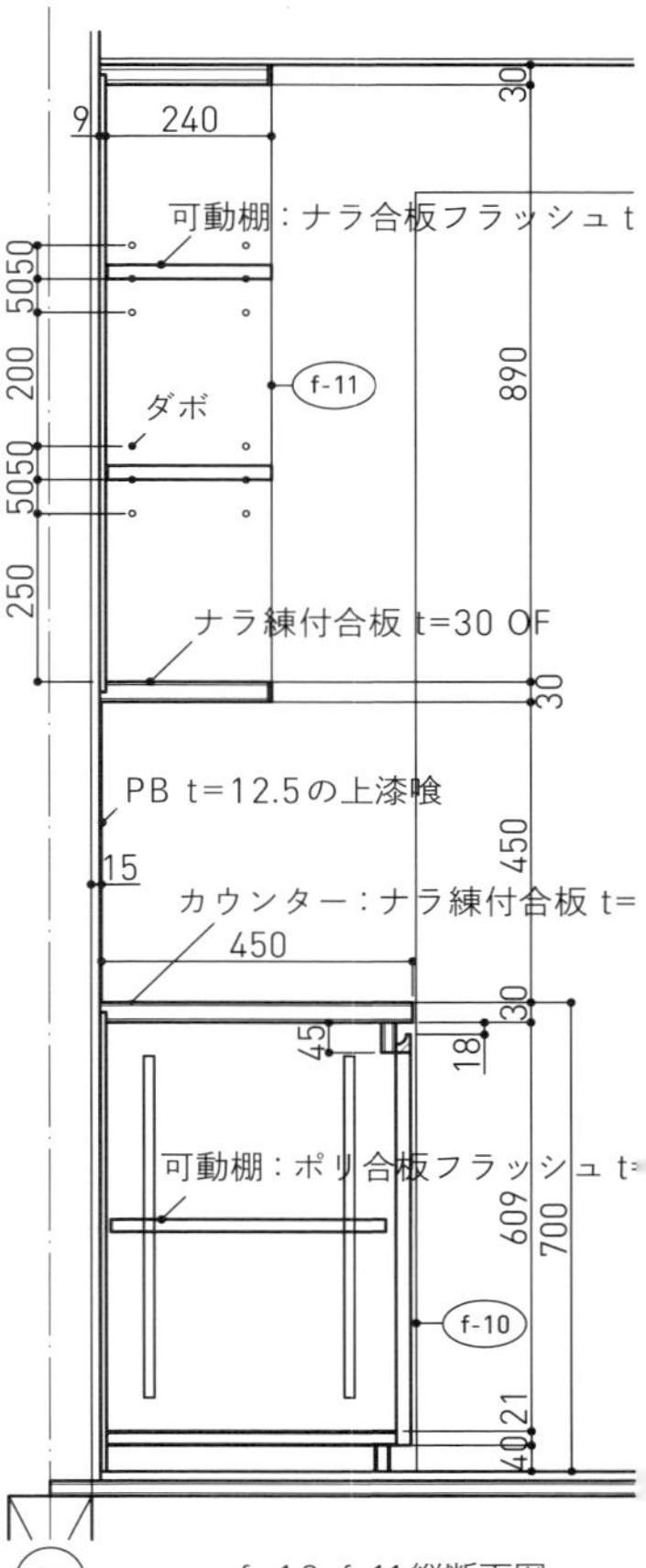

f-10 f-11縦断面図

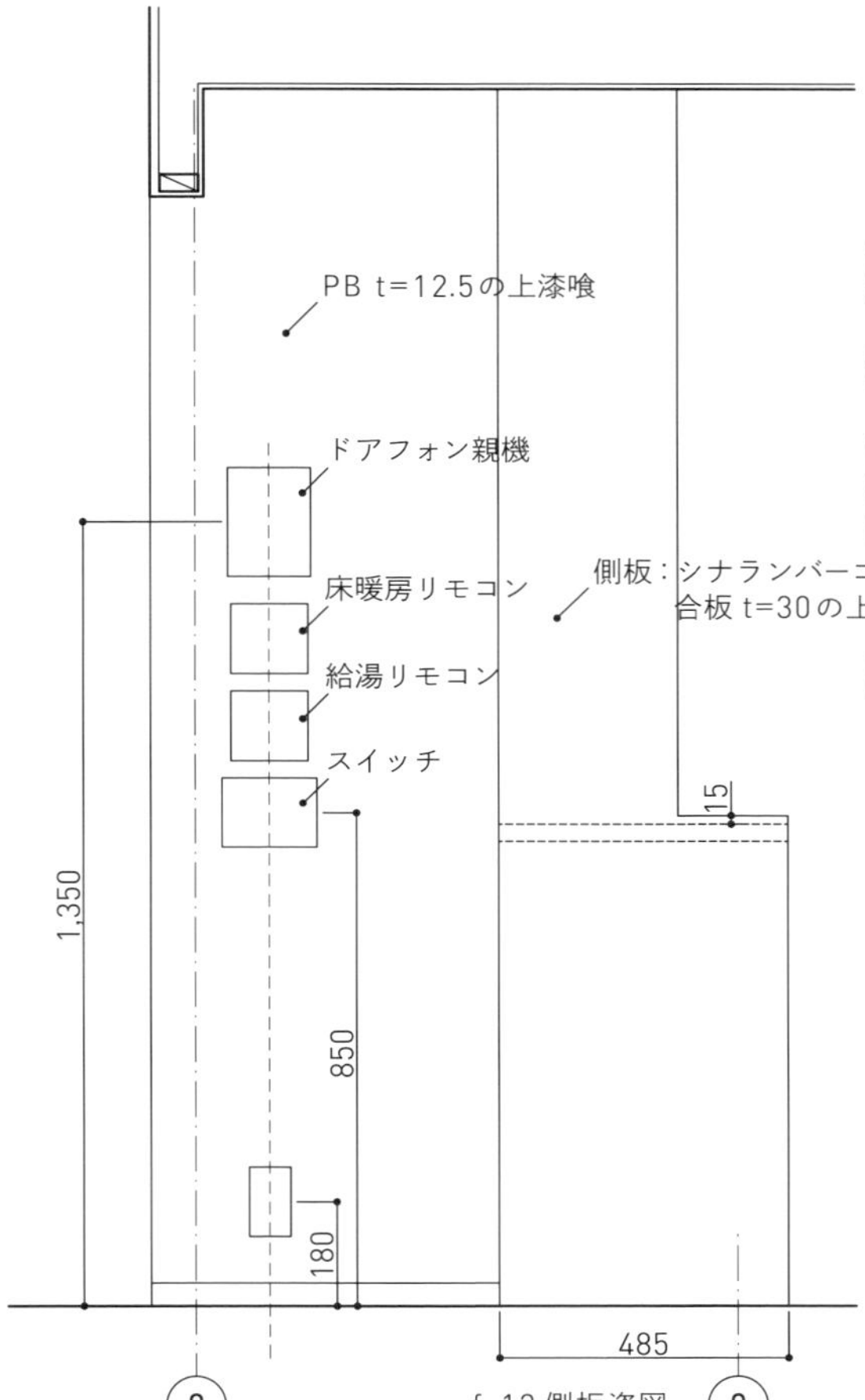

f-12 側板姿図

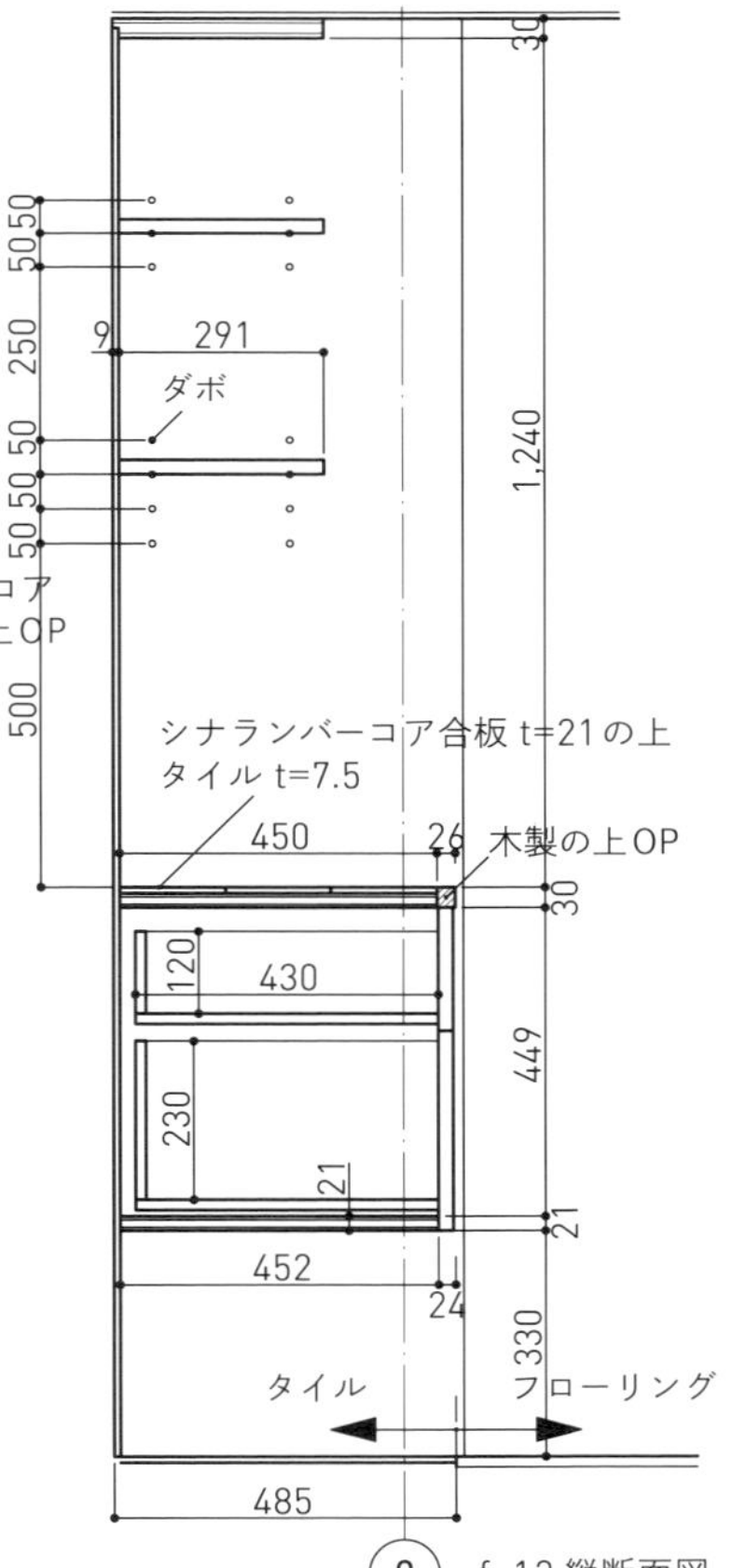

f-12 縦断面図

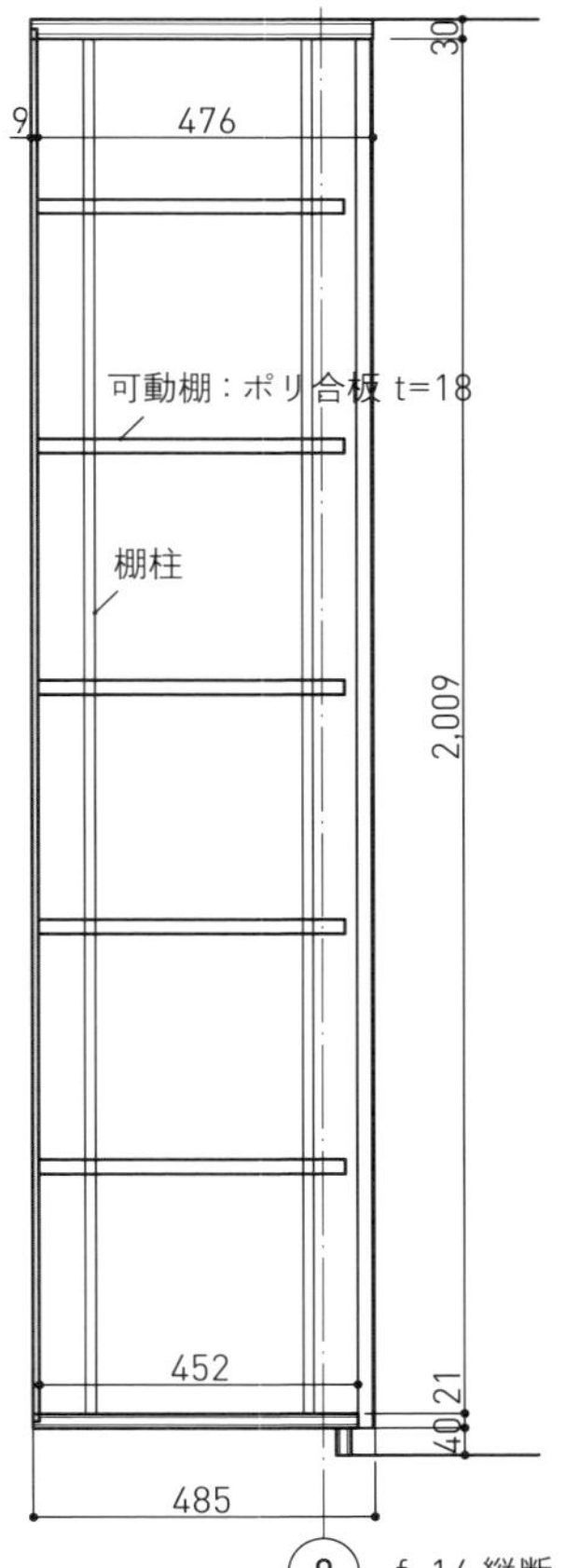

f-14 縦断

キッチン 家具詳細図(f-12 f-14) | S=1/20

空間を縦につなげて広間の延長と位置づける

暮らしの予備スペースとしての3階の空間は吹抜けを介して2階のメイン空間とつなげることで、孤立せずに日常使いできる場として意識されるようにした。冬場に3階に溜まった暖かな空気は、中間ダクトファンにより1階床下まで送られ、階による温度差を和らげる。

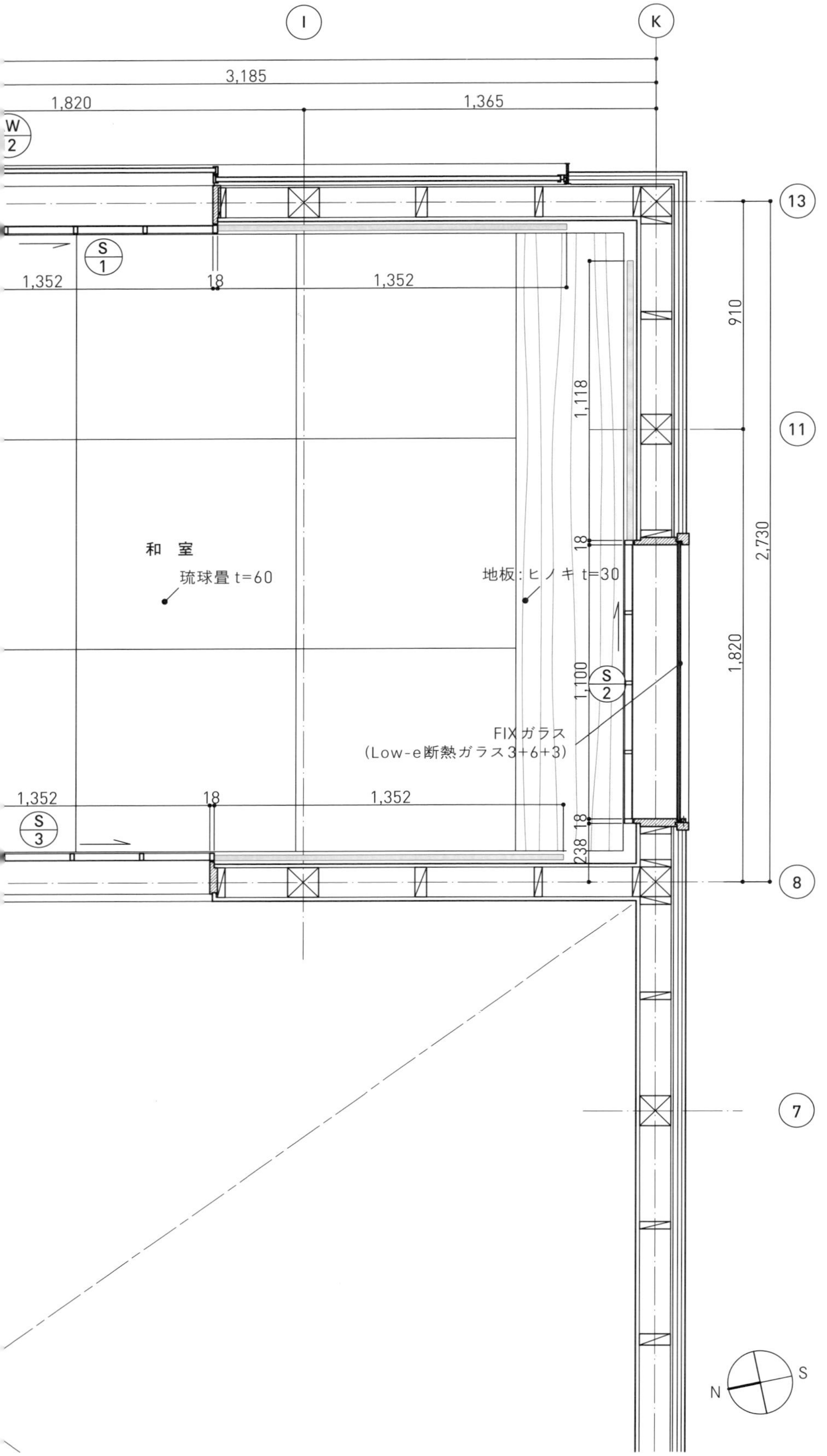

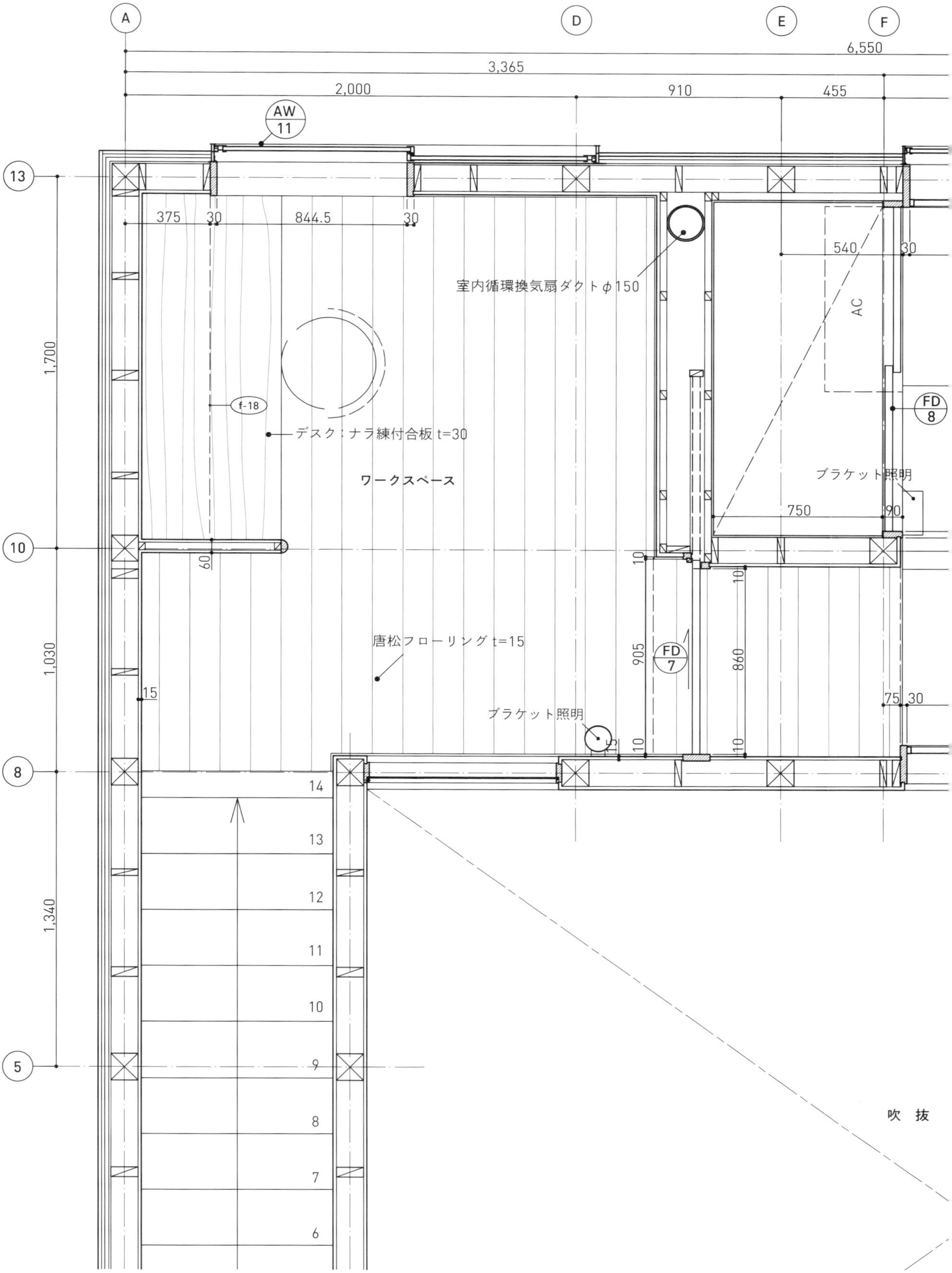

和室・ワークスペース 平面詳細図　S=1/25

低い内法で部屋の重心を下げ、畳に座る居心地をつくる

和室には東に朝の光を取り入れる窓、南に3階建ての建物に必要な非常用侵入口、西に吹抜けを介して広間とつながる開口、北に押入の開口と、部屋の壁四面に開口部があり、それらがバラバラな印象とならないように内法を1460ミリに統一している。

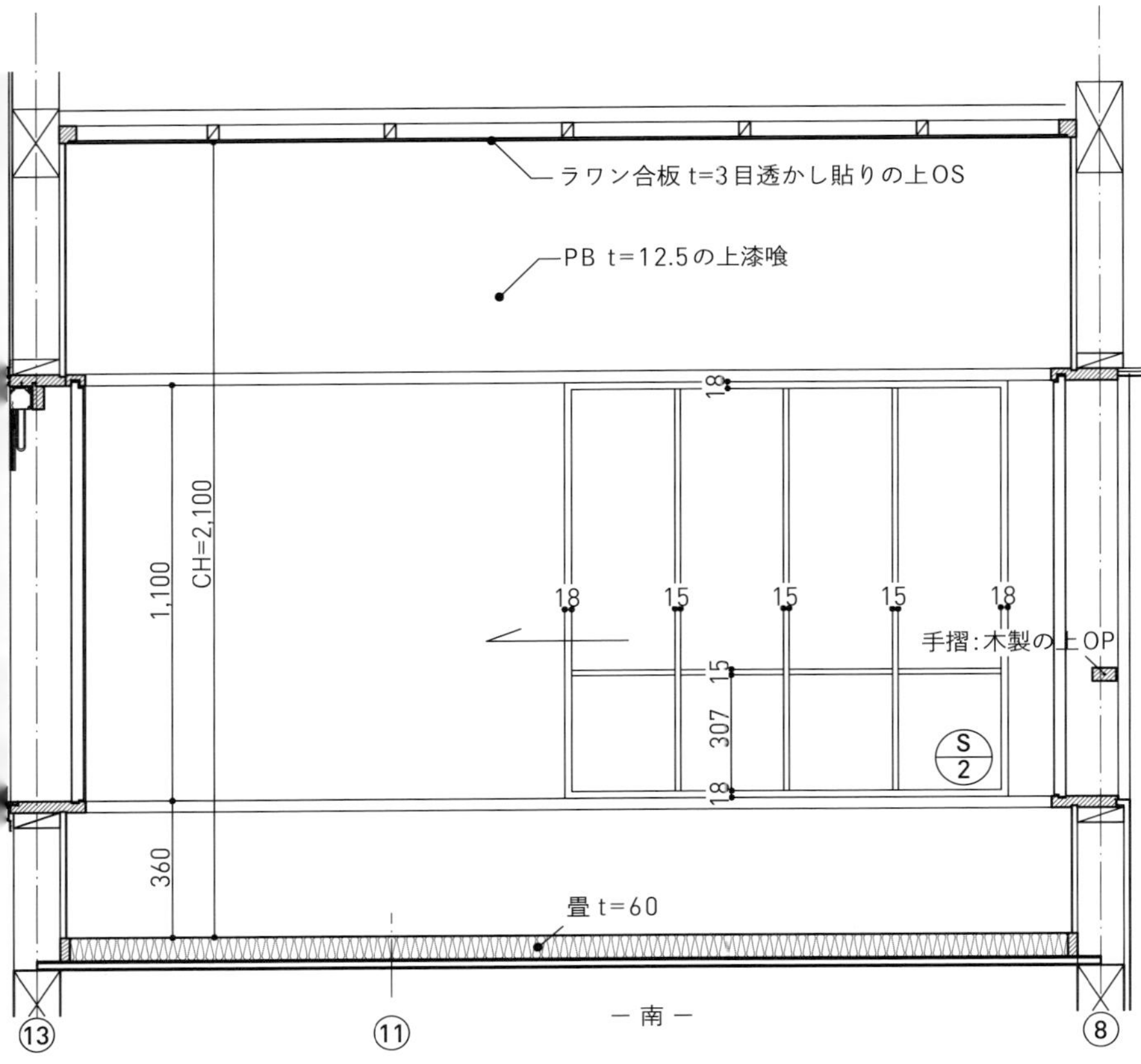

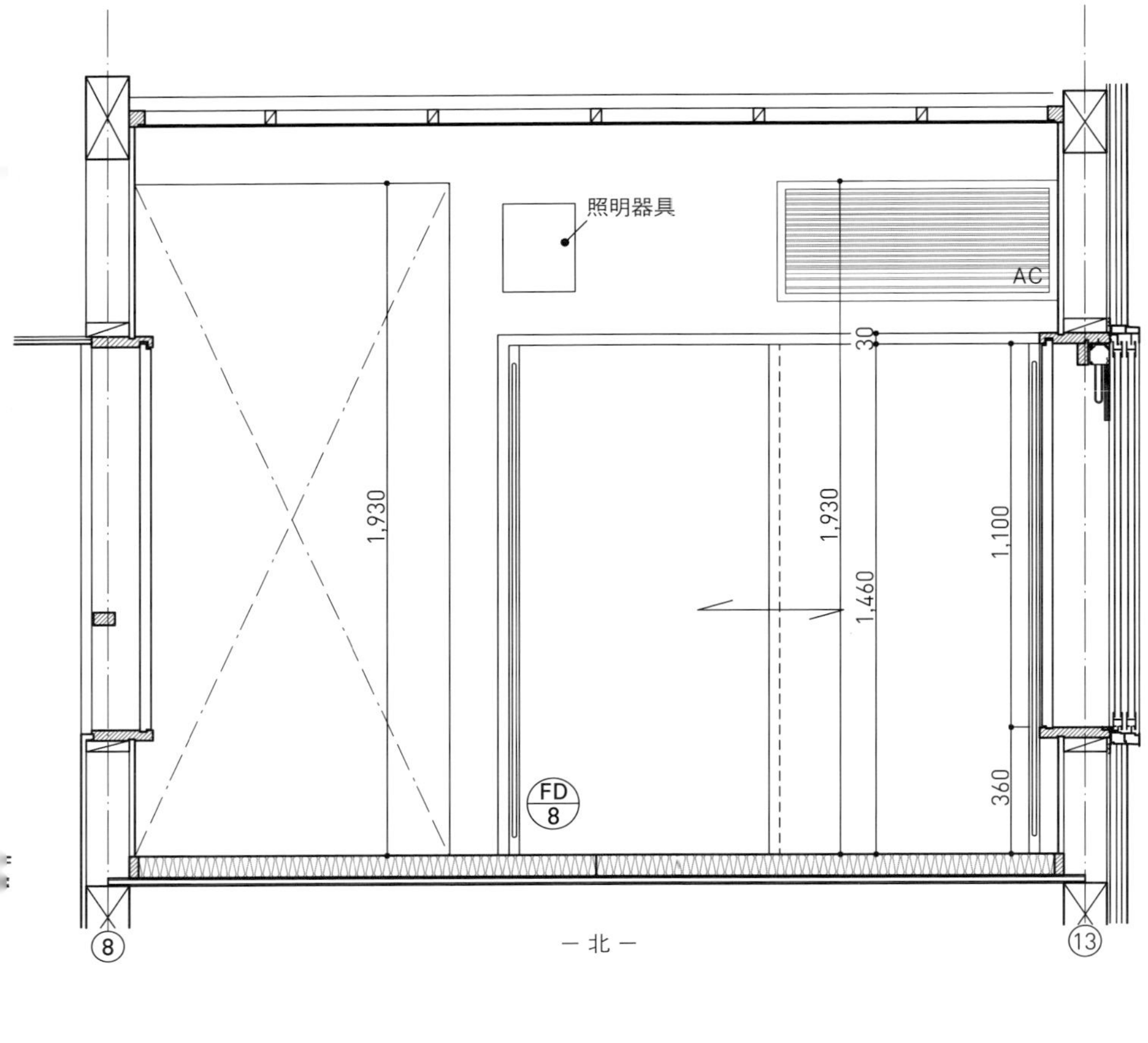

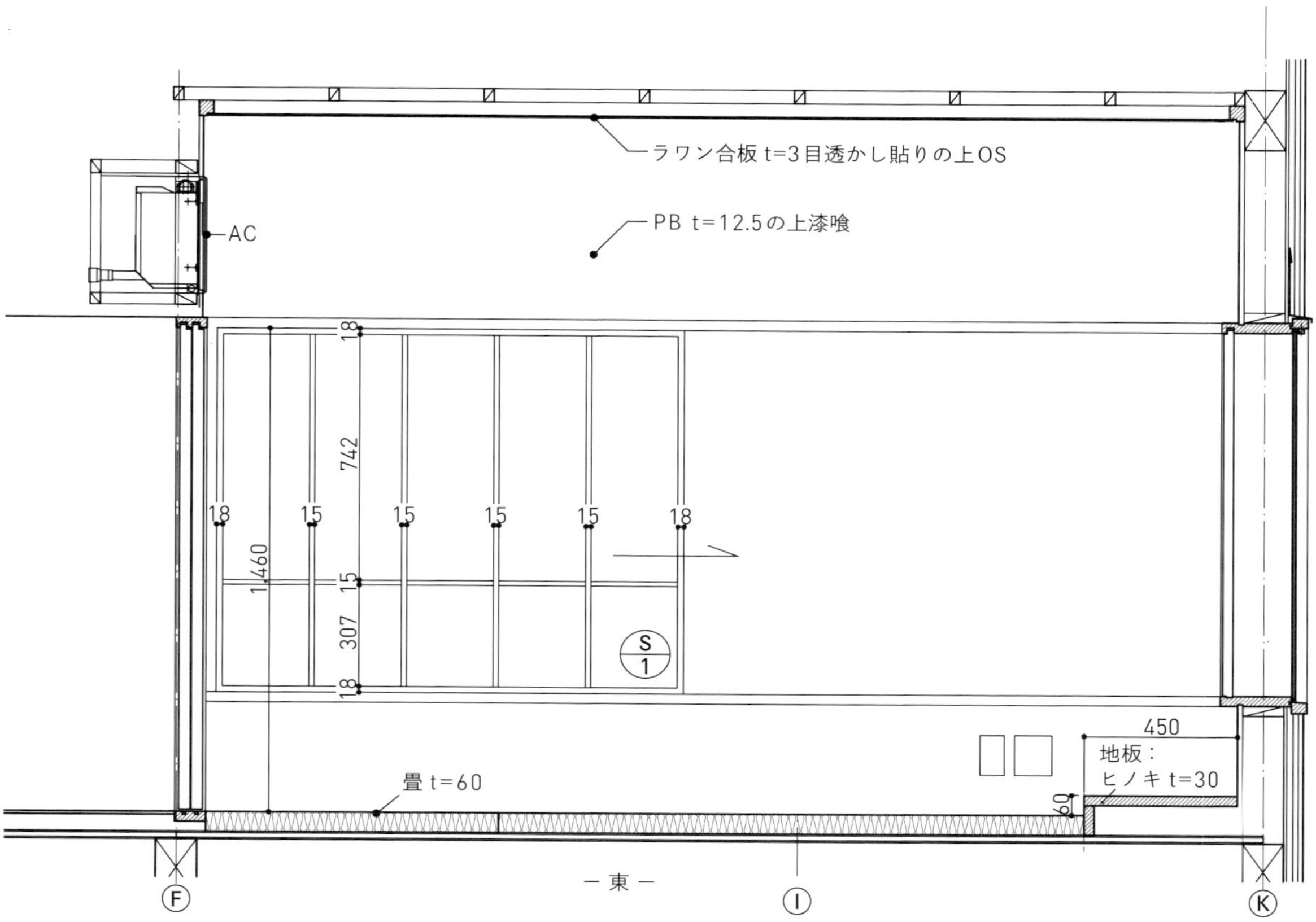
ラワン合板 t=3目透かし貼りの上OS
PB t=12.5の上漆喰
AC
18
742
15
307
18
1,460
18
15
15
15
15
18
S
1
450
地板：
ヒノキ t=30
60
畳 t=60
ー東ー
F
I
K

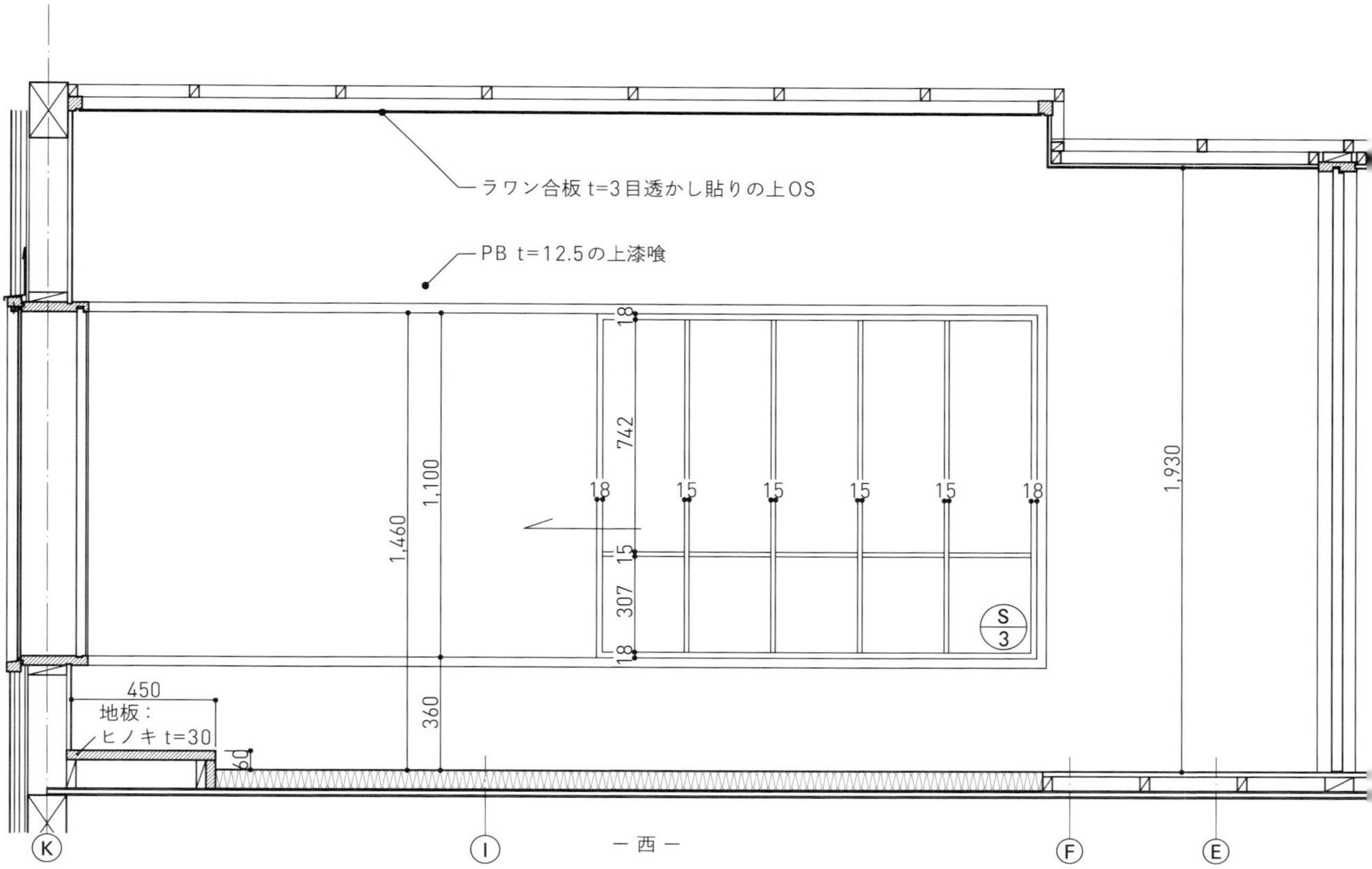
ラワン合板 t=3目透かし貼りの上OS
PB t=12.5の上漆喰
18
742
18
15
15
15
15
18
15
307
18
1,100
1,460
1,930
S
3
450
地板：
ヒノキ t=30
60
360
ー西ー
K
I
F
E

和室 展開図 | S=1/25

前室は本棚とデスクを造り付け、ワークスペースに

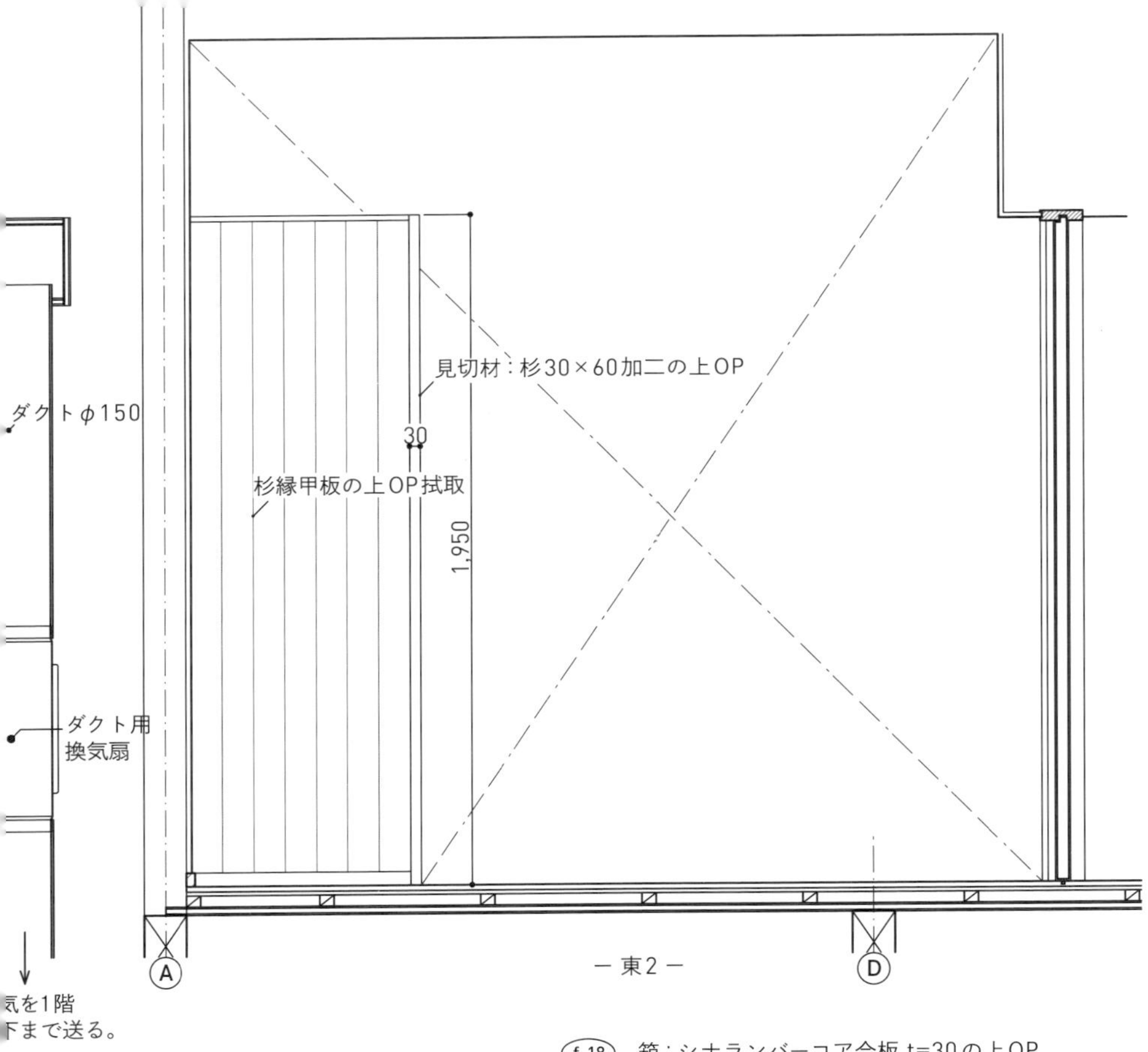

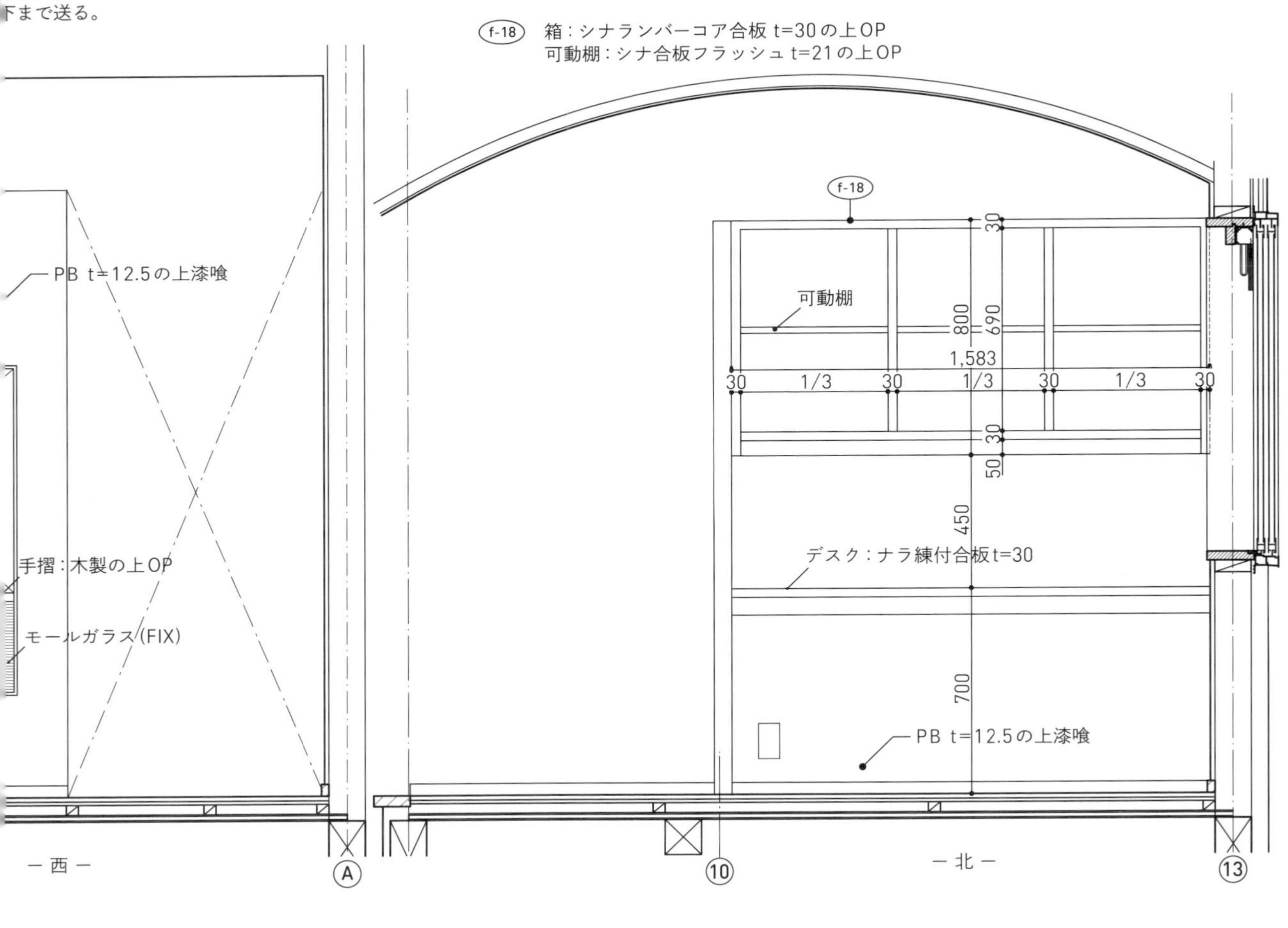

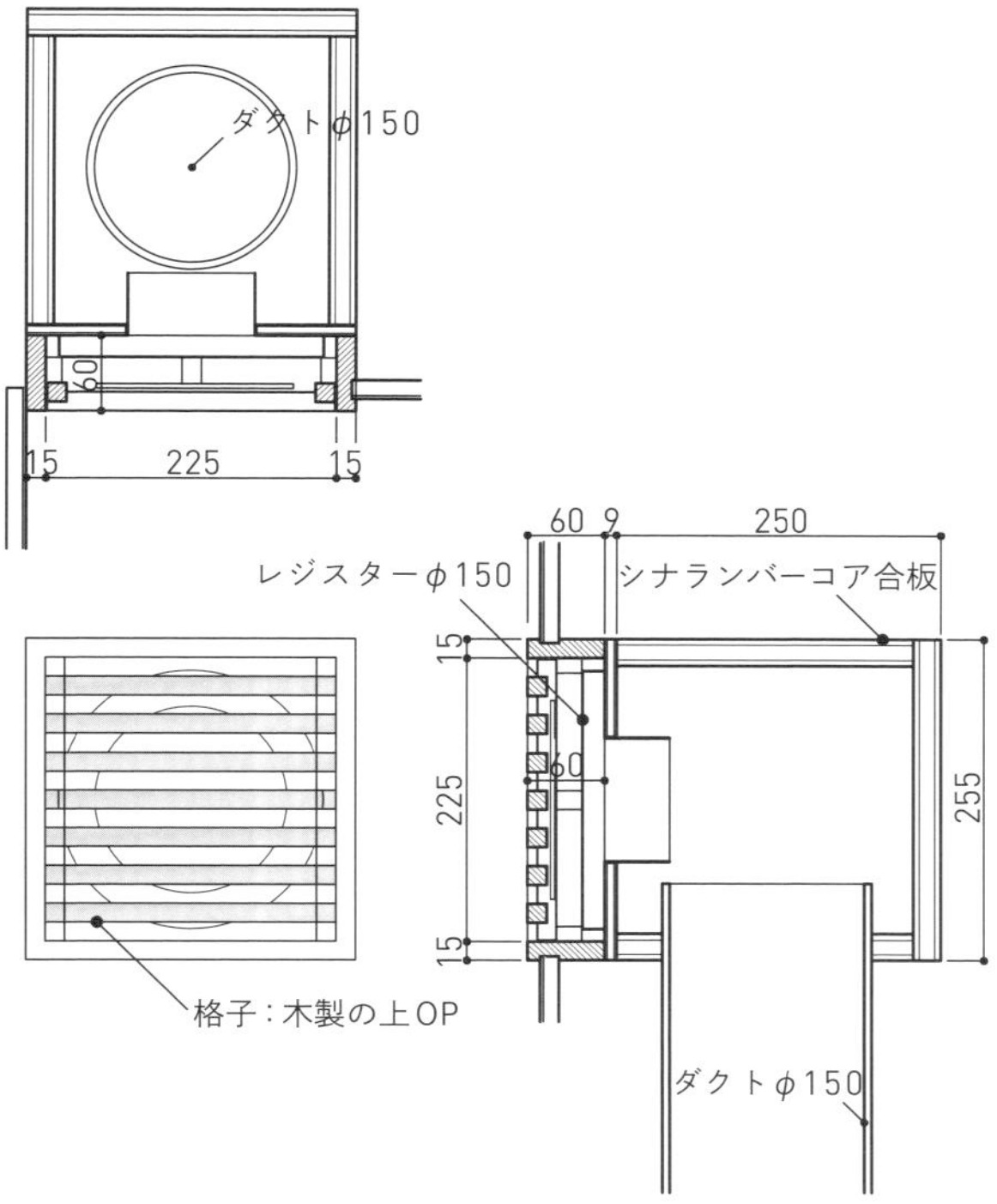

室内循環換気扇用格子ボックス詳細 S=1/10

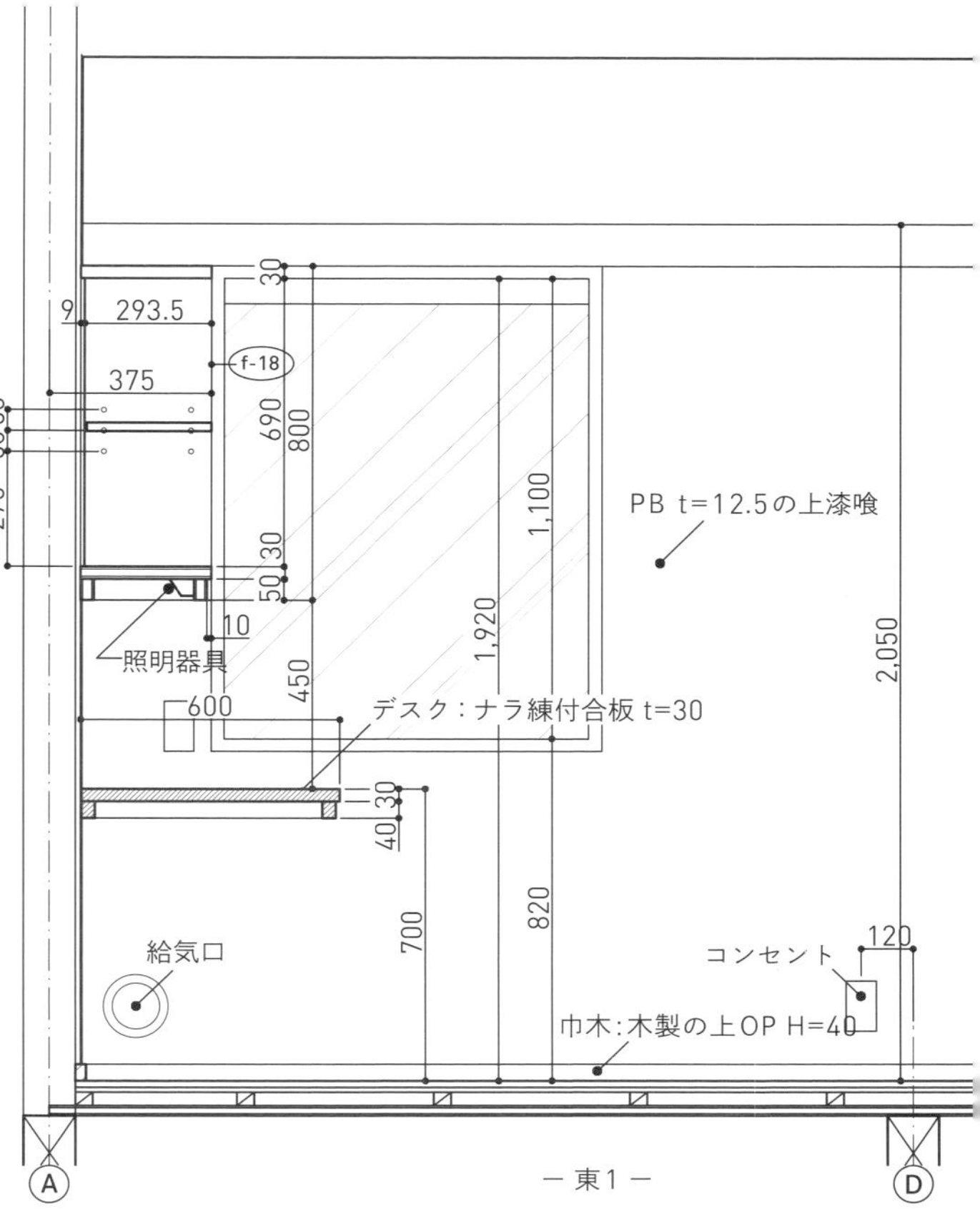

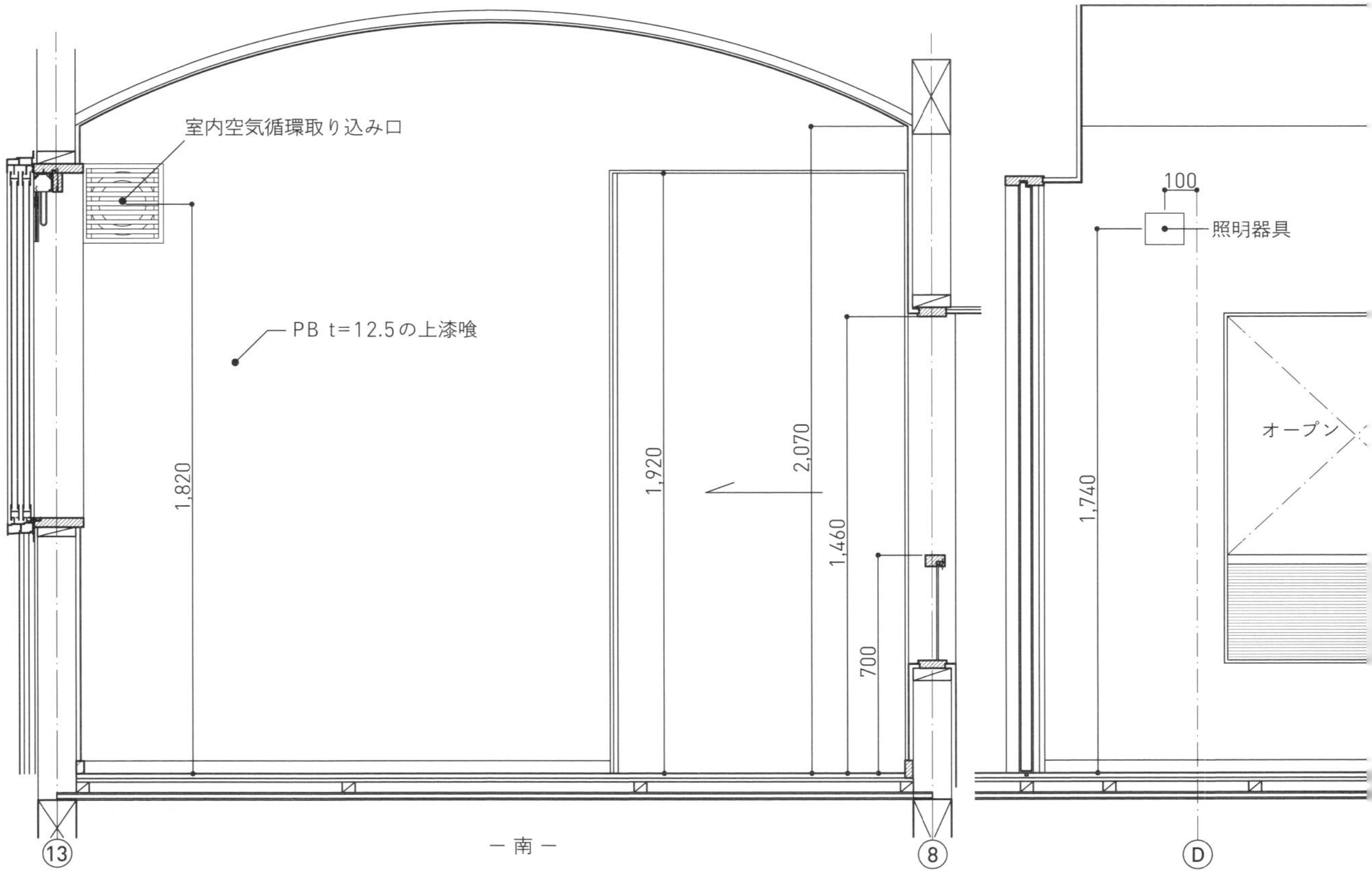

ワークスペース 展開図 | S=1/25

障子は断熱性能に優れ、ガラス引戸との相性もよい

最近では、断熱性能の高い既製のスクリーンも多く手に入るようになったが、通風をしようとガラス引戸を開けながら使用すると風にあおられてバタバタしてしまう。障子であれば引戸と同じだけの隙間を開けることができる点で引戸との相性が抜群によい。

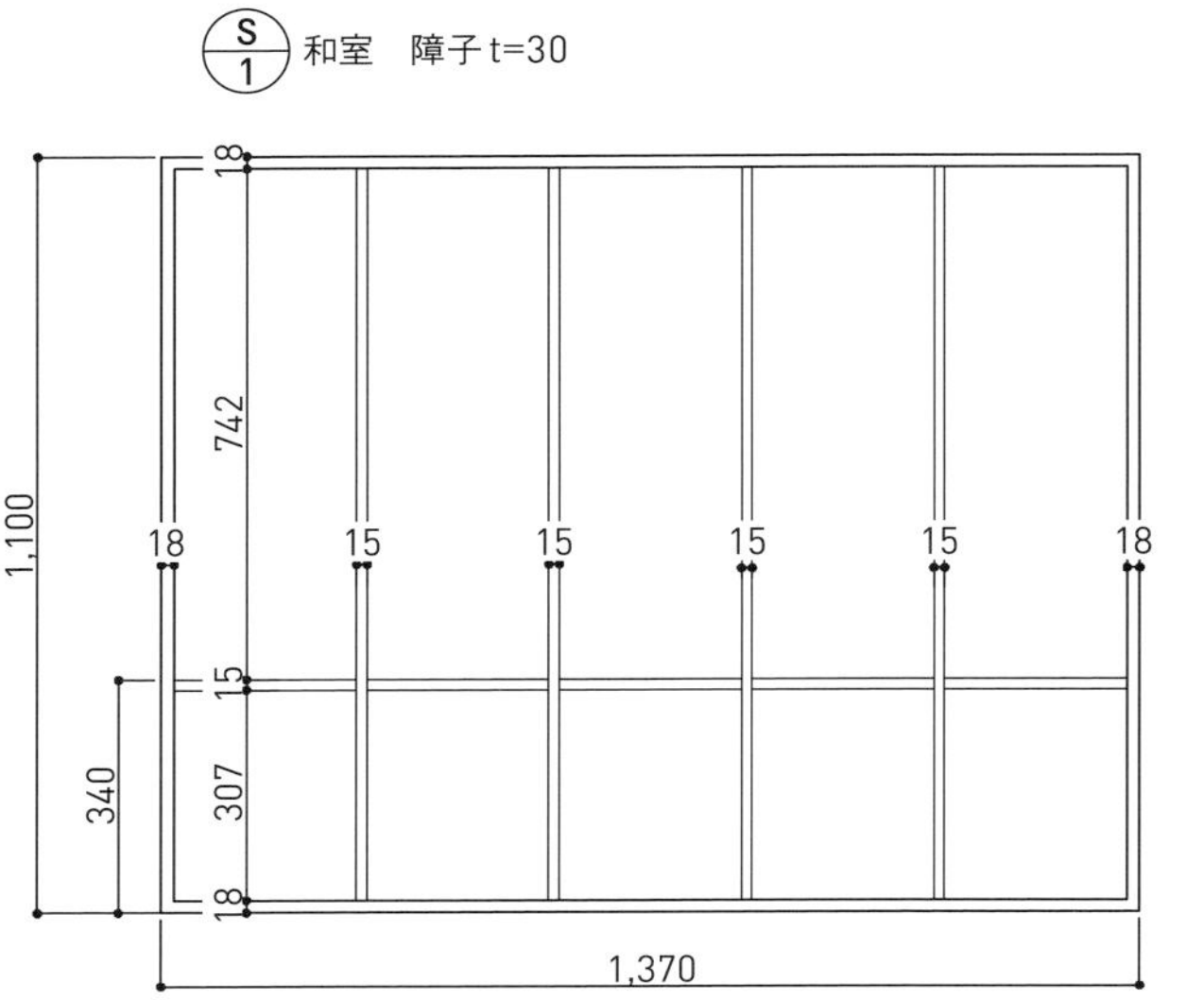
S
1
和室　障子 t=30
18
742
1,100
18
15
15
15
15
18
15
340
307
18
1,370

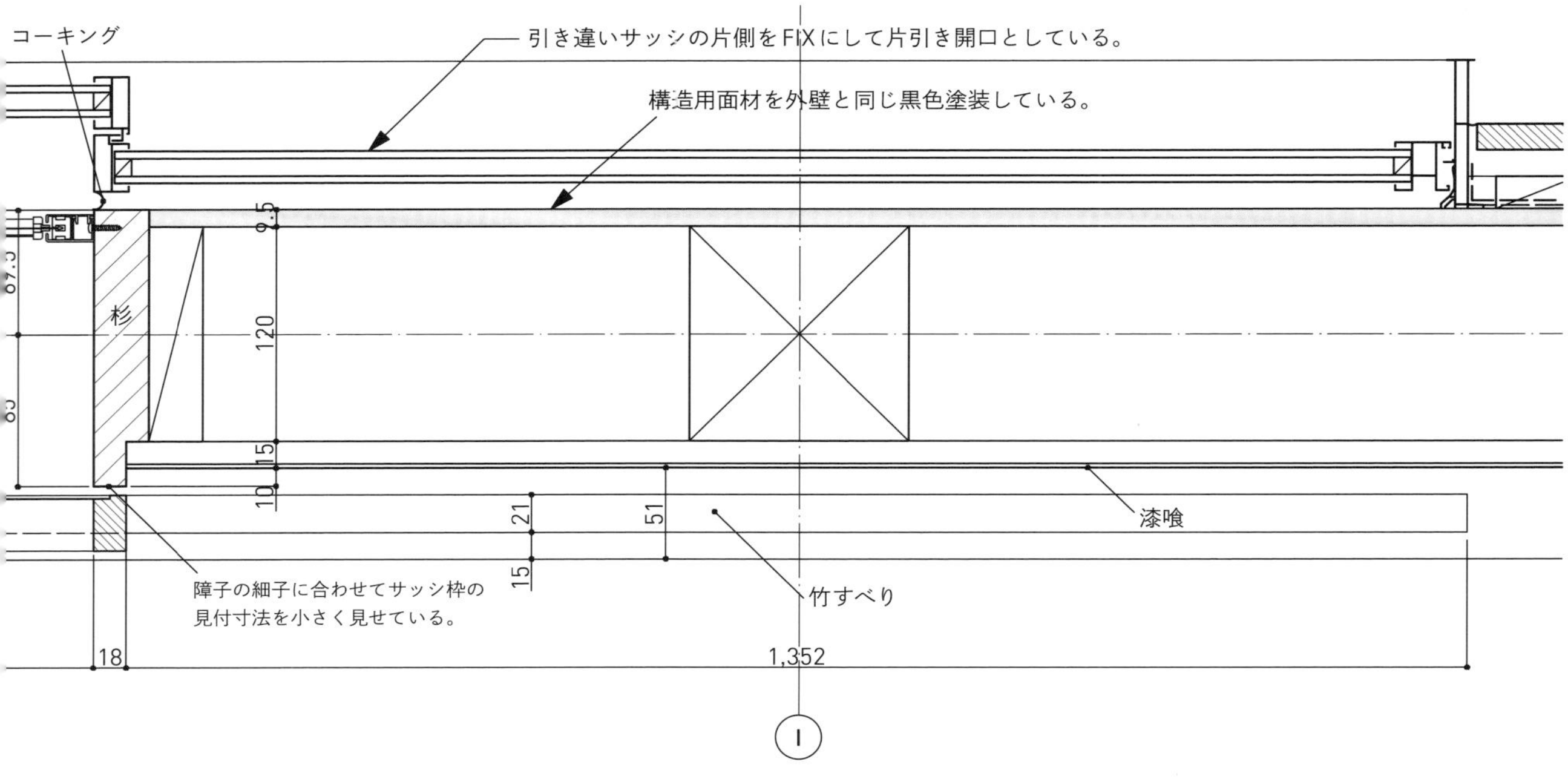
コーキング
引き違いサッシの片側をFIXにして片引き開口としている。
構造用面材を外壁と同じ黒色塗装している。
9.5
杉
120
15
10
21
51
15
漆喰
竹すべり
障子の細子に合わせてサッシ枠の
見付寸法を小さく見せている。
18
1,352
I

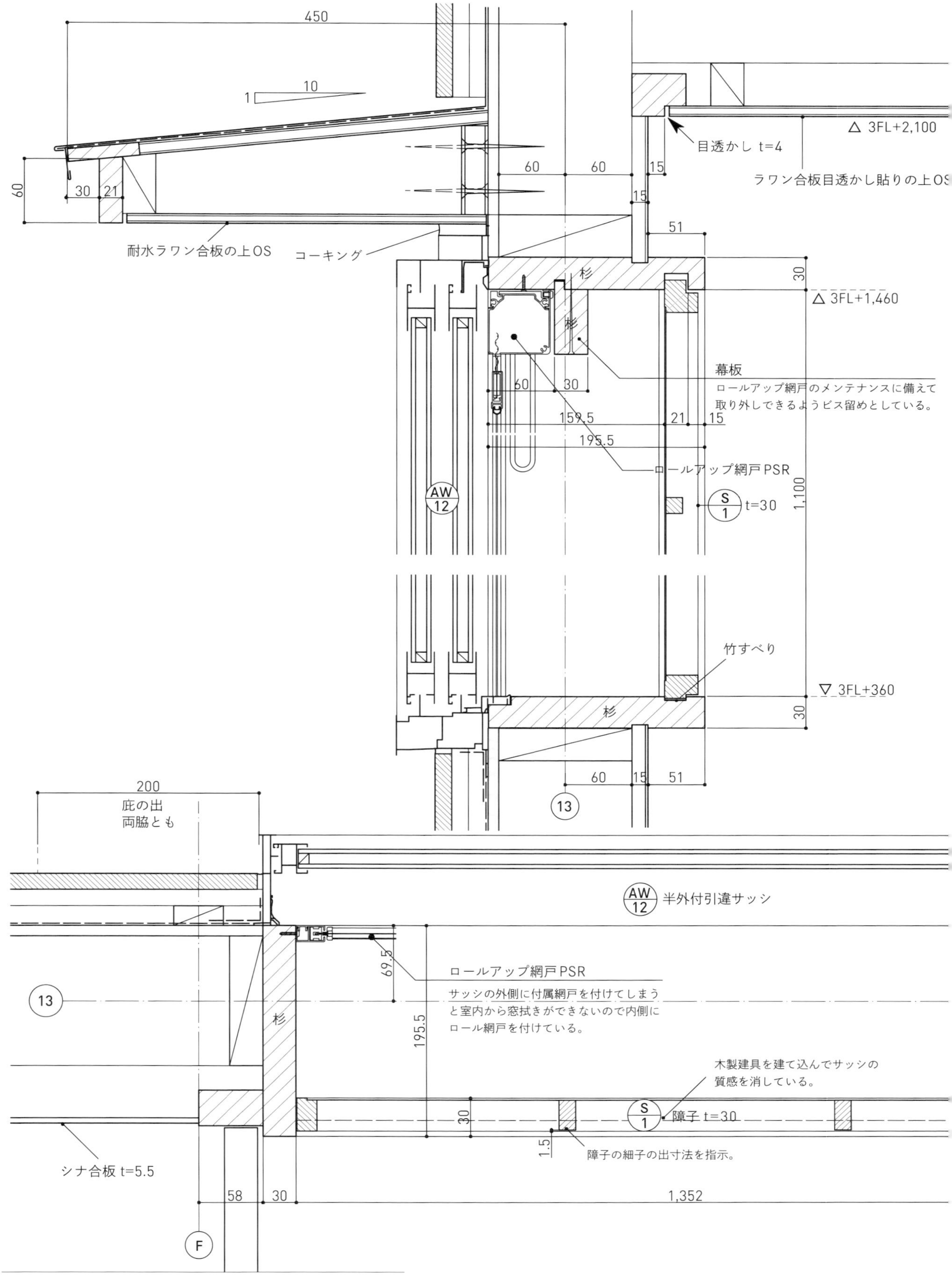

和室 サッシ枠廻り詳細図(AW12) | S=1/5

2階にベランダを設けて室内からの景色をつくる

敷地に車3台分の駐車スペースを確保すると庭が取れないことから、2階のベランダに工場製作のステンレス製の花壇を組み込み、植栽できるようにした。ベランダの下は屋根をつくって防水し、樹々の落ち葉が排水口をふさいでしまう心配のない納まりとした。

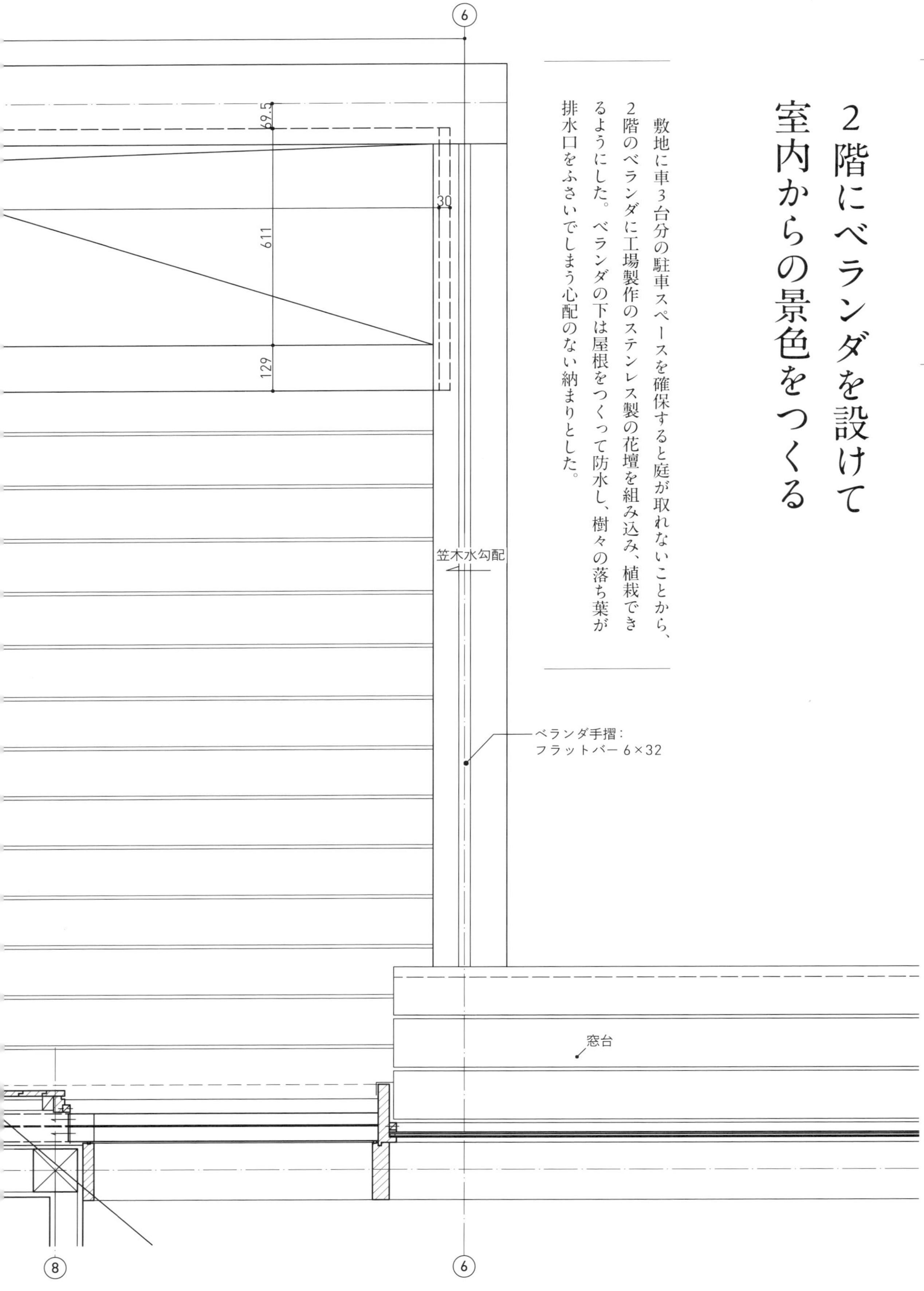

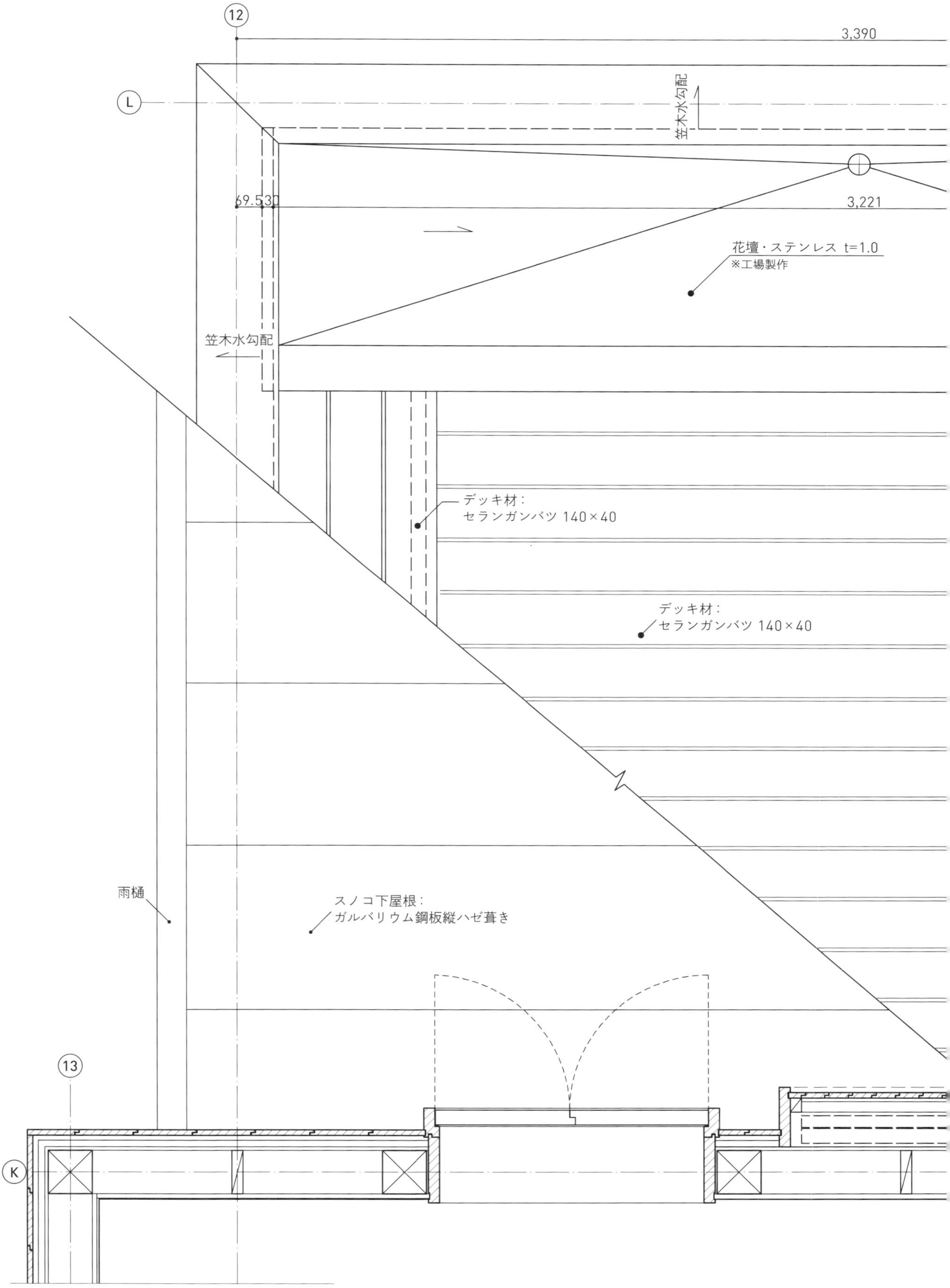

ベランダ 平面詳細図 | S=1/15

防水は板金を葺いた勾配屋根で耐久性を高める

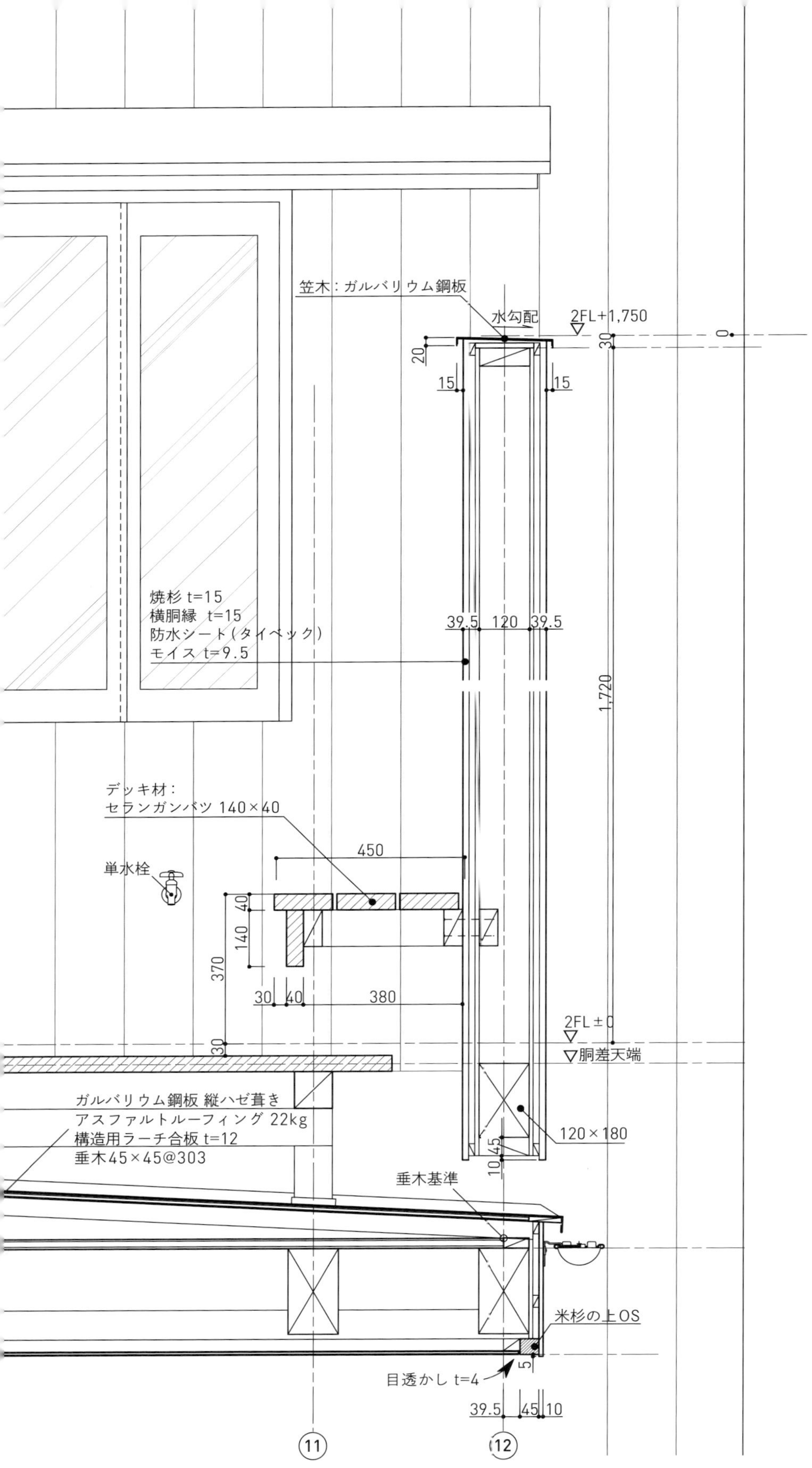

板金の屋根はFRP防水などに比べて建物の歪みによる破損や紫外線による劣化といったリスクが少ないので、室外での防水として安心感がある。屋根は勾配0.5寸以上の縦ハゼ葺きとし、雨樋設置の検討を要する。

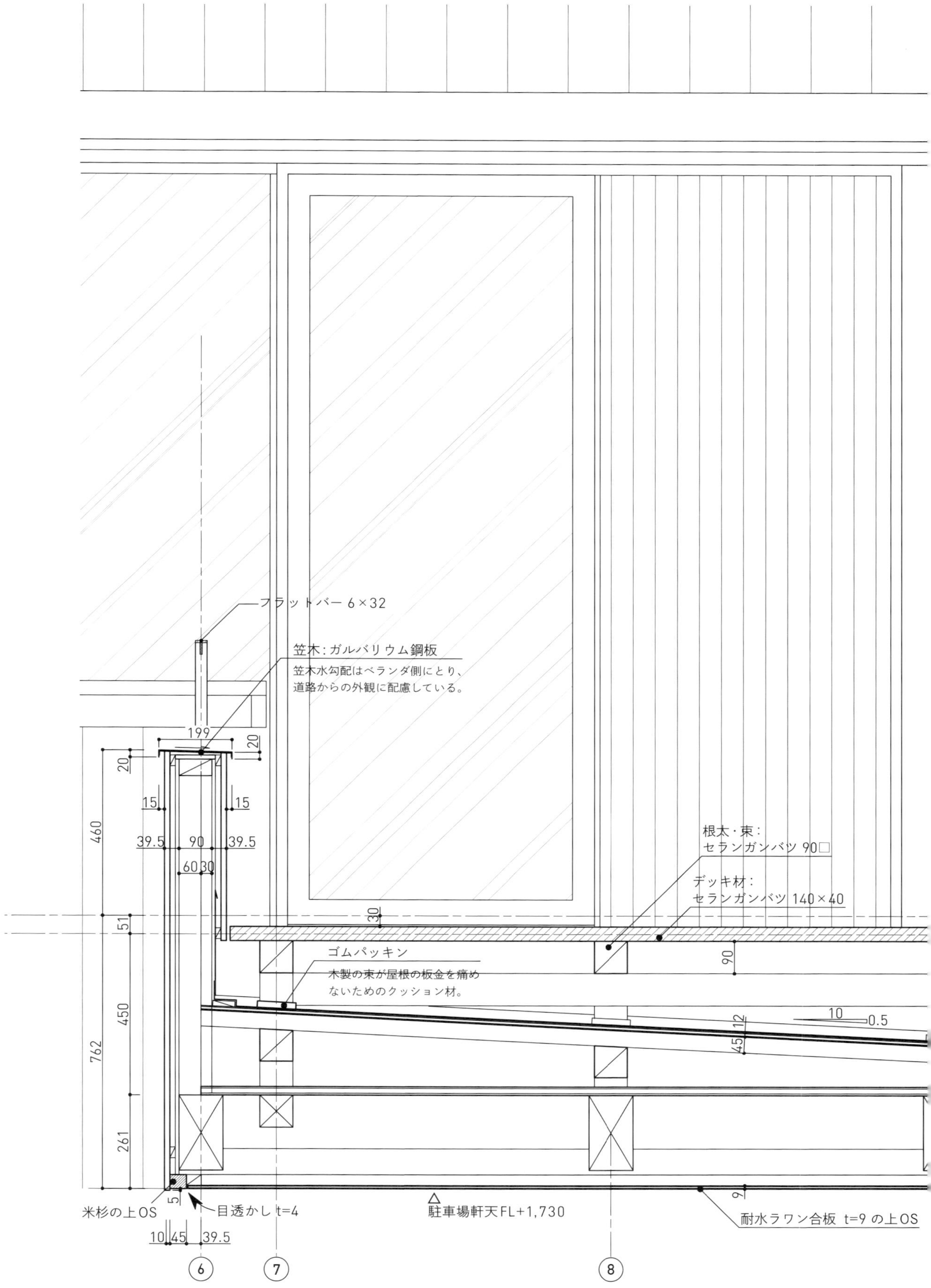

ベランダ 断面詳細図 | S=1/15

手摺は防水を傷めない方法で取り付ける

ベランダ腰壁の板金笠木は水が溜まりやすく、手摺を脳天から留め付けてしまうと、ビス穴から水が侵入して下地まで痛めてしまう。手摺はなるべく垂直面に取り付くようにして、取付箇所も少なくしたい。

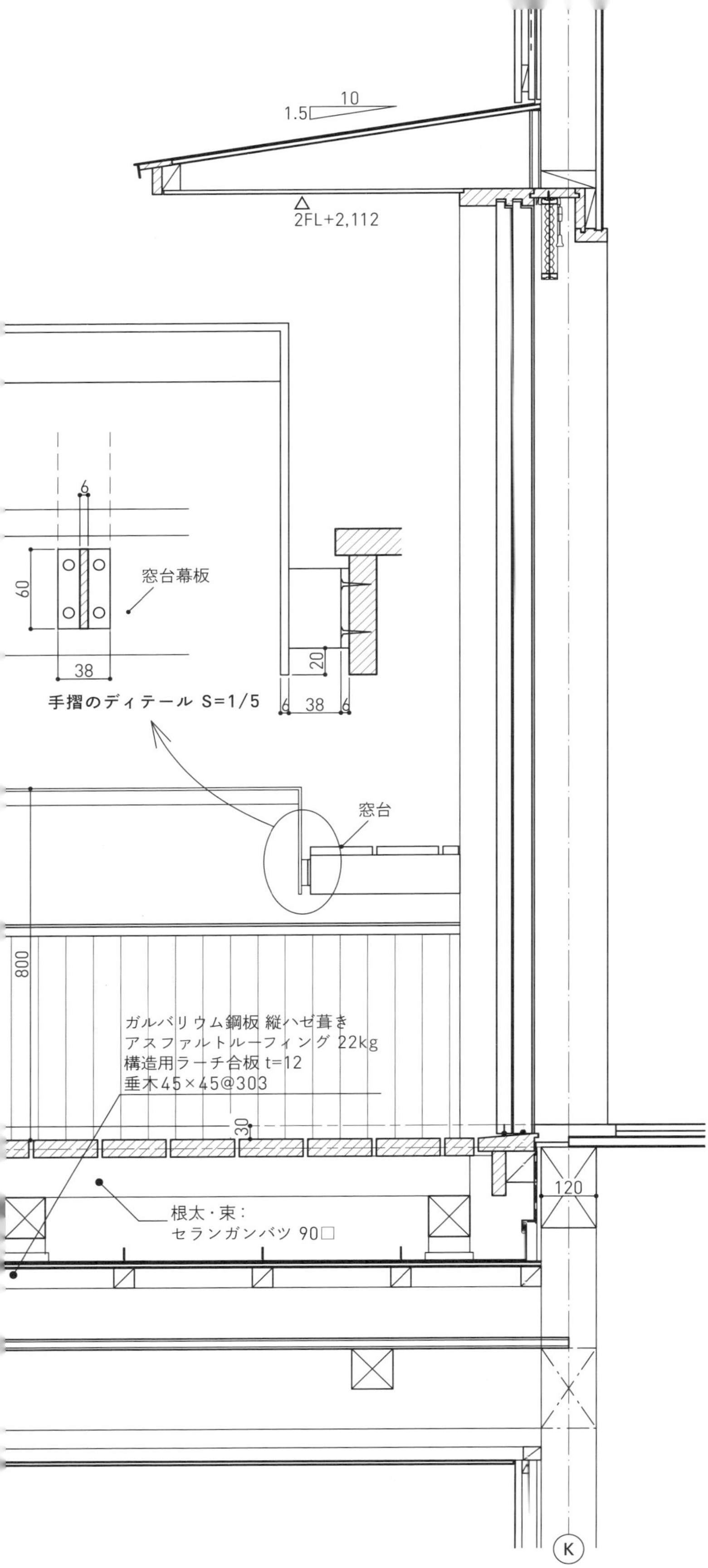

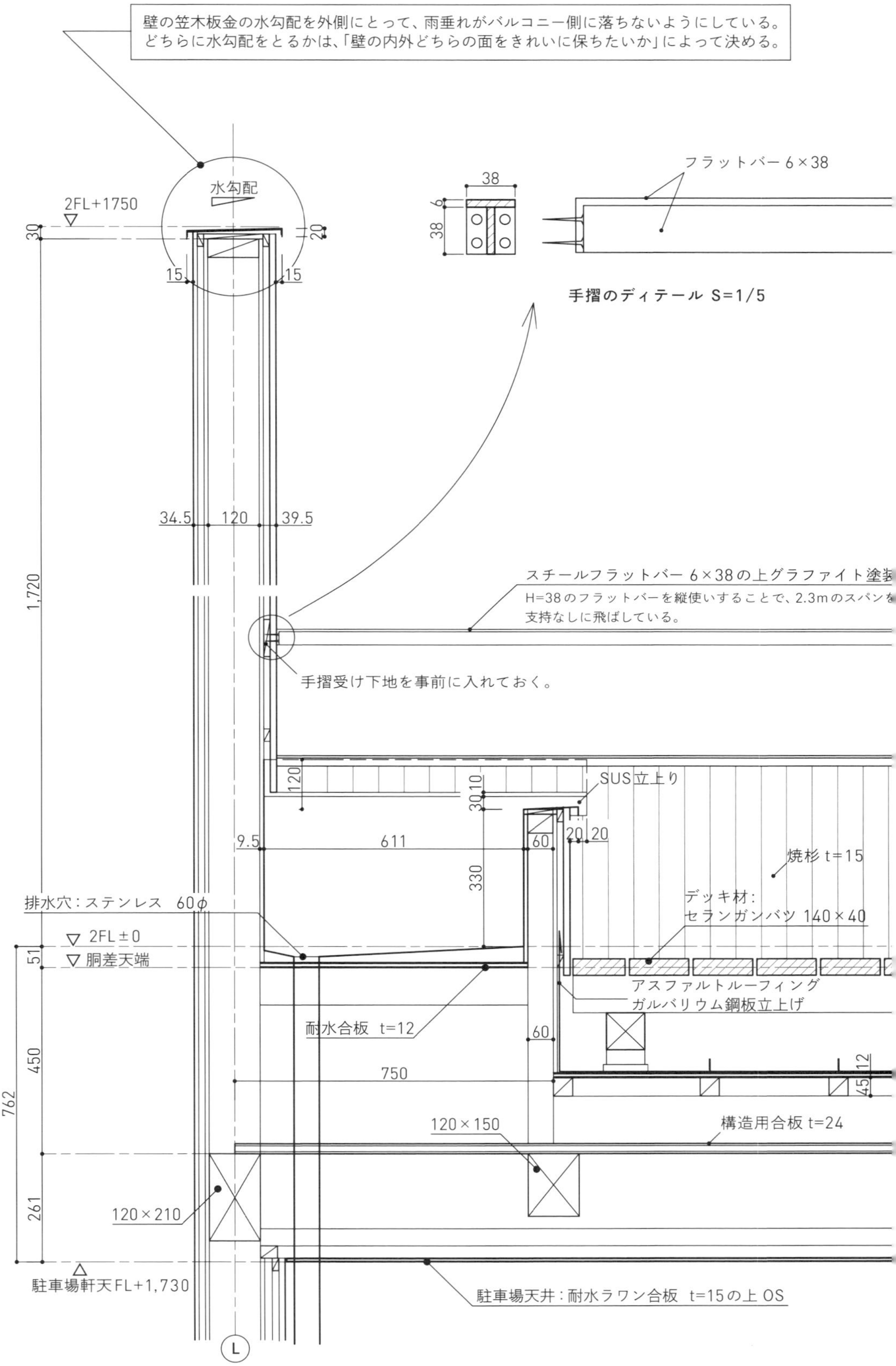

ベランダ　断面詳細図　S=1/15

引戸の明かり窓は袖にガラスをはめ込む

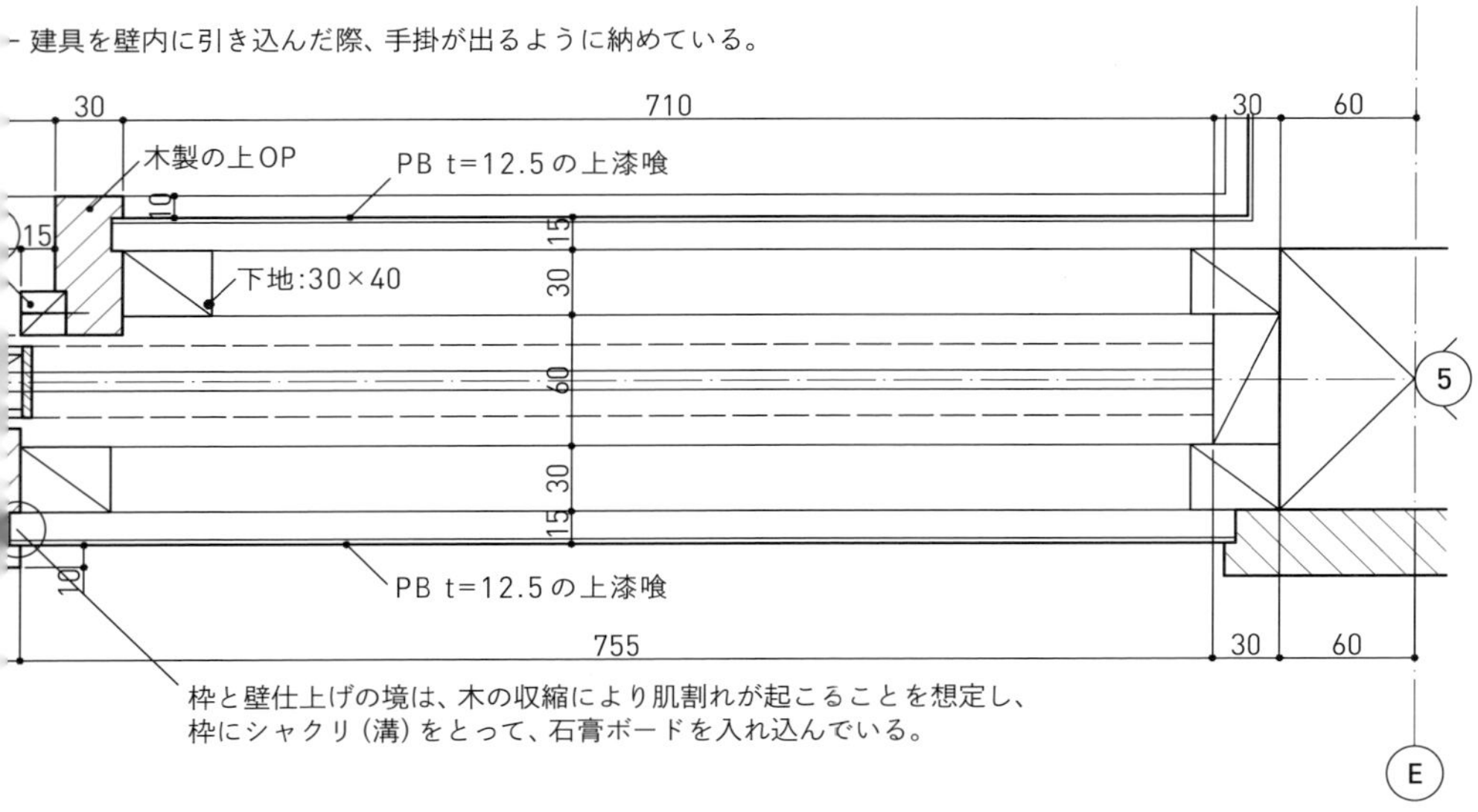

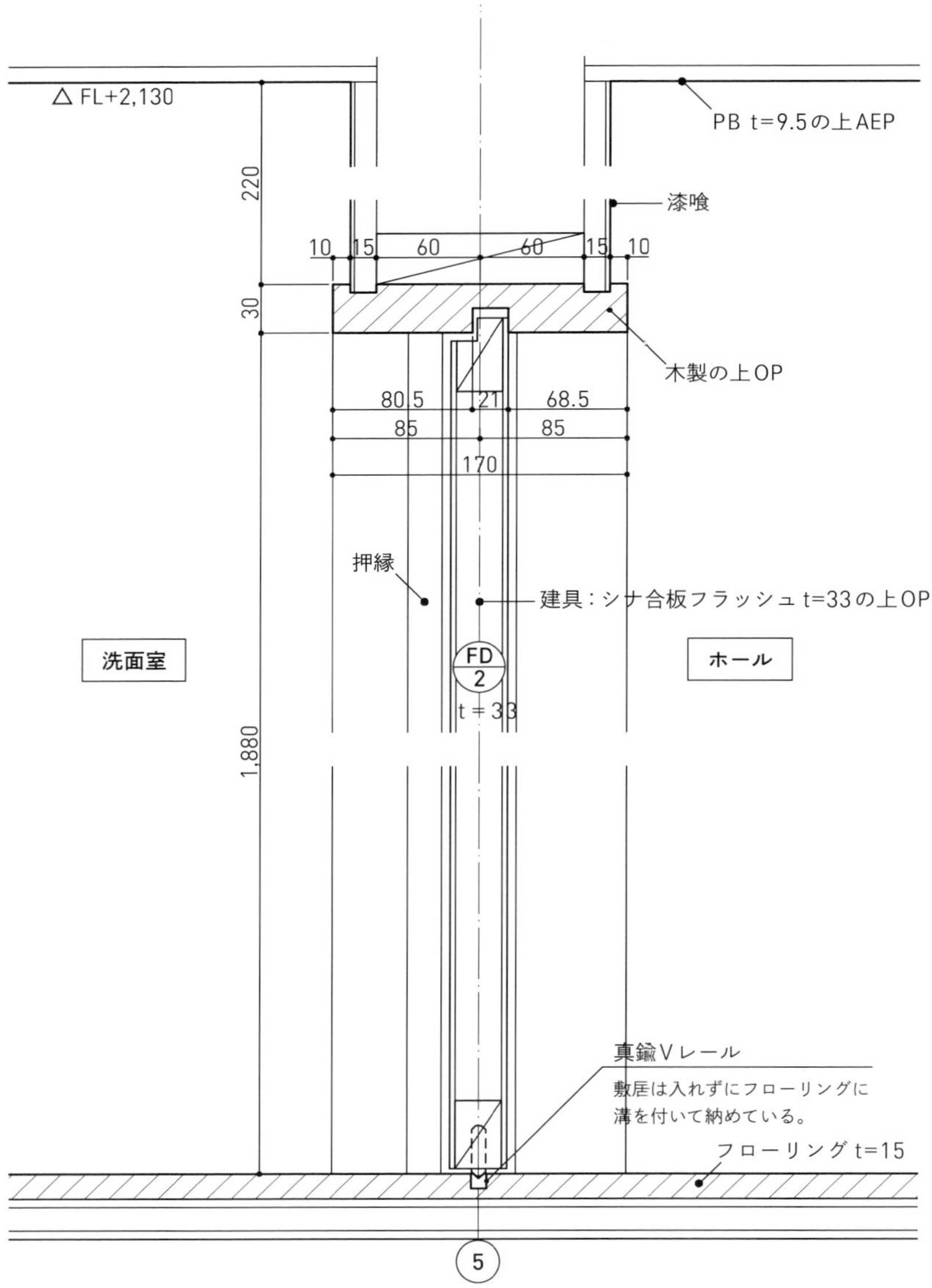

FD
2

洗面室　引戸 t=33
材質：シナ合板フラッシュの上OP
引手：タモ無垢の上彫込引手
金物：真鍮Vレール
戸車
表示錠

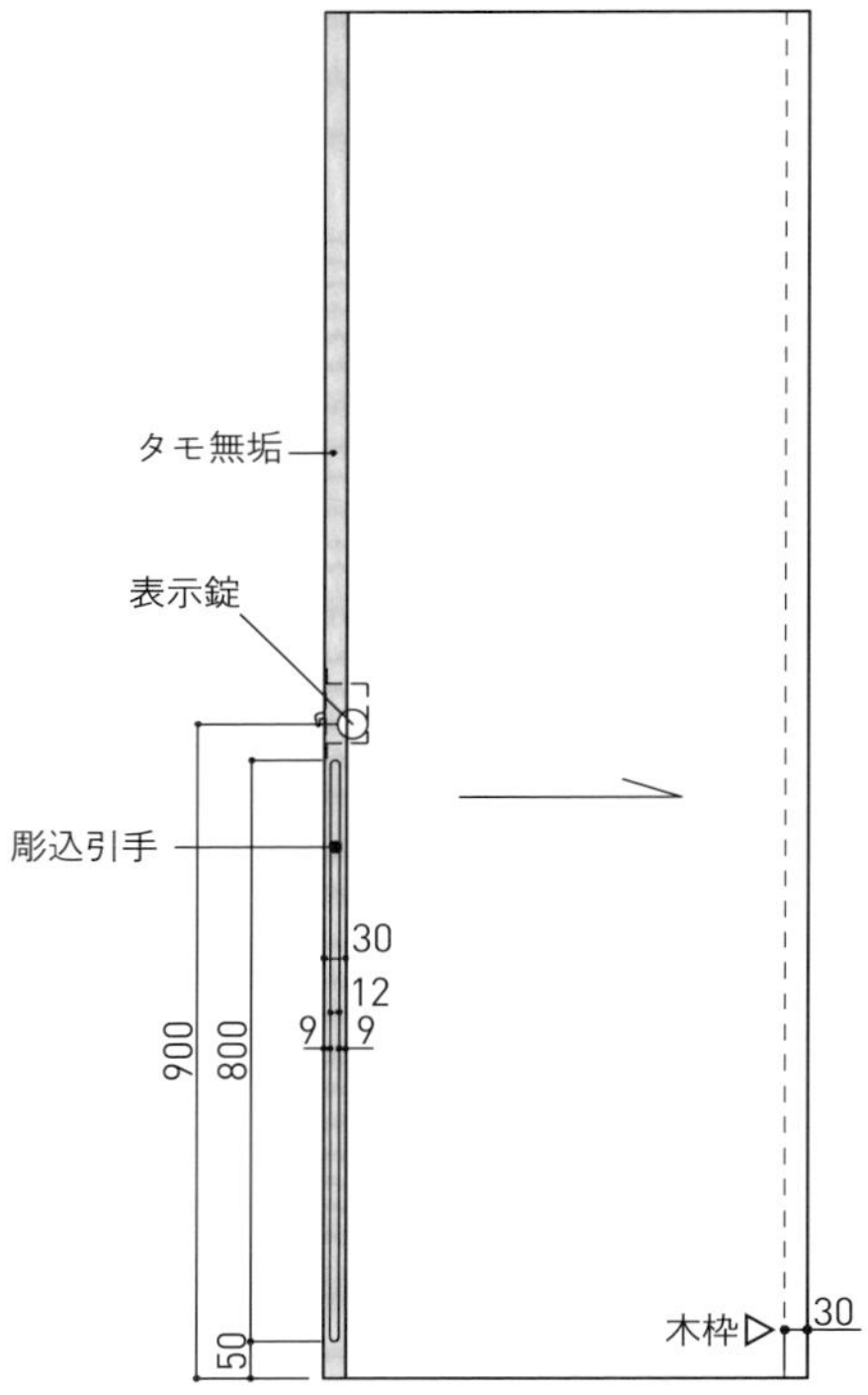

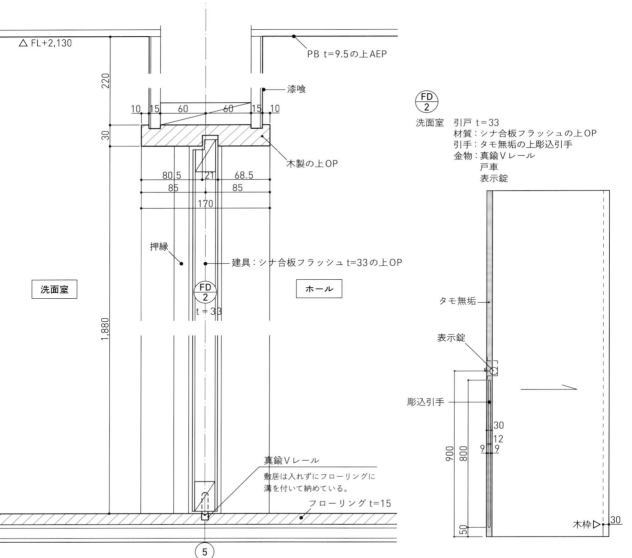

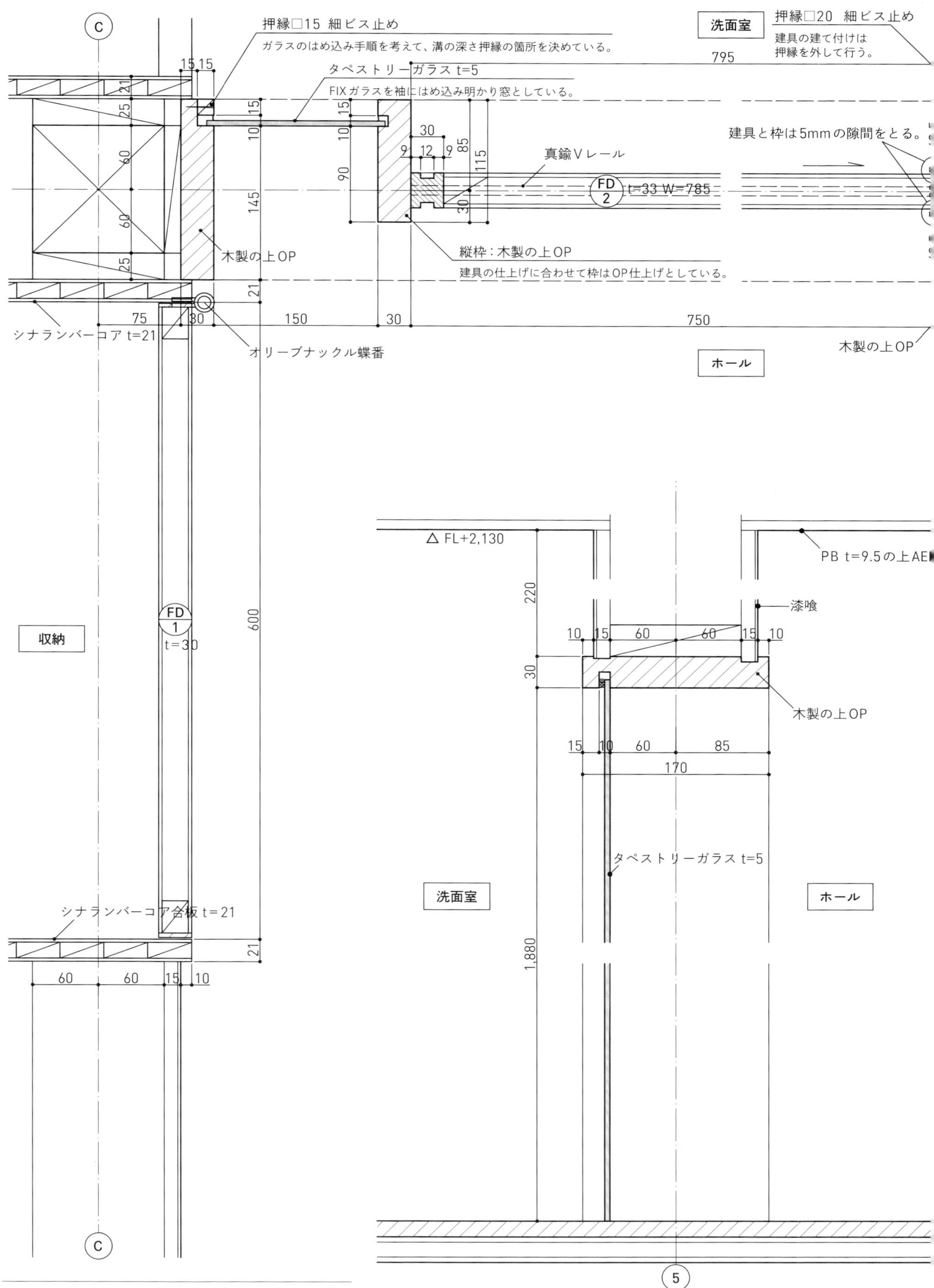

内部枠廻り詳細図（FD2）　S=1/5

壁に引き込めない一本引き建具

普段開けておくことの多い間仕切り引戸は、できれば壁内に引き込んで納めたいが、構造に必要な柱がある場合は柱をかわして納める。

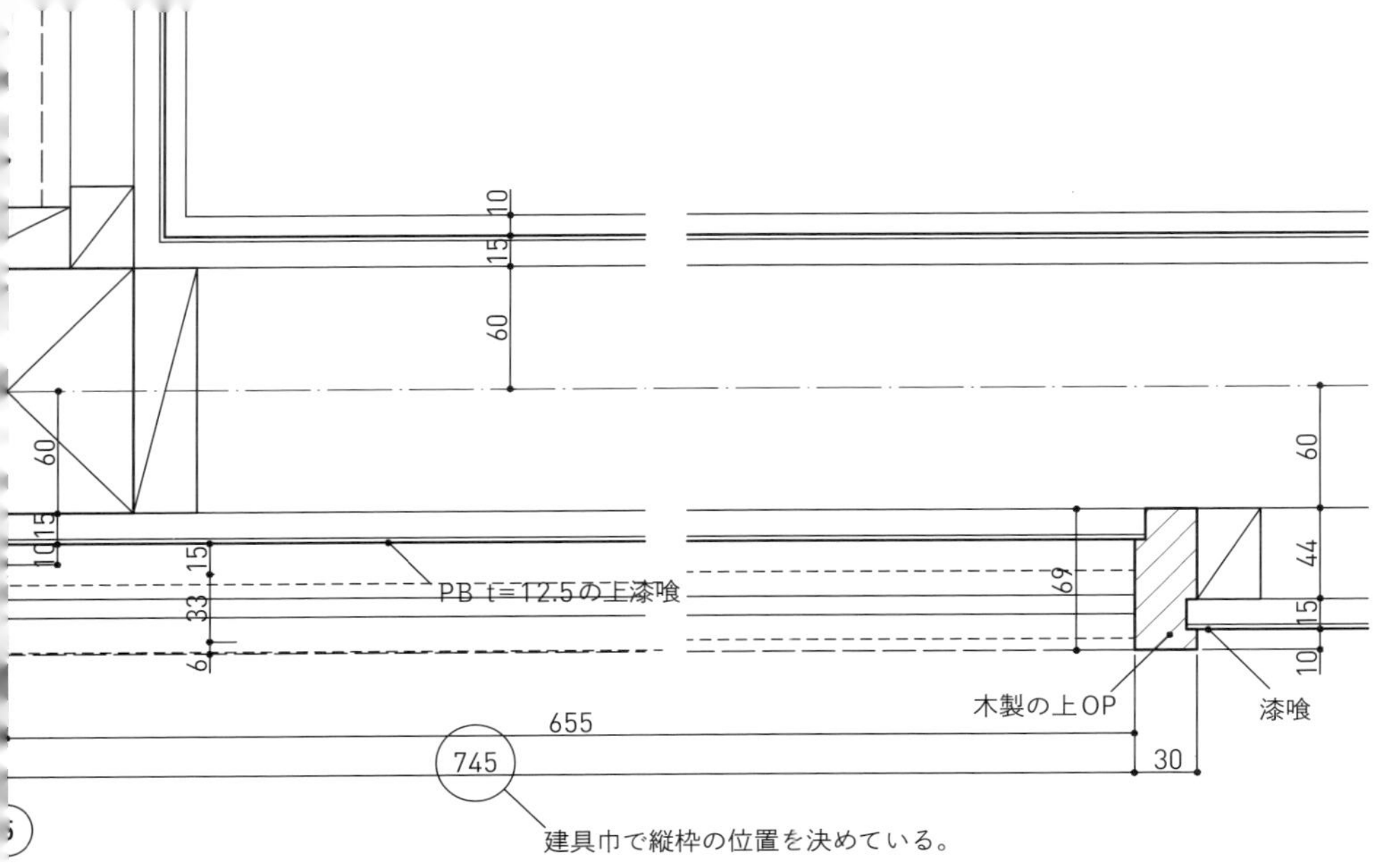
10
15
60
60
15
10
15
33
6
PB t=12.5の上漆喰
69
60
44
15
10
木製の上OP
漆喰
655
745
30
建具巾で縦枠の位置を決めている。

FD 3

寝室　引戸 t=33
材質：シナ合板フラッシュの上OP
引手：タモ無垢の上彫込引手
金物：真鍮Vレール
戸車

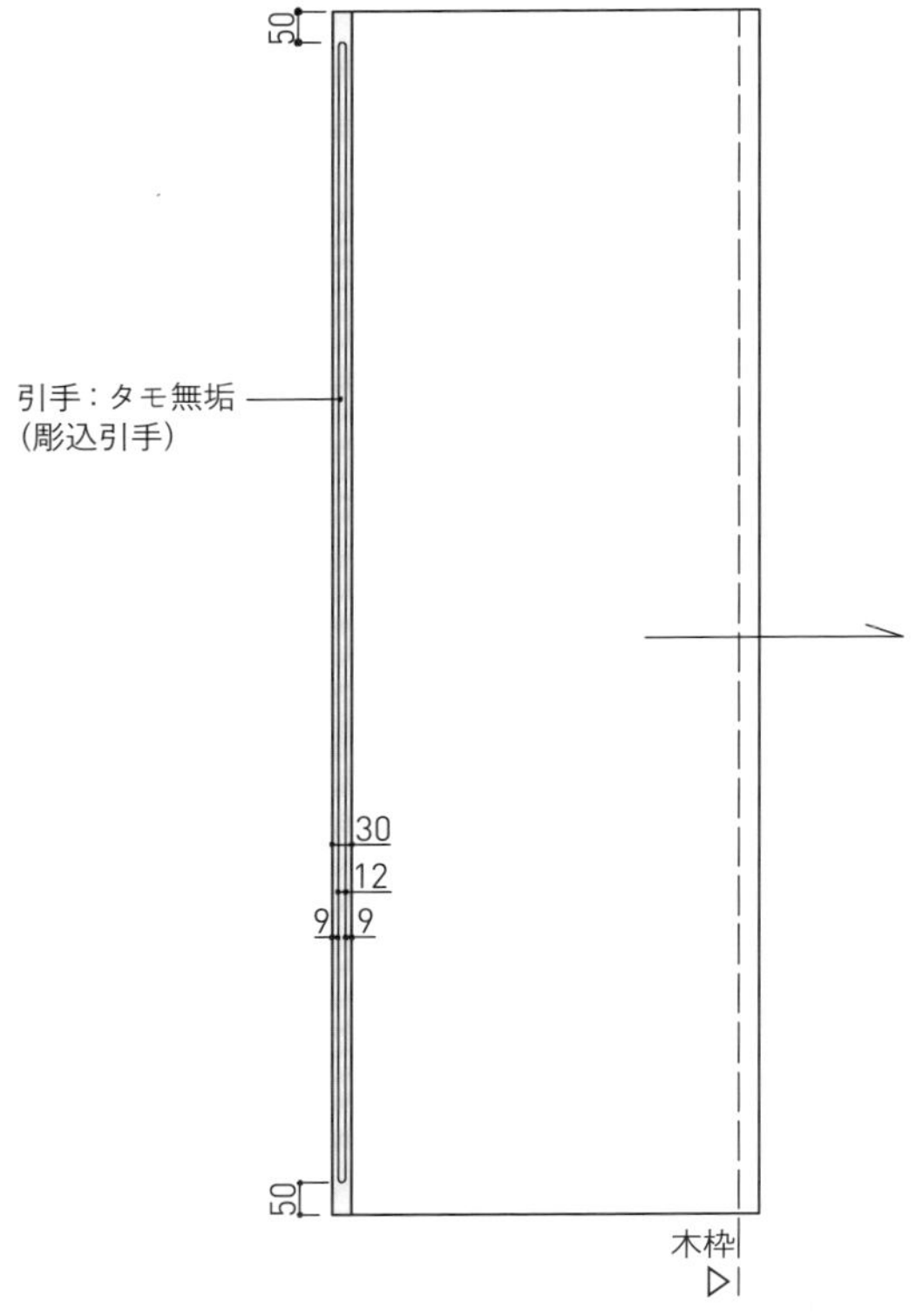
50
引手：タモ無垢
(彫込引手)
30
12
9
9
50
木枠

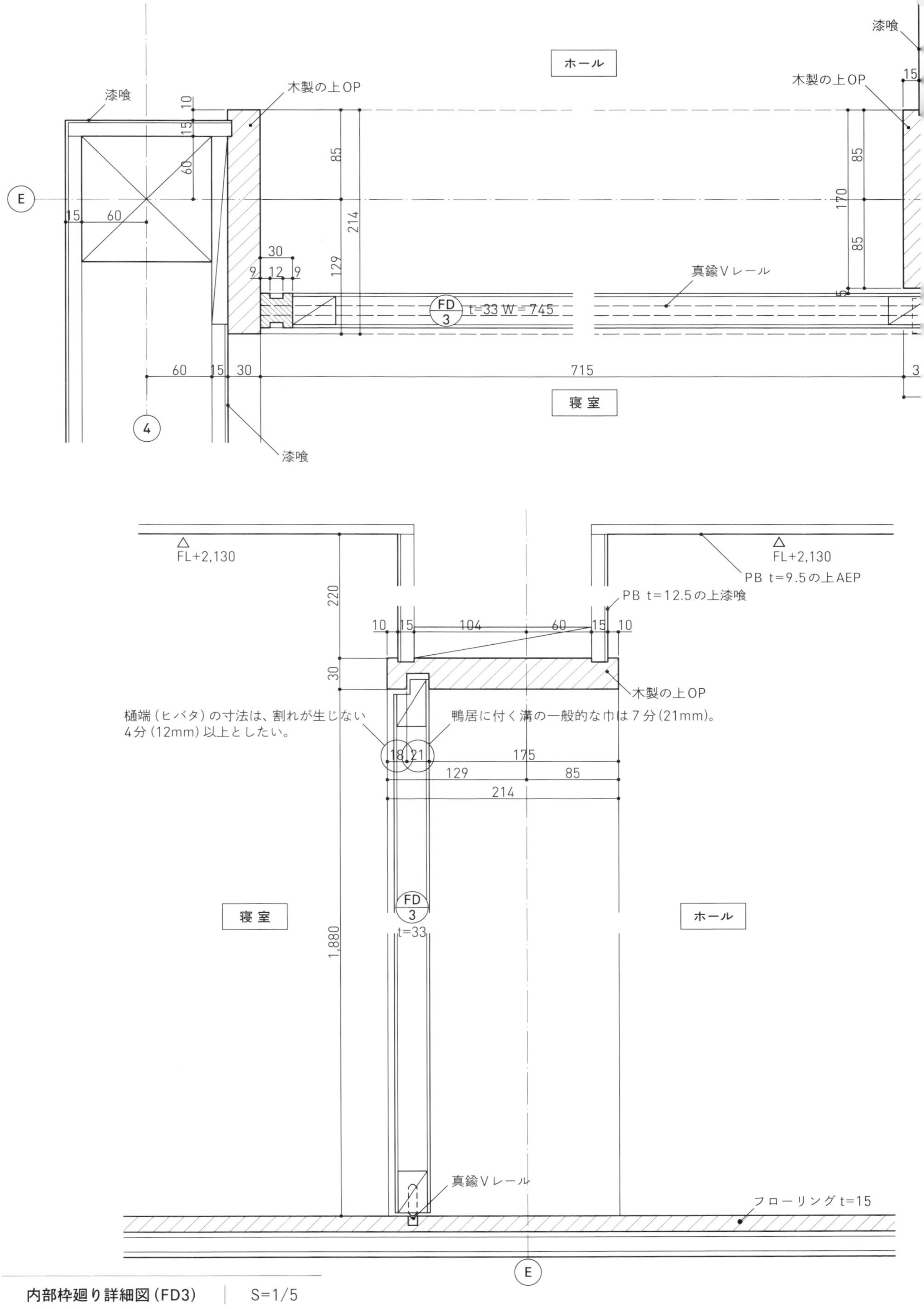

内部枠廻り詳細図（FD3）　S=1/5

ガラスを落とし込みとすれば押縁はいらない

建具にガラスをはめ込む場合、通常ガラスを押さえるための押縁が必要となり、框や桟が太く見えてしまう。上框を2つ割にして上から落とし込むことで押縁が不要となり、細くすっきりとした印象になる。

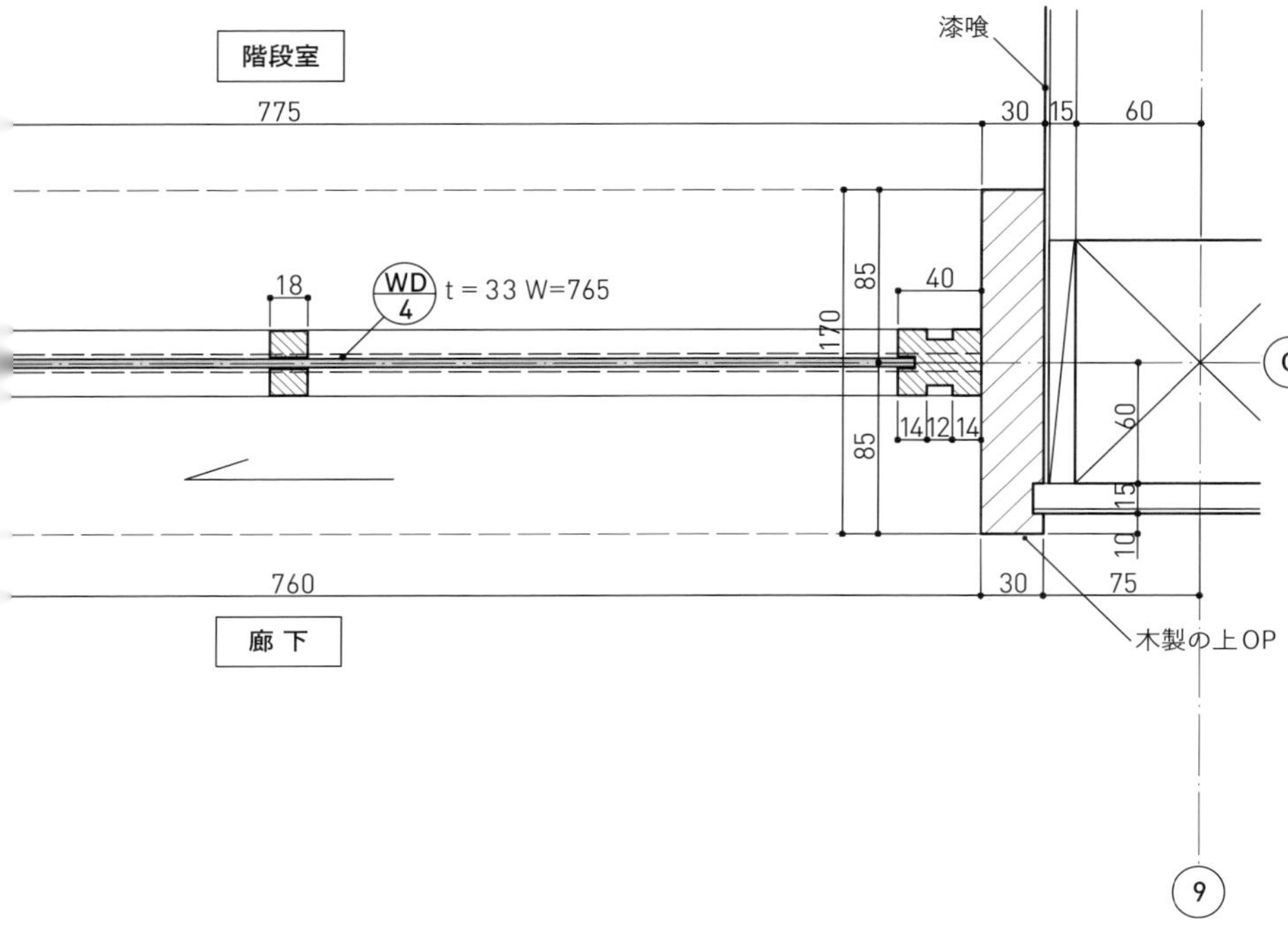
漆喰
階段室
775
30
15
60
18
WD 4
t＝33 W=765
85
40
170
C
14 12 14
60
85
15
10
760
30
75
廊 下
木製の上OP
9

WD 4

2階階段室　引戸 t＝33
材質　：スプルースの上OP
ガラス：透明ガラス t=4
引手　：彫込引手
金物　：真鍮Vレール
戸車
半回転引手

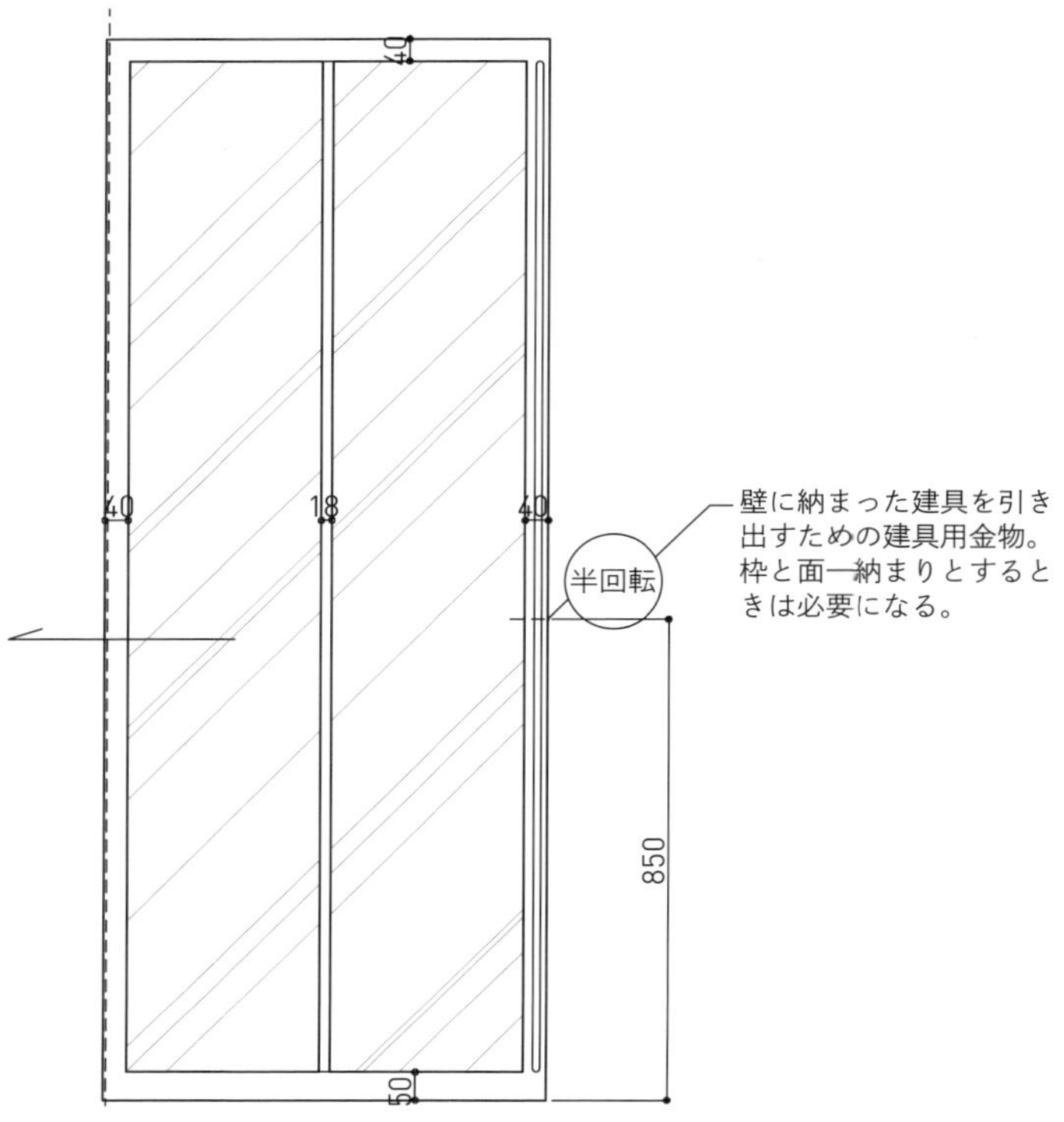
40
40
18
40
半回転
壁に納まった建具を引き出すための建具用金物。枠と面一納まりとするときは必要になる。
850
50

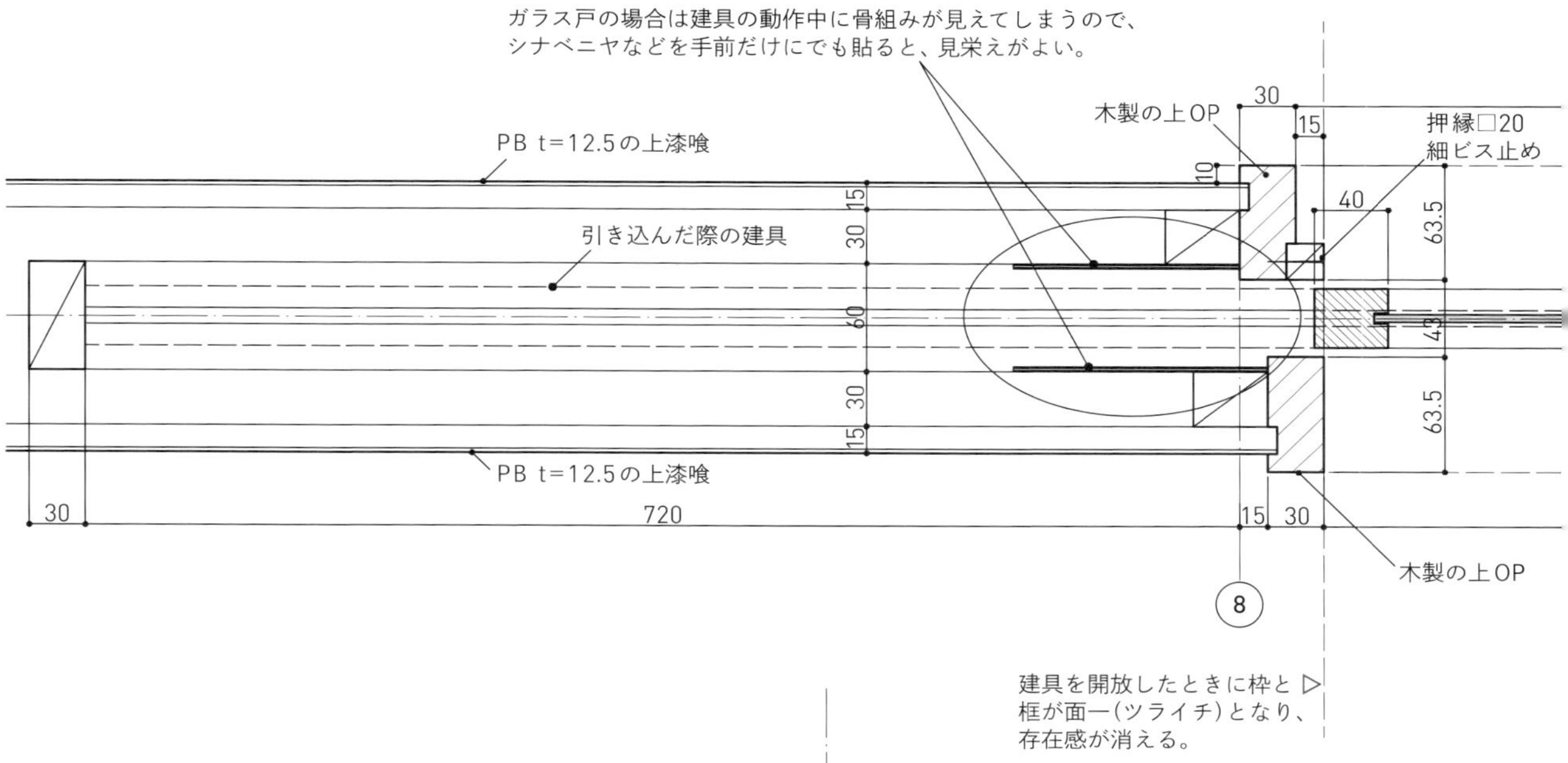

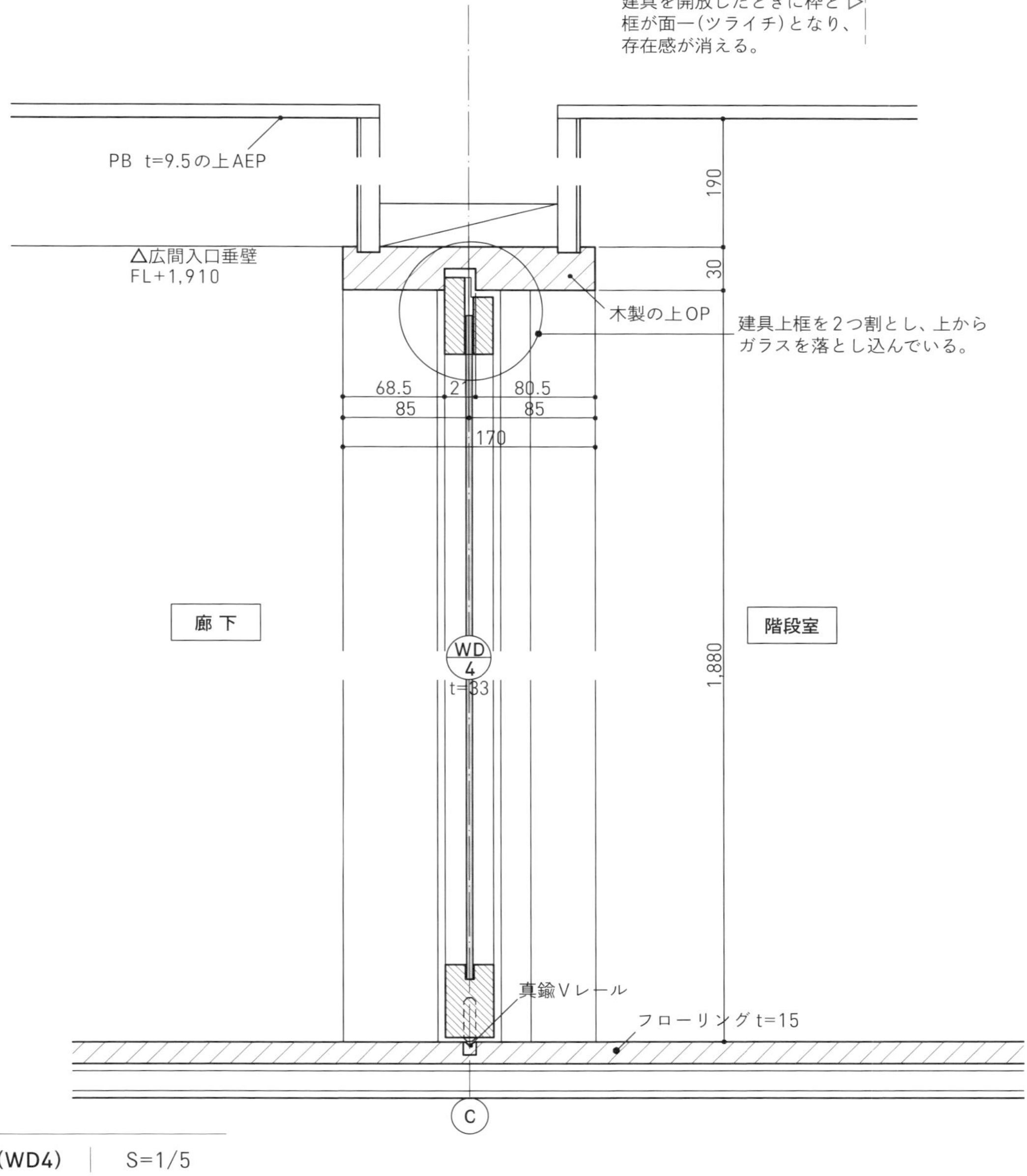

内部枠廻り詳細図(WD4) S=1/5

開き扉の明かり窓はランマにガラスをはめ込む

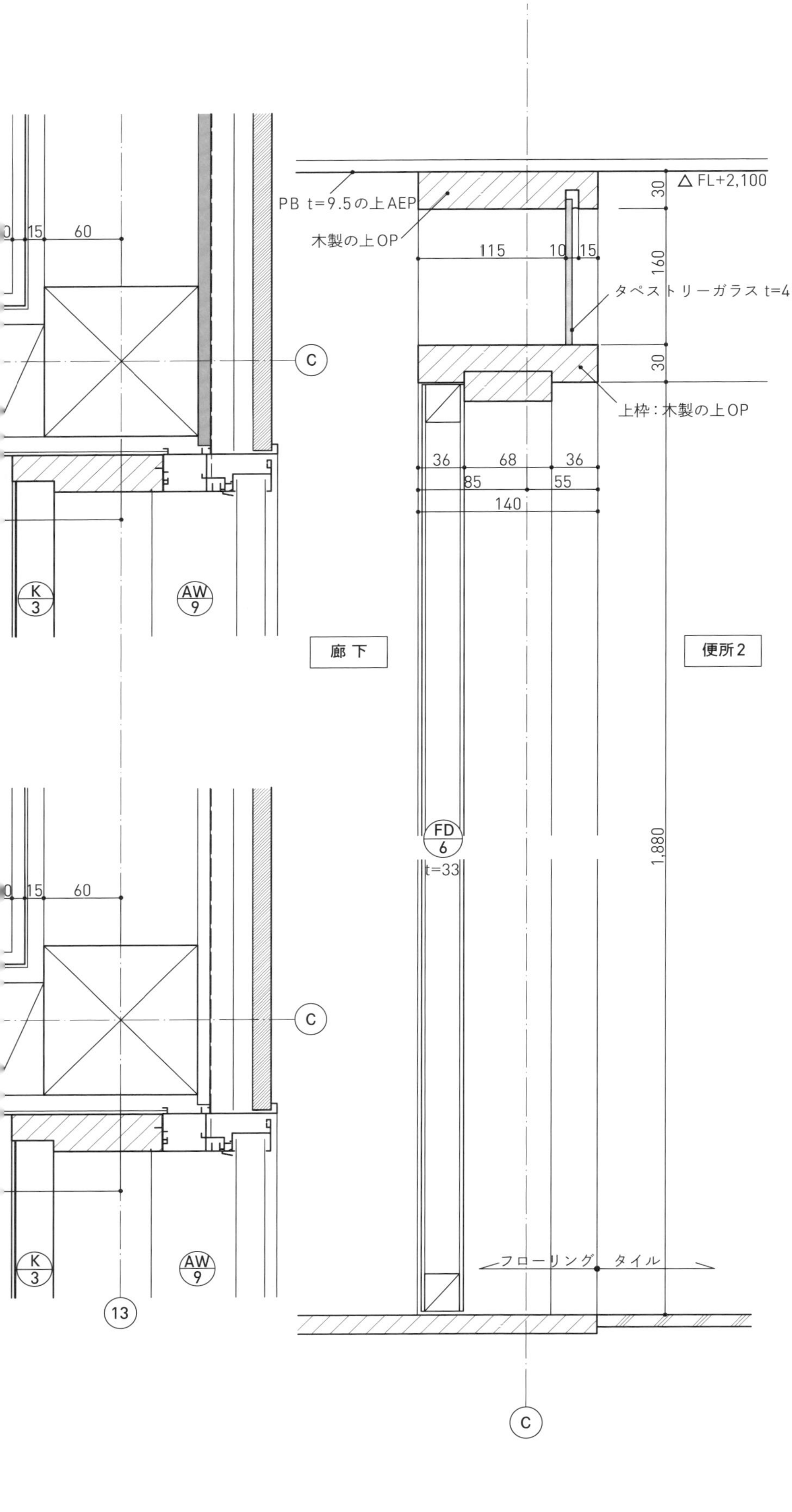
PB t=9.5の上AEP
木製の上OP
△FL+2,100
30
160
30
115
10
15
タペストリーガラス t=4
上枠：木製の上OP
36
68
36
85
55
140
1,880
廊下
便所2
FD
6
t=33
フローリング
タイル
C
13
15
60
K
3
AW
9

FD 6 2階便所　扉 t=33

材質：シナ合板フラッシュの上OP
金物：ハンドル
シリンダー彫込箱錠
（表示付非常用サムターン）
オリーブナックル蝶番
レバーストッパー

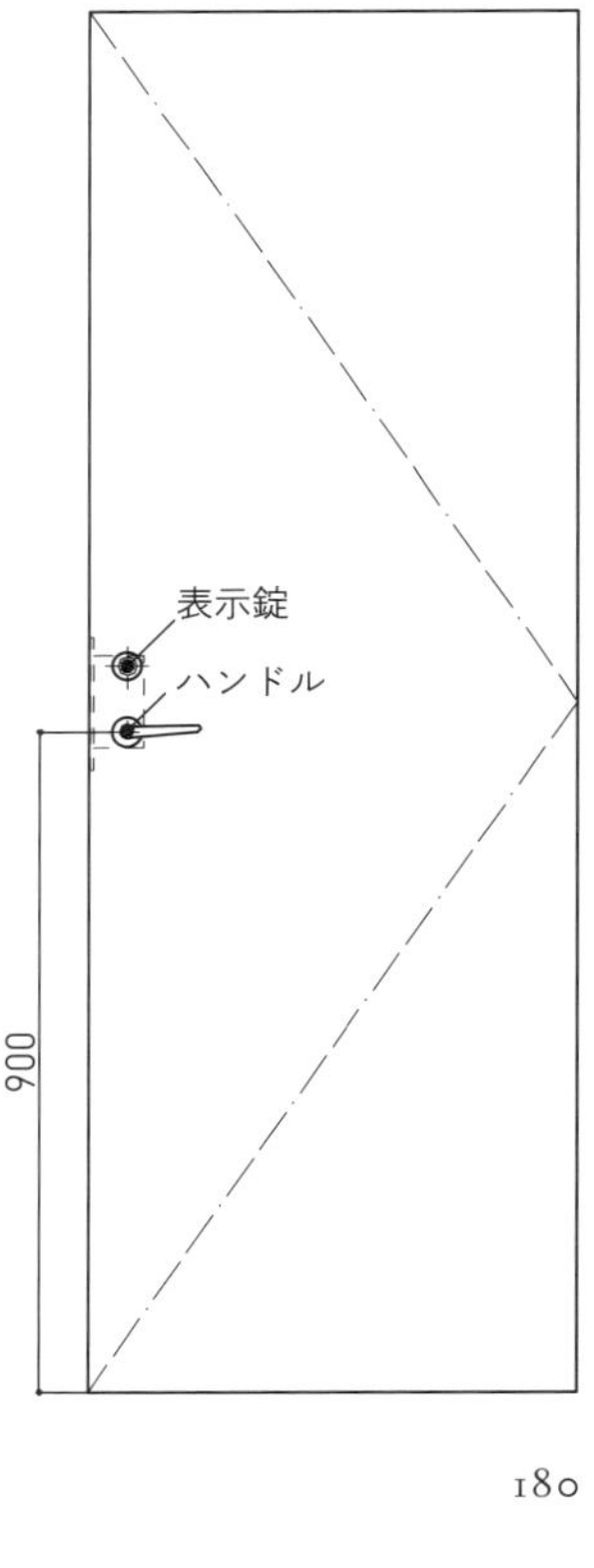
表示錠
ハンドル
900

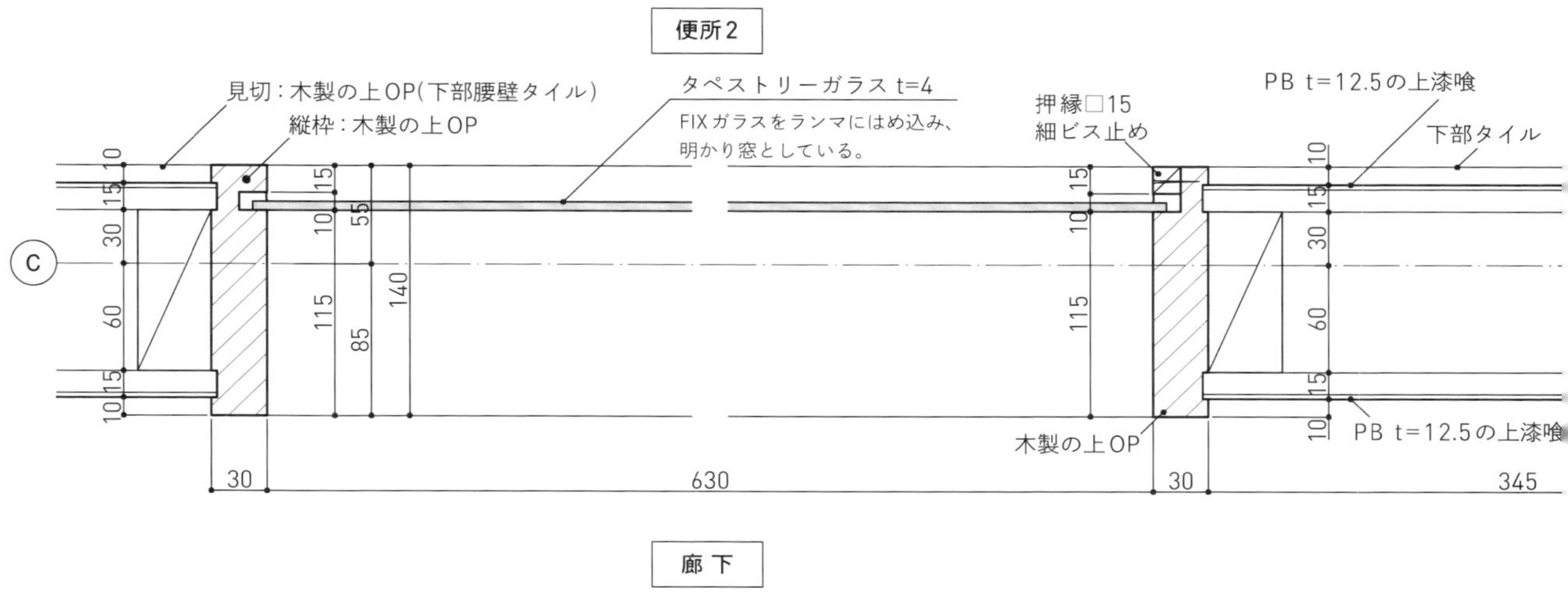

― ランマガラス部平面詳細図 ―

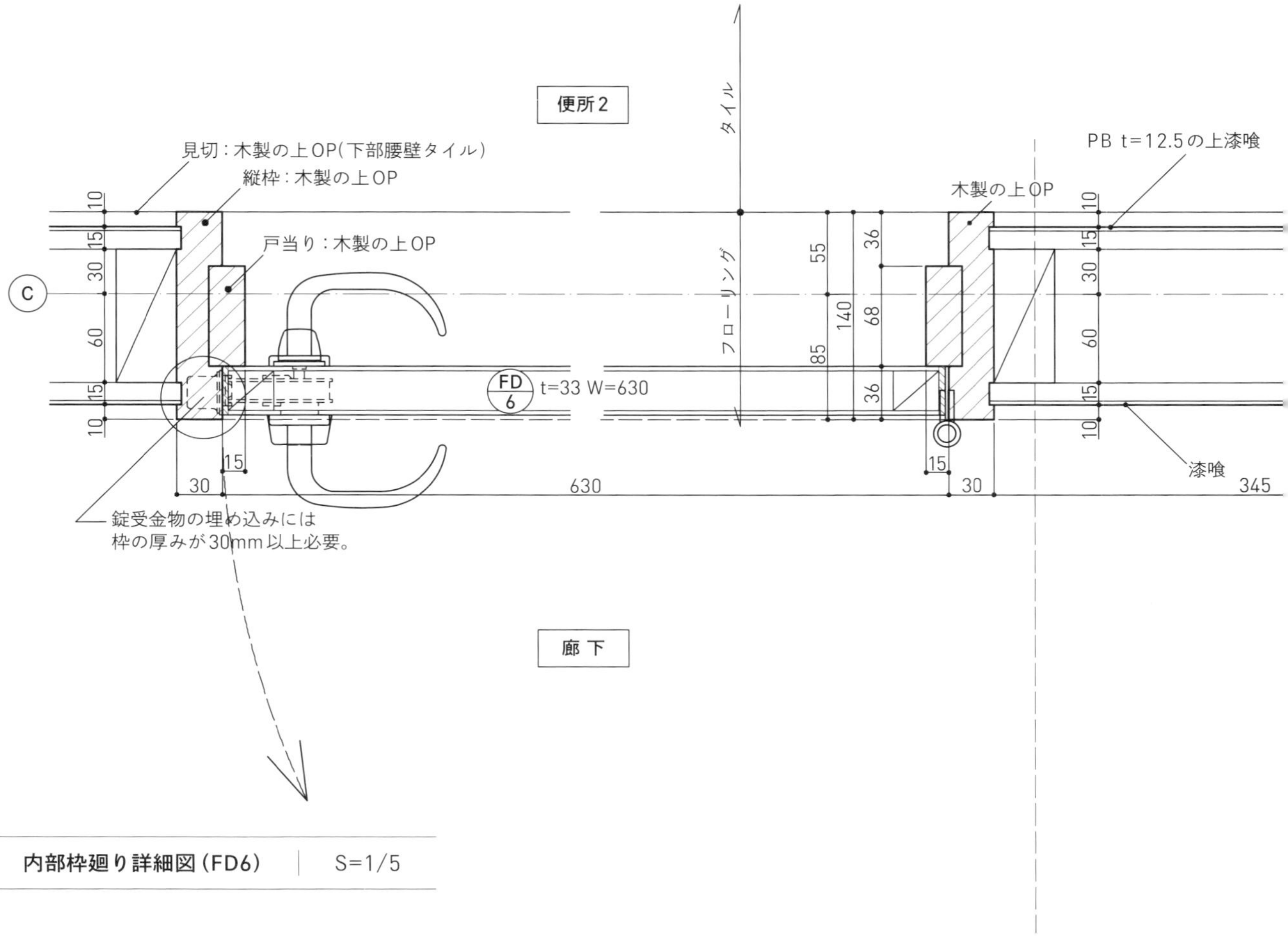

内部枠廻り詳細図（FD6） S=1/5

壁の仕上げを巻き込んで枠を目立たせない

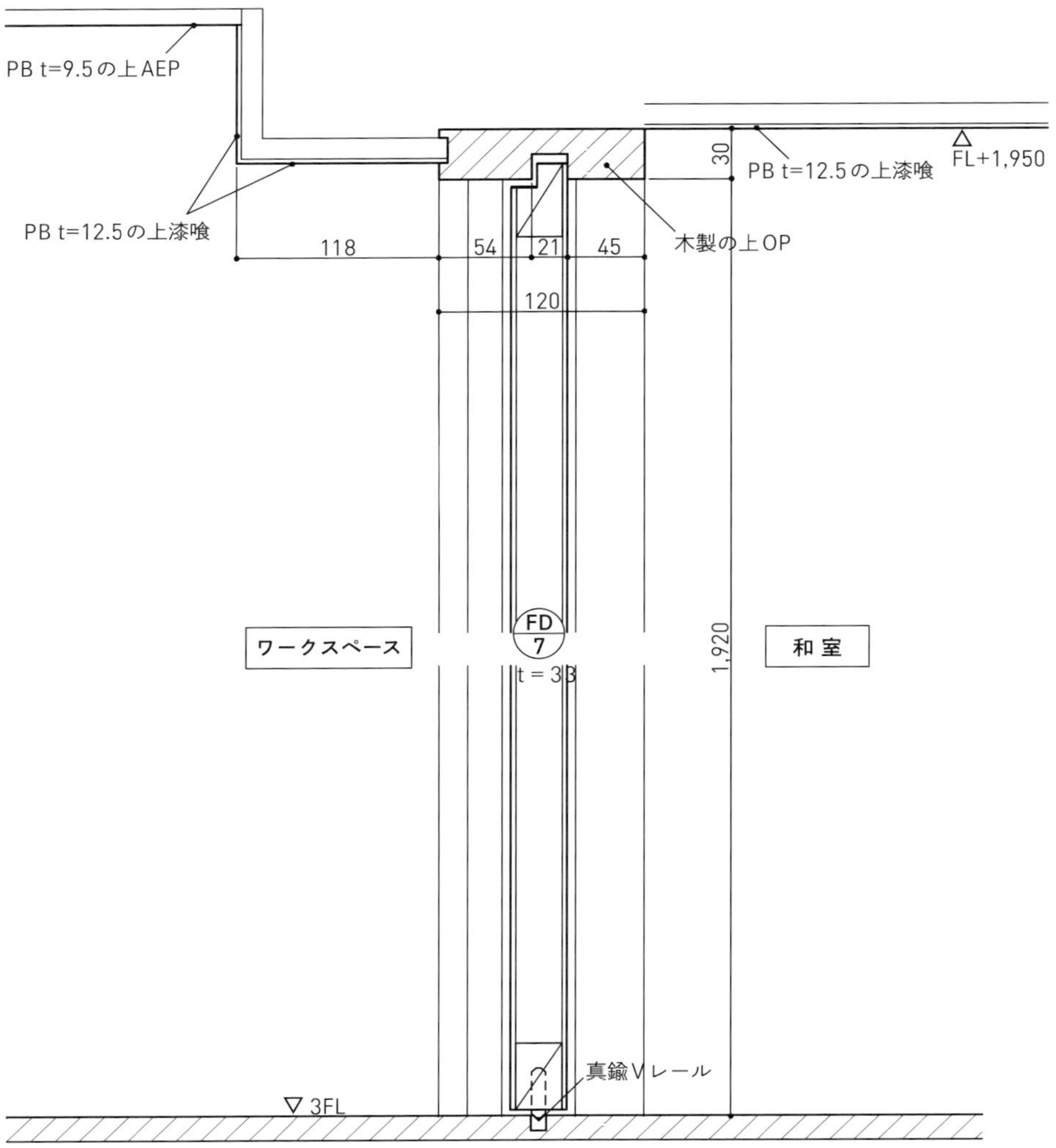

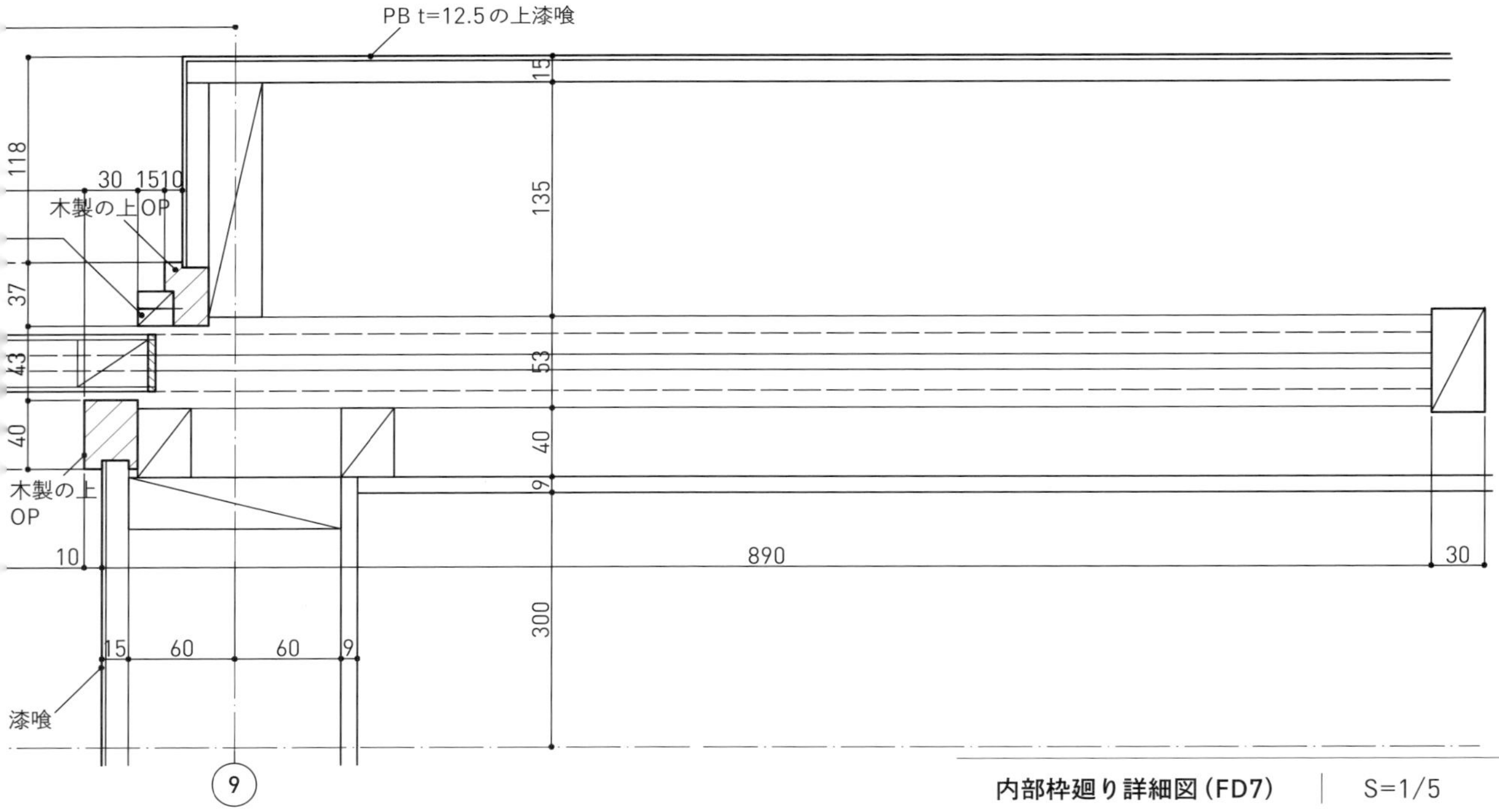

内部枠廻り詳細図（FD7）　S=1/5

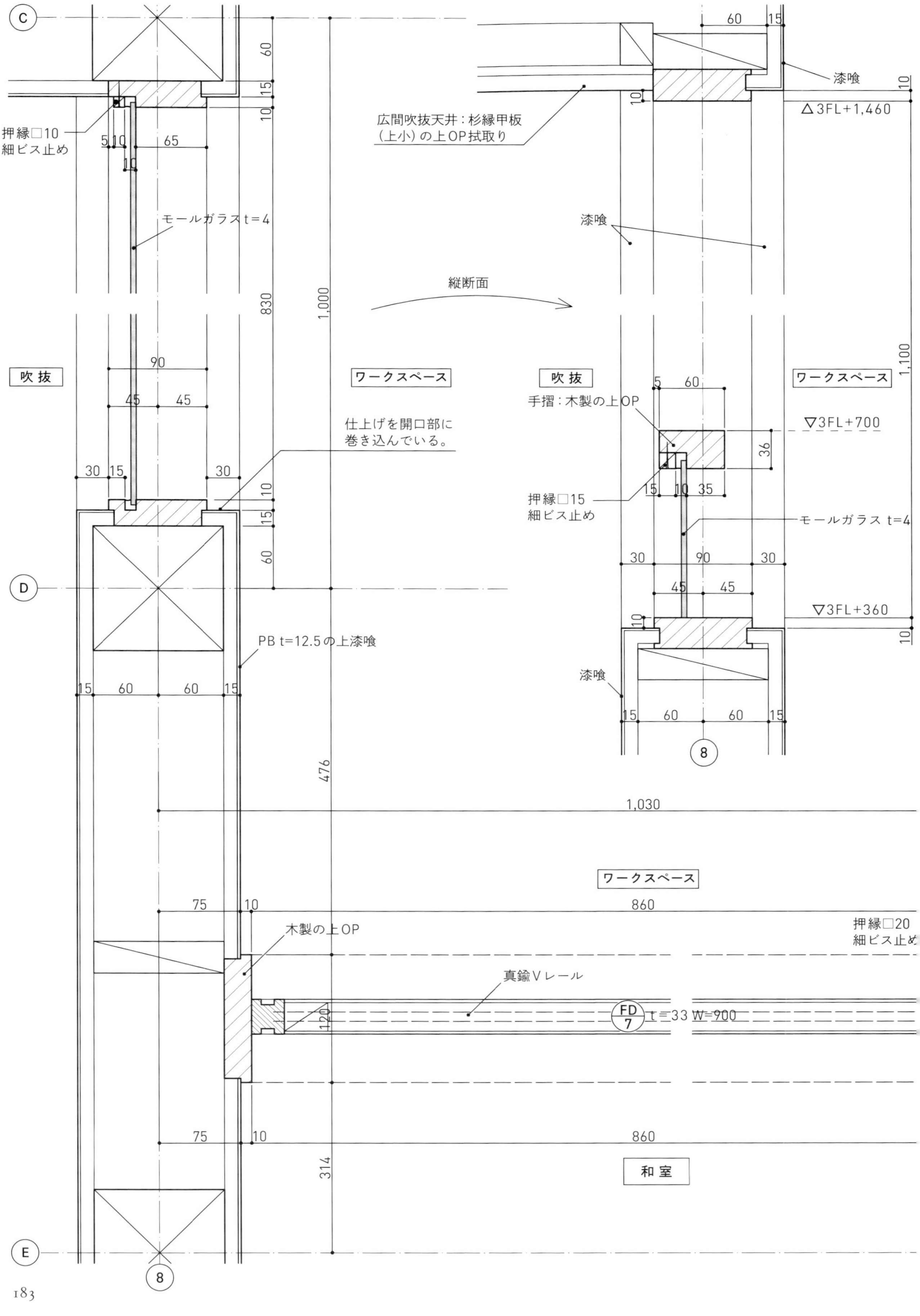

押縁□10
細ビス止め
モールガラス t=4
広間吹抜天井：杉縁甲板
（上小）の上OP拭取り
漆喰
△3FL+1,460
縦断面
吹 抜
ワークスペース
手摺：木製の上OP
▽3FL+700
仕上げを開口部に
巻き込んでいる。
押縁□15
細ビス止め
▽3FL+360
PB t=12.5の上漆喰
1,030
860
押縁□20
細ビス止め
木製の上OP
真鍮Vレール
FD
7
t=33 W=900
和 室

框の見付を細くした軽やかな障子

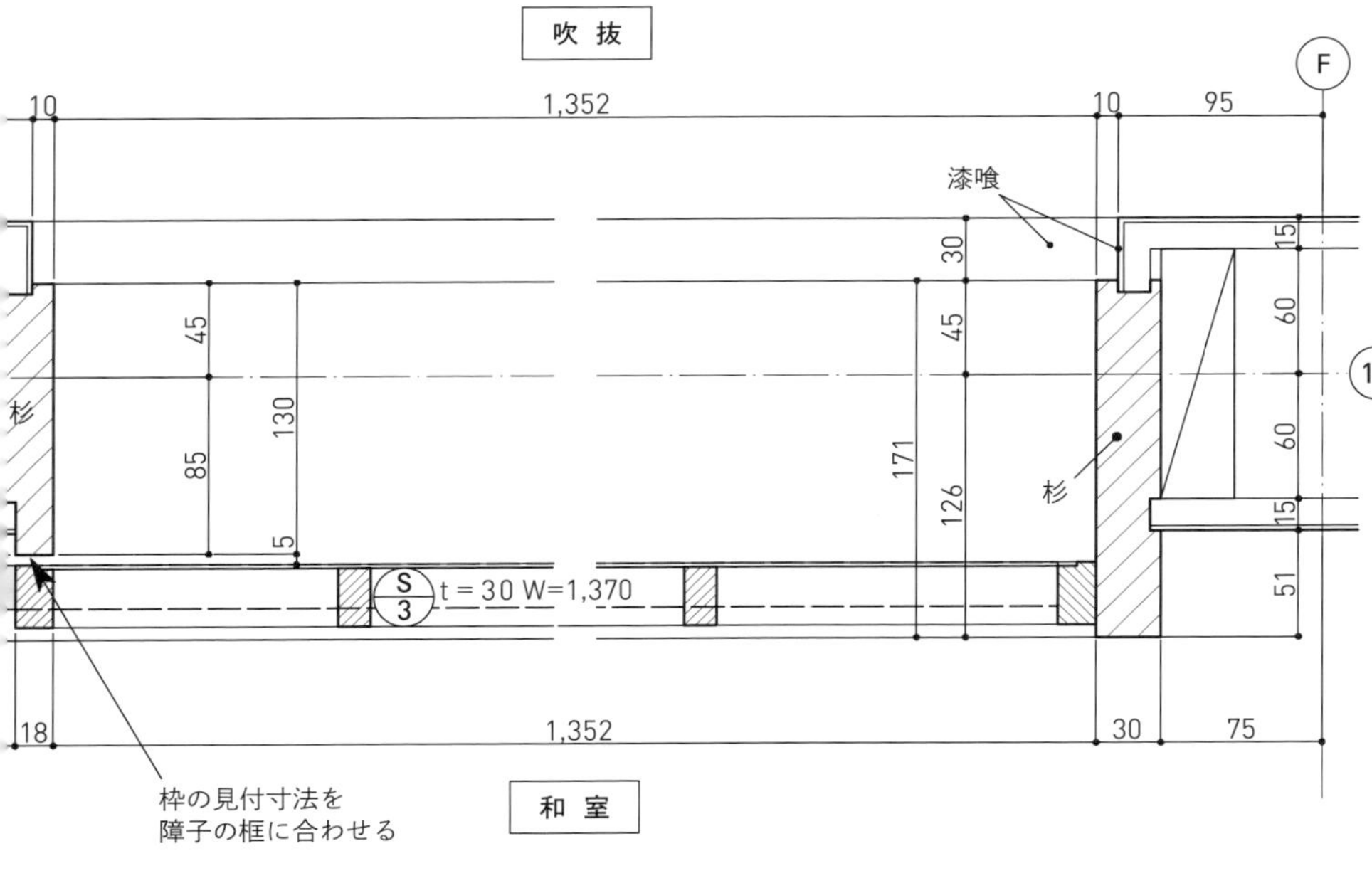

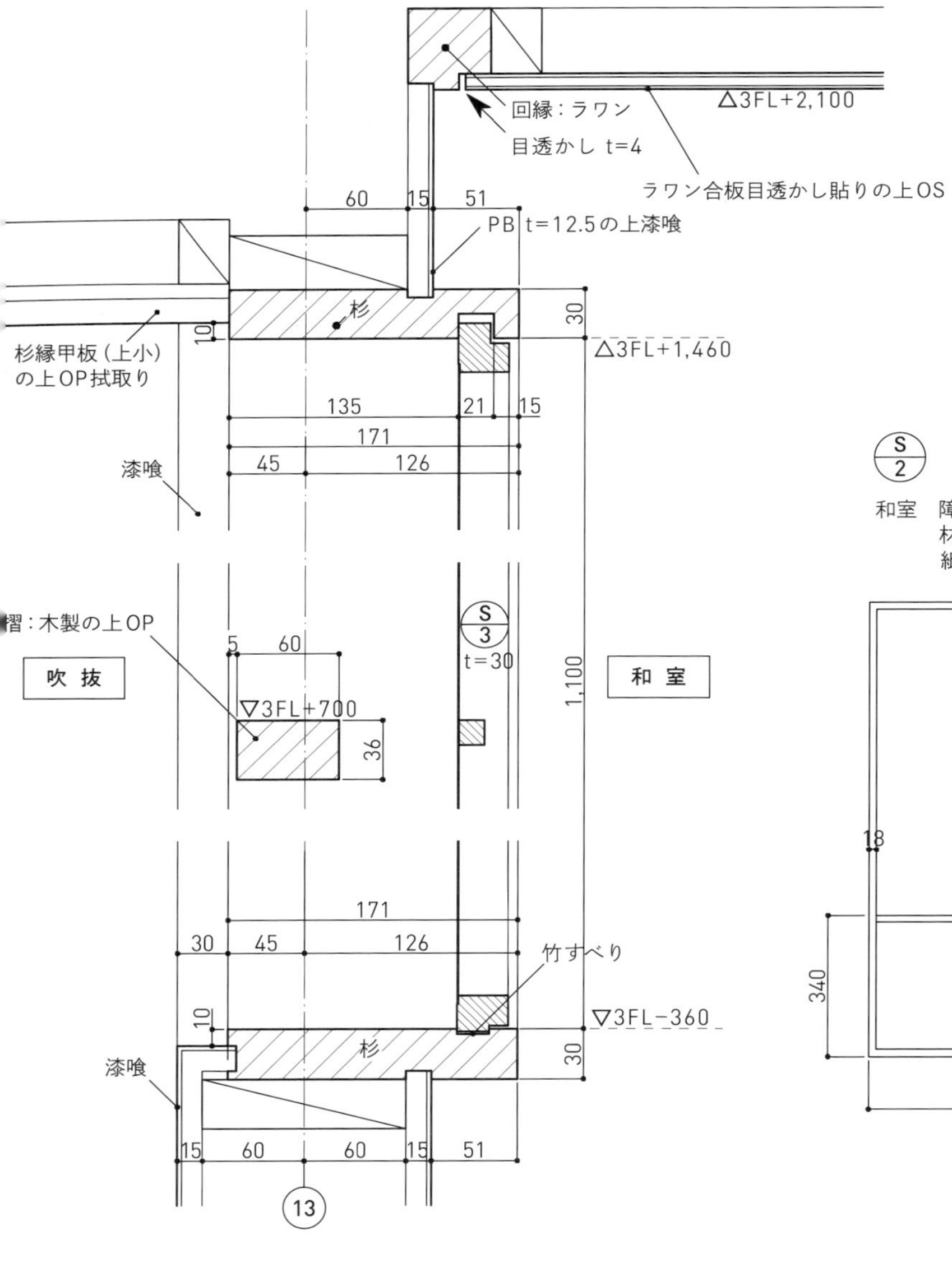

S 2

和室　障子 t=30
材質：杉
紙　：タフトップエース

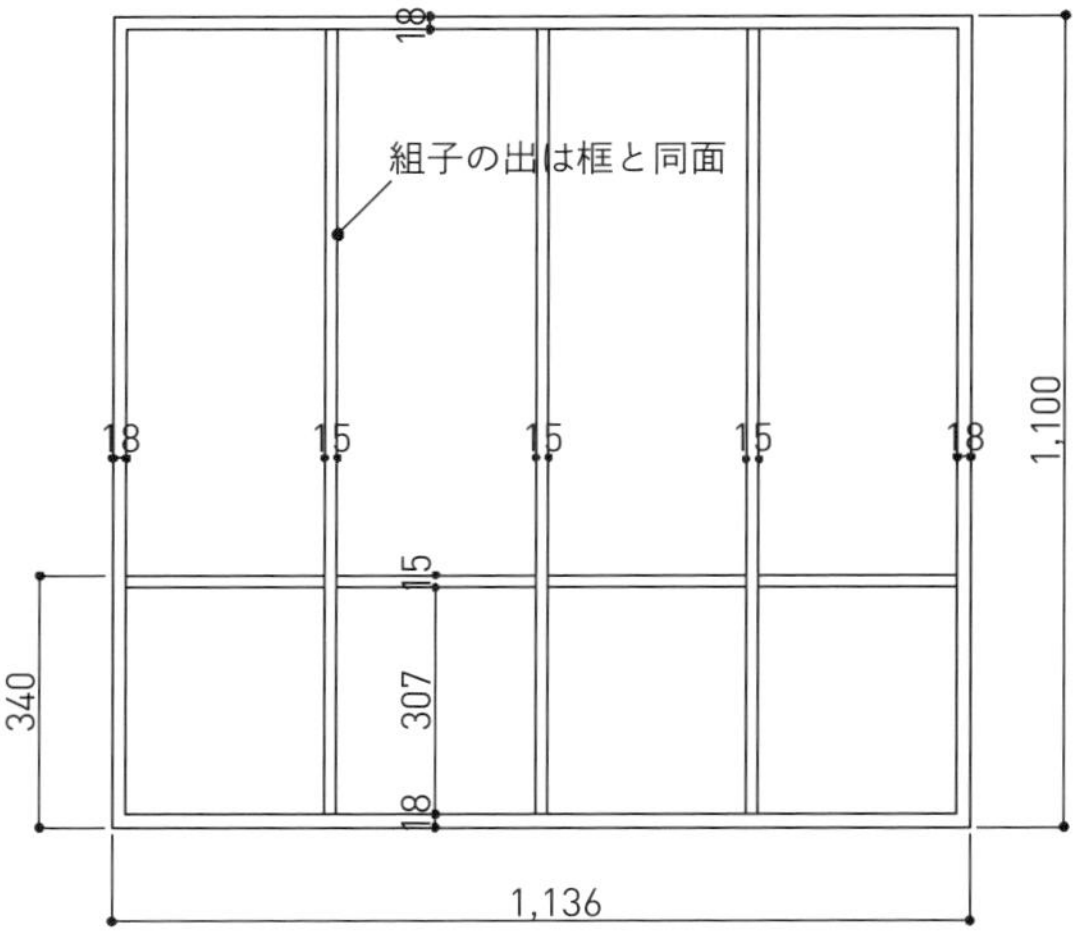

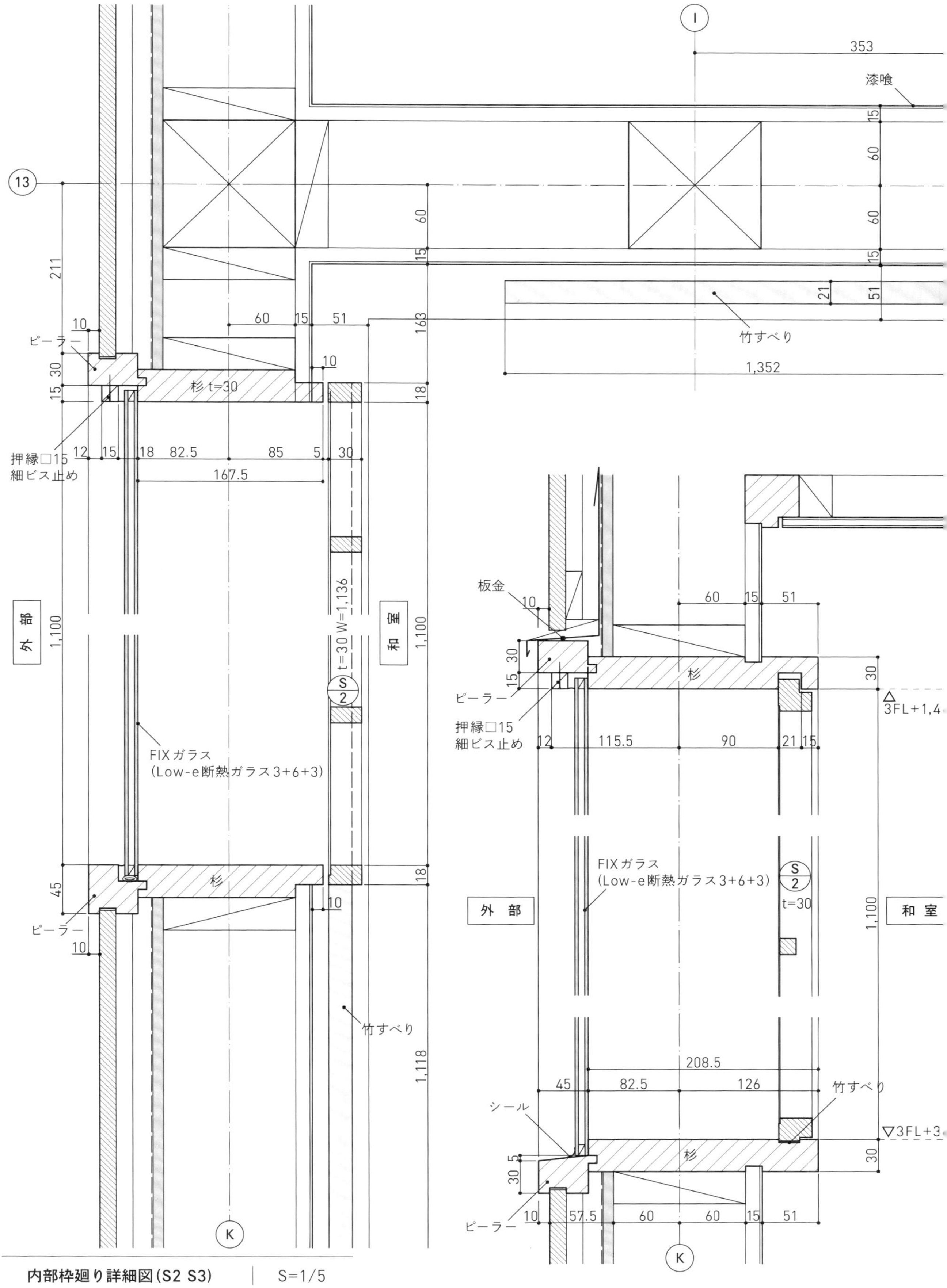

内部枠廻り詳細図(S2 S3)　S=1/5

縦枠にテーパーを付けて枠の量感を抑える

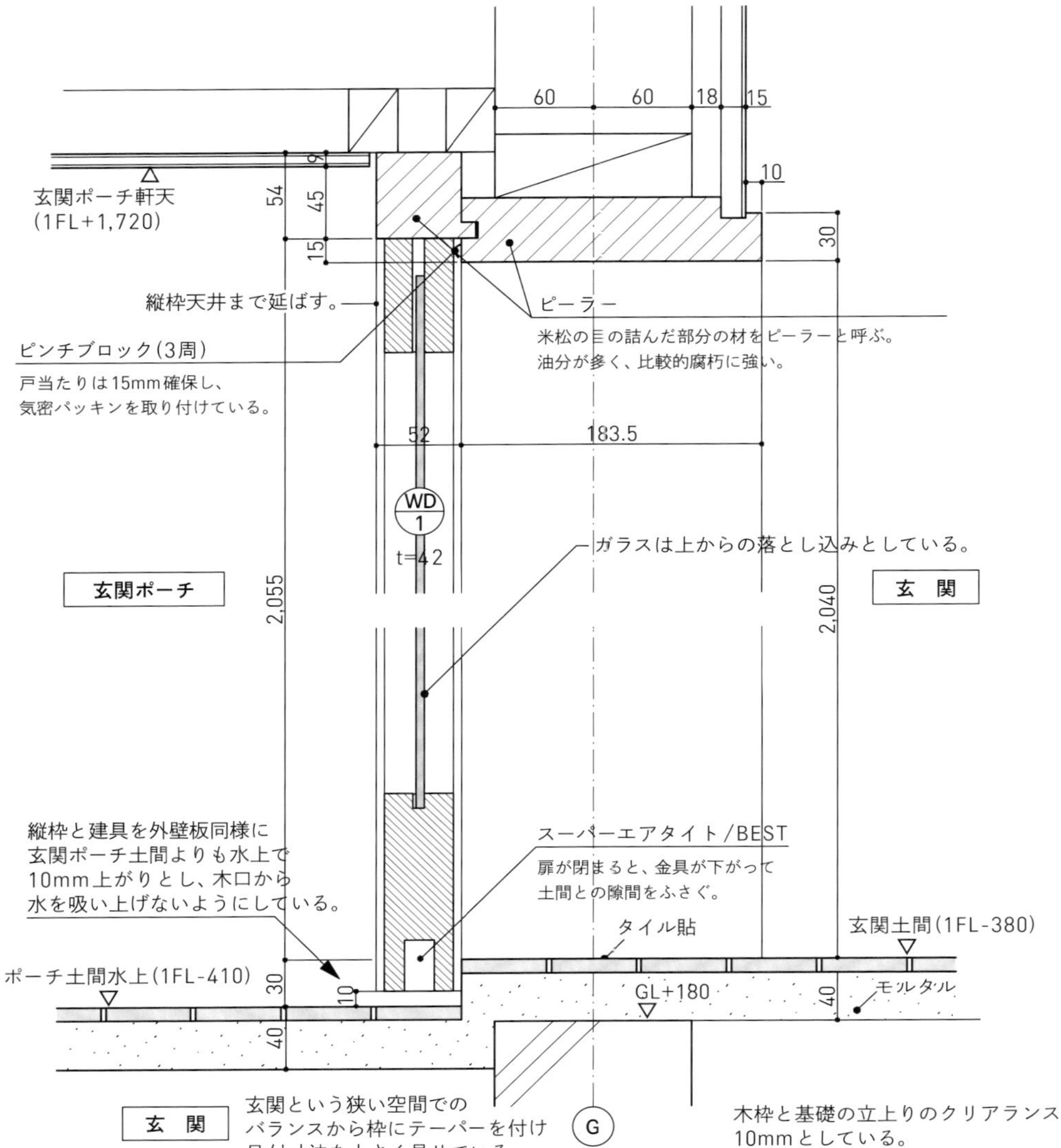

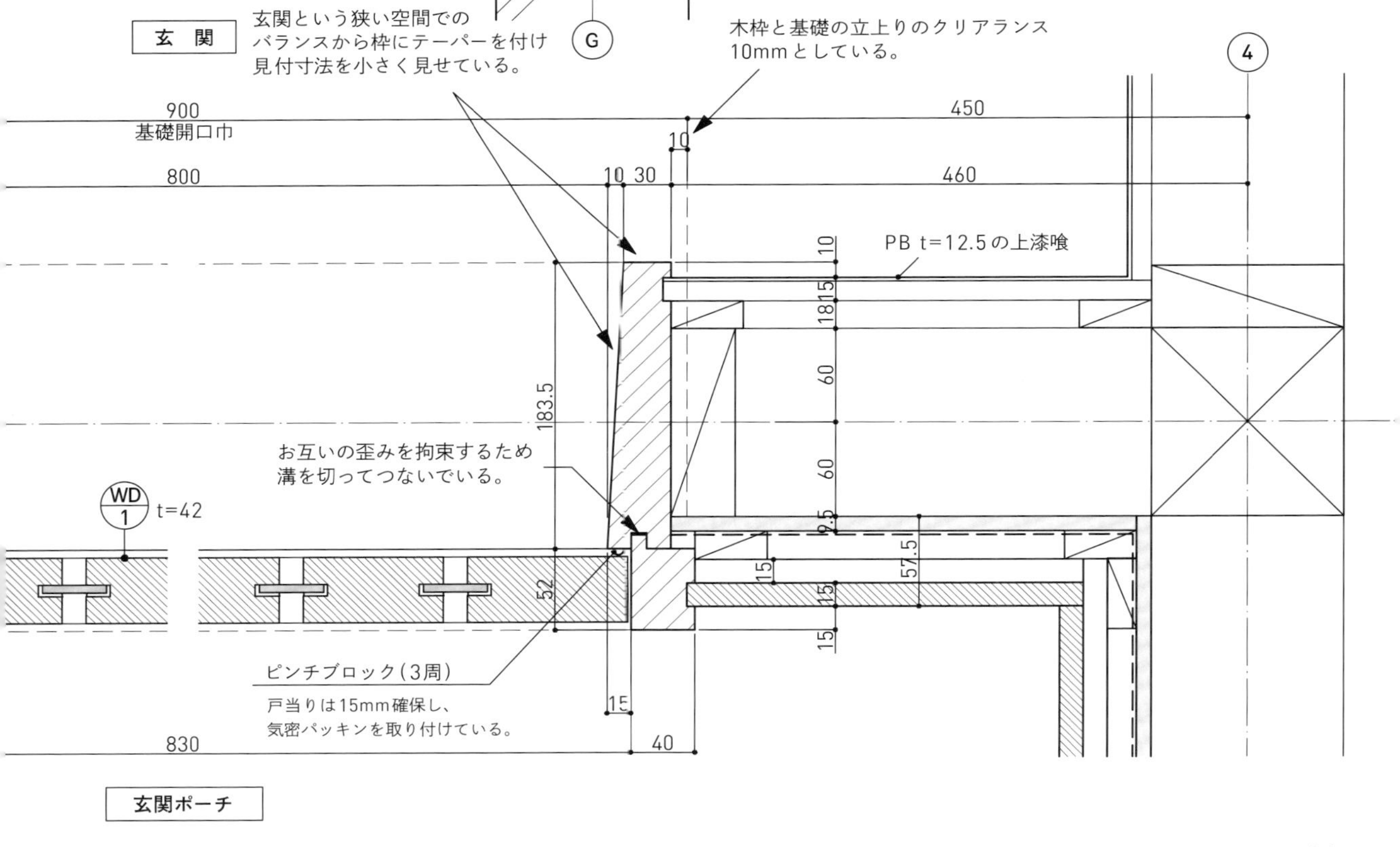

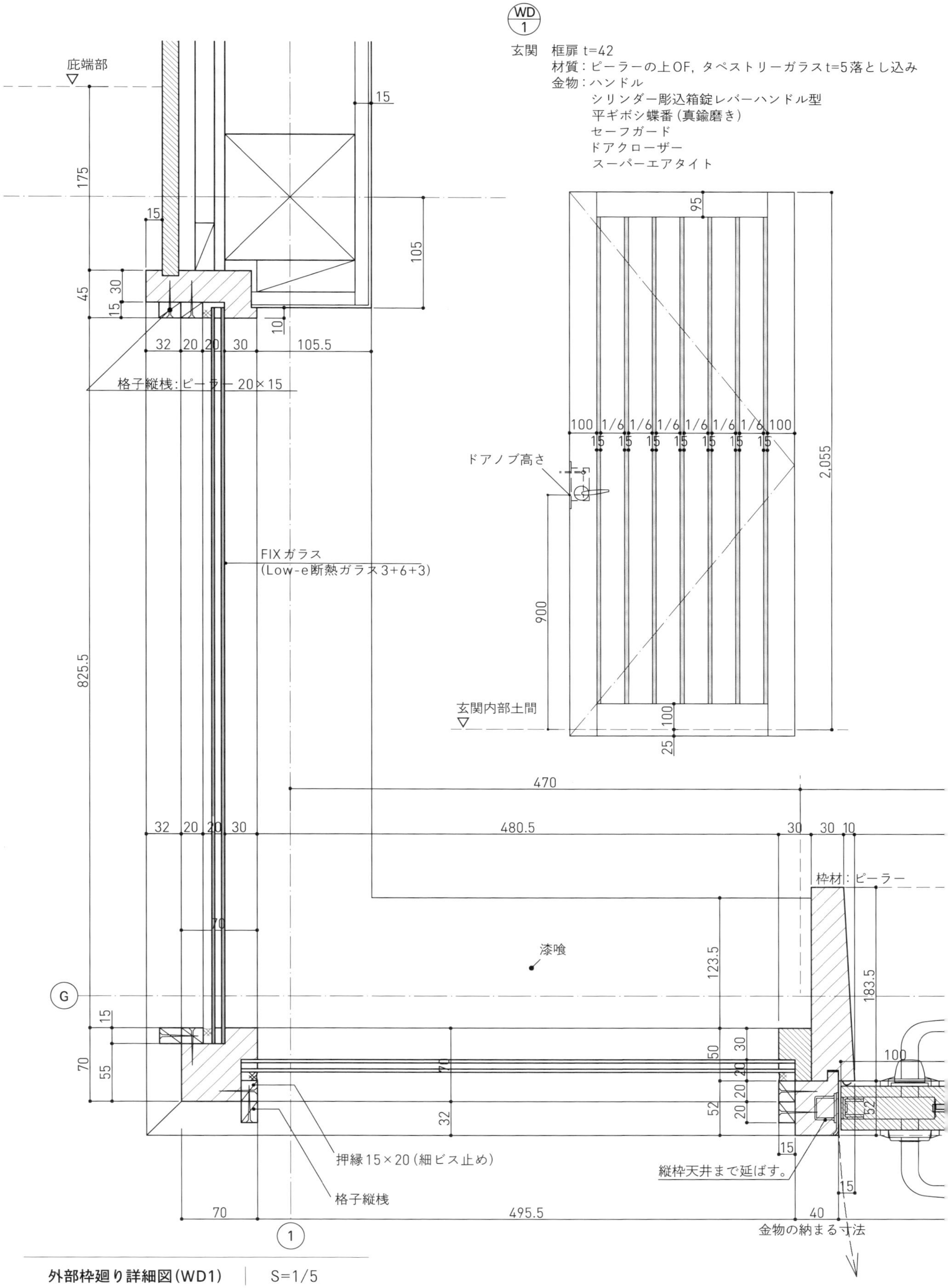

外部枠廻り詳細図（WD1）　S=1/5

メンテナンスに備えて格子は後付けとする

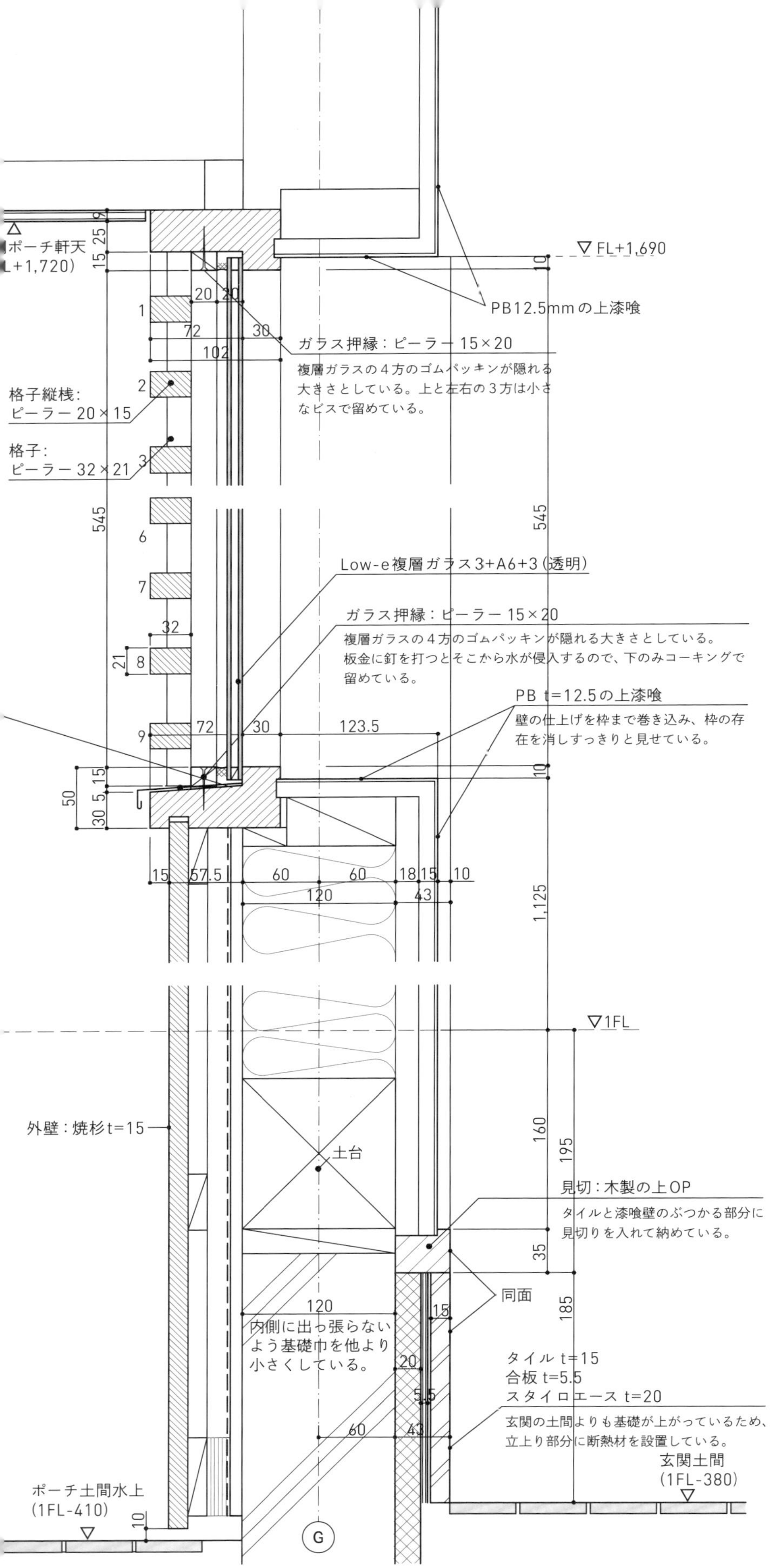
ポーチ軒天
(1FL+1,720)
▽FL+1,690
PB12.5mmの上漆喰
ガラス押縁：ピーラー 15×20
複層ガラスの4方のゴムパッキンが隠れる大きさとしている。上と左右の3方は小さなビスで留めている。
格子縦桟：
ピーラー 20×15
格子：
ピーラー 32×21
Low-e複層ガラス3+A6+3(透明)
ガラス押縁：ピーラー 15×20
複層ガラスの4方のゴムパッキンが隠れる大きさとしている。
板金に釘を打つとそこから水が侵入するので、下のみコーキングで留めている。
PB t=12.5の上漆喰
壁の仕上げを枠まで巻き込み、枠の存在を消しすっきりと見せている。
▽1FL
外壁：焼杉t=15
土台
見切：木製の上OP
タイルと漆喰壁のぶつかる部分に見切りを入れて納めている。
同面
内側に出っ張らないよう基礎巾を他より小さくしている。
タイル t=15
合板 t=5.5
スタイロエース t=20
玄関の土間よりも基礎が上がっているため、立上り部分に断熱材を設置している。
玄関土間
(1FL-380)
ポーチ土間水上
(1FL-410)
G

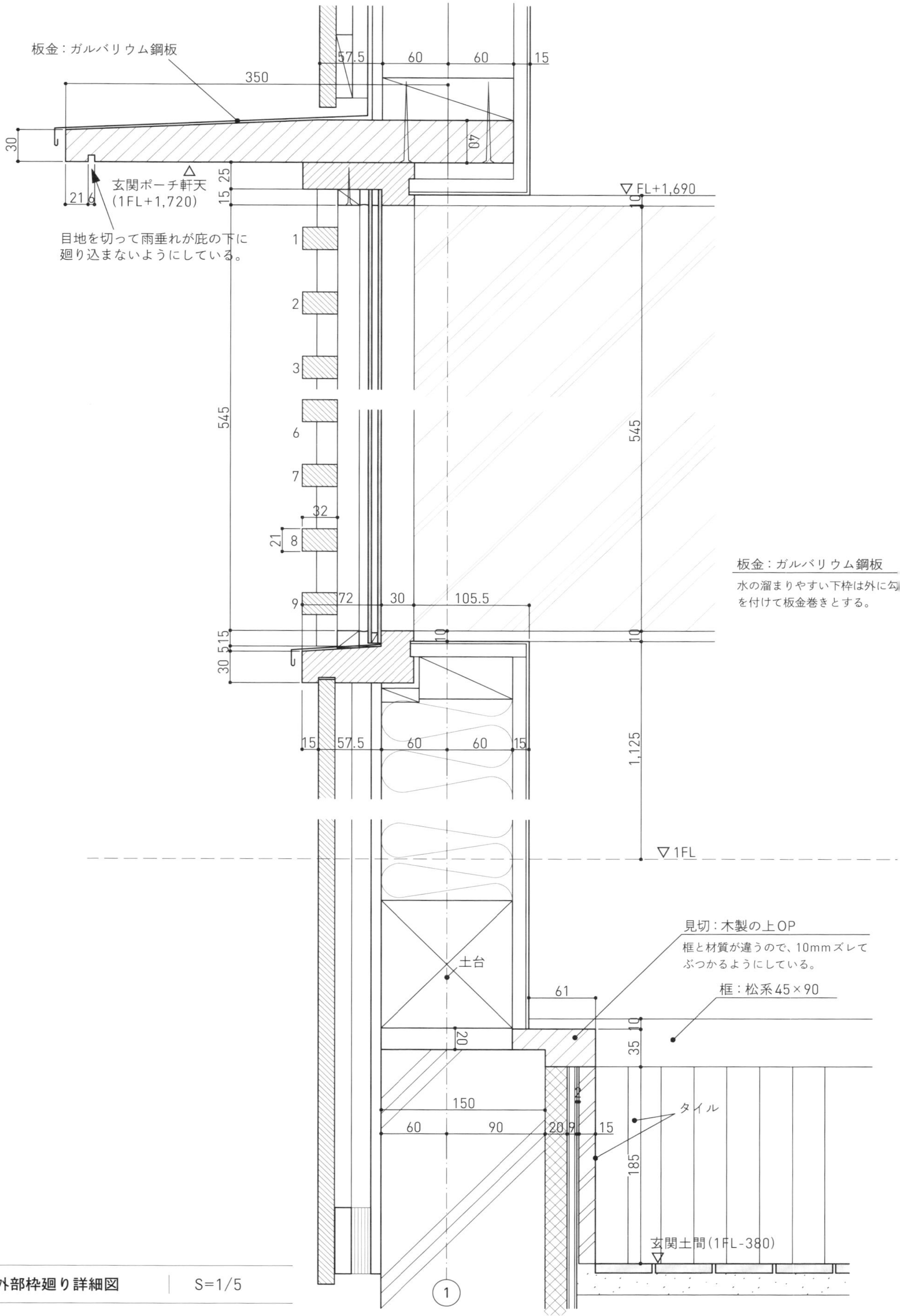

外部枠廻り詳細図　S=1/5

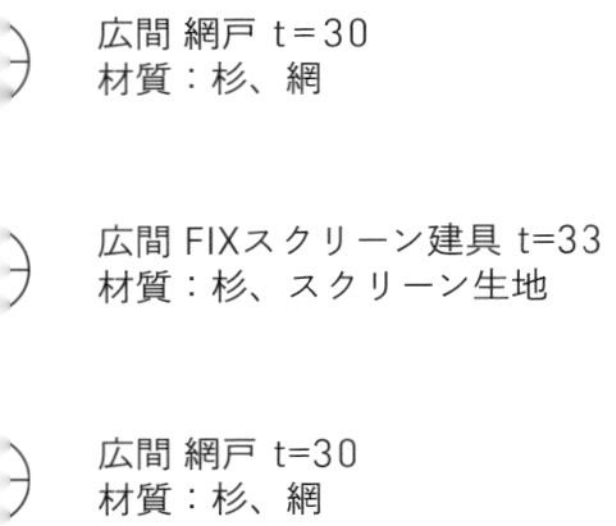
広間 網戸 t=30
材質：杉、網
広間 FIXスクリーン建具 t=33
材質：杉、スクリーン生地
広間 網戸 t=30
材質：杉、網

異なる機能の木製建具を組み合わせる

開口部には、通風・採光・遮光・眺望といったさまざまな要件が求められる。造作とすれば一か所の開口をいくつかに分割して役割分担させたり、引戸を用いて重ね合わせたりすることですべての要件を満たす開口とすることができる。

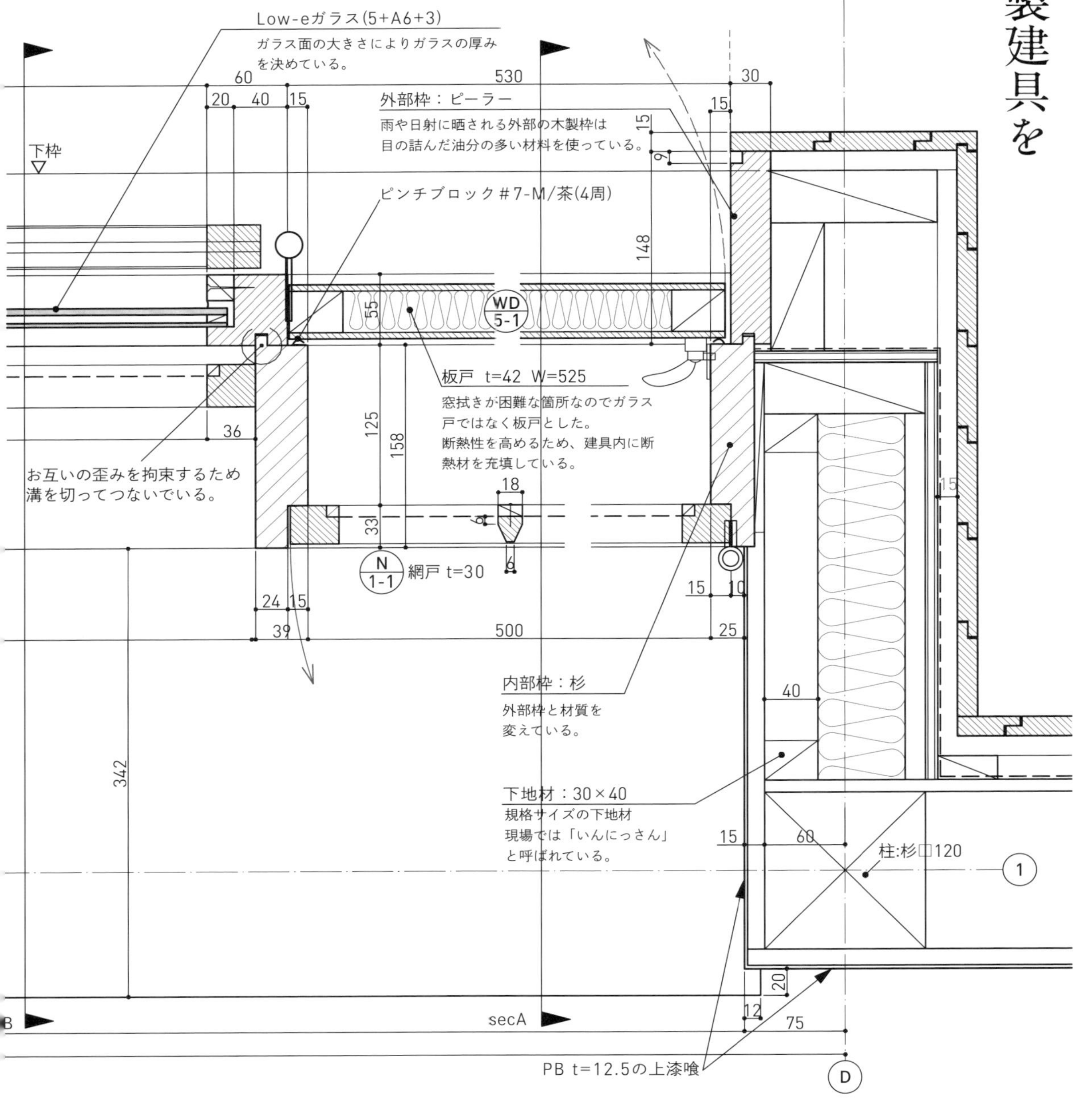
Low-eガラス(5+A6+3)
ガラス面の大きさによりガラスの厚みを決めている。
外部枠：ピーラー
雨や日射に晒される外部の木製枠は目の詰んだ油分の多い材料を使っている。
ピンチブロック＃7-M/茶(4周)
下枠
WD 5-1
板戸 t=42 W=525
窓拭きが困難な箇所なのでガラス戸ではなく板戸とした。
断熱性を高めるため、建具内に断熱材を充填している。
お互いの歪みを拘束するため溝を切ってつないでいる。
N 1-1
網戸 t=30
内部枠：杉
外部枠と材質を変えている。
下地材：30×40
規格サイズの下地材
現場では「いんにっさん」と呼ばれている。
柱:杉□120
PB t=12.5の上漆喰
secA
B
1
D
60
530
30
20
40
15
148
55
125
158
36
18
33
24
39
500
25
10
40
342
20
12
75

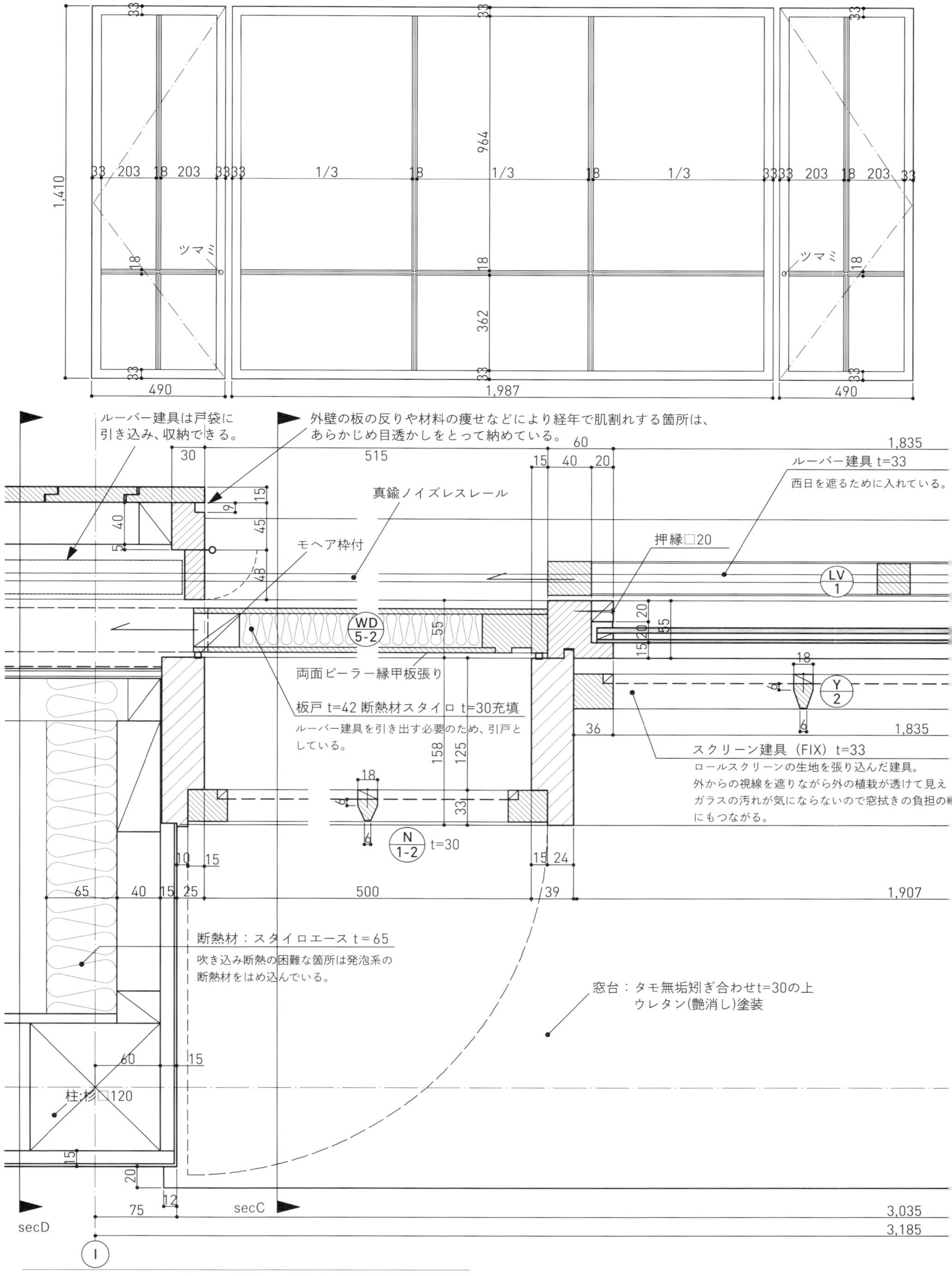
ツマミ
ツマミ
ルーバー建具は戸袋に
引き込み、収納できる。
外壁の板の反りや材料の痩せなどにより経年で肌割れする箇所は、
あらかじめ目透かしをとって納めている。
真鍮ノイズレスレール
モヘア枠付
ルーバー建具 t=33
西日を遮るために入れている。
押縁□20
LV
1
WD
5-2
両面ピーラー縁甲板張り
板戸 t=42 断熱材スタイロ t=30充填
ルーバー建具を引き出す必要のため、引戸と
している。
Y
2
スクリーン建具（FIX） t=33
ロールスクリーンの生地を張り込んだ建具。
外からの視線を遮りながら外の植栽が透けて見え
ガラスの汚れが気にならないので窓拭きの負担の
にもつながる。
N
1-2
t=30
断熱材：スタイロエース t=65
吹き込み断熱の困難な箇所は発泡系の
断熱材をはめ込んでいる。
窓台：タモ無垢矧ぎ合わせt=30の上
ウレタン(艶消し)塗装
柱:杉□120
secD
secC
I

外部枠廻り詳細図（WD5-1 WD5-2） | S=1/5

敷居や鴨居は一本の材料を通す

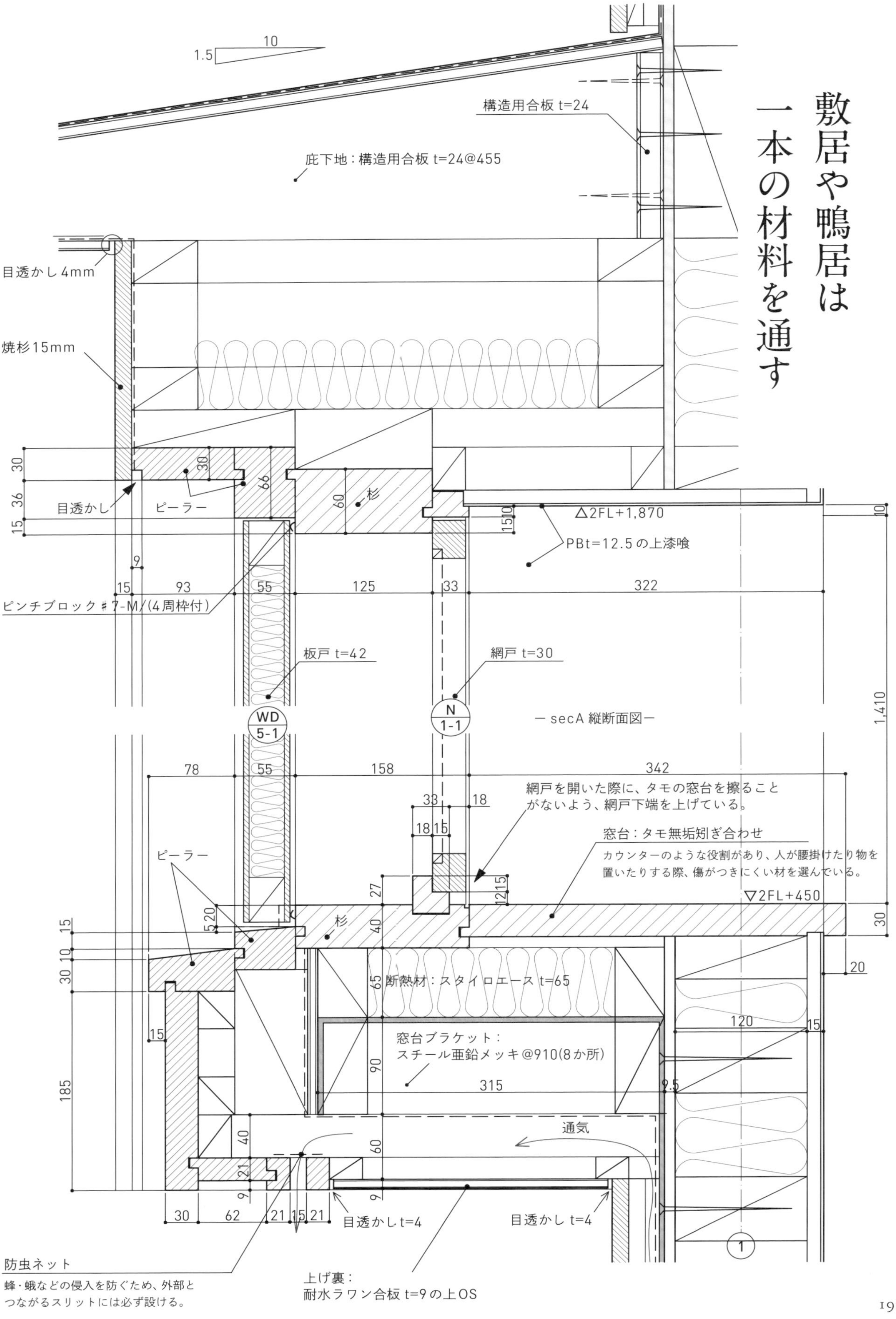

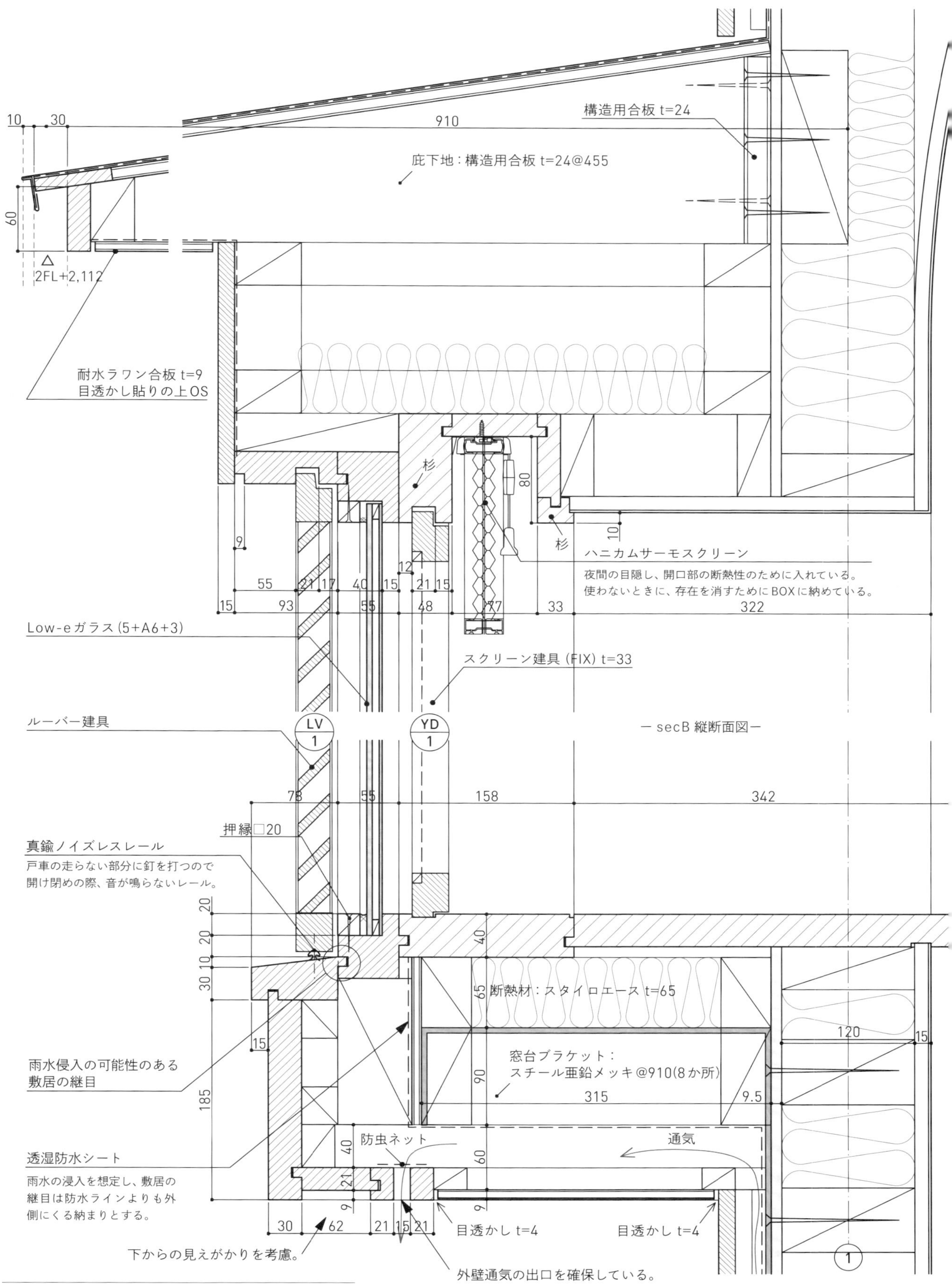

外部枠廻り詳細図（WD5-1）　S=1/5

戸袋の中の水はけ、防水を考える

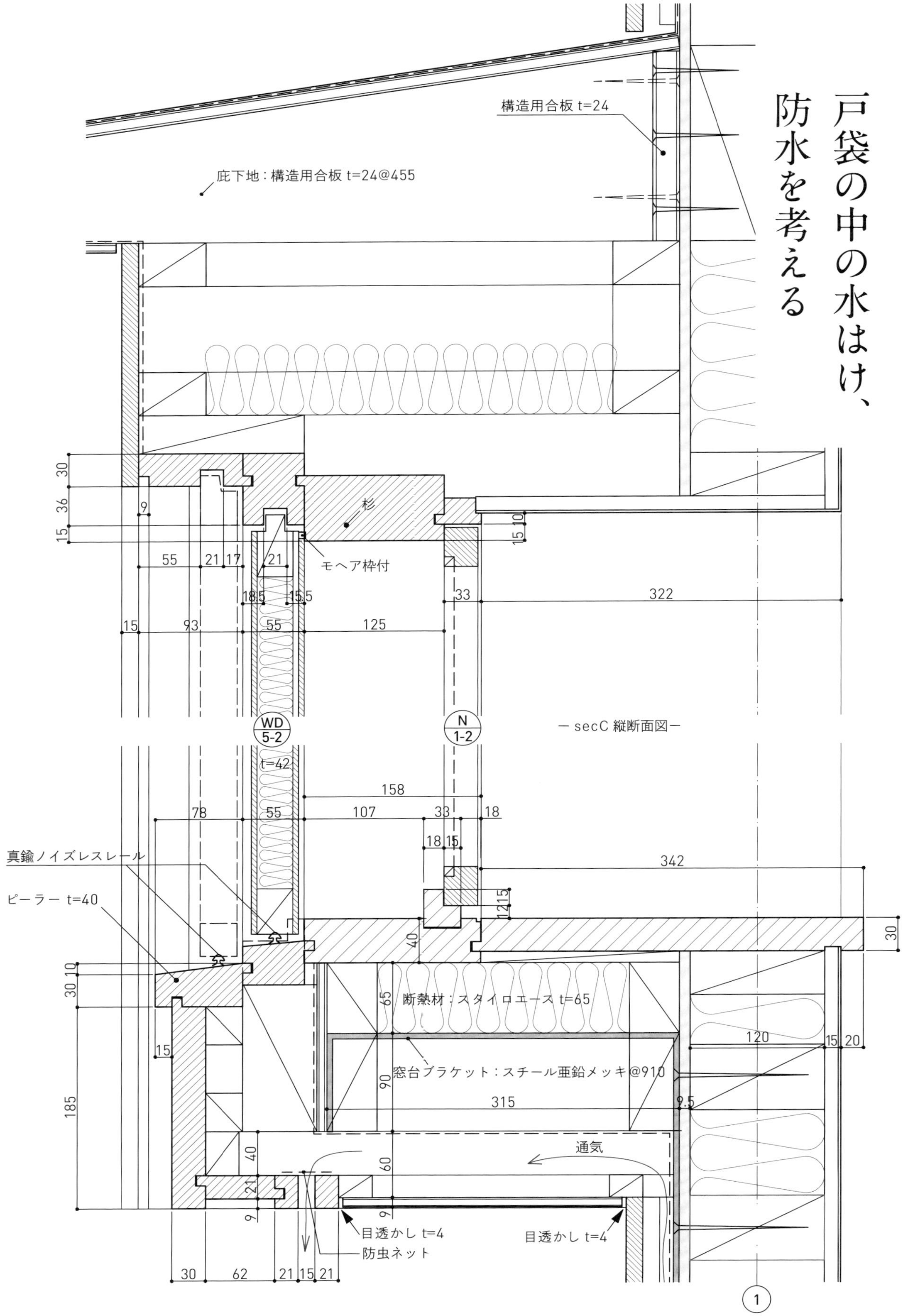

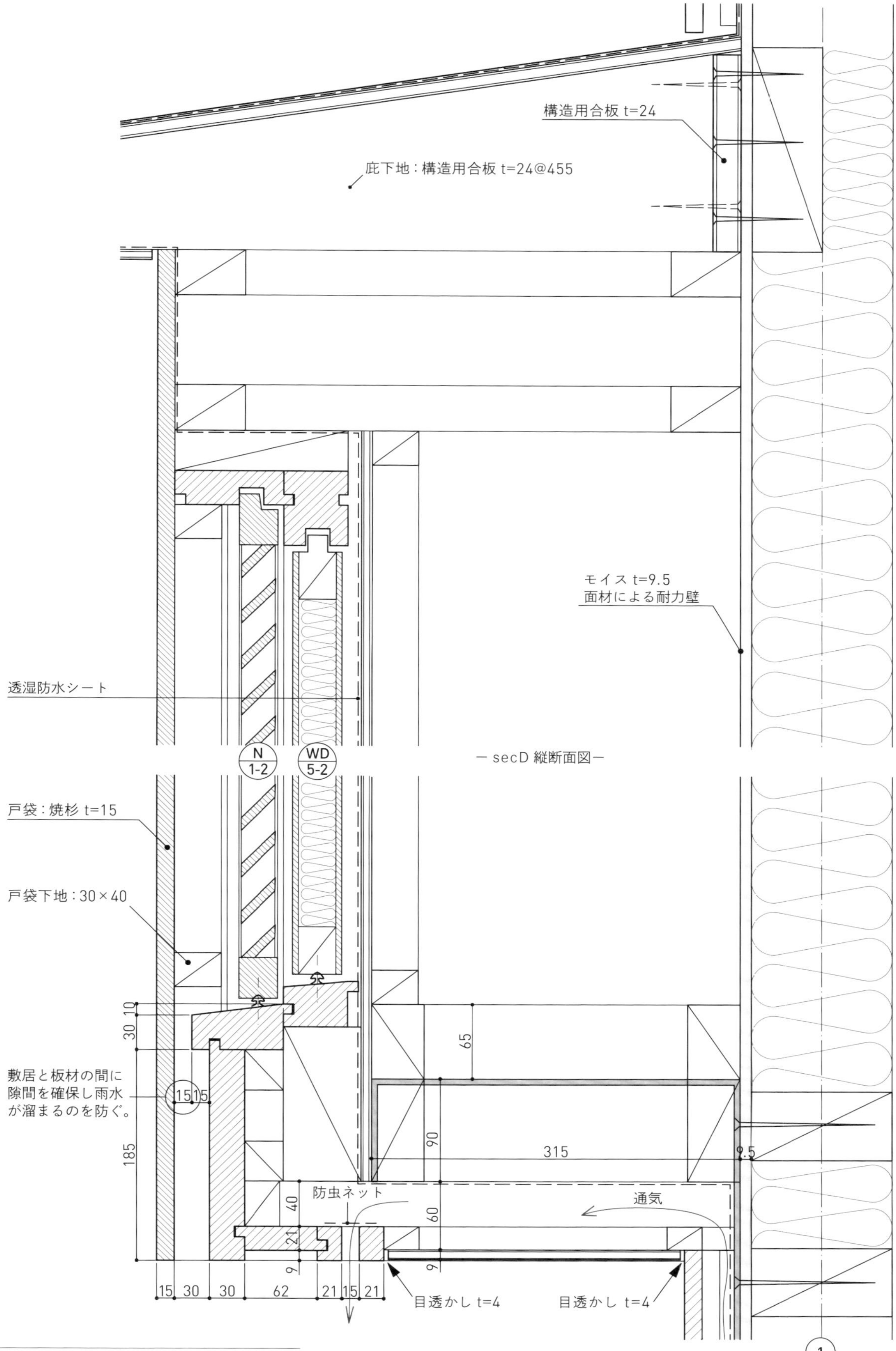

1

外部枠廻り詳細図（WD5-2） S=1/5

造作木製建具には断熱気密に最大限の配慮を

開口の大きさや形式が自由になることで窓と人との一体感ある居場所ができ、さらに内と外とのよい関係性を生み出すというところに造作木製建具の魅力がある。そのような木製建具であるが、その気密性の悪さがしばしば問題になり、住み手の満足感の足を引っ張ることになる。ＦＩＸガラスを多用して可動部分を限定した構成やモヘアやピンチブロックといった気密部材により、建具と枠の間の隙間風をふさぐことのできる納まりへの配慮が必要である。

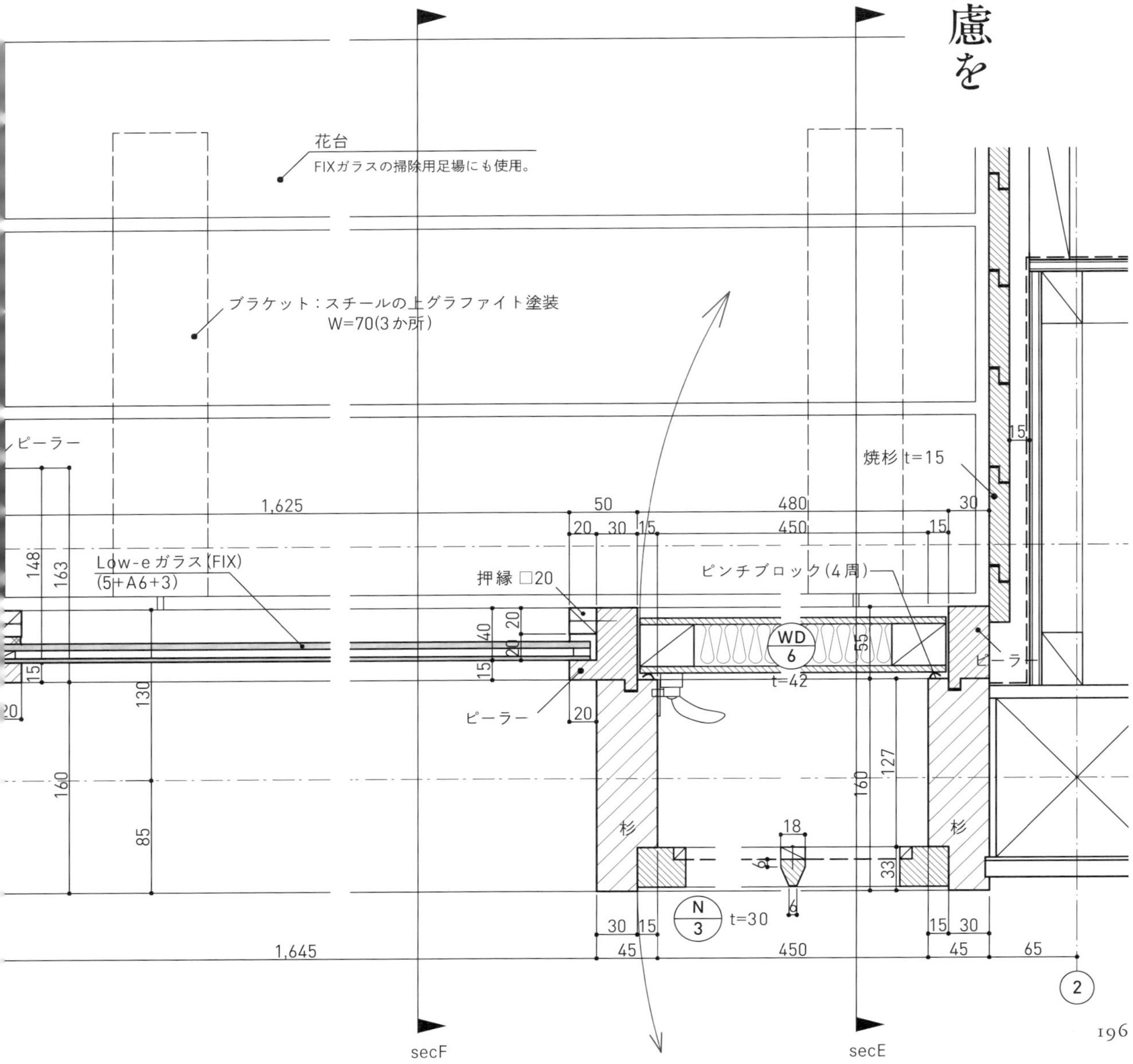

WD
7

広間　引戸　t=42
材質：ピーラーの上OF
Low-eガラス（透明）
金物：ノイズレスレール
引き寄せ金物（クレセント）

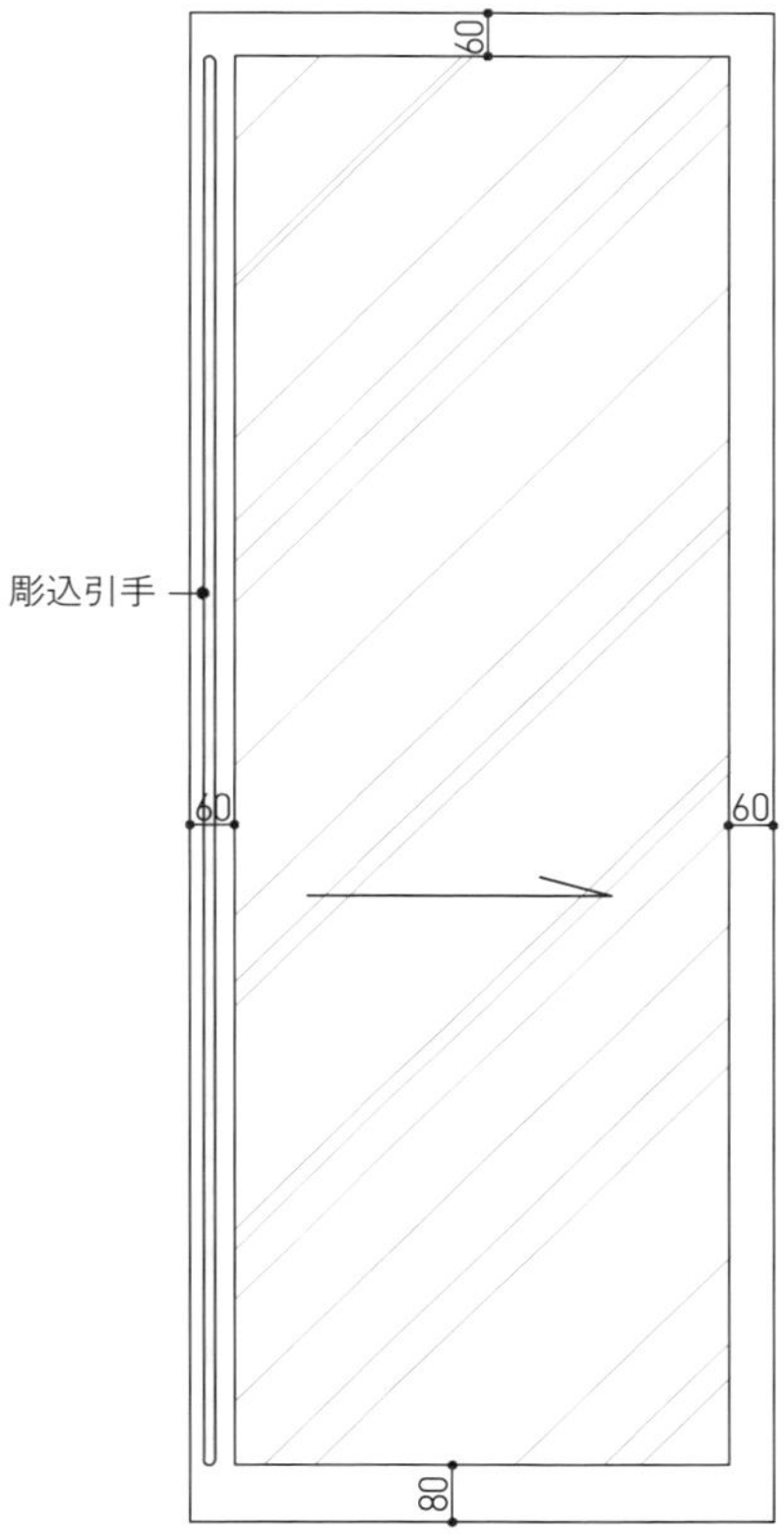
60
彫込引手
60
60
80

WD
6

広間　開き板戸　t=42
材質：ピーラー縁甲板フラッシュ OF
（断熱材入）
金物：平ギボシ蝶番SUS
窓締り
フリクションステー

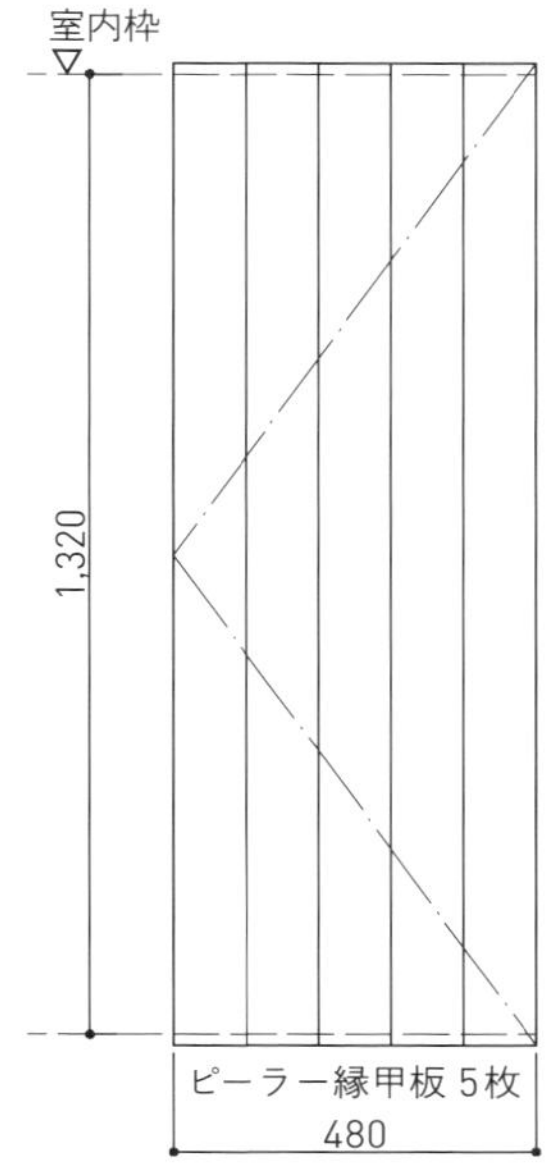
室内枠
1,320
ピーラー縁甲板 5枚
480

N
3

広間　開き網戸　t=30
材質：杉、網
金物：ツマミ

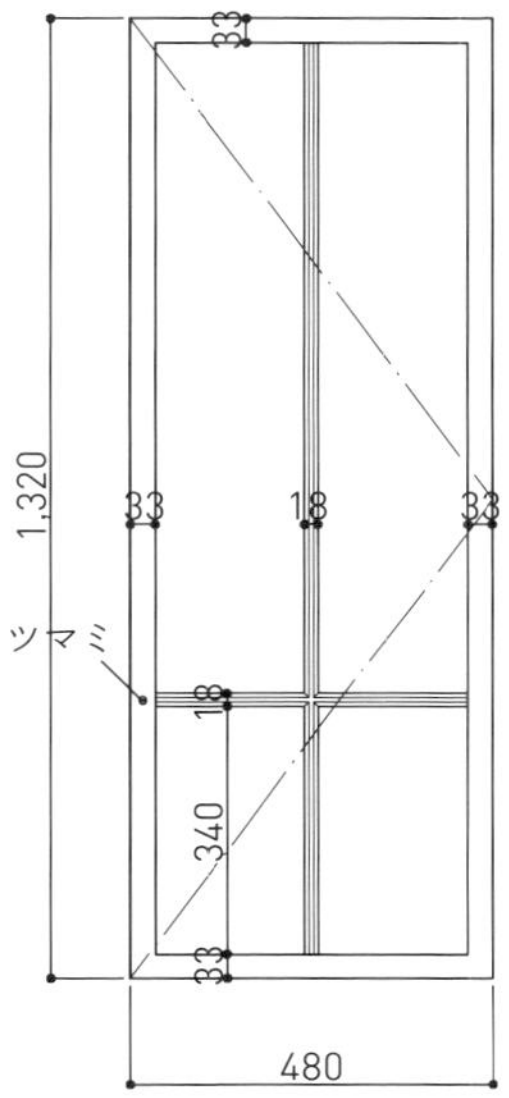
33
1,320
33
18
33
ツマミ
18
340
33
480

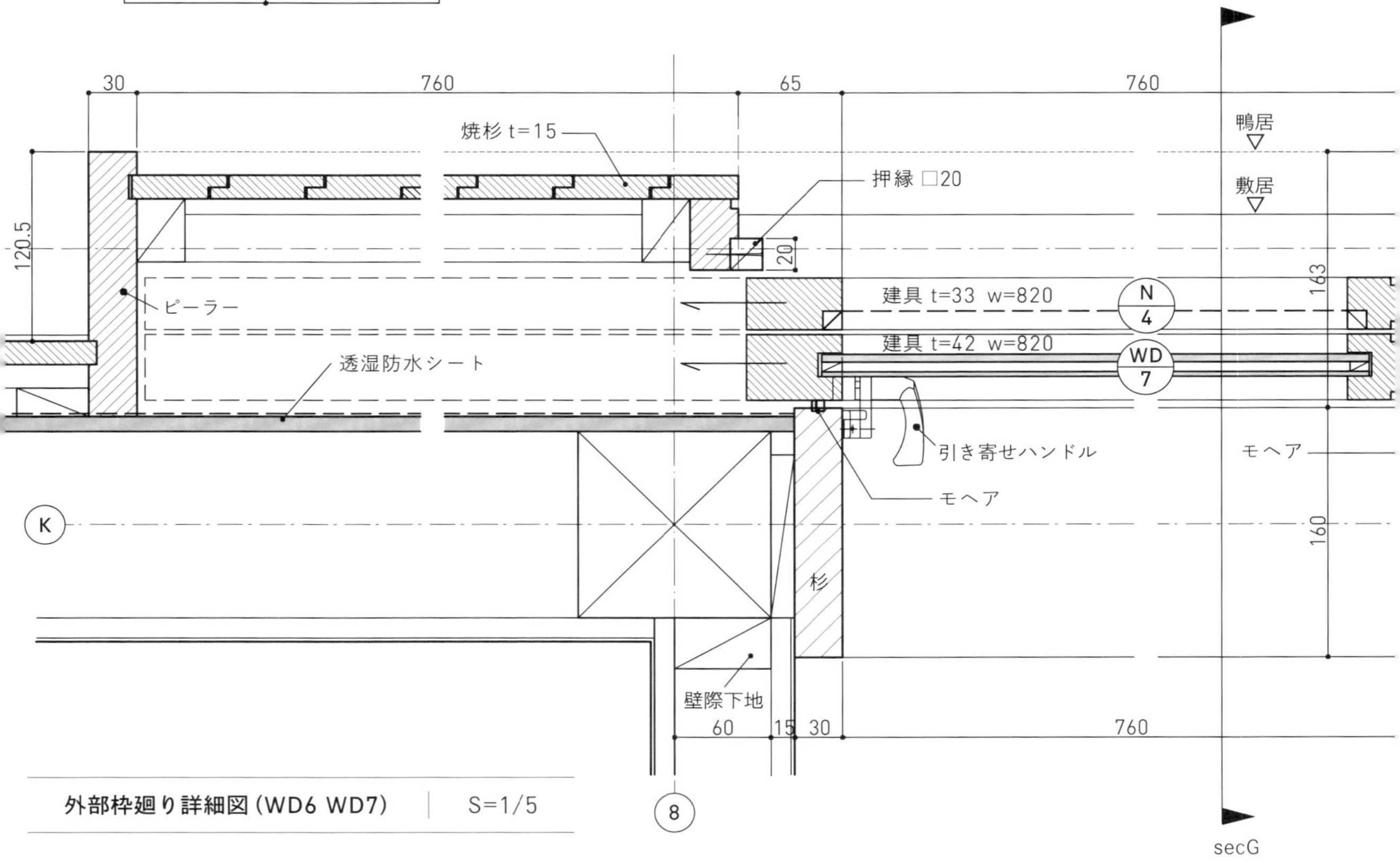
30
760
65
760
焼杉 t=15
鴨居
敷居
押縁 □20
120.5
20
163
ピーラー
建具 t=33 w=820
N
4
建具 t=42 w=820
WD
7
透湿防水シート
引き寄せハンドル
モヘア
モヘア
K
160
杉
壁際下地
60
15
30
760
8
secG

外部枠廻り詳細図（WD6 WD7）　S=1/5

FIXガラス窓で景色をすっきり見せる

都市の住宅において、大きな開口部を全開にしたい場面は案外少ない。ここでは景色を臨むための窓はガラスのはめ込みとし、脇に板戸を設けて通気窓としている。夜間の外部からの目隠しと断熱性能をもたせる目的で、FIXガラスの部屋側には断熱効果のあるスクリーンを備えている。

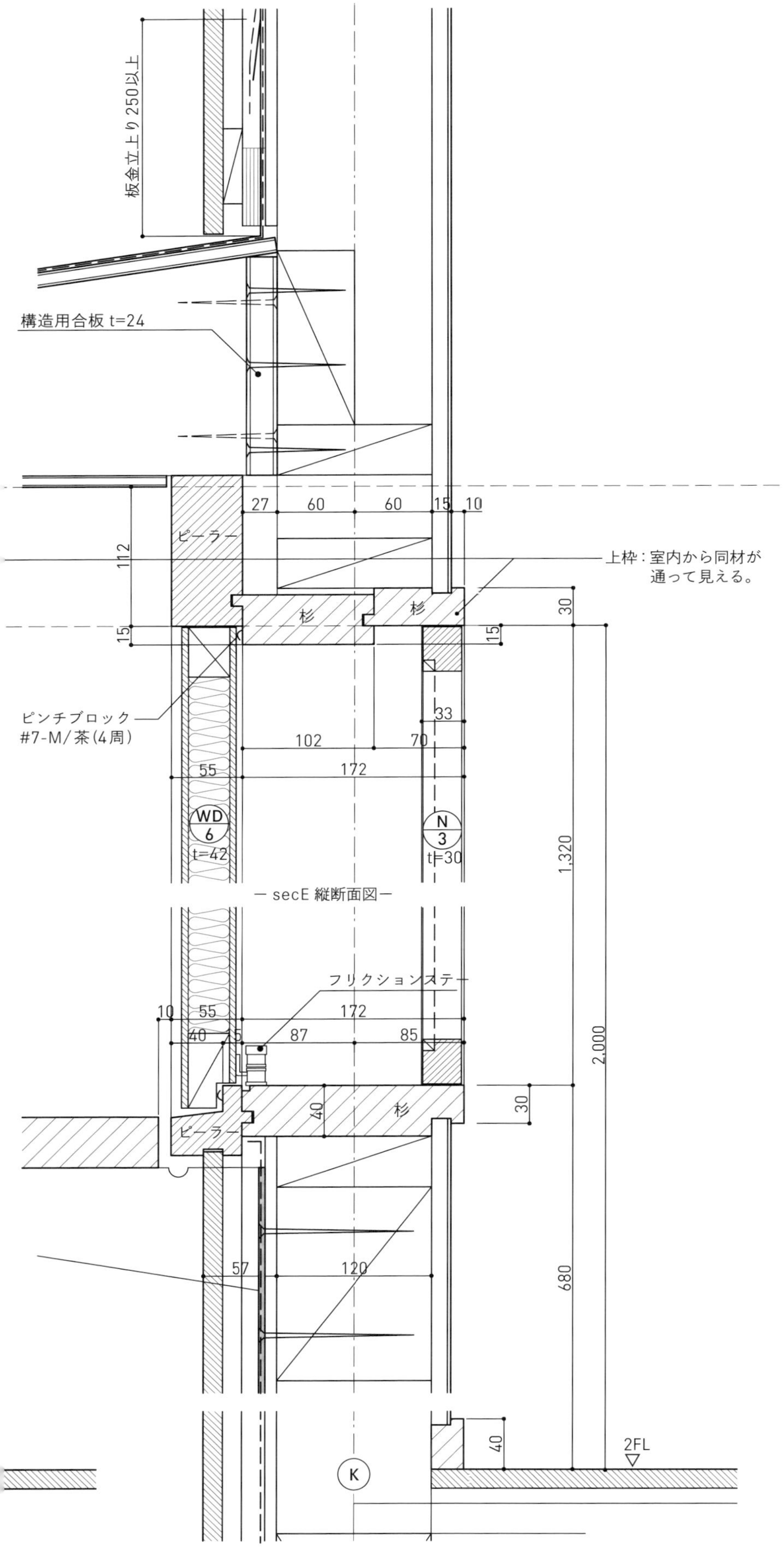

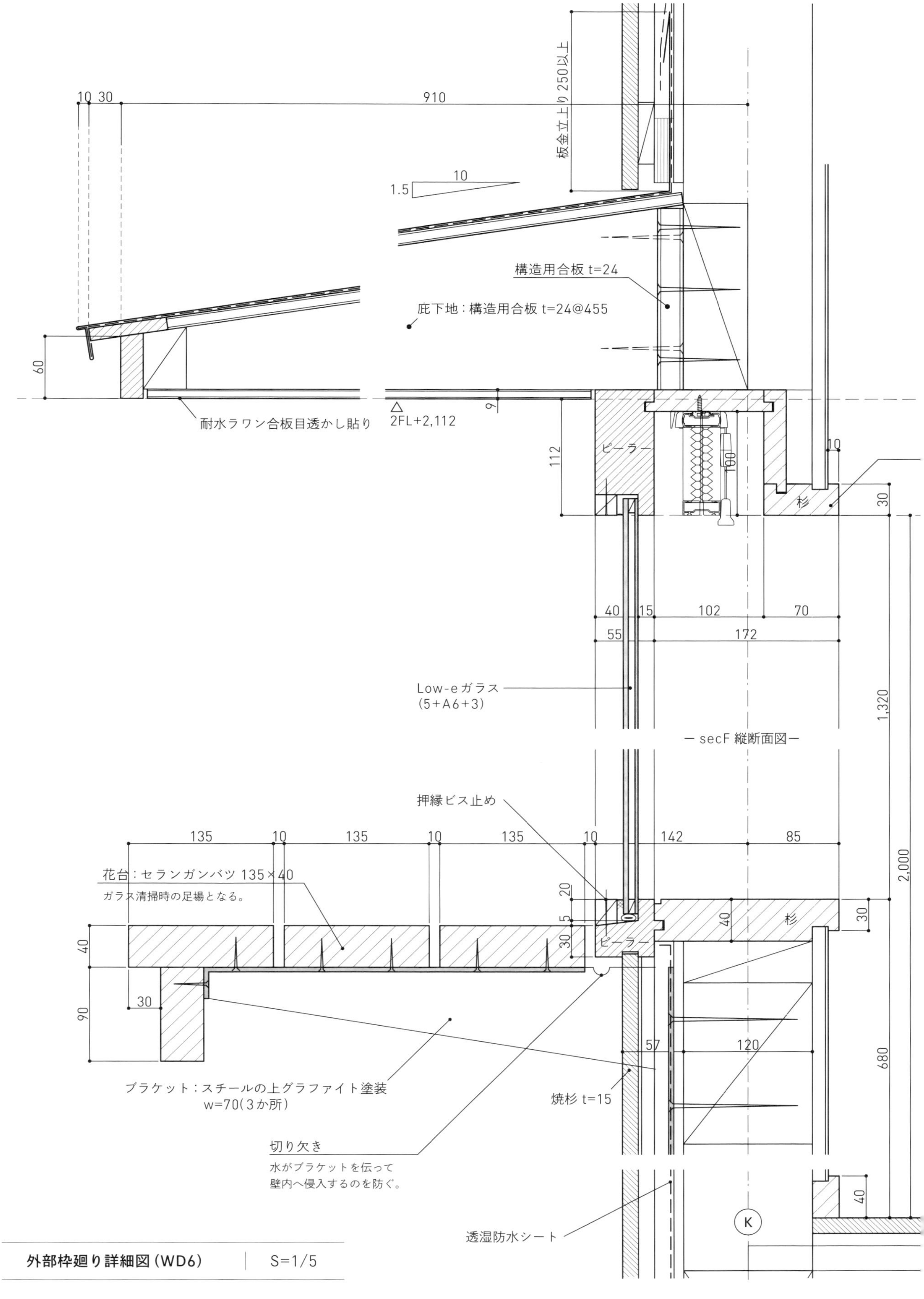

外部枠廻り詳細図（WD6）　S=1/5

建具を一本引きの隠し框とし気密性を上げる

建具の框を開口部枠からはみ出さないように納めたものを、隠し框という。室内からは建具框が見えないので開口部がすっきりとして見えるだけでなく、一本引きとすることで枠と框の隙間が小さくなり、モヘヤなどの気密部材の併用で気密性を格段に上げることができる。

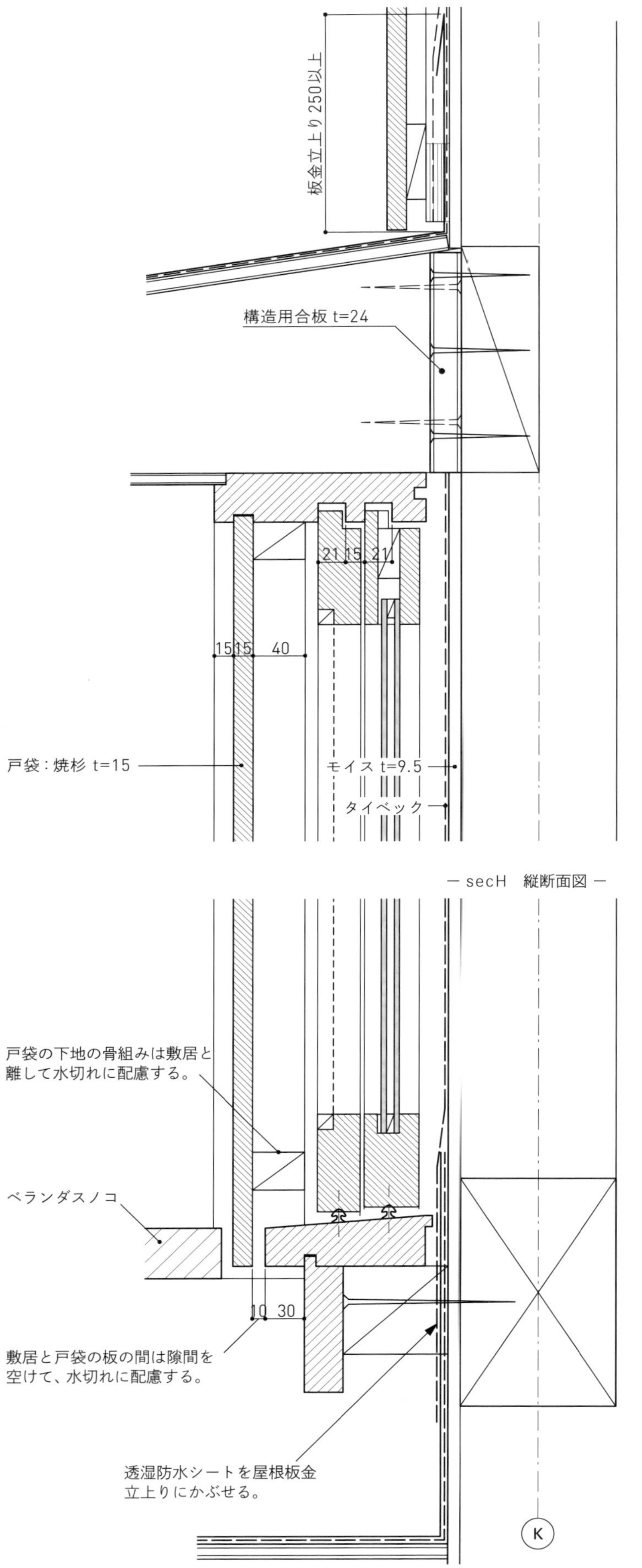

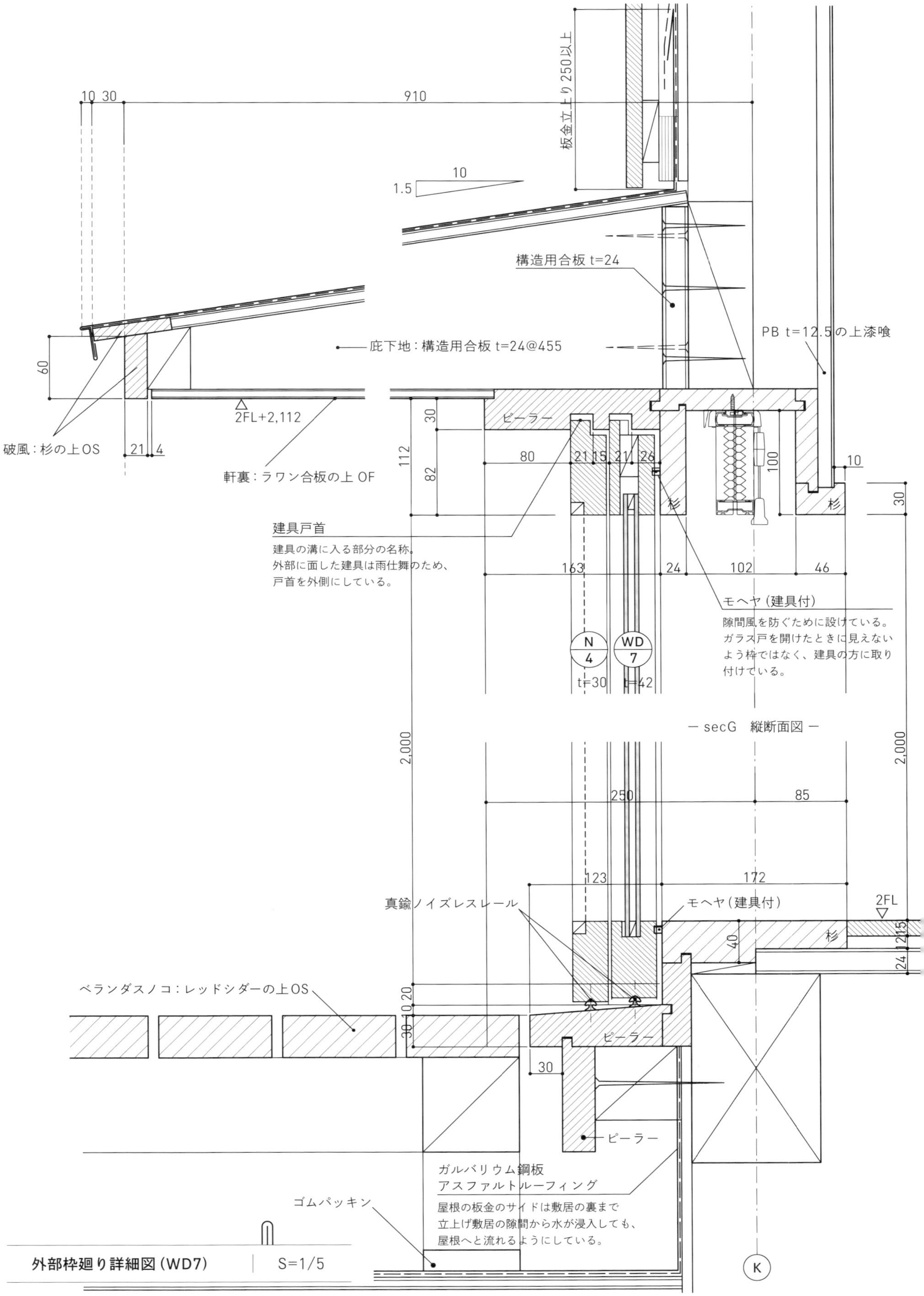

外部枠廻り詳細図（WD7） S=1/5

金物を詳細図に描き込む

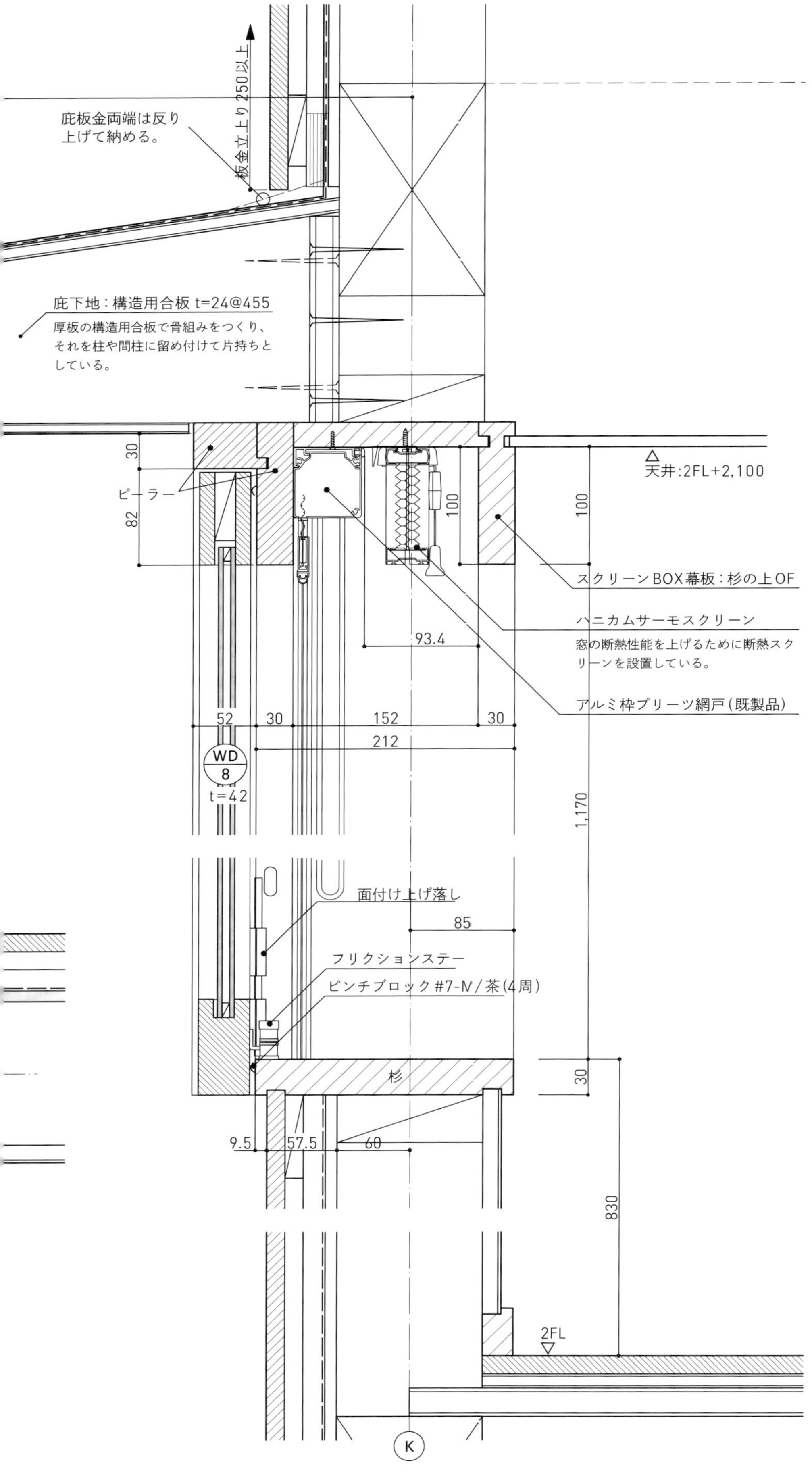

可動な開口部にはさまざまな金物が取り付く。金物の機構、大きさ、取り付く位置などが枠部材と建具の寸法や納まりにかかわる。建具を開け閉てする動作をシュミレーションしながら、すべてがうまく取り付くように検討する。

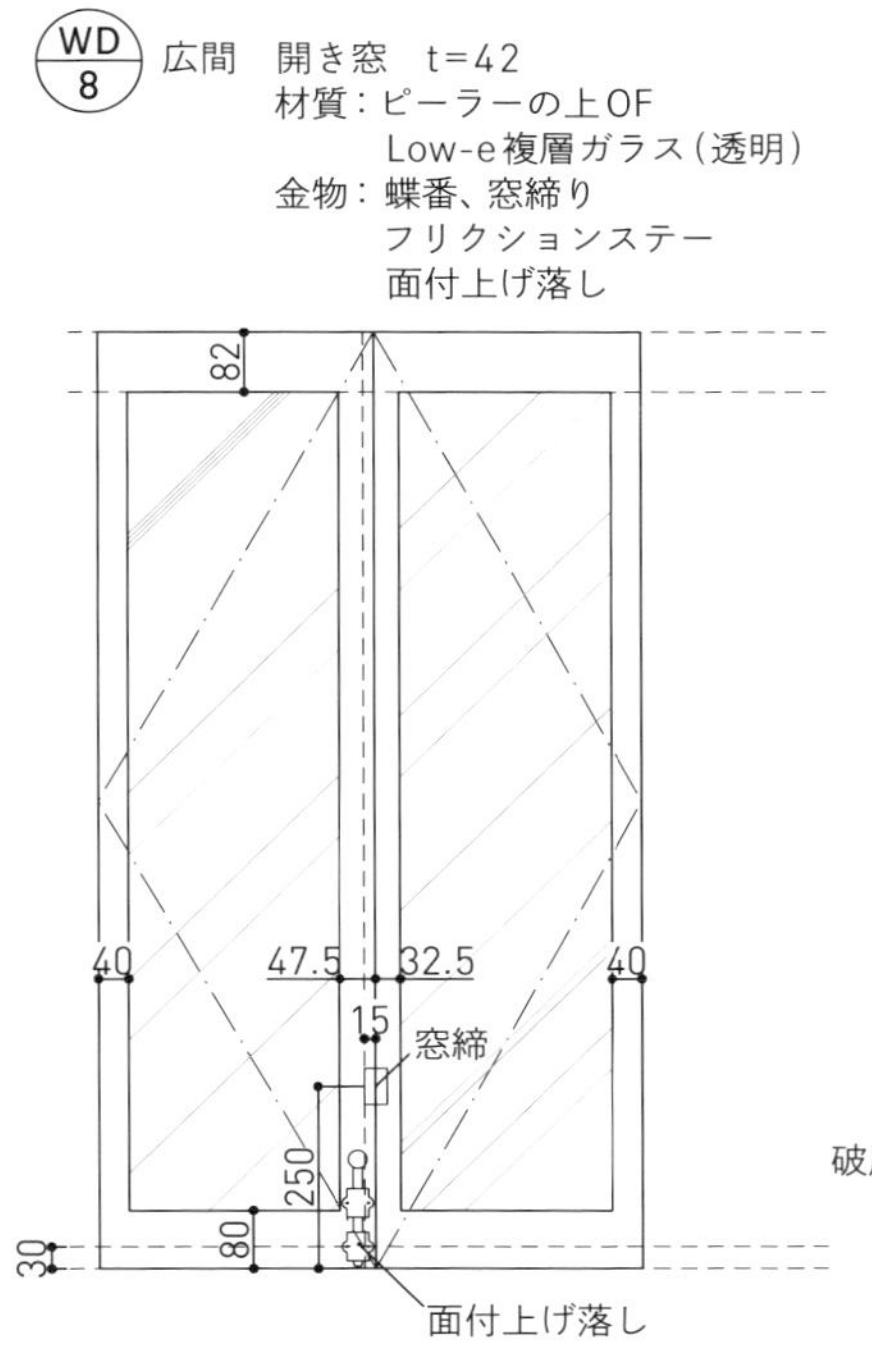

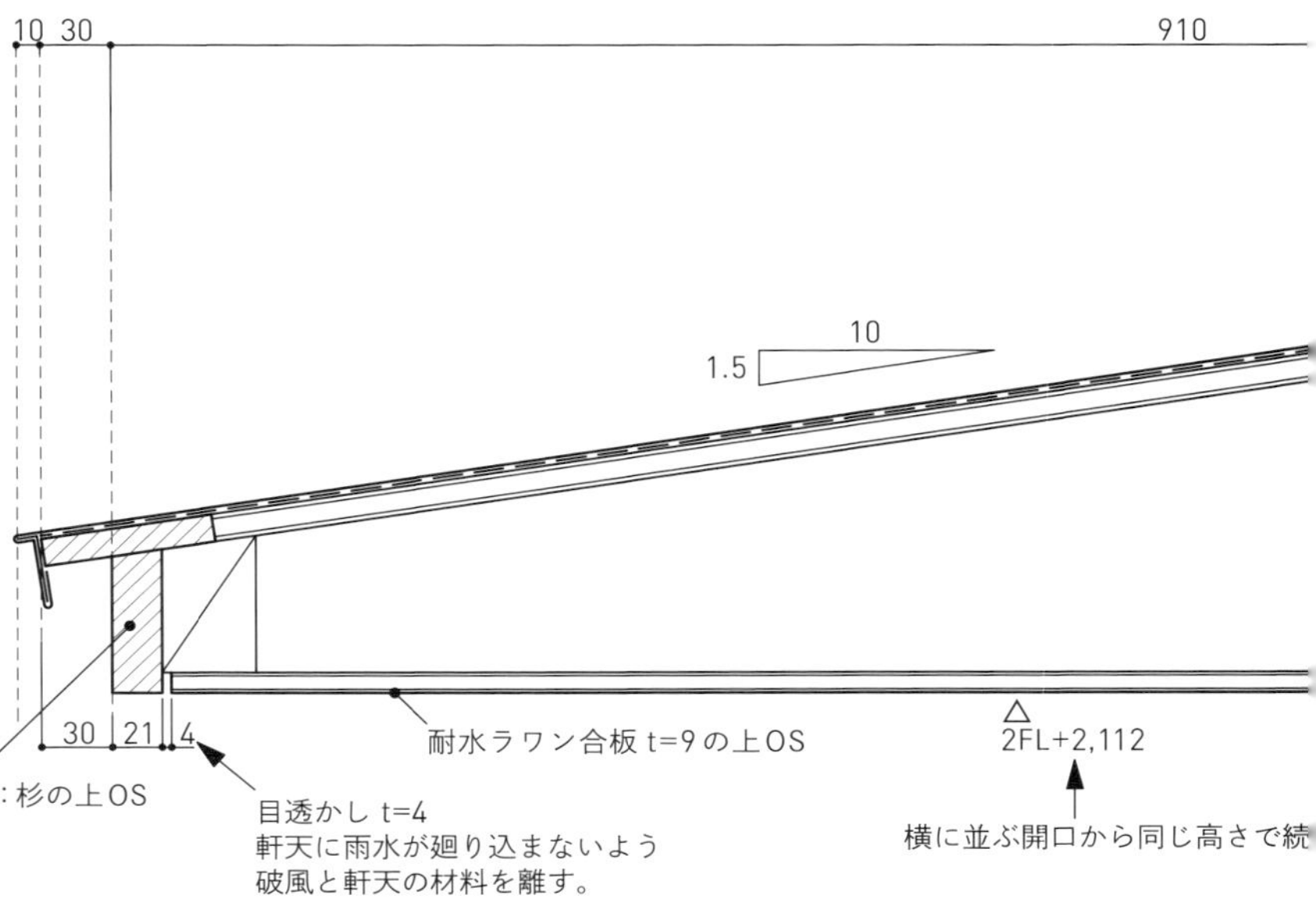

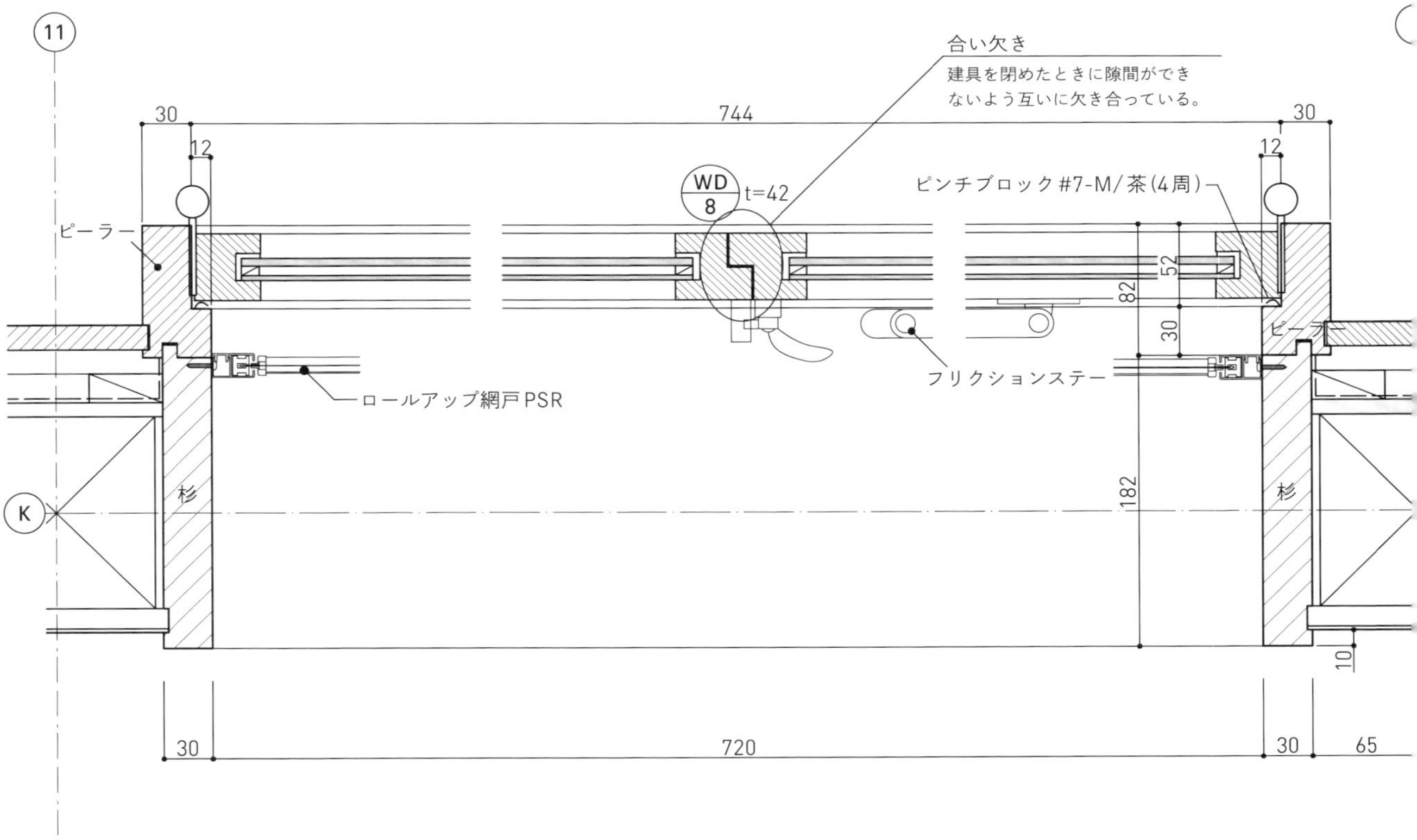

外部枠廻り詳細図（WD8）　S=1/5

家の性能がわかる足元の納まり

基礎・土台廻り

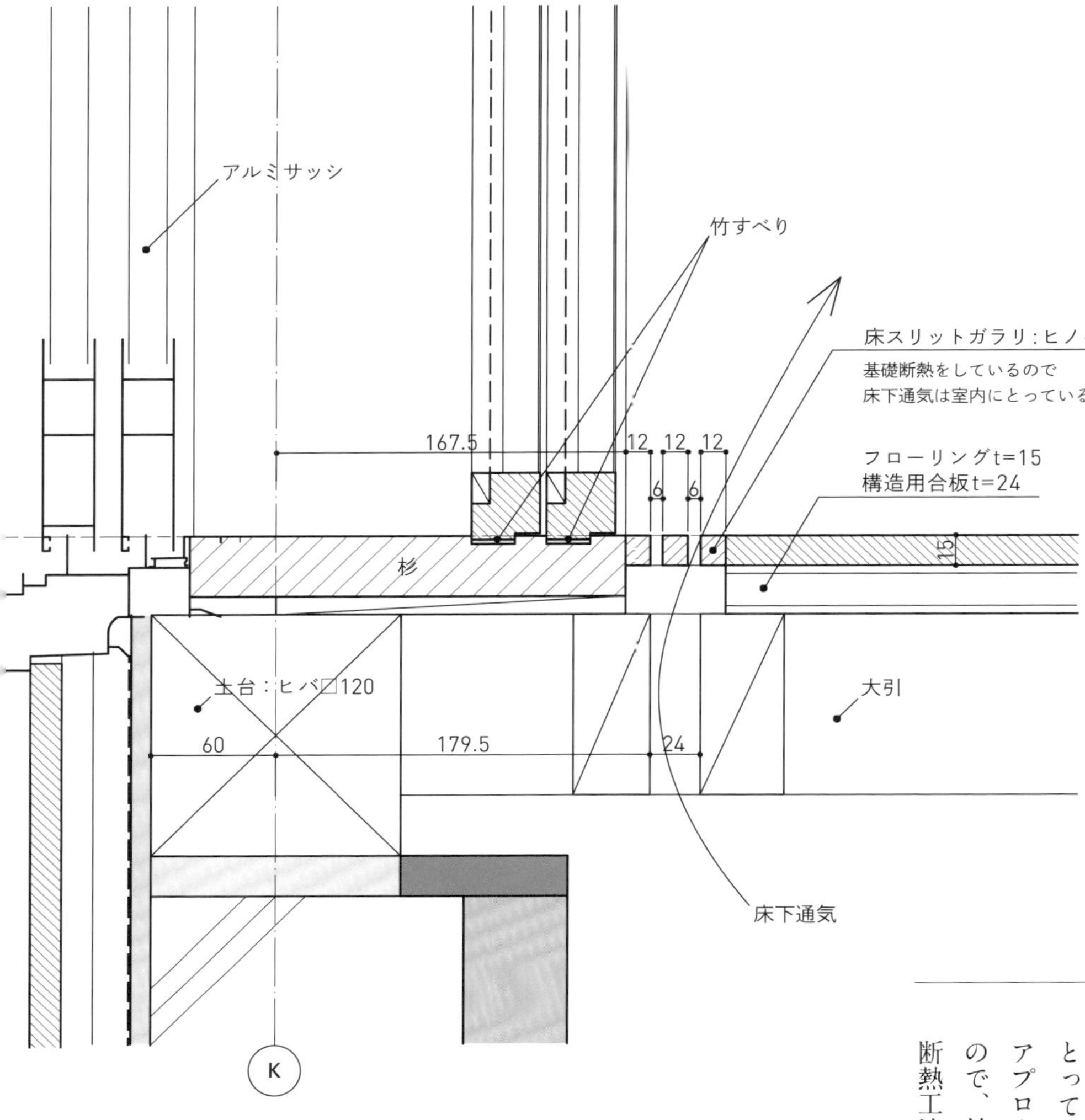
アルミサッシ
竹すべり
床スリットガラリ：ヒノキ
基礎断熱をしているので
床下通気は室内にとっている。
167.5
12
12
12
6
6
フローリングt=15
構造用合板t=24
15
杉
土台：ヒバ□120
大引
60
179.5
24
床下通気
K

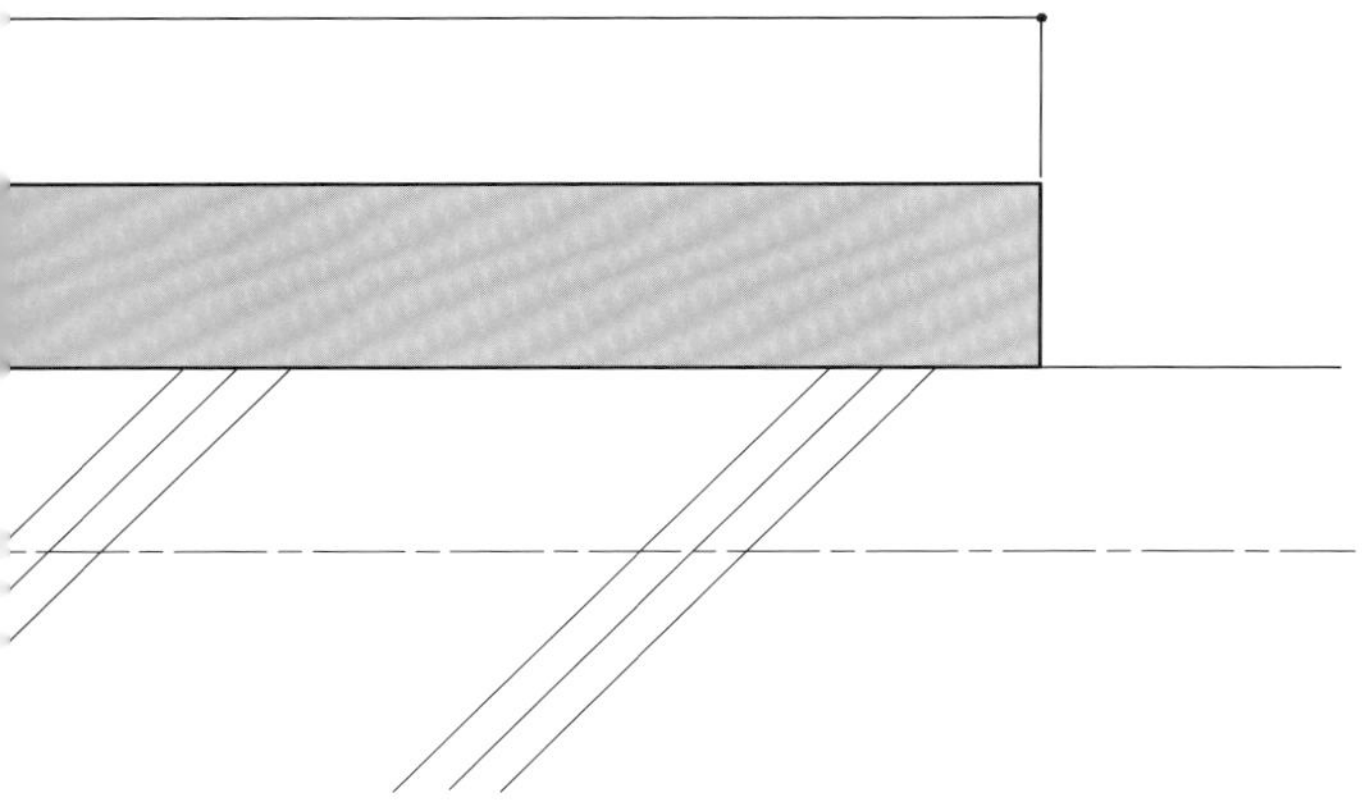

断熱、床下通気、壁通気のとり方、外壁の防水、仕上げの兼ね合いなど基礎・土台廻りの詳細図には家の性能にかかわる内容が盛り込まれている。

朝霞の家では、メンテナンス性と構造材の耐久性を考慮し、床の高さを地面より６００ミリに設定し、基礎断熱とし床下通気は室内側にとっている。また40センチ以上もある基礎立上りを露出させると、アプローチの外観においてコンクリートの無機質感が目立ってしまうので、外壁の焼き杉板を基礎天端よりも張り下げているのだが、基礎断熱工法だからできることである。

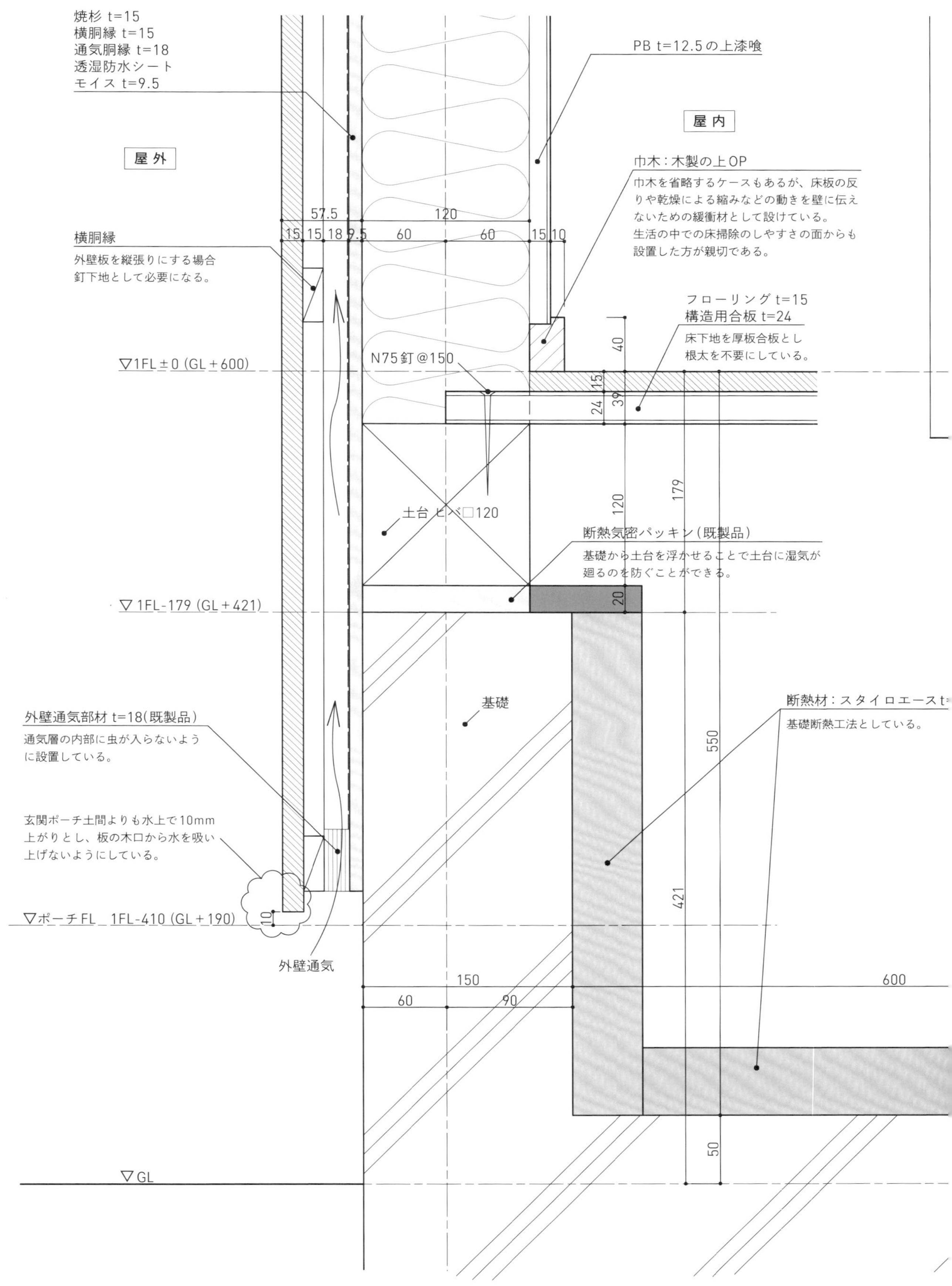

焼杉 t=15
横胴縁 t=15
通気胴縁 t=18
透湿防水シート
モイス t=9.5
PB t=12.5の上漆喰
屋内
屋外
巾木：木製の上OP
巾木を省略するケースもあるが、床板の反りや乾燥による縮みなどの動きを壁に伝えないための緩衝材として設けている。
生活の中での床掃除のしやすさの面からも設置した方が親切である。
57.5
120
横胴縁
外壁板を縦張りにする場合釘下地として必要になる。
15 15 18 9.5 60 60 15 10
フローリング t=15
構造用合板 t=24
床下地を厚板合板とし根太を不要にしている。
40
▽1FL±0（GL＋600）
N75釘@150
15
39
24
120
179
土台 ヒバ□120
断熱気密パッキン（既製品）
基礎から土台を浮かせることで土台に湿気が廻るのを防ぐことができる。
▽1FL-179（GL＋421）
20
基礎
断熱材：スタイロエースt=
基礎断熱工法としている。
外壁通気部材 t=18（既製品）
通気層の内部に虫が入らないように設置している。
550
玄関ポーチ土間よりも水上で10mm上がりとし、板の木口から水を吸い上げないようにしている。
421
▽ポーチFL 1FL-410（GL＋190）
10
外壁通気
150
600
60
90
50
▽GL

基礎・土台廻り 断面詳細図　S=1/4

十分な軒の出は懐深く家を守る

軒を深く出すことで、雨風や日差しから外壁や開口部などを容易にしかも確実に守ることができる。屋根を架けることで外壁廻りの防水が無条件に担保されるので細部がシンプルになり、コーキングに頼らない納まりにより、メンテナンスが容易で耐久性の高い建物にすることができる。

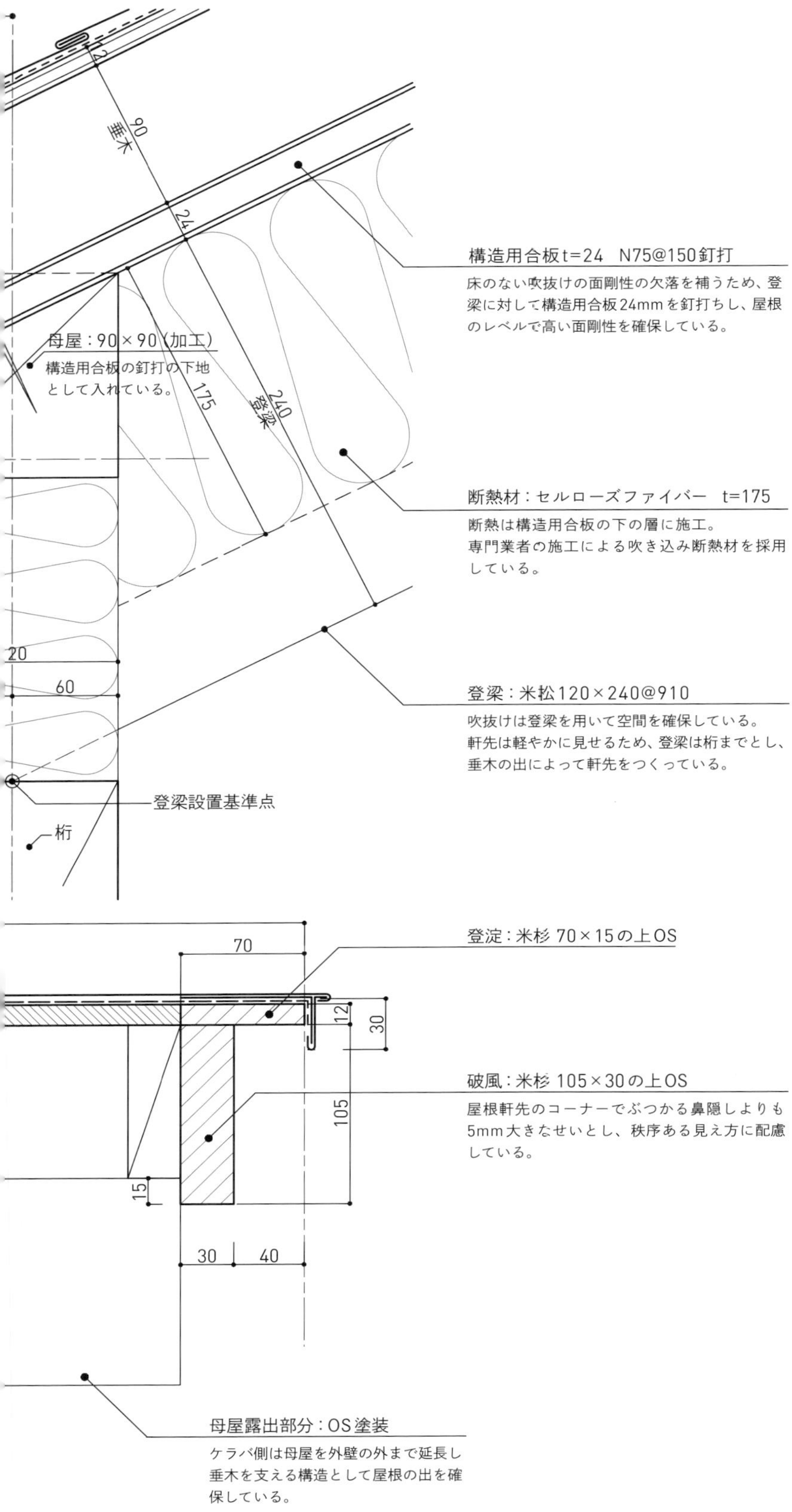
90
垂木
24
175
240
登梁
構造用合板t=24　N75@150釘打
床のない吹抜けの面剛性の欠落を補うため、登梁に対して構造用合板24mmを釘打ちし、屋根のレベルで高い面剛性を確保している。
母屋：90×90（加工）
構造用合板の釘打の下地として入れている。
断熱材：セルローズファイバー　t=175
断熱は構造用合板の下の層に施工。
専門業者の施工による吹き込み断熱材を採用している。
20
60
登梁：米松120×240@910
吹抜けは登梁を用いて空間を確保している。
軒先は軽やかに見せるため、登梁は桁までとし、垂木の出によって軒先をつくっている。
登梁設置基準点
桁
70
登淀：米杉 70×15の上OS
12
30
破風：米杉 105×30の上OS
屋根軒先のコーナーでぶつかる鼻隠しよりも5mm大きなせいとし、秩序ある見え方に配慮している。
105
15
30
40
母屋露出部分：OS塗装
ケラバ側は母屋を外壁の外まで延長し垂木を支える構造として屋根の出を確保している。

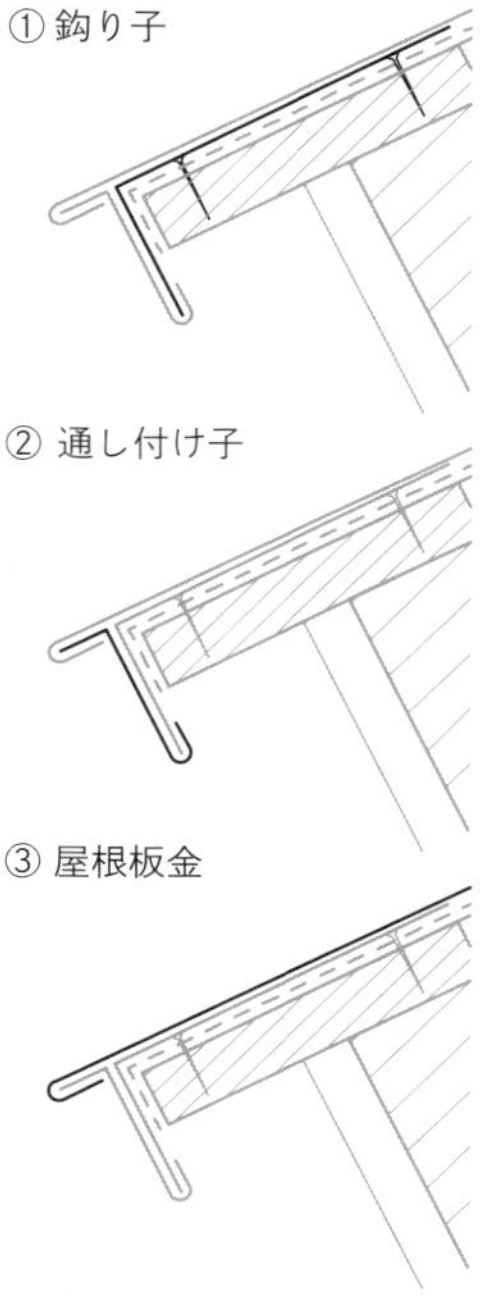

軒先板金施工手順

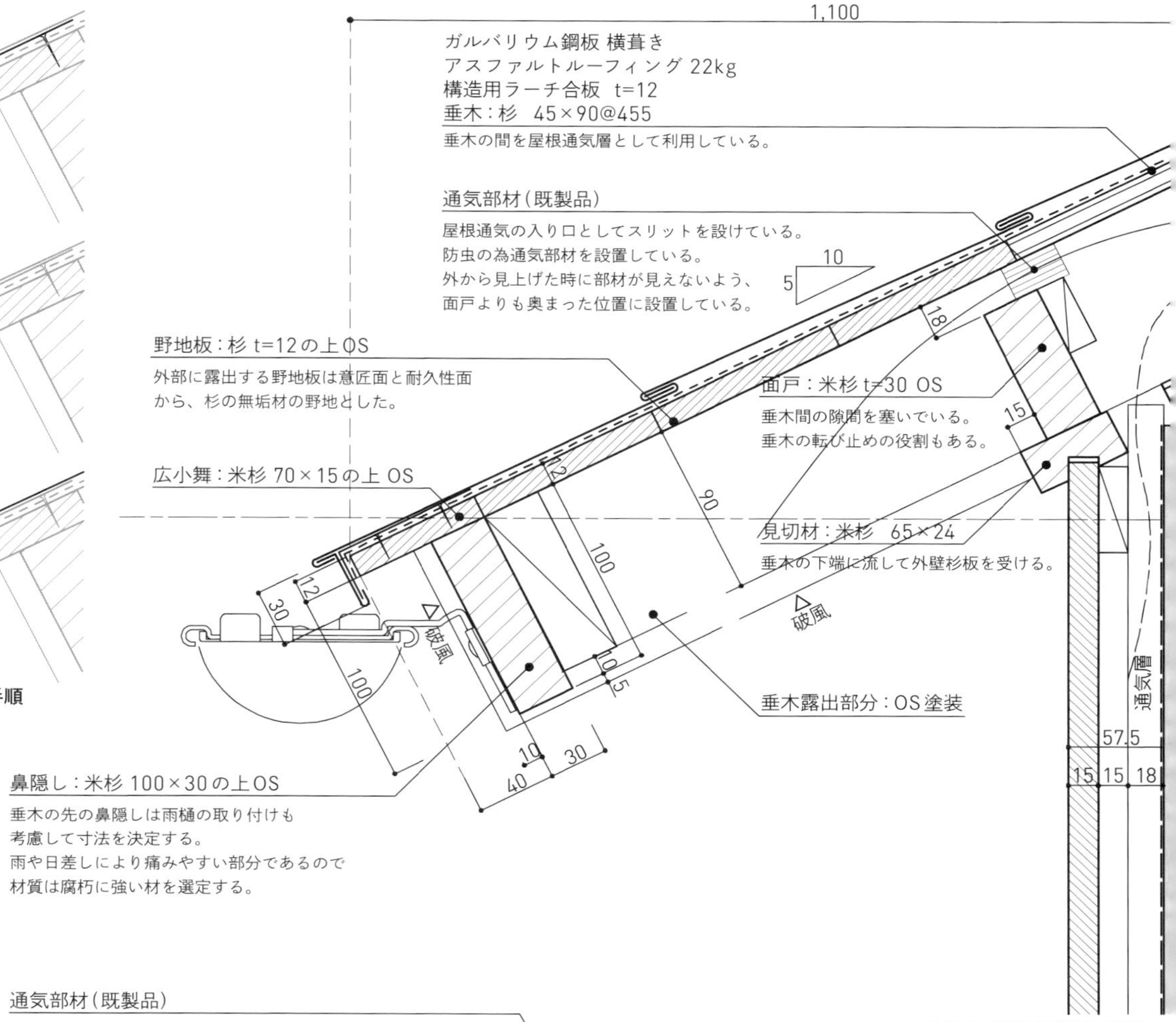

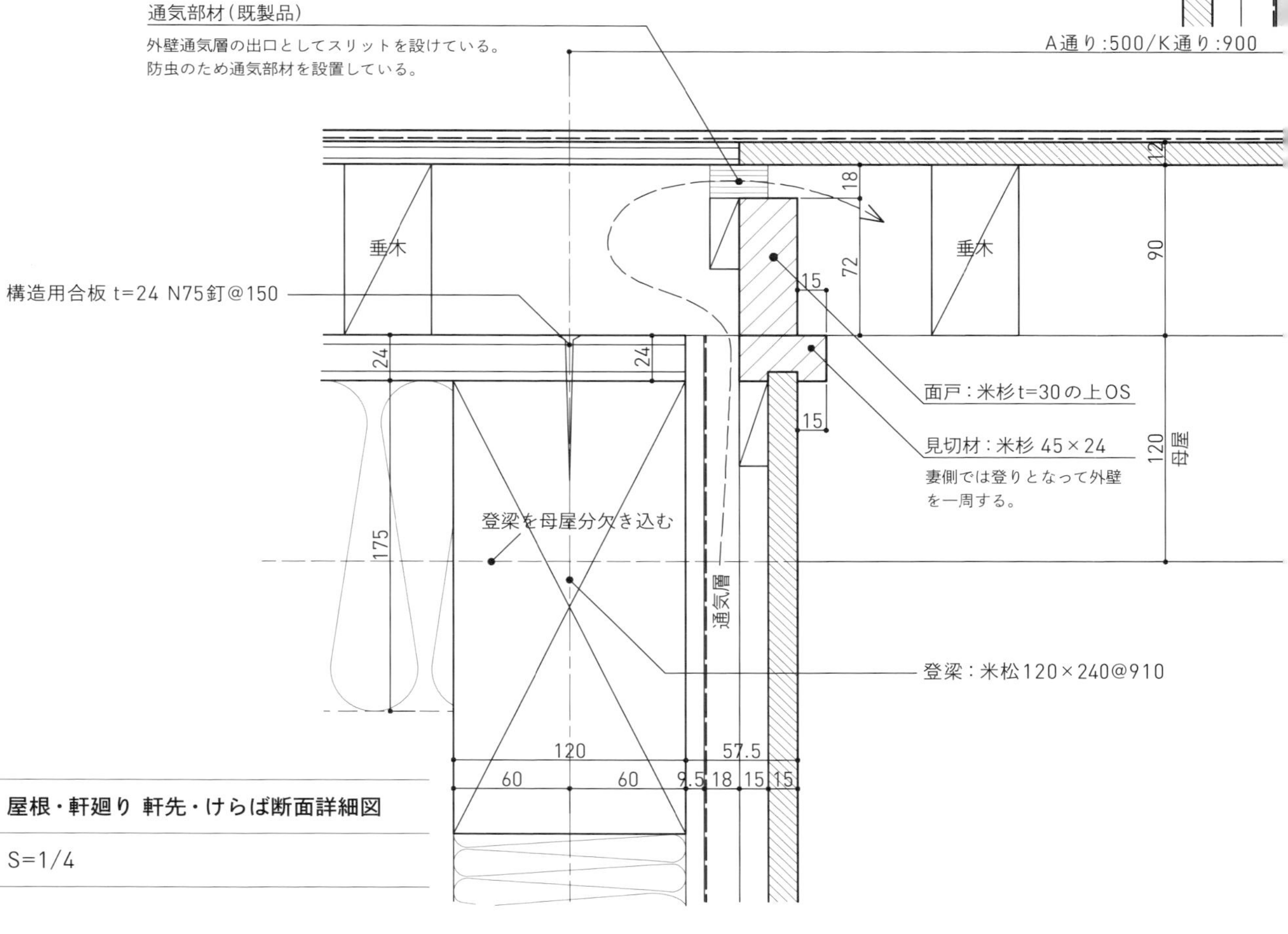

屋根・軒廻り 軒先・けらば断面詳細図

S=1/4

断熱の上に通気層を設け、熱気と湿気を排出する

換気棟の構成

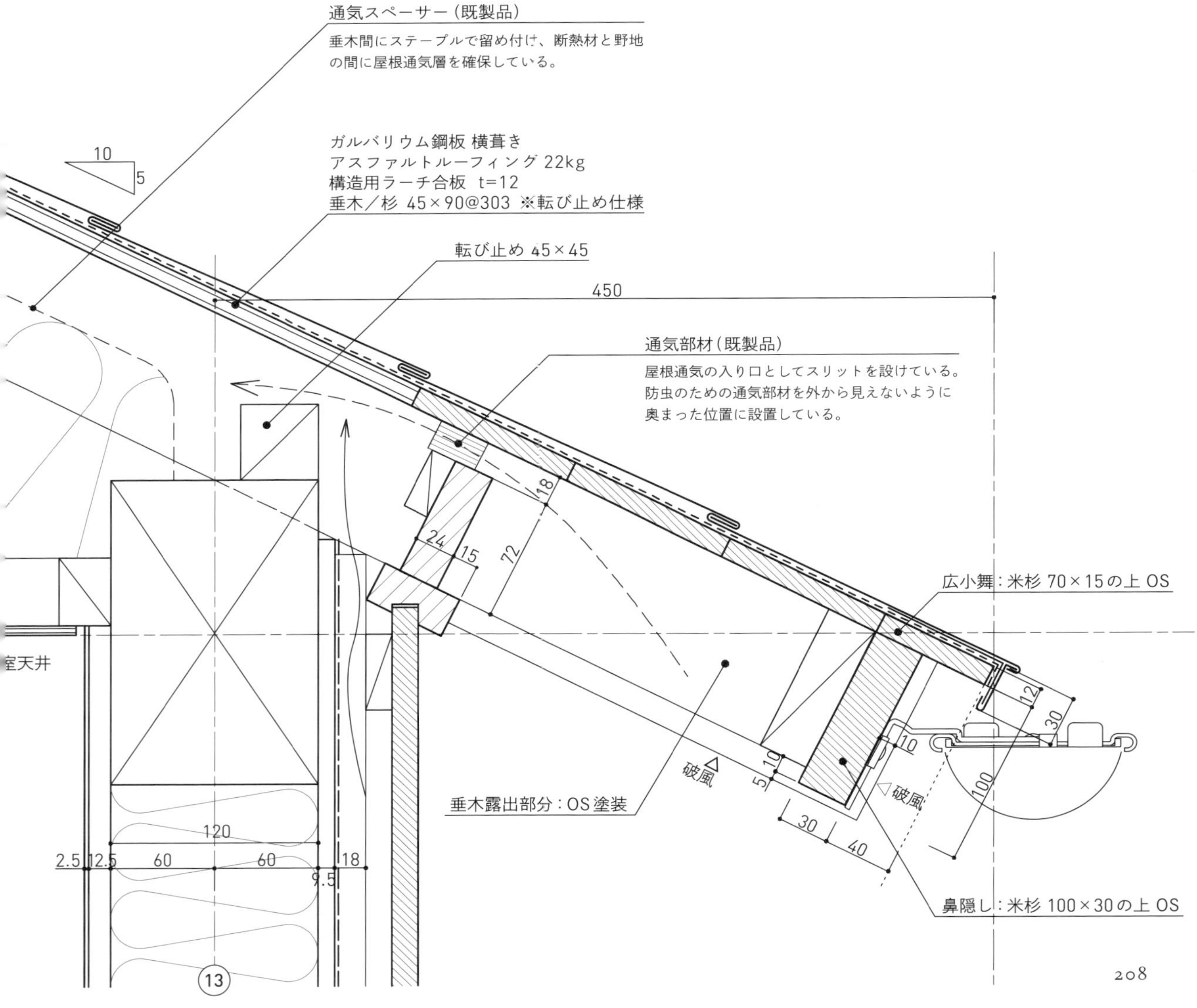
通気スペーサー（既製品）
垂木間にステープルで留め付け、断熱材と野地の間に屋根通気層を確保している。
ガルバリウム鋼板 横葺き
アスファルトルーフィング 22kg
構造用ラーチ合板 t=12
垂木／杉 45×90@303 ※転び止め仕様
転び止め 45×45
450
通気部材（既製品）
屋根通気の入り口としてスリットを設けている。
防虫のための通気部材を外から見えないように奥まった位置に設置している。
広小舞：米杉 70×15の上 OS
垂木露出部分：OS塗装
破風
鼻隠し：米杉 100×30の上 OS
室天井
10
5
18
24
15
72
12
30
100
10
5
10
30
40
120
2.5
12.5
60
60
18
9.5
13

① 鈎り子

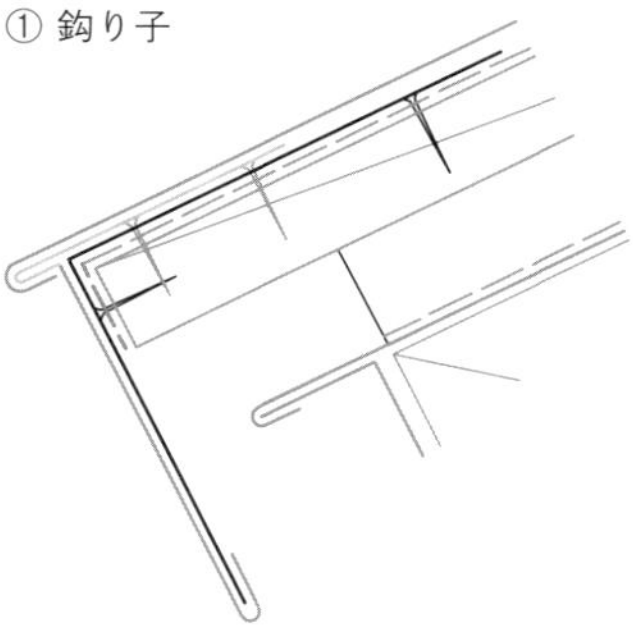

② 通し付け子

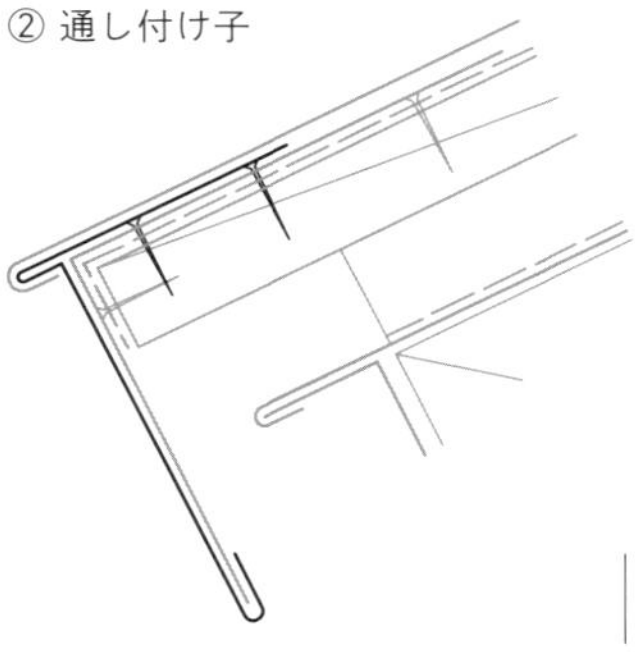

③ 屋根板金

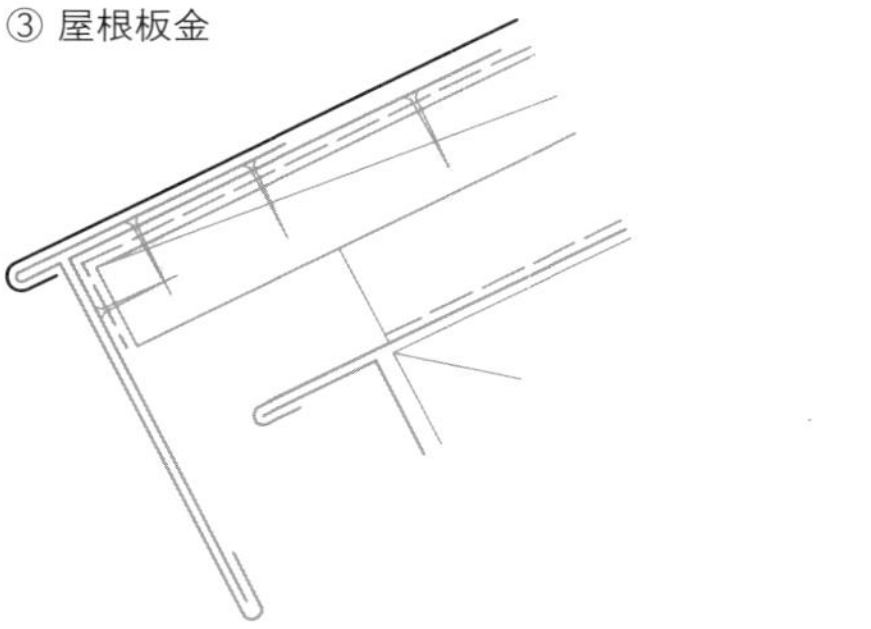

板金施工手順

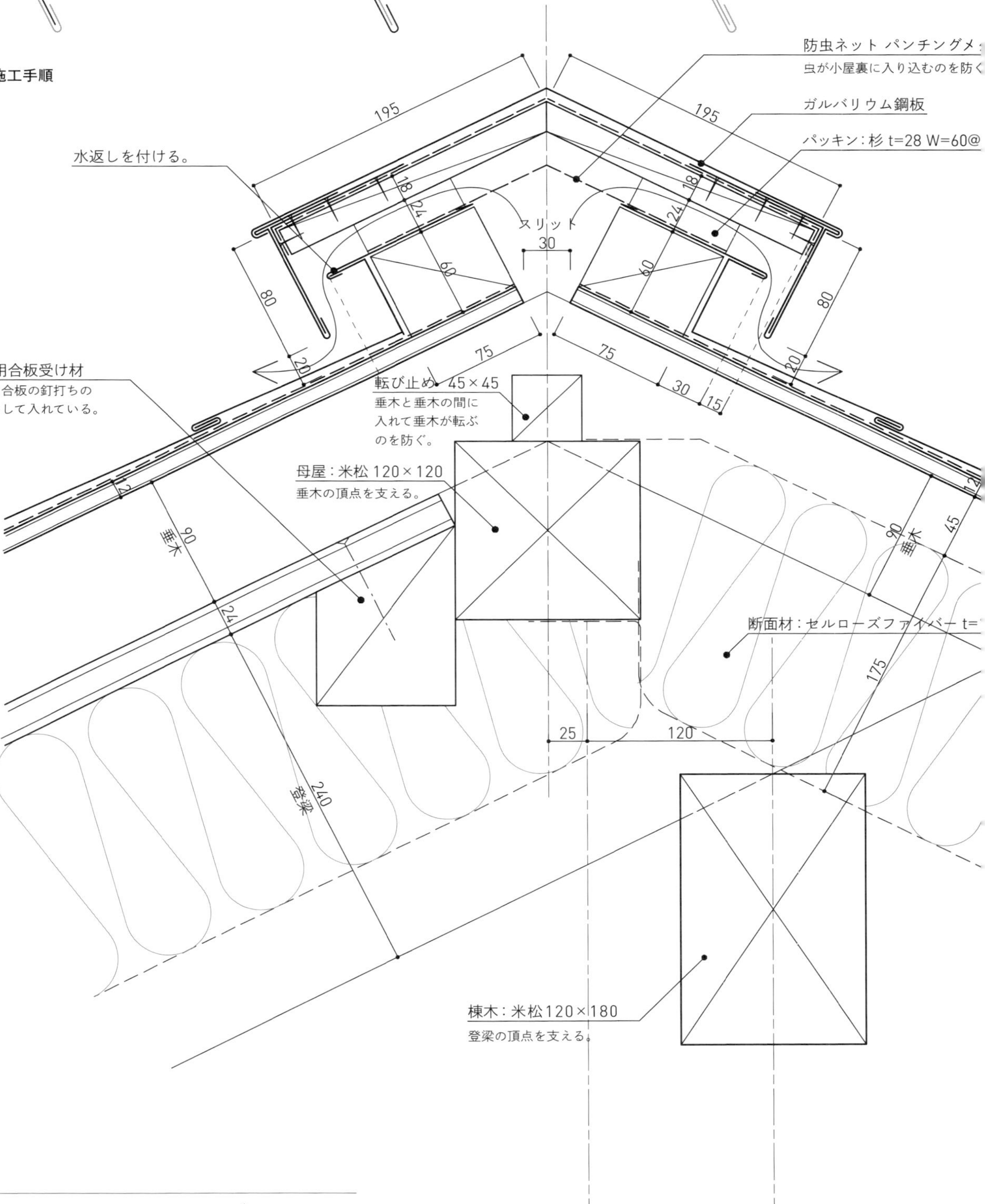

屋根・軒廻り 棟部断面詳細図 | S=1/4

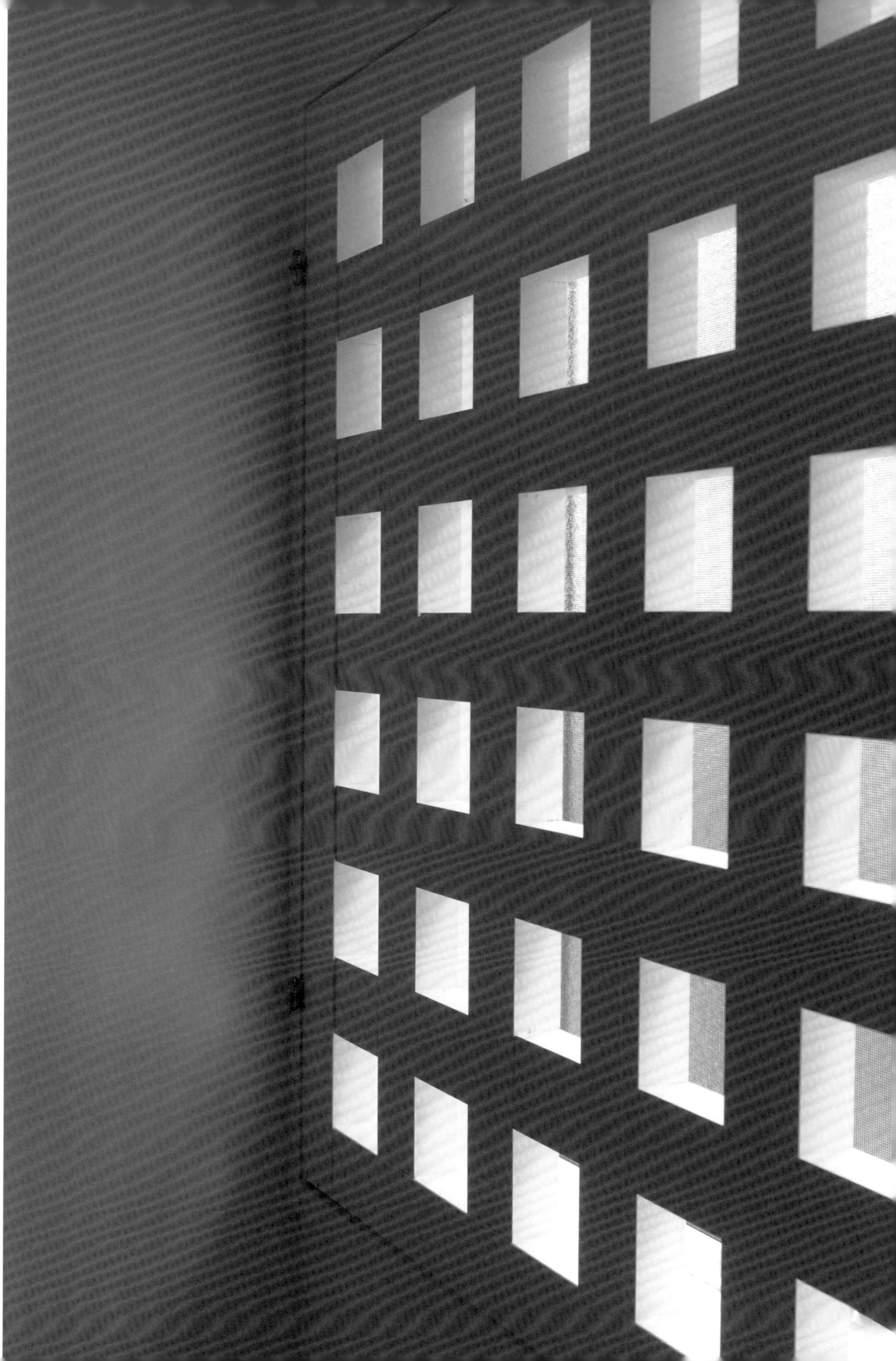

建築データ

住　所	埼玉県朝霞市
敷地面積	100.04㎡
用途地域	第一種中高層住居専用地域（60/200）
建築面積	56.84㎡
建ぺい率	56.82%
1階床面積	41.64㎡
2階床面積	44.54㎡
3階床面積	21.95㎡
延べ床面積	108.13㎡
容 積 率	108.09%
家族構成	夫婦
施　工	幹建設
植　栽	野草の庭・茶庭づくり 風（ふわり） 楠 耕慈

本書に収録されている設計図は、建具符号を含めて原図通りである。

あとがき

私はこの本を私の手がけた建築を広く紹介するものではなく、建築設計をはじめたばかりの若い設計者に対して、住宅設計の基本を伝えるものにしたいという思いで執筆しました。そして建築作品の見せ場となるような部分を抜粋した詳細図面ではなく、世の中で実はあまり見かけない、当たり前の部分に関しての納まりとその意味が示されている本をつくりたいと考えました。

オーム社の三井渉さんから「住宅の施工がわかる本をつくりたい」とお話をいただいたときは、施工のプロの方が適任なのではないだろうかという思いがありましたが、詳細図にその意味を書き込んでゆくうちに、設計をめざす人に対して、設計者として知っておくべきことを設計者の視点から伝えることにこそ意味があり、貴重なのではないかと思いはじめるようになりました。

私は20代の半ばに大野正博先生に師事し、住宅設計の基本から細部の納まりまでを教わりました。先生はいつもフリーハンドで原寸図を描きながら納まりの理由の一つ一つを教えてくださいました。雨水や結露水の振る舞い方、材料の性質、経年変化の仕方、施工の事情…。そして、図面に描かれた部材の量感を、必ずスケッチや模型を使って一緒に確認してくださいました。そんな恵まれた修業時代を送らせていただいたおかげで、木造の納まりの基本となる考え方を身に付けることができ、それを土台にして、新しいことも考えられるようになったのだと思います。

同じようにこの本の中で若い世代に伝えることで、住宅設計の見えにくさを少しでも解消して興味につなげていただければと思っています。そして、魅力溢れる住宅建築をめざしてほしいと願っています。

熊澤 安子（くまざわ やすこ）

1971年 奈良県生まれ
1995年 大阪大学工学部建築工学科卒業
1996～2000年 ＤＯＮ工房にて大野正博に師事
2001年 熊澤安子建築設計室設立
現在、熊澤安子建築設計室主宰

図面協力（1章）
小保内 史人
写真撮影
西川 公朗
デザイン
石曽根 昭仁＋水津 達大
[ishisone design]
佐久間 大祐（図面調整協力）

詳細ディテールを読み解く
木造住宅のつくり方 「朝霞の家」ができるまで

2017年　5月20日　　第1版第1刷発行
2019年 10月30日　　第1版第3刷発行

著　者　熊澤安子
発行者　村上和夫
発行所　株式会社 オーム社
郵便番号　101-8460
東京都千代田区神田錦町3-1
電話　03(3233)0641(代表)
URL https://www.ohmsha.co.jp/

印刷・製本　壮光舎印刷
ISBN978-4-274-22051-7　　Printed in Japan